仕事と人間

THE STORY OF WORK
A New History of Humankind

70万年のグローバル労働史

下

ヤン・ルカセン
Jan Lucassen

塩原通緒／桃井緑美子＝訳

NHK出版

仕事と人間

70万年のグローバル労働史

［下］

THE STORY OF WORK
by Jan Lucassen

Originally published by Yale University Press
Japanese translation published by arrangement with
Yale Representation Limited
through The English Agency (Japan) Ltd.

装幀：福田和雄（FUKUDA DESIGN）

［目　次］

［上巻目次］

・本文中の〔　〕は訳注を表す。★の番号は巻末の原注を参照。
・本文中の書名のうち、邦訳版がないものは初出に原題とその逐語訳を併記した。
・本文中の書籍等からの引用は、出典の記載がないものは本書訳者による翻訳である。

第18章

ヨーロッパの影響下で移り変わる世界の労働関係

近代初期には、ユーラシア大陸の東部、南部、西部で同様の労働集約化と経済成長が見られたが（第16〜17章参照）、それと同時に「西洋と非西洋」のあいだの亀裂が深まっていった。この共通性と亀裂については、いわゆる「大分岐」と、大西洋のみならずほかの場所でも奴隷制と奴隷労働が広まったことに関する歴史的議論で論じられている。一五〇〇年から一八〇〇年までのグローバリゼーションというコインのこの表と裏の関係は、本章（おもに西ヨーロッパとアメリカ大陸、アフリカ、南アジアとのつながり）と次章（中央ヨーロッパと東ヨーロッパ）で扱うことにしよう。

大分岐についての短い考察

この数世紀の世界の歴史は、長いこと単純なものに見えていた。少なくとも長らく力を誇っていた西ヨーロッパの視点からはそうだ。中世には何かと問題があったにしても、西洋が優れているとつい最近まで考えられていたのである。要するに、西洋は古代ギリシャ・ローマとキリスト教との結婚による幸運な子供であり、啓蒙主義のなかで育てられ、ゆえに世界の他地域に問答無用で自己の流儀を押しつけることができたのだし、押しつけられたほうはたまったものではなかったかもしれないが、結局はためになったではないか、幸福への道はヨーロッパを丹念に模倣することにあったのだから、というわけだ。この戯画的なとらえ方がこの二〇年ほどで急激に力を失いつつあるのは、とくに最近の中国経済が模倣によらず自力で目覚ましい成長を遂げているからである。西洋はこれまでつねに優れていたのか（それゆえにこれからも優れているのか）という問いは、ますます見直しを迫られている。もし西洋が本来的に優れているというわけではなかったなら、「西洋と非西洋」の経済パフォーマンスはいつからどんな要因で道が分かれたのだろうか。現在では、ユーラシア大陸の西と東の現況のような大きな差は比較的最近に生じたということで意見の一致を見ている。ヨーロッパの成長とアジアの後れに関するこの歴史的な議論は、「大分岐」の名のもとにつづけられている。★1

もはや文字どおりの適者生存にはとどまらない話だが、アメリカ大陸についてはそう見えていたかもしれない。だが、アジアの場合はどうだったのか。ポルトガル、オランダ、フランス、イギリスの「植民地」は、アジア諸国も容認し利用した別格の貿易拠点でしかなかったのをいつからやめたのだろうか。中国や日本のような国家のヨーロッパ貿易商に対する「孤立主義」は、弱さではなく力のあらわれだったのだろうか。いいかえれば、一七五〇年から一八〇〇年の以前に、ヨーロッパはアジアにおいてどこまで勢力を拡大していたのか、そしてその後のことはどこまで西洋と非西洋の根本的な社会の違いで説明できるのか。

本書のテーマに沿って考えれば、この時期に西ヨーロッパが世界の他地域に対する優位性を確立したのは仕事のあり方と労働関係に関係していたのか、もしそうならどのようにしてそれをなしたのかという当然の疑問が生じる。[★2] これまでの説明には二通りある。一つは、ヨーロッパはアメリカ大陸の植民地において非自由な労働力を安価に搾取することで計り知れないほど豊かになったというもので、そのおかげで産業革命が実現し、ヨーロッパが世界に勢力を拡大できた。もう一つは、ヨーロッパが優れた経済制度を発展させていたというものだ。自由労働市場や徒弟制度などが人的資本を、ひいては地理的移動と社会的（上昇）移動を最適なかたちにした。それが「産業革命」に火をつけ、全世界を服従させ、アメリカ大陸の先住民から亜大陸のインド人まで、アフリカ人から中国人まで、新しい従属者を教育し、その有益な制度をどこにでも導入できるようにした。

ここからさらにいろいろな疑問が噴出する。一五〇〇年から一八〇〇年までの三〇〇年にユーラシア大陸のあちこちで達成された経済的成果について、現在何がわかっているだろうか。経済は都市化の度合いに連動してどの程度専門化していたのか。その結果として労働者はどれだけ労働生産性を向上させ、発展できたのか。男性、女性、子供の労働力はどれくらい効率的に活用されたのか。自由労働と非自由労働の比率はどうだったか。自由労働者は、自分の生き方を自分で決め、よりよく生きるためにどんな機会があったのか。そして最後に、このような分析から産業革命が起こるべくして起こり、イギリスが、さらにはヨーロッパが世界を支配するにいたったという結果が導かれるのか。

数々の疑問があるが、その多くは偉大な社会学者であり歴史家でもあるマックス・ヴェーバーがすでに一世紀以上前に説得力をもって論じている。だが、「西洋」と「非西洋」（定着した表現だが、そのこと自体がこの問題の大きさを暗に示している）の掘り下げた比較研究がなされていないために、満足のいく答えは——いまのところ——ほとんど得られていない。それを嘆く声はたびたび上がっているのに、それでも多くの学者がイギリスないし西ヨーロッパの、比較すれば偉大な功績について遠まわしに述べることをやめていない。[★3]

大分岐の議論は、「大発見」以来のヨーロッパの本質的な優位性という古典的な前提がもはや通用しないことを教えてくれているが、同時に西ヨーロッパ、中国、インド、日本の経済成果を有意義に比較することがいかに困難であるかも語っている。一六五〇年から一七〇〇年まで（つまり産業革命以前）、西欧と中国の経済中心地（ネーデルラントおよびイングランドと長江デルタ下流域）の繁栄の度合いはまだほぼ同じであり、その状態がしばらくつづくことになっていたとする学者もいる。長江の農業労働者一人あたりの生産高がイギリスに追い越されたのは十八世紀になってからのことだ。また農民の妻や家族が綿を紡いだり織ったりして副収入を得る機会を華北との、のちにはとくにヨーロッパとの競争で奪われたという事実も大きかった。[★4]　一方、このデータの解釈に確信がもてず、中国の中核地域が北海に面する二つの国とくらべて相対的に後れをとったのは、少なくとも一世紀以上前からはじまっていたことではないかと考える者もいる。[★5]　いずれにせよ、十世紀から十三世紀の宋代の中国が当時のヨーロッパよりもはるかに繁栄していたこと、その後ヨーロッパが追いつきはじめたこと、さらに一人あたりの所得という点では、少なくとも一八〇〇年までは中国との富の差はさほどのものではなかったことは、誰もが認めるところである。

インドの歴史は、イギリスおよび中国と比較すると、大分岐の議論においてほんのわずかしか注目されていない。そのためにこの地域がどうなっていったかはいっそう不確かだ。インドの実質賃金が西欧の実質賃金に後れをとりはじめたのはようやく十七世紀後半になってからで、その差が一八〇〇年以降に急速に拡大したのは、インドが停滞する一方で、ヨーロッパの状況が速いペースで改善したからである。★6 また、インドは災害が頻発するようにもなった。ベンガル地方で初めて記録された大飢饉《ききん》は一七六九年から一七七〇年にかけてのもので、犠牲者は一〇〇〇万人にものぼった。欠乏状態はそれ以前の比ではなかった。このあと一七八七年から一七八八年にも次の飢饉が発生し、その後もさらに多くがつづいたのである。★7

繁栄という点からでは、少なくとも一七〇〇年ごろまではそれ以降の歴史を説明できるようなヨーロッパの優位性ははっきり証明できないようだが、それならほかの領域で両者に根本的な違いがあったのだろうか。大分岐の要因の多くは、仕事との直接の関係がほぼないのでここで取り上げるまでもないが、いくつかはさらに精査する価値がある。一例は、労働人口の技能の向上と、繁栄を促進した政府の能力で、これは第6部で扱うテーマである（第20章「イギリスでのはじまりと世界の席巻」の節）。もう一つの関連するテーマは労働投入量が増大したことによる西ヨーロッパの所得の増加と、その影響だ。影響とは、砂糖、コーヒー、茶などの贅沢品の消費が増えたことだが、これらは世界の他地域で非自由労働者を使って安価に生産されたものだった。この問題はここで詳しく見ていくべきものである。

非自由労働の拡大

十八世紀までは、ユーラシア大陸の各地域の労働慣行と労働関係に類似性が強く見られたことがわかった。ヨーロッパ人がぞくぞくとアジアへ航海するようになったのは確かだが、香辛料の産地を除けば、彼らがそのころ植民地での労働にあたえた影響はまだごく小さかった。ところが南北アメリカ大陸ではそうではなく、やがてアフリカ沿岸地域でも事情が大きく変わっていった。アメリカ大陸では、市場経済の原則にもとづくヨーロッパの労働関係が、社会階級による再分配を原則とする根本的に異質な貢納社会と衝突した。アジアとのあいだで長くつづいていたような経験とアイデアの対等な交換は、ここではありようがなかった。ヨーロッパ人はアメリカ大陸を武力でたちまち征服してしまったからだ。

ただし征服したからといって、ヨーロッパ人がヨーロッパの労働様式をそのままアメリカ大陸に移したわけではない。勝者ではあっても、高度に発達した現地社会の習慣に対応しながら調整していく必要があった。しかもヨーロッパ人は旧世界の特定の労働形態（つまり非自由労働）をことさらに選んで取り入れ、ほかの労働形態（自由労働）は導入しないか、してもかぎられた範囲にとどめた。これは最初の植民地支配者の本国における労働関係の性質に起因している。一五〇〇年ごろのポルトガルとスペインは奴隷制を知らないわけではなかったのだ。それを追うように、競争相手のオランダ、イギリス、フランス、デンマークも、カリブ海域で非自由労働力を利用し、その補充のためにアフリカからの奴隷の供給に大きく依存することになった。もちろん植民地支配国はどこも、勤勉革命を背景にした贅沢品の世界的な需要増への対応にせき立てられていた。これに関してヨーロッパ諸国には有利な点がもう一つあった。砂糖やコーヒーや茶などの産品を、安価で採掘したアメリカ銀で世界中から輸入できたのである。

アメリカ大陸とアフリカに注目する前に、まずヨーロッパの海外植民地化の口火を切った南西ヨーロッパと南ヨーロッパを中心に、自由労働と非自由労働の関係がどうだったかを確認しておこう。これまで見てきたように、中世後期には自営労働と賃金労働が主流になるとともに市場向けの自由労働が全般的な傾向として強まったが、それと逆行するように奴隷労働がふたたびあらわれた。イスラム圏では奴隷労働がまったく消滅せず、とくに家内奴隷はエリートのあいだでつねに需要があった。十四世紀から十五世紀にジェノバとベネツィアが黒海とエーゲ海に進出すると、その裕福な住民はそれをまねた。これらの地中海のカトリック都市国家もロシア南部でさかんだった奴隷貿易に参入したからである。無尽蔵の供給源はほかにもあった。対立しあうキリスト教徒とイスラム教徒は、当然とばかりに戦争捕虜を奴隷として売り飛ばした。片やキリスト教徒のレコンキスタ（国土再征服運動）、片やオスマン帝国の膨張を考えてみてほしい。[★8]この状況において、たとえばローマ教皇ニコラウス五世は一四五二年に、イスラム教徒であれ何であれ、敵である異教徒を最高入札者に売却することをポルトガル王に許可している。そうであれば一四八八年に教皇インノケンティウス八世がポルトガルから贈られた一〇〇人のムーア人奴隷を喜んで受けとり、枢機卿に分配したのは当然のことだった。

市場向け商品の生産に奴隷を使うのは、サトウキビを栽培するプランテーションが最も多かっただろう。中東から西ヨーロッパへのサトウキビ栽培の拡大は、必然的に奴隷労働の拡大に直結した。★9 もとはインドとメソポタミアとレバントで栽培されていたサトウキビは、ジェノバやベネツィアなどのイタリア都市国家の保護のもとで、キプロス島やクレタ島でも十字軍兵士とその子孫によって育てられるようになった。この実入りのよい作物の栽培はそこから地中海のシチリア島、バレアーレス諸島、スペイン南部、ポルトガル南部へ広がり、最終的には大西洋のカナリア諸島、マデイラ諸島、カボ・ベルデ諸島、サン・トメ島を経由してブラジルからアメリカ大陸に到達した。★10

奴隷を供給したのは長らく主としてアドリア海の東の地域、とくに黒海沿岸のイタリアの植民都市で、奴隷需要はとどまるところを知らなかった。こうしてキリスト教徒でさえキリスト教徒を売り、一五〇一年にナポリ王国のカプアが陥落したときには、女性奴隷が大幅に安い値段で売られた。アフリカが新しい最大の供給地になったのは、サブサハラ・アフリカと直接接触するようになったこと、またバルカン半島やロシア南部からの供給がオスマン帝国の興隆で断たれたことなどがきっかけだった。

三〇〇年ごろからローマの造幣局に西アフリカの金が輸出されるようになり、それが九世紀に少しずつはじまったイスラム勢力のサハラ南部への拡大を促した。サハラ砂漠を縦断する接触が勢いを増したことで奴隷の流れは北へ向かい、地中海の南岸、とくにモロッコに奴隷が流入した。北西アフリカの港町を征服したポルトガルとスペインは、モロッコ人からこの奴隷の供給源を知ることになったのだ。アラブ人征服者は早くから輸出していたベルベル人に加えて、今度は黒人奴隷を商品にした。奴隷貿易のもう一つの終着点はエジプトである。この国を支配するマムルーク朝（一二五〇年成立）は、精鋭兵士としても奴隷を大量に必要としていたからだ。北からはベネツィア人がロシア南部で買いつけた白人奴隷を供給し、南からは遊牧民が西アフリカの黒人奴隷をチュニジアとリビアへ運び、奴隷はそこからジェノバの船でエジプトへ輸送された。[★11]

一四五三年にオスマン帝国がビザンツ帝国を滅ぼすと、地中海西部と新しく征服された大西洋の島々で黒人奴隷の需要が急激に高まった。オスマン帝国がボスポラス海峡を支配したときから、ロシアのステップで捕らえられたタタール人の奴隷と、カフカス（コーカサス）やバルカン半島からの奴隷の西への流れが止まってしまい、別の供給源を探す必要に迫られた。それがアフリカであり、いまやポルトガル人がどんどん南下して「発見」されていたアフリカ西岸だった。イタリア人はイベリア半島のバレンシアにまで行って奴隷を買ってきた。この一帯ではあらゆる産業に奴隷制度が広まり、戦争捕虜（「正戦」で獲得）、私掠《しりゃく》船や海賊船の捕虜、ムデハル（スペインに残留したイスラム教徒）の懲役囚の売買もさかんだった。十五世紀末のバレンシアの奴隷人口はその四〇パーセントが黒人であり、ここに現代の西洋人に残る人種差別のルーツを探らねばならない。[★12] ポルトガルとスペインの初期の資料では、奴隷の出身地としてギニアが言及され、次いでカナリア諸島住民、ウォロフ族、セレール族が、現在のガーナにサン・ジョルジェ・ダ・ミナ（エルミナ）城砦が建設されてからはイボ族やマンディンカ族がつづいた。ここで留意してほしいが、以上はみな、急速にアフリカ人奴隷の主要な輸出先になったアメリカ大陸がヨーロッパ人の視界に入る前の出来事なのである。

十二世紀から十三世紀にかけて、キリスト教徒は十字軍国家やコンスタンティノープル〔現イスタンブール〕を首都とするラテン帝国を建てたが、イスラム教徒を完全に押し返すことはできず、十五世紀には東地中海のイスラム教徒からまた激しい圧力がかかるようになった。これを受けたポルトガルとスペインは西方への拡大をはかり、ついに新しい海路を通じて東洋へのルートを独自に開発した。この試みには、軍事的栄光と経済的利益、キリスト教信仰の拡大という宿望があった。アフリカ西岸で成功したポルトガルがマデイラ諸島、アゾレス諸島、カボ・ベルデ諸島を獲得したのに対抗して、スペインはカナリア諸島とモロッコの沿岸部を征服した。コロンブスによるバハマ「発見」以前の数十年間にスペイン人がこの島々でとった行動は、その後のアメリカ大陸での展開において非常に重い意味がある。無人島だったとされるマデイラ諸島、アゾレス諸島、カボ・ベルデ諸島とは異なり、カナリア諸島には先住民がいたのである――キリスト教徒やイスラム教徒ではなく、ベルベル語派の言語を話す「アニミズム」信仰の人びとで、一般に「グアンチェ族」と呼ばれた。ポルトガル人がポルトガル南部のアルガルベ地方からマデイラ諸島にもちこんだサトウキビ栽培に一四五二年以降は奴隷を使ったのにならって、スペイン人はカナリア諸島でグアンチェ族に非自由労働を強いた。さらに北アフリカからイスラム教徒の奴隷を輸入したが、黒人奴隷の大半はサブサハラ・アフリカから連れてきた人びとだった。

このような背景を頭に入れて、まずスペインとポルトガルによる征服後のアメリカ大陸の労働関係を、次にアフリカの労働関係を、世界の奴隷制の枠組みのなかで簡潔に比較検討し、大西洋の悲劇がいかに特異なものであったかを明らかにする。

アメリカ大陸のレパルティミエントとエンコミエンダ

最初のヨーロッパ人がアメリカ大陸に到着したとき、彼らはまったく新しい社会に遭遇した。そこでの労働のあり方は彼らのよく知るものとまるで違っていた。アメリカ大陸の住民のほうも、新しい主人になったヨーロッパ人の労働の考え方に驚いた。[★13] ブラジルのように狩猟採集民の多いところでは互酬関係が原則とされていた一方、アンデスやメキシコの大帝国は貢納 ‐ 再分配を基本とする階層社会だったからである。ヨーロッパと同じような市場経済はなく、イベリア半島人が過去数世紀にわたって慣れ親しんできた動産奴隷制も存在しなかった。インカ帝国とアステカ帝国の臣民だった人びとはこれまでどおりの労働関係をできるかぎり維持しようとしたが、新参者は都合のよいところだけ現地のやり方を取り入れ、必要と思われるところにはヨーロッパ式の市場と動産奴隷制の要素を導入した。

　また、征服者は宗教と人種の両面で純粋さに執着した。かつてのイベリア半島はキリスト教とイスラム教とユダヤ教の共存する寛容さと相互改宗の場所だったが、それが少数派であるイスラム教徒とユダヤ教徒の追放と改宗者への疑念に徐々に変わっていった（それによる緊張がないはずはなかった）。とくに混血結婚は眉をひそめられ、「リンピエサ・デ・サングレ（血の純粋さ）」の意識が強まった。アメリカ大陸では本国から新しくやってきた人びとの宗教が厳しく審査されただけでなく、家族構成についても厳格な規則が設けられた。スペインとポルトガルの征服地で唯一公式に認められたカトリック教徒の結婚も、自由民と非自由民のあいだのみならず、ヨーロッパ人とインディオとアフリカ人のあいだでも禁じられた。この規則はスペイン領では独立まで公式に維持され、ポルトガル領では一七五五年にようやくインディオと白人の結婚が認められたが、白人と黒人の結婚は許されなかった。[★14] それにもかかわらず、カスタと呼ばれる混血者の人口は急速に増え、さらに細かく区分されるようになった。カスタの厳密な分類は家族の生活に、ひいては家庭内の互酬的な仕事の分担にさまざまな影響をおよぼした。大半の奴隷には家庭生活など望むべくもなかったが、それなりの収入源のあるカスタはヨーロッパ人や混血でないインディオと変わらない家庭生活を送っていただろう。

　この二つの要因から、アメリカ大陸ではその後四世紀にわたる独特の複合的な労働関係が出現することになった。一四九二年十月十二日にコロンブスの一行がバハマ諸島の住民と初めて遭遇してからしばらくは、両者の接触は物品の交換のみで、労働関係はまだなかった。

だがこれまで見てきたとおり、スペイン人と、やや遅れて到着したポルトガル人は無心でやってきたわけではなかった。それどころか、新しく発見した土地の住民への接し方について周到な計画をもち、向こう見ずにも素直にしたがおうとしない人びとへの対処も、つい最近十分に経験していたのである。

本国で有効なこのような労働関係とカナリア諸島の植民地化の経験があったなら少しも不思議なことではないが、スペイン人は一四九四年に先住民の共同体に貢納を課した。[★15] そのこと自体はそれまでの労働関係に影響しなかったが、二つの新しい策によって新世界に非自由労働がもちこまれた。一つは、同じ年に（異教徒に対する）「正戦」での捕虜を奴隷にしたことである。そしてきわめて重要だったのが、一四九八年からスペイン領とした土地をスペイン人入植者に一時的（世襲ではなく一代かぎり）に分配（レパルティミエント）し、その後すぐにその土地に居住する住民も分配の対象にしたことだ。これにより、先住民は労働奉仕をしなければならなくなった。スペイン王室は大西洋の新しい植民地に奴隷制を敷くことを明確に禁じていたが（戦争捕虜や犯罪者は別。後述）、先住民の労働力もレパルティミエントに含めることで私的奉仕労働（セルビシオ・ペルソナレ）を導入したコロンブスの決定は、事実上、奴隷制と変わらない状況につながっていった。

スペイン人の到来以前と以後の役務の違いは、到来前は奴隷労働の生産物が国に納められたのに対し、到来後はただちに市場で販売され、その売上税が貨幣でスペイン王室に納められるようになったことだった。当初レパルティミエントと呼ばれていた土地と居住者の分配は、一五〇三年にエンコミエンダ制としてカリブ海地域に適用され、文字どおり個人に「委託」された（「エンコメンダール」は委託するという意味）。この措置は公式には「怠惰」と「浮浪」への対策だったが、カトリック信仰の普及とスペイン語の教育とともにインディオを外部の暴力から守る意味もあった。[★16]

　アステカ帝国が滅ぼされたあとのメキシコでは、旧来の貴族に一部かわってスペインのコンキスタドール（征服者）と軍人がエンコメンデロ〔エンコミエンダの受権者〕として統治したが、それ以外は基本的にアステカの登録制度と官僚制度を踏襲した。[★17] もちろん、新しい領主が名目上は自由な農民（スペイン法では彼らは奴隷でも農奴でもない）にどれだけの仕事を要求したかが大きな問題だった。労働量が相当に増加したことは、メキシコ盆地のナワ族の人口が六〇年間で八八パーセント減少したのに対し、アルテペトル（行政単位としての都市国家）の制度が労働による納税とともに維持されて、白人人口が大幅に増加したことから推測できる。その一方で、好ましい結果が得られた例もあった。アステカで行われていた市場向けの自営業が継続、場合によっては拡大さえされたことだ。たとえばメキシコのオアハカでは、レパルティミエント制のもとで先住民が染料のコチニールを生産し、これは十九世紀半ばにスペイン支配が終焉《しゅうえん》を迎えるまでつづいた。メキシコでは一五二五年から一五七五年にかけてエンコミエンダ－レパルティミエントが大規模に展開されたが、スペイン王室は最終的にこの制度を廃止し、一部を金銭で、一部を作物で納める租税方式に変えた。スペイン領アメリカの周辺部では、この変更はもっとあとになってからだった。

メキシコではほかのスペイン領と同様に、エンコミエンダ－レパルティミエントに加えてレパルティミエント・フォルソソ、すなわちコアテキルという強制労働が別にあった。★18　名称が現地語であることからわかるとおり、コアテキルはアステカ時代の制度で、カシーケ（現地語で首長の意）を中心とした農民の一団が公共事業に就かされるものである。スペイン人はこの制度をありがたく受け継いで新首都メキシコシティの建設に適用し、公共施設や教会堂、道路などを建設させたほか、銀の採掘の一部にも利用した。道路建設は新しい主人にとって非常に重要だった。それまでメキシコでは荷運びに家畜が使われていなかったので、運搬はタメーメ、つまり運搬人夫の仕事だった。彼らは二〇キログラム余りの籠荷を額から吊るして運んだ。いまやこの荷はもっと重くなり、労働時間も長くなった。当局は一五三一年に、運搬人は自らの意思により日当一〇〇カカオ豆（一レアル、または八分の一ペソ）で働くべきものとすると命じたが、スペイン人による先住民の酷使は終わらなかった。この強制労働のおもな問題の一つは、労働力不足のときに変則的に課されることだった。労働裁判所の裁判官は、アシエンダ（大規模農園）の草とりや収穫の人手が足りないときに、労働者を二週間割り当てることができたのである。レパルティミエント制は一六三〇年ごろに正式に廃止されたが、コアテキルは一部の地域や鉱山などの分野で十八世紀末までつづけられた。

いうまでもなく、インディオはこの憎むべき強制労働がきつすぎてほかの必要な農作業の妨げになるとか、血も涙もない雇用主や仲介者のために働かなくてはならないといった場合には、たとえ「テーブルの上に銀貨を積まれて」日当を前払いされても、あらゆる手段を講じて逃れようとした。[★19] グアテマラのパリンの役人は、このような仕事に十分な人数を集めるのがいかに難しいかを生々しく語っている。

まず裁判官などの有力者が自ら家々をまわって働ける人物を探し、前金として二レアルか四レアルを渡す必要があるが、彼らは嫌がって受けとろうとしないので、家に金を置いてくるしかないことがしばしばだ。レパルティミエントに指定された日は、哀れな光景が広がる。警官をともなった役人が男たちを取り囲み、それを見て近所の人たちが同情している。女も子供もいっしょになって、罵《ののし》り、罵倒《ばとう》し、悪態をつく。愛する夫と息子がこの仕事から逃れようがないとわかると、絶望していっせいに泣き叫ぶ。まるで牢屋か絞首台に連れていかれるとでもいうようだ。[★20]

エンコミエンダ-レパルティミエントと同様のやり方はスペイン領アメリカの多くの地域にあったが、アンデスのものが最もよく知られているだろう。スペイン人はペルーも征服すると北での悪癖をくり返し、メキシコで試験済みの強制労働システムを採用した。インカ帝国のミタ制を借用したこの制度は、標高四〇〇〇メートルの荒涼たる地にあるポトシ大銀山（ボリビア）の採掘に用いられたことで最もよく知られている。一五四五年にスペイン人が発見したポトシ銀山は世界中にその名が伝わり、産出物の多くは遠くインドと中国で銀貨や鋳塊に加工された。[★21]

インカのこの公共奉仕の徴用制度[★22]は、とりあえずほぼ継続された。一五七二年、副王〔スペイン領アメリカで最高位の王室官僚〕フランシスコ・デ・トレドは、メキシコで採用されていた水銀アマルガム製錬法を導入した。これにより銀の生産が大幅に増大し、たちまち大量の労働力が必要になったのだが、地元では調達しきれなかった。そこでトレドはその目的を達するために、ミタ制を改変してスペイン人鉱山主に十分な労働力の供給を保証した。その条件は生産量の五分の一を税として徴収すること、鉱山労働者は期限つきの強制労働に対して報酬を受けとることだった。半径三〇〇キロメートル以内の一七の州から、成人男性一万四〇〇〇人とその家族、合計四万人がカシーケの引率で徴用された。一六〇〇年ごろにティティカカ湖から四八〇キロメートル離れたポトシへ向かった、この驚異的な大量の一時的強制労働移動の様子は次のようなものだった。

私は二度彼らを見たことがあるが、その数は七〇〇〇人をくだらなかったと断言できる。インディオは一人につき少なくとも八頭から一〇頭のリャマと数頭のアルパカを食用として連れている。その背に食料とトウモロコシとチュニョ（乾燥ジャガイモ）、寝袋、防寒用の藁《わら》布団を載せて運ぶのだが、露営するので道中の寒さはとても厳しいのだ。この動物どもの一団は普通三万を超える……戻ってくるのはわずか二〇〇〇人余りで、あとの五〇〇〇人は死んでしまったか、帰路の動物がなくてポトシか近くの谷間《たにあい》にとどまったのだ。[★23]

鉱山での労働の様子は、同じころにホセ・デ・アコスタ神父が詳細に描写している。

　彼らはこの鉱山で、昼と夜の区別もつかないような永遠の暗闇のなかで働いている。このような場所には陽の光が入らないため、つねに暗いだけでなく非常に寒く、空気はよどみ、とても人間に適した環境ではない。初めて入った人は船酔いしたように気分が悪くなる——私自身がそうだった。心臓が痛み、胃がキリキリしたものだ。彼らは足元を照らすために蠟燭《ろうそく》をもち歩き、昼に働いて夜に休む者、夜に働いて昼に休む者というように分業している。鉱石はたいてい火打ち石のように硬いので、鉄の棒で砕く。その鉱石を背負って梯子《はしご》を昇るのだが、その梯子というのが横木の木片を三本の撚《よ》った生皮でつないだもので、一人が昇っているあいだも別の一人が降りられるようになっている。長さは二〇メートルあり、上端と下端には木製の台があって男たちが休めるようになっている。なにしろものすごい数の梯子が連なっているからだ。一人あたり二五キログラムの銀鉱石を布に包んで背負い、三人ずつ昇る。先頭の者が親指に蠟燭をくくりつけ……両手で梯子につかまりながらずっと昇っていくが、なんと三〇〇メートル以上もあるところが多いのだ——考えただけでも身震いするほど恐ろしい。★24

　実際、ミタヨ〔ミタ労働に就くインディオのこと〕たちがこの苛酷な体制にしたがったのは、鉱山主から相場以下よりはましな額をもらえたからにほかならない。ミタヨとして一週間働けば、自由労働の

ミンガ〔一般労働者のこと〕になって同じ仕事でより高い給金をもらえたのである。[★25]

十七世紀の半ばを過ぎると、ミタ制の労働義務は金納にかえられるようになった。この重税を払えば鉱山へ行く義務を回避でき、多くのインディオが金納を選んだ（ミタ労働はようやく一八一九年にシモン・ボリバルによって廃止された）。こうしてポトシ銀山の主たる労働力はカフチャ〔独立した採鉱労働者〕になった。彼らはアンデスの他の銀山でしていたように、荷を運ばせる自前の動物を連れていた。[★26]

ポトシ銀山における低賃金と高賃金の大量の労働者、銀鉱石の入手、アンデスの不毛の地という条件の組み合わせから巨大な市場とサービス部門が生まれ、そこでのおもな働き手は鉱山によくあるように男性ではなく女性だった。[★27]アンデスの女性たちは生鮮食品や加工食品、それに鉱夫に不可欠なコカの葉などを売った。男たちはコカの葉を噛んで高地での体の不調をやわらげ、空腹をまぎらしたのだ。また、同じ女性たちがチチャ（トウモロコシの酒）を醸造した。アルコール濫用を懸念したことも一つにはあって、当局はインディオとアフリカ人に酒の売買をやめさせてスペイン人女性に売らせようとしたようだが、無駄だった。

アメリカ大陸ではアステカ、マヤ、インカという大帝国のほかにも、諸族が農業を発達させていたが、彼らは中央集権システムをもたなかった。したがって労働の成果は地域で再分配されてしまう。[★28]そこで征服者らは別の手法をとった。カトリック国のスペインとポルトガルの王は、この種の事柄を取りまとめる仕事をおもにイエズス会とフランシスコ会の宣教師に任せたのである。宣教師たちは植民地政府の支援を受けながら拠点を建設し、現地の言語を学び、インディオをカトリックに改宗させようとした。だが、宣教師の活動はそれだけにとどまらなかった。彼らは教会と植民地政府のために先住民に労役を課し、首長を通じてわずかな報酬を現物で支払って、現物課税を含む市場経済を促進した。[★29] 資源の乏しい地域では、村の首長が仲介役として重要な地位を獲得し、新しい支配体制のもとでその力を増していった。ミシシッピ川流域の首長制国家のように人口の密集した地域では、新しい市場経済のかたちと現地に順応しようとする入植者のやり方がもとの国家のそれを覆し、宣教師たちは労働に関して大きな権力をもったが、むろんそれはメキシコとアンデスでのスペイン人権力におよぶものではなかった。[★30]

狩猟採集民の互酬的な労働関係を変えるために彼らを手なずけて教化するのは、それとはまた別の大きい問題だった。[★31] アメリカ大陸での宣教師のやり方は、農業を基盤とした中央集権化していない共同体を取り込むには適していたが、相手が非定住民となるとなかなかそうはいかなかった。ただしこれは、宣教師の干渉がなければ、狩猟採集民はそれまでどおりの生活をつづけられたということではない。現在のアルゼンチン北部からパラグアイとボリビアにまたがるグランチャコには、グアイクル諸族が住んでいたが、スペイン人との最初の接触からじつに一世紀半を経た十八世紀になって、彼らはミシオン〔先住民教化集落。レドゥクシオンとも〕で暮らすことを決意した。

植民者との最初の遭遇で、グアイクルはこれまでのように獲物を狩るほかに、近隣の家畜の馬と牛を略奪し、それらをただちに殺さなくても大きい利益が得られることを覚えた。彼らはキリスト教に改宗した先住民の仲間の不幸に平然とつけ込み、スペイン人やメスティーソ〔インディオと白人の混血者〕の盗品売買業者と取引したのである。しかも馬を乗りこなすようにもなって野生動物や家畜の獲物を増やしたうえに、人間までをも捕らえるようになった。グアイクルはあっという間に変貌した。森や沼地や半砂漠で非定住生活か半遊牧生活をする遠くのよそ者から、早々にミシオンの生活に移行したトウモロコシ栽培の定住者グアラニー諸族とその同志であるスペイン人をあざける戦士になったのだ。

　その後、ほかのアメリカ先住民と同じようにグアイクルも疫病のために多大な損失を被ったが、その人口が十七世紀にふたたび増加しはじめたのは、森の産物であるシカ皮や蜂蜜のほか、略奪した牛や馬、ラバ、捕虜の取引をつづけていたからである。襲撃隊は徒歩やカヌーでやって来る数十人の部隊から数百人の騎馬隊に膨れ上がり、サン・ミゲル・デ・トゥクマン、アスンシオン、サンタフェなどの町を頻々と襲うようになった。しかしこのようなやり方は、同時にグアイクルの衰退を招きもした。入植者が防衛を強化しただけでなく、グアイクルが天然資源を枯渇させはじめたという理由もある。伝統的にアメリカ先住民の狩猟は、生存に必要な獲物だけを狩るというルールに則っており、さらに狩りの獲物には（家畜とは異なり）魂が宿っていると信じられていた。グアイクルはこの感覚を失って動物を売り物にするために乱獲したせいで、一七三〇年代から一七四〇年代にかけて、彼らの大半がミシオン生活をせざるをえなくなったのである。★32

　植物の採集に慣れていたグアイクルの女性は、戦士で狩猟者である男性にくらべれば定住型の農業生活になじみやすかった。一方の男性は新しい仕事のやり方に適応するのにひどく時間がかかった。畑仕事を嫌い、狩りをしたりときおり近隣を襲撃したりするほかは、牧場で働くか、鍛冶や大工仕事や荷車づくりなどをした。[★33] どこのミシオンも、牛などの家畜や道具や衣類を補助されて幸先よくスタートした。新しい宗教を教える聖職者のほかに、スペイン化したペオン〔低賃金の労働者〕が新しい働き方の手本や指導員として雇われた。運営に成功した大きいミシオンでは、グアイクルのリーダーらがこうした父権的な支配に抵抗し、共同体の生産物を好きなように外部の人間に売った。

ブラジルの先住民と植民者の対立の歴史は、もっと劇的だった。[★34] さまざまな興味深い適応の例も確かにあるが、圧倒的に多かったのは絶滅という現実である。植民者は南部と北部でサトウキビ用の土地を、その中間でヨーロッパの皮革産業向けの皮革を生産する牧場を必要としていた。そこで先住民の労働力を求め、あらゆる手段をもって獲得しようとしたが、すなわちそれは原則として強制労働と奴隷化ということだった。パウリスタ（「サンパウロ住民」の意）、白人、マメルーコ（インディオとポルトガル人の混血者）のやり口は悪名高く、彼らはブラジルの中部や北部で雇われて先住民を捕獲することさえした。一五八五年のサンパウロの町の評議会は、奴隷なしではいかにやっていかれないかを嘆いている。

> ここは人口激減で危機に瀕している。［白人］住民には以前のように彼らに仕える［インディオの］奴隷がいないからだ。これは多くの病気の結果であり……過去六年間

にこのカピタニア〔ポルトガルがブラジル植民地を貴族に分封して世襲の統治権をあたえた制度、またはそれにもとづく行政単位〕で二〇〇〇人以上の奴隷が死亡しているのである。この地はこうした奴隷の働きで高貴な地になり、入植者は奴隷を使って立派に自活し、多くの収入を得たのだ。★35

数十年後、「ブラジル史の父」と呼ばれるフレイ・ヴィセンテ・ド・サルヴァドールは、次のように記している。

　このようなごまかしと首長への衣類や道具の贈り物で……彼らは村中をその気にさせた。だが、ひとたび海の見えるところまで連れてくると、親子、兄弟、場合によっては夫婦さえも引き離した……彼らは領地でその人びとを使い、また売る者もいた。買った者は彼らが最初に逃亡［しようと］したり、落ち度があったりしたときに顔に烙印を押した。そして金がかかっているのだから、これは奴隷だと主張した。★36

その後何世紀にもわたってこのようなことがくり返された。甘言、捕獲、虐殺、強制労働、疫病による大量死が原因で、ブラジル先住民はほぼ死に絶えてしまった――それでもなんとか武装して激しく抵抗する者は多く、一部の宣教師や役人も状況を改善しようとした。

自由賃金労働と独立労働のかたち

　このような初期の搾取、奴隷化、大規模な人口減少が全体にもたらした結果は何だったのだろうか。アメリカ大陸のいくつかの重要な地域については、答えることができる。十六世紀後半から、ヌエバ・エスパーニャ副王領（メキシコ）の地方人口は約半分が村の取り決めのもとで生活する小農で、あとの半分はスペイン人とその子孫が所有する大農園で働く農業労働者だった。一六二〇年までに、メキシコ盆地の農地の少なくとも半分はスペイン人植民者にあたえられた。植民地の一部の地域では、小農世帯が農村工業に従事してもいた。キトとその周辺の農家の紡ぎ手と織り手は輸出用に生産していたため、ミタ労働を免除された。北アメリカ東部の白人入植地にくらべて賃金が低かったのは、旧大陸に原因が見出される。イギリスの実質賃金のほうがイベリア半島のそれよりもずっと高かったのである。新大陸の南部へやってきたスペインとポルトガルの平民は、本国での境遇を脱しただけであっさり満足してしまい、それがメスティーソと先住民の賃金基準を決定した。★37

　メキシコの銀山では、鉱山労働者（一六〇〇年ごろは合計一万人、一七五〇年ごろは五、六万人）の三分の二が賃金労働者だった。賃金は出来高制で決定され、一部は硬貨で、一部は銀鉱石で支払われた（パルティド制）。このことは地方で小銭を中心に現金が全般的に不足したことに関係していたかもしれないが、労働者はパルティド制を嫌っていたわけではない。むしろ雇用主が廃止しようとしても労働者のほうが激しく抵抗した。一七六六年にはパチューカ近郊のレアル・デル・モンテで反乱が起こり、ストライキがつづいた。結局、当局にとっては出来高払いであることが肝心なので、これまでどおりの報酬体系を変えることはなかった。[38] ポトシ銀山の報酬体系との類似性は明らかで、のちにコロンビアとブラジルで金の採掘が急増したときとは対照的だった。そこでは奴隷労働が普通だったのである。[39]

最後に述べておくと、賃金労働者と自営職人のほとんどは都市に住んでいたが、ここには二つの特徴がある。都市居住地が大陸全体に非常に不均一に分布していたこと、都市労働者のなかでも自由労働者と非自由労働者のあいだに競争があったことだ。[40] のちにブラジルになる地域では、ポルトガル人はアステカやインカのような大帝国に遭遇することがなく、農業も西の地域にくらべるとはるかに未発達だった。先住民の多くは狩猟採集で暮らすか、それに焼き畑式の農業を加えて自給自足の生活をしていた。そのため定住して農業を営むポルトガル人、また一時はオランダ人も、この地で一から独自の社会を築かなければならず、ポルトガル領アメリカはスペイン領アメリカにくらべて都市化が遅れたのである。一六九〇年代にミナス・ジェライスでゴールドラッシュが起こるまでは、最初の首都サルバドール・デ・バイアやサンパウロなど、数少ないブラジルの町は、メキシコシティやキト、リマ、ポトシなどの大都市とくらべるべくもなかった。また、自由だが報酬も技能も低い職人と家事奉公人は、同じような仕事をする奴隷と競争しなければならなかった。都市部の数少ない工業施設はおもに繊維工場とタバコ工場で、植民地当局によって設立されたのは十八世紀末の数十年間である。一八〇〇年ごろのメキシコシティのタバコ工場では約五〇〇〇人の労働者が働いていたが、慣例的な従業員手当の廃止とノルマ増に抵抗した女性労働者（工場の半数以上）

がストライキを起こして有名になった。しかし、ヨーロッパおよびアジアと同様に、アメリカ大陸の自由賃金労働者は一般に小さい労働単位で働いていた。

アメリカ大陸のプランテーションにおける動産奴隷制

ここまでラテンアメリカの奴隷制とその他の非自由労働について、ひととおり検討した。近代初期のアメリカ大陸で奴隷制が広く普及していたのは確かだが、支配的だったのはカリブ海地域とブラジルである。スペイン人は本国で奴隷制をよく知っていたが、新大陸では採用していなかった。唯一の例外は「正戦」で捕らえた捕虜と犯罪者だが、その数が少なくなかったことには注目すべきである。★41 事実、一五二一年から一五二四年のあいだに、少なくとも二万五〇〇〇人の男女がヌエバ・エスパーニャ副王領で売られ、その後も数万人が売買されている。そのほとんどは金鉱に雇われ、エンコミエンダ制で徴収された物納税の再分配というかたちで基本的な食料を支給された。先住民を襲った疫病の難は奴隷にも降りかかり、奴隷の価格は四～五ペソ（一五二七～二八年）、五〇ペソ（一五三六～三八年）、二〇〇ペソ（一五五〇年）と高騰《こうとう》した。

先住民奴隷はアフリカからの奴隷と同じくらい高価になり、その結果、アフリカ人奴隷がメキシコでも輸入されるようになった。またイスパニョラ島（のちにハイチとドミニカ共和国になった）では、一五一四年の時点で奴隷の数が白人の数を上まわっていた。★42 一五四八年に先住民の奴隷が廃止されたことを受けて、メキシコへのアフリカ人奴隷の輸入が拡大され、奴隷は銀山（一六〇〇年に約一〇〇〇〇の銀山があった）や繊維工場で使用された。

メキシコやその他のほとんどのスペイン領アメリカでは、アフリカ人奴隷は数としてはわずかだったが、カリブ海とその本土沿岸（宗主国がスペイン、フランス、イギリス、オランダ、デンマークのいずれでも）およびブラジルは、労働力を奴隷に大きく依存した。カリブ海地域の奴隷はおもに砂糖プランテーションで働かされた。ブラジルではプランテーションでの労働に加えて鉱山での労働もあり、実質的にはほぼすべての種類の仕事に従事させられた。★43

ローマ教皇が世界をスペインとポルトガルに分割したトルデシリャス条約（一四九四年）により、ポルトガルは運よくアフリカとブラジルの両方を開発する独占権を獲得した。奴隷を購入する地域と、使用する地域をうまく結びつけることができたのだ。こうしてスペインは、黒人奴隷の調達をポルトガルに頼ることになった。一五一八年、スペインは領内に奴隷を輸入しようとする者に政府の許可状（アシエント）を出すことにした。アシエントとは、商人や商社が一定期間に一定数の奴隷（原則として一許可状につき三〇〇〇〜五〇〇〇人）を調達する独占契約のことである。これがようやく廃止されたのは一八三四年のことだった。

先住民の絶滅が最も激しかったブラジルには、当時最大の奴隷国になることを決定づける条件がそろっていた。ポルトガルが大西洋の諸島で奴隷を使役した農産業を経験していたこと、気候が砂糖プランテーションの経営に適していたこと、大西洋の対岸のギニアからアンゴラにかけての沿岸に奴隷収容所を建設できたことなどだ。★44　一五三二年に、サンビセンテ行政区（現在のサンパウロが属する地域）にサトウキビが導入され、一五五九年にポルトガル国王は、すべてのプランテーション農園主にコンゴから最大一二〇人の奴隷を輸入することを許可した。一五七〇年には、アメリカ先住民を奴隷にすることを正式に禁止し、これによってアフリカからの奴隷の大量輸入に門戸が開かれたのである。

一般にプランテーションの敷地は四つに区分けされ、サトウキビ栽培地、労働者に食べさせるユカ（キャッサバ）やプランテン〔料理用バナナ〕などの作物栽培地、薪《まき》づくりのための森、牽引動物や肉牛のための牧草地にそれぞれ充てられていた。サトウキビは毎年か一年おきに植え直すのが普通だが、ブラジル北東部の沿岸の環境はその期間を二〇年にも延長できた。刈り取りが最も重要な作業で、一年のうち一〇か月から一一か月のあいだつづけられた。男女二人が組になって作業し、主人の愛顧と報酬を競いあう。一人がサトウキビを刈り、もう一人が余分な葉を落として束ね、積み重ねていく。こうして収穫したあと、サトウキビは牛車で工場へ運ばれた。もとは石の平臼でサトウキビを粉砕したが、その後ブラジルで圧搾機が改良され、直立させたローラーを横木につないだ牛か、できるところでは水車でまわした。動力に風車が使われたのはバルバドス島とその周辺の島々だけだった。

この工程で得られた搾汁は、大釜で煮沸された。奴隷は八時間の畑仕事のあとに工場で働かなくてはならなかった。プランテーションのもう一つの重要な作業は、昼夜を通して火を絶やさないように薪にする木を切ってくることだった。刈り取り後のサトウキビは、早く処理しないと発酵して糖分が失われてしまうからである。製糖工場が静かなのは、新しいサトウキビの荷車が到着するのを待つ、朝の短い時間だけだった。糖汁と糖蜜は釜で三度煮沸したあと、円錐形の粘土型に流し込み、水分を飛ばして結晶化させる。最後にこの棒状の砂糖を砕き、六二五〜七五〇ポンド（約二八〇〜三五〇キログラム）入りの箱に詰めてヨーロッパへ輸出する。このような主たる製造工程のほかに、各プランテーションには大工、鉄工、料理人、果樹園の管理人、洗濯婦などが必要で、小さい農園でも合計五〇人、通常は数百人の労働者を要した。

砂糖の価格が高い時期には、奴隷の購入と維持にかかる費用は二年で回収できた。利益の薄い時期には四年かかったが、どちらにしても奴隷の所有者には労働者を大切に扱ったり子供を育てさせたりしてもなんら得はなかったので、不足すればただ新しい奴隷を買うだけだった。このような状況は一八〇〇年ごろまでつづいたが、そのころになると奴隷制が廃止されるか、少なくともそのおそれが出てきたため、奴隷の値段が上昇した。★45

北ヨーロッパの国で初めてアメリカ大陸での砂糖プランテーション経営に乗り出したのはオランダである。★46 スペイン国王（一五八〇年から一六四〇年までポルトガル国王も兼任）の支配に対する抵抗をつづけていたオランダは、一五九五年からニシンの保存に必要な塩をイベリア半島から購入できなくなり、ベネズエラへ向かった。そして、あらゆる産品を密輸するうちに新大陸をよく知るようになった。スペインとの一二年間の休戦（一六〇九〜一六二一年）ののち、オランダ西インド会社が設立され、ブラジル北東部とポルトガル領アフリカの戦略的に重要な地域を獲得し、数十年にわたって支配を維持した。オランダは多くの点で先人にならい、奴隷貿易と砂糖プランテーション経営に進出してアフリカ人奴隷を働かせた。その際に重要な役割を演じたのがオランダの「ポルトガル系ユダヤ人」である。ポルトガルで強制的にカトリック教徒に改宗させられて新キリスト教徒と呼ばれ、オランダに避難してユダヤ教に戻った人びとだ。彼らのなかで強力な国際貿易ネットワークを維持している者たちが、オランダの征服した旧ポルトガル領で影響力をもつようになったのである。そこにスペインから一六三四年に奪ったキュラソー島とその他のカリブ海の島を加えることもできる。オランダ人は一六五四年にブラジルから追放されると（その間も西アフリカの拠点は維持した）、カリブ海（とくにスペインへの奴隷供給地だったキュラソー）とギアナ地方（スリナム、デメララ川流域、ベルビス川流域で奴隷制プランテーションの経営を開始）に目を向けた。

また、オランダ人は新しく体得したことをフランス人とイギリス人に教え、イギリスとフランスも西アフリカに交易所を建設し、カリブ海で砂糖などのプランテーション経営をはじめた。[★47]これら北方からの新参者は、地中海沿岸で一般的だったように自国に奴隷を導入することはなかったが、たとえばイギリスのように独自の労働関係を利用するところがあり、それが新大陸に重大な影響をもたらした。最初のイギリス人植民者は、早くから労働力を本国から移住してきた者に頼ろうとした。移住者の大半はカリブ海地域や北アメリカに伝手《つて》も資金もなくやってきた（一六二四年に最初にセント・キッツ島に、つづいて一六二七年にバルバドス、北アメリカでは一六〇七年にバージニアに入植した）。いずれにせよ、新植民地では主従に関する厳しい法があった。[★48]契約違反への罰則が含まれていたのである（北アメリカでは、女性奉公人の「姦淫《かんいん》」や「婚外子出産」への罰則もあった）。しかも入植者はかならずといっていいほど、植民地までの船賃の借金を負って到着した。このことは船長から彼らの新しい雇用主に伝えられ、労働契約に記録された。おもな契約内容は、年季契約労働者は主人のために無給労働をし、かわりに主人は病気のときも含めて食事と部屋をあたえることに同意するというものだった。

このような債務とは別に、本国からやってくるこうした労働者は主人に長期間拘束されることになった。一六四二年に、バージニア植民地は年季契約書をもたずに移住する奉公人に対し、二十歳以上は四年、十二歳以上は五年、それ以下は七年の法定労働年限を初めて規定した。[★49]カリブ海地域では白人の死亡率がきわめて高く、したがってヨーロッパからいくら大勢の移民が来ても、本当の自由労働者はごくわずかということになる。だが、寒冷で穏やかな気候の北アメリカでは事情が違い、多くの年季契約労働者が契約を満了するまで働き、その後は自由に職業や主人を選んだ。契約違反に対する刑罰はアメリカ合衆国で十九世紀初めにようやく廃止されたが、白人の労働者や職人は黒人奴隷との違いを強調することで、古い英国法による無給の奉公人という身分の汚名からなんとしても解放されようとした。たとえばバージニア植民地では一七〇五年に、「キリスト教徒の白人奉公人を裸で鞭《むち》打つ」ことが公式に禁止された。[★50]

バルバドスでは、イギリス人の年季奉公人に三年または五年契約でタバコと綿花を栽培させるという面倒な時代が五〇年つづいたのち、多くの奉公人が契約を終えて小農になった。[★51]その後、農業労働をするのはアフリカからの奴隷（しだいに安価になった）になっていった。一六四〇年当時、白人の年季奉公人を雇う平均費用は、奴隷の二五ポンドに対して約一二ポンドだった（ただし、ここに食事と住居と衣類の費用が加算され、さらに白人労働者は契約終了時にタバコと土地での支払いを要求した）。奴隷が年季契約労働者にくらべて高価であるかぎり、バルバドスでは何も変わらなかった。だが、奴隷の価格が一六七〇年には一五ポンドに、一六八三年には一二・五ポンドに下落した。しかも奴隷は永久財産になり、売却することもできたし、維持費も年季契約のヨーロッパ人にくらべて安価になった。こうしてバルバドスには瞬く間に奴隷制砂糖プランテーションが点々とでき、小さい農園を吸収して資本の集中過程が進んだ。

カリブ海のイギリス領で最大のジャマイカと、小さい島々からなるリーワード諸島でも同じことが起こった。イギリス人はジャマイカを一六五五年にスペインから奪取し、当初はそこでカカオ豆を栽培しようとしたが、バルバドスと同様にジャマイカも大規模な砂糖プランテーションの島になり、一六七三年には奴隷のプランテーションが自由白人のそれを上まわった。五〇年後、一万人未満だった奴隷の数は八万人以上に増加していたのに対し、白人の数は横這いだった。奴隷人口はその後四〇年でさらに増え、一七六〇年には一七万三〇〇〇人に達した。白人人口の一〇倍、イギリス領西インド諸島の全奴隷のほぼ半数に相当する数である。平均的なプランテーションで、奴隷の数は二〇四人だった。フランス領のサン・ドマング（のちのハイチ）だけがそれよりも多く、五〇万人近い奴隷がいた。これはブラジルとほぼ同じである。キューバの奴隷人口はまだ比較的少なかったが（一七八〇年に六万五〇〇〇人）、急速に増加しつつあった。[★52] 十八世紀末にブラジルとカリブ海地域に次いで奴隷の数が多かったのはアメリカ合衆国で、ここでは一六八〇年代ごろから中規模と大規模の邸宅で年季奉公人にかわって奴隷が使用されるようになった。一七九〇年には七〇万人の奴隷が働いており、その九四パーセントはメリーランド州と南部地域でおもに輸出作物のタバコと米の栽培に従事し、一七九〇年からはそこに綿花などが加わった。

アメリカ大陸の労働関係は、先住民とアフリカから連れてこられた奴隷、その他多くの人びとの大きな苦しみを代償にまったく様変わりした。アメリカ先住民にとってコロンブス到達からの一世紀が最も残酷な時代だったが、彼らの苦難はそこで終わったわけではない。それでも一六〇〇年ごろまでに、小農と賃金労働者による市場向け労働がそれまでの労働関係に取ってかわっていた。同時にアフリカからの奴隷輸送も増加し、十八世紀の最後の四半世紀には二〇〇万人の大台に乗った。アメリカ大陸における奴隷の需要はこれで明らかになっただろうが、では供給側はどうだったのだろうか。そうなるにはアフリカで何があったのだろうか。

大西洋奴隷貿易における供給源としてのアフリカ

アフリカの労働の歴史は、奴隷制とアフリカ大陸内外への奴隷輸送を抜きにしては語れない。だがそれは、もっと多くのものを象徴している。アフリカの労働史の全体像を把握するために、まず環境条件の基礎を知っておこう。サブサハラ・アフリカは、労働集約型農業と工業化の多様なかたちが見られた南アジア（および東南アジア）の熱帯、亜熱帯地域とはあらゆる面で正反対だった。アフリカの人口密度は他大陸よりもずっと低く、一七五〇年で一平方キロメートルあたり約四人と、西ヨーロッパの六分の一である（一つには平等主義的な農業が根強くつづけられたことが関係している。第7章「世帯間の社会関係」の節を参照）。鉄器を使った集約的な農業が知られていなかったわけではないが、それが広がらなかったのは次の理由による。

多くの土地が不毛であっただけでなく、肥沃な土壌も通常は層が薄く、耕起や長期の耕作で容易に痩《や》せてしまう……そのうえ風土病の睡眠病〔アフリカトリパノソーマ症。ツェツェバエが媒介する人獣共通感染症で、進行すると錯乱、昏睡、死にいたる〕の心配があるせいで、農作業にも輸送にも大型動物を使えなかった……そこで人間の運搬人が唯一の輸送手段だった。そして何より、一年のうち数か月は農業生産の重要な要素である土地を使えなかった。乾季の盛りには農作業は何もできないということだ。[★53]

輸送の問題は貿易の足枷《あしかせ》にもなった。人力による輸送では長距離の取引が他大陸よりもはるかに高くつき、そのため職業の専門化が進まなかったからである。狩猟採集が他の大陸よりも長く維持されたのは意外なことではないが、自給自足で事足りていたなどと思ってはいけない。たとえば、象牙、蠟燭用の蠟、ゴムなどが世界市場向けに輸出されていた。[★54]

このような自然条件から、サブサハラ・アフリカに三つの重要な結果がもたらされた。第一に、農作業は世界の他地域よりも季節による差がはっきりしていた。第5部の時代には、運搬用動物や牽引動物が全般的に不足した乾季以外は、総力を挙げて生産にあたった。「アジア産、あるいは大西洋横断貿易の開始後は新世界原産の輸入作物や外来品種（プランテン、トウモロコシ、キャッサバ、カカオ豆など）を選択的に栽培した」[★55]ことで、労働生産性は長期的に見て上昇した。

第二に、仕事のない乾季の三か月間に何をするかという問題の解決策を見つけなければならなかった。紡績、製織、鉄器製作、その他の手工業などが、農業で暮らす共同体（ここではあえて狩猟採集民を除く）にできることの候補になった。一四〇〇年ごろのジンバブエは、アフリカ市場向けの銅の採掘とインド洋航路で輸出する金の採掘がピークを迎えた。西アフリカの一部でも、危険な金の採掘が行われていた。農業ほどではないだろうが、ここでも男女の分業がはっきりしていたので、女性の労働力が非常に重要だった。たとえばベナンでは、製織をしたのはみな女性である。製織を男性の仕事とするアフリカの他地域では、八人から十五人の紡ぎ手がいなければ製織は成り立たなかった。これと比較すると、金属生産に従事する男性の数はごくわずかだった。鉱石の溶融に使う燃料用の木の伐採は通常男性の仕事で、とくに狩猟採集民の男性が携わった[★56]。

第三に、このことから十八世紀から十九世紀には、アフリカの共同体では労働力が不足したときであれ余剰が出たときであれ、妻でも子供でも捕虜でも、とにかく人を確保することが重視されるようになった。一年の大半はとくに男性の労働力が供給過剰になり、支配層は北方や東方から来る奴隷商人に、十五世紀以降は通過するヨーロッパ船に、余剰の労働力を奴隷として売ることにうまみを見出すようになったのだ。後述するように、この取引は非常に有利だったため、奴隷貿易は副業から本業になっていった。一方、一七〇〇年近くまでおもに金にあったヨーロッパ人のアフリカ産品への関心も、いまや奴隷に向けられていた。こうしてこのプロセスは放っておいても勝手に走りだし、次は西へ向かって加速して四世紀ものあいだつづくことになったのである。アフリカ人奴隷の市場は三つあった。すでに取り上げたアメリカ大陸、アラブ世界（インド亜大陸にまで広がっていた）、そしてアフリカ大陸内である。そのどこでも奴隷は労働力として需要があったが、使用の形態は異なっていた。[57]

サハラ砂漠を渡る奴隷の輸送は、八世紀のアフリカのイスラム化とともにただちにさかんになったわけではないが、その後の数世紀にイスラム圏が拡大したことが大きい動因になって確立されたのは確かである。[58]古代ギリシャ・ローマ時代にはサハラ砂漠が地中海世界と熱帯アフリカのあいだの大きな障壁になり、二つの地域の接触はナイル川と紅海のルートにかぎられていたが、イスラム教の普及がそれを変えた。サハラの南北にイスラム国家が誕生して宗教と文化の両面で結びつきが生まれ、奴隷貿易と巡礼などで交易と交通がさかんになったのである。キリスト教徒は捕虜を奴隷にすることを「正戦」で正当化したが、イスラム学者も奴隷制と奴隷取引を支持する論拠を見出した。サハラ南端のトンブクトゥ出身のアハメド・ババ・アル・マスーフィは以下のように論じている（一六一四年）。

奴隷にされる理由は［イスラム教の］不信仰であり、スーダン人の不信仰者は、キリスト教徒、ユダヤ教徒、ペルシャ人、ベルベル人など、なんとしてもイスラム教に帰依しようとしないカーフィル［イスラム教徒が非イスラム教徒を罵倒する際に用いられる言葉］に等しい……カーフィルはその点でみな同じなのだ。不信仰の状態で捕らえられた者は、誰がそれを所有しても合法であるが、進んでイスラムに改宗したならば、そうではない。

同じ論理で、イスラム教徒が非イスラム教徒に奴隷を売ることも厳しく禁じられた。[★59]八世紀から一〇〇〇年以上のあいだにアフリカから北と北東へ陸路で運ばれた奴隷の数は、十五世紀からの四〇〇年間にアメリカ大陸へ運ばれた数の半分以上に相当すると推定されている。これもかなりのものに思えるが、後者の大西洋奴隷貿易の規模は、中世以前の五倍にものぼった。

この二つの奴隷貿易ルートには、それぞれに送られるアフリカ人奴隷の出身地など、ほかにもいろいろ違いがあるが、その規模の差については輸送手段の違いが主たる要因である。北へ向かうアフリカ人奴隷のほとんどは、新しい仕事の場まで砂漠を歩いていかなければならなかった。アラビアとペルシャとインドへ船で輸送されたのは、エチオピア（とくに十三世紀から十七世紀にかけて）、ソマリア、のちには東アフリカの沿岸地域で捕獲された奴隷だけだった。サハラ南部がイスラム化したもう一つの重要な影響は、西アフリカに国家が形成されたことである。これらの新しい国家（最初にガーナが興り、それをマリが吸収し、さらにその後、最大領土のソンガイ帝国がマリを吸収した）は、南の「異教徒」、すなわちアニミズム信仰の隣人から戦争捕虜を獲得した。捕虜の一部は熱帯林に逃げ込んだが、そうでない者は奴隷にされないようにイスラム教に改宗した。イスラム教徒がイスラム教徒を奴隷にすることは禁じられていたからである。★60

先述したように、オスマン帝国の進出で北方の奴隷市場が閉鎖されたため、中世末にアフリカ人奴隷の需要が高まった。とくに奴隷を必要としたのは、地中海から大西洋の島嶼《とうしょ》に広がった新しい砂糖プランテーションである。アフリカ沿岸を徐々に南下して西アフリカに到達したポルトガル人は、内陸部の供給連鎖《サプライチェーン》に連なる奴隷商人に遭遇した。それ以降、交戦中のアフリカ各国は捕虜を北と南の両方に売ることができるようになった。そして南がどんどんシェアを拡大していくことになる。大型船をもち、かつアメリカ大陸で奴隷の需要のあるヨーロッパ人は、いくらでも奴隷がほしかったからだ。

十四世紀から十七世紀にかけて、紅海とインド洋を渡るエチオピアなどの東アフリカ出身のアフリカ人奴隷の需要はおおむね安定していたが、ポルトガル人がエルミナとサン・トメ島に入植してから、アフリカ大陸の西側での需要が高まった。当初、ヨーロッパ人の強い関心はおもにほかのものに、すなわち金にあった――金の貿易は昔からモロッコ人が独占し、彼らはセネガル川やガンビア川、ボルタ川周辺の金鉱からサハラ砂漠を経由して金を輸入していた。西アフリカの金と奴隷の輸出は、主として銅（通貨としても使用される棒や指輪のかたちの銅）と、そのほか鮮やかな色の布や通貨に使うタカラガイやビーズなど、さまざまな物品の輸入で収支バランスがとれた。[★61]大西洋とアフリカの島々（サン・トメ島とプリンシペ島）を皮切りに、さらにブラジルでも砂糖プランテーションが発展したことで、金や象牙などのアフリカ産品の需要は「黒い黄金」と呼ばれた奴隷の需要に追い越された。

十六世紀のあいだに、非自由労働をさせられたアメリカ先住民がアフリカ人に取ってかわられたことはすでに述べたとおりである。大西洋奴隷貿易は一六〇〇年を過ぎると激増し、サハラ縦断ルートを凌駕《りょうが》するほどになった。ポルトガルだけでなく、オランダ、さらにイギリスも参入し、のちにはフランスやその他のヨーロッパ諸国もつづいた。数世紀にわたって一二六〇万人の奴隷がアフリカからアメリカ大陸へ運ばれたが、その半数が十八世紀に集中している。最終的にブラジルに抜かれたポルトガルが半分近く、イギリスが四分の一以上、フランスが一〇パーセント以上、オランダが五パーセントという内訳である。[★62]これらの主役級の国にくらべれば、ほかの国々の取引量はとるに足らないものだったが、イギリスが一八〇七年に大西洋奴隷貿易を廃止したあとは、ブラジルとアメリカ合衆国が最大の奴隷輸入国として奴隷貿易を支配することになった。

アフリカの黒人が捕虜にされてから奴隷として働きはじめるまでの不本意な長い旅の最後の段階は、意外なほど静かに過ぎていった。実際、奴隷を運んで大西洋を横断する航海は三万六〇〇〇回が記録されているが、そのうち反乱が起こったのは五〇〇に満たない。[★63]おそらくそれまでに何度か脱出を試みながら、多くの者がこの期におよんであきらめてしまったのだろう。そうでない場合も、悲惨な結果に終わるのは避けがたかった。集団自爆で終わることさえあったのだ。ゼーラント州（オランダ奴隷船の七〇パーセントの本拠地）ジーリクセーの港から出航したネプトゥヌス号の場合がそうだった。ネプトゥヌス号は一七八四年から一七八五年にかけてシエラレオネからガーナにかけての沿岸の港で奴隷を買いつけたが、この取引はあまり順調に進まず、時間がかかりすぎた。しかも船員は不機嫌で、奴隷は反抗するそぶりを少しでも見せただけで厳しく罰せられた。一七八五年十月十七日、ようやく二〇〇人の奴隷が自由アフリカ人にカヌーで船に運び込まれて大西洋を横断する準備が整ったとき、奴隷たちは蜂起して船を乗っとった。船員は自由アフリカ人とともに隙をうかがって逃げだした。奴隷は船を占拠したが、反乱奴隷をオランダに売り戻すおびただしい数のアフリカの海難救助会社にねらわれた。イギリスの奴隷船と自由アフリカ人の何十艘ものカヌーが手を結んで反乱を制圧しようとしたとき、奴隷たちは火薬に導火線をつけて船を爆破した。ほぼ全員が死亡し、追っ手も含めて四〇〇人が命を落とした。犠牲者の数から見て、これはヨーロッパの奴隷船で起こった最も悲劇的な反乱である。労働史においては、ネプトゥヌス号の乗組員と反乱を起こした奴隷だけでなく、逃げようとした奴隷を捕らえた自由アフリカ人の役割も重要な意味がある。非自由労働があたりまえのこととしていかに深くアフリカに浸透していたかを示しているからだ。

それでも、大西洋奴隷貿易はもっと大きなドラマの一部にすぎない。これまで見てきたとおり、奴隷にされたアフリカ人は大西洋のほかに中東やインド洋方面にも輸出された。

一五〇〇年から一九〇〇年までに、二〇〇〇万人を超えるアフリカ人奴隷のうち、およそ三分の二は大西洋を渡って西へ、三分の一は北と東へ運ばれた。[★64] だが、捕らえられた黒人の総数は、もっとずっと多かったに違いない。多くは内陸部から海岸までサハラ砂漠を越えて長い距離を歩かなければならなかったからである。奴隷船に到着するまでの死者数は膨大で、一説によれば四〇〇万人ともいわれている。[★65] それにアフリカで使用された奴隷も大勢いた。生き延びた奴隷のうち、一八五〇年までは三分の一が、一八八〇年以降は全員がアフリカから出なかった。これらを含めれば、一五〇〇年から一九〇〇年のあいだに、ゆうに三〇〇〇万人のサブサハラ・アフリカの黒人が捕らえられたということになるのである（大西洋を渡ったのが一二五〇万人、北と東に六〇〇万人、アフリカを出る前の犠牲者が四〇〇万人程度、アフリカ内に八〇〇万人程度）。

アフリカへの影響はどうだっただろうか。一言でいえば「甚大」だった。奴隷にされた三〇〇〇万人はいうまでもなく、彼らを捕らえ、監督し、輸送するという汚れ仕事をする人びとにとってもそうだ。[★66] 想像にかたくないが、この影響は地理的に非常に偏っていた。沿岸地域が内陸地域よりもねらわれやすかったからばかりではない。まず、西アフリカでは一六〇〇年以降、北方に捕虜を輸出していたアラブ商人が西へ奴隷を運ぶヨーロッパ人に追い抜かれた（ただしアラブ商人もそれであきらめたわけではない。数世紀にわたって、数百万人が同時に両方の目的地へ向かわされた）。次に、「西アフリカ中央部」沿岸には北のロアンゴから南のベンゲラまでのあいだに、ルアンダ（二八〇万人）、カビンダ、マレンボという主要な船積み港があった。合計五七〇〇万人の男性、女性、子供が、直線距離で南北九〇〇キロメートルにも満たない地域から連れ去られた。この沿岸地域は、コンゴ川流域とともに最も危険にさらされたのだ。[★67]

奴隷にされた何百万、何千万の人びと――恐ろしい数字だが、その一人ひとりが人間なのである。そのうちのごくわずかな者だけが、自らの囚われの物語を人びとの耳に届くように語ることができた。その特別な証人の一人が今日のベナンにあたる地域出身のイシャ・ヨルバ人、オルアレ・コソラである。コソラは十九歳のときに、ダホメ王に捕らえられた。それからアメリカの奴隷商人に売られ、南北戦争末期の一八六〇年から一八六五年までプランテーションで強制労働をさせられた。コソラはその物語を一九二七年から一九二八年に、ハーレム・ルネサンス運動〔一九二〇年代～三〇年代にニューヨーク市のハーレム地区でさかんになったアフリカ系アメリカ人の文化芸術運動〕の代表的作家であるゾラ・ニール・ハーストンに語った。

> 夜が明けるころだった。眠っていた人たちが大きな音で目を覚ました。ダホメの連中が大門を破ったんだ。私はまだ起きていなかった。まだ寝床にいた。門が壊される音が聞こえる。兵士が門を叩き壊しながら叫ぶ声が聞こえる。そこで私は寝床から飛び出して外を見てみた。フランスの銃と大きなナイフをもった大勢の兵士がいるのが見えた。女の兵士もいて、大きなナイフをもってわめきながら走っている。人びとを捕まえて、ナイフでこんなふうに首を切って頭をねじったら、首からとれてしまった。ああ、主よ、

主よ。

どんどん人が殺されるのを見たよ。殺意のかたまりのような人たちを見たよ。年寄りを家から逃がしてやろうとしたが、ドアのところで死んでしまって、女兵士が頭をとっていった。ああ、神様！

みんな茂みに隠れようとして門まで走ったんだ。わかるだろ？　門にたどり着けなかった者もいる。女兵士が若いやつらをひっ捕らえて手首を縛った。男だって、あのダホメの女兵士ほど強くない……。

一つの門には誰もいないようなので、私は急いで茂みに向かって走った。ところがダホメの男もそこにいたんだ。門を出たところで私をつかみ、手首を縛った。私はどうか母のもとに帰してくださいと懇願したが、彼らは聞いてくれない。彼らは私をほかの人たちといっしょに縛った。

私たちの王が死んだのを見て、私は兵士から逃げようとした。茂みに逃げ込もうとしたが、着く前に追いつかれた。ああ、神様、神様！　そのときのことを思い出すと、もう泣くまいと思う。目は涙を止めても、心のなかではずっと涙が流れている。男たちに引っ張られ、私は母の名を呼ぶ。みんながどこにいるのかわからない。私はうちの家族を捜しに行かせてくれと懇願した。兵士は泣き言には耳を貸さないといった。ダホメの王は売る奴隷を狩りに来たんだ。それで私を縛ってほかの人といっしょに列に並ばせた。

ちょうど太陽が昇りはじめた。

一日中歩かされた。太陽がとても暑い！……

三週間そこにいて、白人がダホメの男を二人連れてバラクーン〔奴隷の待機所〕に来た。一人はダホメの首長で、もう一人は首長の言葉を私たちの言葉に変える男だ。彼らはみんなを輪のなかに立たせた――一つの輪にだいたい十人ずつついた。男は男、女は女の輪だった。それから白人はじろじろ見る。皮膚、足、脚、そして口のなかをよくよく見た。そして選んだ……一三〇人を連れていった。★68

もし買い手の好みで決められるなら、アメリカのプランテーションには屈強な成人男性のみが輸送されただろう。しかし、ヨーロッパ船はアフリカの商人が売りたいものに完全にしたがったので、女性が全体の三分の一を占めることになった。時とともに男性の割合が増えていったのは、価格の高騰に関連してのことだろう。一七〇〇年から一七五〇年のあいだに二倍、一七五〇年から一八〇〇年にも二倍になり、一八〇〇年代初めには一七〇〇年ごろとくらべて英国ポンドを不変基準として五倍にもなっていた。★69 アフリカの奴隷商人が子供だけでなく多くの女性をヨーロッパと「アラブ」の買い手に売ろうとした理由は、アフリカ人がどんなふうに奴隷にされるかに関係しているのかもしれない。男性は戦争や襲撃のときに抵抗して逃げ切ることもあっただろうし、戦って死んでしまうこともあっただろうからだ。また、アフリカの軍隊は女性と子供をしたがえており、これが奴隷商人の格好の餌食《えじき》になった。また、女性は北方と東方の目的地で家事労働の需要がとくにあり、その事情はアフリカ内でも同じだった。

サブサハラ・アフリカの労働のあり方には深刻な影響がおよんだ。健康で屈強な労働者が労働力から無数に引き抜かれたために、男女比に歪みが生じただけでなく、悪しき奴隷制モデルが浸透して大陸内の非自由労働の割合が大きくなり、最終的に特定の職業が多様化することにもなった。ここにいたるまでにはいくつかの段階があった[70]。

第一はイスラム化である。それとともにアッバース時代に地方で奴隷の需要が増大した。とくに換金作物の生産、塩の生産、開墾に労働力が必要とされ、さらに家事奉公人の需要も高まった[71]。第二に、オスマン帝国が白人の奴隷を自国用に残したため、同時期に地中海に拡大した砂糖プランテーションでアフリカ系奴隷の需要が膨らんだ。第三に、ヨーロッパ人がアフリカ沿岸に進出したことが、アメリカ大陸におけるプランテーションの発展を促した。一六九〇年から一七四〇年はその最盛期で、奴隷の価格が高騰し、供給量も増加した。十九世紀になってヨーロッパの需要がなくなると価格は下がり、東洋貿易の拡大とアフリカにおける奴隷制の拡大を招いた。実際、一九〇〇年ごろのアフリカにはあとにも先にもないほど多くの奴隷が暮らしていた。大陸内の非自由労働者の割合は、十八世紀後半に三〇〇万から五〇〇万人だったのが、一〇〇年後には一〇〇〇万人に増加したのである。これはサブサハラ・アフリカの総人口の最大一〇パーセントから一五パーセントに相当する。地域によっては、この比率はもっと高いかもしれない。十九世紀に西アフリカに存在したカリフ制のソコト帝国についての推定値は、四分の一から二分の一とされている[72]。

健康な労働者が抜け落ちたことによる労働力の不足は、脱走のほか、奴隷にされるのを恐れた農民（なかでもアニミズム信仰の「異教徒」）が森や山に逃げ込み、部分的に狩猟採集の生活に戻ったことでいっそう悪化した。奴隷制モデルは定着しやすかった。戦争捕虜が儲かったからばかりではない。奴隷は捕獲してくれればよく、違法とされず、所有に課税でき、しかもこれらのことがみな、正当なこととして国の関連機関にお墨付きをあたえられもしたからだ。こうして労働力の中心は女性になった。しかもまた、多くの女性が奴隷にされたことから、アフリカの「大物たち」のあいだで多妻制があたりまえになっていき、既婚女性は一夫一婦制だったときの地位から転落した。それまでの親族制度は破壊されたのである。女性の仕事に性的奉仕が含まれていたことは、一八五〇年のカノの奴隷市場での価格からも明らかだ。成人男性は二万五〇〇〇～三万五〇〇〇カウリー（一〇～一四マリア・テレジア・ターラー）で売られたのに対し、成人女性は八万～一〇万カウリー（三二～四〇ターラー）だった。もっと正確にいうなら、女児は三万カウリー、少女は三万～四万、乳房が発達した少女は四万～一〇万で、乳房の充実した女性は八万までの値がついたが、乳房の垂れた女性は二万以下、老女はせいぜい一万だった。[★73]

職業の多様化は、さまざまなかたちであらわれた。[★74]奴隷制度と直接的に関係しているのは、銃器の使用を含む戦争の拡散と仕事の専門化である。一七五〇年から一八〇七年までに、イギリスだけでアフリカの商人に少なくとも二〇〇〇万丁の銃と二万二〇〇〇トンの火薬、九万一〇〇〇キログラムの鉛を売った。[★75]捕らえた奴隷は監視しながら運ばなければならない

ので、キャラバン隊員の雇用機会にもなった。とくに西アフリカでは、これらの兵士と監督の多くが奴隷だった。[★76]

これまで見てきたとおり、金はアフリカの重要な輸出品であり、この貴重な産出物の採掘と輸送に多くが従事した。また、アフリカの輸出産業には狩猟採集民も必要だった。象を狩って象牙をとったり、蜜蠟や蜂蜜を採取したりするためだ。最古の資料（一五〇〇年ごろのポルトガル語の文書）によると、すでにアフリカから大量の金が輸出されていただけでなく、象牙がおもにインドへ輸出されていた。ここから、採掘、大規模な狩猟、沿岸部への陸上輸送とそれにともなう労働力など、高度な物流活動があったことがうかがえる。[★77] ほかの輸出入品や輸送サービスについても同じことがいえる。運搬人の男性は一日に二五～四〇キログラムの荷物を二五キロメートル離れたところまで運ぶ。また、カヌーで川を行ったり、停泊地で待つ大きな帆船と海岸のあいだを行き来したりした。十九世紀には、地域内用と輸出用の作物（パーム油用のアブラヤシ、ピーナッツなど）の商業プランテーションが建設され、奴隷を基幹の労働力にして交代で働かせた。[★78]

労働の男女間での分業は世界のどこにも見られるが、サブサハラ・アフリカはそれが最も明白だろう。これが狩猟採集民の仕事にさかのぼるのは第1部で見たとおりで、農耕がはじまってもなくなりはしなかった。アフリカの場合は、長期にわたって――とくに一六〇〇年以降――アフリカ人が大量に奴隷にされて労働人口構造が変わったことで、男女の分業がいっそう進んだとも考えられる。アフリカでは男女の明確な役割分担があることを、多くの人類学者が記録している。ここで論じたアフリカの労働の多くの側面がよくあらわれているのが、イギリス出身のジェーン・ガイアーの研究である。ガイアーは一九七〇年代に、カメルーン南部のベティ族における伝統的な性別役割分担を観察した。

男性の活動は、それぞれに費やされた時間が多いか少ないかは別として、戦争、狩猟、木の伐採という観点から考えられていた。使う道具は鉄と木のものだ。槍……手斧《ておの》……、掘り棒……である。彼らの活動は、ヤムイモの支柱や家の柱などを切り倒したり立てたりするというように、軍事象徴性と男根象徴性を帯びている。立って作業し、ヤシの木に登って果汁を搾ったり果実を切りとったりし、新しく切り開いた畑のまわりに丸太の柵を立て……ヤムイモを貯蔵する囲いを用意する……。男性の生活圏は森だ。そこは道具にする木材や食用にする貴重な肉の供給源であり、狩りの場であり、新しい畑を拓《ひら》き、新しい村にするために征服すべき土地だった。男性の労働と男性の所有権を連想させる作物は、樹木作物、林野の作物、そしてントンという柄の長い掘り棒を使って栽培できる作物だった。それに対して、女性の生活圏は大地そのもの、開けた空き地やサバンナである……。女性は柄の短い鍬をもち、腰をかがめて作業をした……土の鍋で調理し、火の上にかがみ、土で流れを堰《せ》き止めて魚を獲《と》り、水の上にかがんで魚を罠に追い込み、子宮の中で赤ん坊を「調理」する。大地の世話をし、実を結ぶよう手を加えるためにかがむのが女性の姿勢だった。女性の作物はサバンナの作物であり、女性の道具である鍬で耕して植えられた[★79]。

一言でいえば、アフリカは第5部の期間に大西洋における奴隷の主要な供給地になったのである。だが、初期のアフリカの経済と労働のあり方に関する情報が不足しているとしても、彼らを未開の人とする過ちを犯してはならない——ジョゼフ・コンラッドの『闇の奥』（一八九九年）に象徴される十九世紀の支配的な見方のように。

また、捕らえられた人びとや奴隷にされた人びとが抑圧者に抵抗したことも忘れてはならない。奴隷の反乱の例はいくつか挙げた。大西洋航海中の抵抗はまれだったとしても、目的地であるアメリカ大陸やアフリカでも逃亡を試みた者がいたとする多くの証言を無視することはできない。その結果、逃亡《マルーン》奴隷の国がいくつも生まれた。最も有名なのは、ブラジルのペルナンブコにあったパルマーレスで、一世紀近く存続した。もう一つの例は、一七六三年にオランダ領ギアナのベルビス川沿いで起こった奴隷蜂起である（115ページ参照）。奴隷化に対するこのようなやむことのない抵抗は、一八〇〇年ごろに西アフリカがさらにイスラム化したことの説明にもなる[★80]。

一五〇〇年から一八〇〇年の世界の奴隷制の比較

この期間のアフリカとアメリカ大陸の奴隷制は、世界的に見るとどうなのだろうか。サブサハラ・アフリカに市場経済が定着したのは、おもに初めの自給自足の小規模な農業から大規模な奴隷輸出に移行し、その流れから奴隷の域内使用が生まれたことによる。カリブ海の多くの地域とブラジルでは、奴隷制が主たる労働関係にさえなった。しかし、だからといって世界の他地域ではこの現象がとるに足らなかったわけではない。

　アフリカの奴隷に関連して、地中海と中東とインドも奴隷の労働力をアフリカから引き抜いたことはすでに見たとおりである。では、ユーラシア大陸全体を見たときの奴隷制の重要性はどうだったのだろうか。[★81] アフリカとアメリカの大陸間の奴隷貿易の影響が甚大であるために二つのことが軽視されがちだ。一つは、ユーラシア大陸の西と南と東では、労働市場において労働力を商品として売る自由労働が主流になっていたが、それと並行して、相当数の非自由労働者がいたことである。絶対数としては相当なものだったにもかかわらず、比率で見れば人口密度の高いアジア全体では、他大陸にくらべて驚くほど大きいわけではない。それでもアメリカ大陸ほどではないにせよ、一部の地域ではかなりの数だったのである。もう一つは、中国とインドとロシアのあいだに広がるユーラシア大陸中央のステップで、非常に早い時期から奴隷制が普及していたことだ。このあと個別に論じるが、ここではとりあえず、一五〇〇年から一八〇〇年の大西洋、インド洋、ステップの奴隷貿易にいずれも一〇〇〇万人を超える人間がかかわっていたことを知っておくのが重要である。

　オランダ東インド会社が支配した地域の奴隷制度に関する代表的な研究により、たとえばその総数（ケープ植民地を含む）はオランダの大西洋奴隷貿易のそれを超えることがわかっている。また、マラバル（インド南西部）、セイロン沿岸、バタビアを中心としたジャワ島北西部、インドネシアの東部諸島では、自由賃金労働および自営労働にくらべて奴隷労働が相当に多かったことも明らかにされている。オランダ東インド会社そのものがおもな雇用者だったのではなく、そこに所属していた一部の労働者、なかでも中級士官と上級士官がいわば副業として奴隷労働を促進し、取引し、搾取した。おもに家庭内労働（市場向けの生産とはかならずしも切り離せない）に使ったり、他者に貸し出したりしたのである。ときにはスマトラの金鉱のような大規模事業で奴隷が使われることもあった。

アジアのほかのヨーロッパ領についてはそのような研究は少ないが、現地の支配者はもとより、ポルトガル、イギリス、フランスもオランダと大差なかったことはまちがいない。[★82]その理由は単純だ。ヨーロッパ人はアジアに到着すると、さまざまなかたちの非自由労働を含む現地の経済体制を利用したからである。とくに南インドではカーストのような深い社会的断裂があり、特定の人びとを「奴隷化」しやすかった。そのことはオランダ領コーチンの奴隷市場で最下層のカーストが圧倒的多数を占めたこと、一八四四年の時点で所有者への奴隷解放の補償額が奴隷のカーストによって違ったことからも明らかである。[★83]

インド洋世界で奴隷になったのは、科料を払えずに負債をためたり、「質入れ」した子供（とくに少女）を取り戻さなかったり、誘拐されたりした結果としてそうなった者がほとんどだった。これは、借金の担保として自発的に奴隷状態になった場合とは区別されなければならない。実際のところ、本当の奴隷の数よりも借金のために「奴隷状態になった」者のほうが多かった。だが、こうした債務奴隷の状態が親から子へ受け継がれると、本当の奴隷と区別することはほぼできなかった。借金のためばかりでなく、誘拐や海賊行為（戦争捕虜をとるかわりの手段としてアフリカでよく見られた）により、アジアではつねに奴隷が流通していた。このことは、一八五〇年から一八七〇年より前にまだ独立していた東南アジア島嶼部のスールー、アチェ、ボネ、バリ、ロンボクなどの諸王国の奴隷の扱いを見ても確かだろう。アフリカと同じで、ヨーロッパ人の海洋奴隷貿易が廃止されると、一部の地域では奴隷の現地使用が増加し、その総数は一八五〇年までに五〇〇万人にのぼったのである。

南アジアと東南アジアの海域で労働者が自由を手放さざるをえなかったのは、残忍な誘拐や戦争での捕虜と並んで、借金もおもな理由の一つだったかもしれないが、北方に目を向けると、アフリカおよびアメリカ大陸と似た状況が見られる。大陸の中央に横たわる広大なユーラシアステップはよく海にたとえられ、有名なシルクロードを通って草原を渡るキャラバンは、中国、インド、ペルシャ、オスマン、ロシアなどの帝国をつないで波間を行く船に見立てられる。辺縁地域であるがゆえに、ステップは何百万人もの奴隷を送り出す場所になった。だが、奴隷の行き先はどこだったのか。競いあうこれらの諸帝国のこともあれば、ステップそのもののこともあった。ここでまたたとえを用いるなら、ステップのオアシスは、まさに奴隷制が主たる労働関係だったカリブ海の島々に相当したのである。

このあまり知られていない奴隷貿易と奴隷使用の中心地を理解するには、古代にさかのぼらなくてはならないが、なかでも絶対数が急増した理由が二つある。★84 一つは中世後期にイスラム教国がインドに向かって東へ拡大したことだ。今日のアフガニスタンを中心にイランからインダス川流域、インド洋からステップにまたがったテュルク系イスラム王朝のガズナ朝（十〜十二世紀）は、いくたびもの軍事遠征を成功させて名を馳せたが、奴隷にした捕虜の数の多さでも知られている〔ガズナ朝自体がマムルーク（奴隷軍人）によって建てられた〕。一〇一四年にインドの都市タネサル（デリーの北）を征服したのちに書かれた年代記によると、「イスラム軍はガズナ〔ガズニ。現在のアフガニスタン〕に約二〇万人の捕虜と多くの富をもたらしたので、首都はインドの都市のように見え、富も大勢の奴隷ももたない兵士は一人もいなかった」[★85]。数十年後にも、ムルタン（現パキスタン、タネサルの西）から一〇万人の捕虜が同じようにして首都ガズナに連れていかれた。その後の数世紀におけるデリー・スルターン朝の拡大も同じ道をたどり、ガズナ朝に比肩する数の捕虜が奴隷にされた。ムガル帝国の建国も同様である。

　ユーラシア大陸ではどこもそうだったが、捕虜を戦闘中または戦闘後にただちに殺さずに奴隷にするには信仰が決定的な要素になった。ほとんどのイスラムの帝国や奴隷商人（その多くはウズベク人）がスンニ派だったため、ヒンドゥー教徒、シーア派、仏教徒、正教徒、ゾロアスター教徒は不信仰者として奴隷化の対象になりやすかった。インドでは圧倒的にヒンドゥー教徒が多いため、イスラムの支配者は彼らに庇護民（ズィンミー）の地位を認めなければならなかったが、絶えず衝突のつづくステップの国境地帯ではそうはいかなかった。

　戦争の論理の次は、貿易の論理である。北方へ運ばれる何百万人ものインド人やイラン人の奴隷は、南へ運ばれて騎馬隊に使われる無数の馬と帳尻が合った。アフリカの例で見たように、ステップの南では馬はうまく飼育できず、絶えず大きい需要があったのだ。一五八一年にこの地に来たイエズス会士によれば、当時この貿易に携わるパンジャーブ人のあいだでは「インドから奴隷、パルティア〔イラン高原北東部〕から馬」とよくいわれていたという。[★86]

ステップに隣接する諸帝国では、奴隷は裕福な家庭の奉公人や兵士や専門職人として使われたが（インドのカーストに縛られた職業を考えれば不思議ではない）、ステップではさほど高い技術を必要としないさまざまな生産の仕事をさせられた。十六世紀の中央アジアでは、ウズベキスタンの大地主が所有するプランテーションに似た農場が奴隷を使い、耕作や用水路の整備や家畜の世話をさせて盛栄していた。職人の人気は高く、征服者がかわっても職人はただ持ち主がかわるだけで、新しい支配者に重宝がられた。一三九八年にティムールがデリーを略奪したあと、何千人もの熟練工が中央アジアに連れて行かれた。ティムール朝の首都サマルカンドにビービー・ハーヌム・モスクを建てたのはそのなかの石工である。

中央アジアとその国境周辺の奴隷に対する尽きない欲求は、老いた奴隷を解放する習慣が広く浸透していたことでも説明できるだろう。年数を経た奴隷の解放は、確かに宗教上功徳のある行為と考えられていた。だが、中央アジアで五十歳前後の奴隷の解放が普及していた裏には、利他的とはいえない動機もあったかもしれない。というのも、このくらいの年齢になると、奴隷の衣類や食事にかかる費用が彼らの労働の価値を上まわりはじめるからだ。このことは年齢とともに奴隷の価格が下落することにもあらわれている。[★87]

十八世紀になると、この種の奴隷制は経済的、政治的な理由から衰退した。経済的な理由は、インドには馬を手に入れるために人間を差し出さなくても、かわりに織物があったからである。そこで十八世紀から十九世紀には、奴隷の供給ラインは一時的にイランに移り、ヒバやブハラの奴隷市場に出まわる奴隷の多くがイラン出身者になった。また政治的には、中央アジアでロシアとイギリスの二大国が勢力を拡大し、歩み寄ったことで、ステップの諸勢力とその近隣諸国との終わりのない紛争がしだいに下火になり、各国の国境が固められた。むろんロシアはカフカスで何千何万という捕虜をとったが、英露の「グレートゲーム」は終わったのである。

十一世紀から十九世紀にかけて、中央アジアとロシアで最低六〇〇万人から六五〇万人が奴隷として取引され、そのうち四〇〇万人がオスマン帝国に、四〇万人がジェノバとベネツィアの黒海の貿易拠点経由で地中海に輸出されたと推定されている。★88 こうして比較してみた結論として、大西洋における奴隷の搾取と輸送は決して特殊な現象ではなく、奴隷の数の多さではアジアのさまざまな地域、とくにステップも負けていなかったことが明らかになったのではないだろうか。アフリカとカリブ海域の奴隷制が目立つのは、アフリカの人口密度が低かったこと、カリブ海とブラジル沿岸部でプランテーション経済が隆盛したことが理由なのである。

第19章　東ヨーロッパの労働粗放型発展経路への道

一五〇〇年以降、市場経済が世界に同時かつ本格的に拡大し、労働集約化がおおよそ二つのパターンで進んだ様子をここまで見てきた。南アジア、東南アジア、地中海沿岸での多種多様な混合型は別にして、おもに自営労働者と賃金労働者の自由労働にもとづく市場経済(ユーラシア大陸の大部分など)と、ほぼ奴隷による非自由労働のみにもとづく市場経済(アメリカ大陸やサブサハラ・アフリカなど)である。前者の地域には以前から市場経済が存在していたが、後者はそれまでなかった地域だった。しかしまだ、地球表面の大きい部分を占める地域が残っているようだ。エルベ川より東のヨーロッパ、とくにロシアである。ロシアはこの数世紀でシベリアに領土を拡大し、のちには中央アジアにまで進出しつつ、非常に特殊なかたちの市場経済を発展させた。特殊というのは、移動が厳しく制限され──それに関連してのことと思われるが──労働集約度が非常に低かったことだ。だが、これまでよくいわれてきたように、この社会を未発達だとか、「東洋的専制主義」に害されているといって終わらせてはいけない。とくにこのころのロシアは非常に動的で、労働関係は特殊だったといっても、それを単純に奴隷制とすることはできない。では、どんな労働関係だったのだろうか。[★1]

実際、ロシアの人口に占める奴隷の割合は思いがけないほど小さかった。世襲の奴隷はホロープ〔世俗の領主に私的に隷属する、奴隷に近い従属民〕の一〇パーセント、すなわち全住民の一パーセントでしかなかったのだ。一七二三年に人頭税の導入により事実上消滅したホロープの大多数は、拘束をともなう有期の雇用契約を雇用主と結んだという意味で「奉公人」といいかえられる。[★2] 雇用主は奉公人に対して罰を科す権利を含む大きな権力をもっていたが、奉公人は彼らに債務があったわけではない。主人が死ねば契約は終了し、世襲ではなかった。また、ホロープは結婚も許されていた。東と南の国境でつづく戦争で、何世紀にもわたって無数の戦争捕虜と何百万人もの奴隷が生まれたこの国に、本当の意味での奴隷が少ないというのは意外かもしれない。ロシアの敵対勢力はロシア人捕虜を奴隷として売るか、ロシアに買い戻させた。ロシア軍とロシアに同盟するコサックも捕虜をとったのはもちろんだが、敵国とは対照的に、それによってロシア国内に大規模な奴隷市場や奴隷労働が生まれることはなかった。ロシア人は捕虜のほとんどをオスマン帝国に売却したのである。十八世紀末に奴隷労働のために残されたのは、タタール人とチェルケス人だけだった。[★3]

農奴制

一五〇〇年からの三〇〇年で、ロシアが貴重なアジアの産品を西ヨーロッパに運ぶ経路としてしだいに重要になっていく一方で、東ヨーロッパ全体が西欧の穀倉地帯にもなっていった。西ヨーロッパの多くの農民が専門化し、主食の栽培を他者に任せていたからである。とくにロシアがバルト海に港を構えると（一七〇三年にサンクトペテルブルクを建設）、亜麻、大麻、タールなども西ヨーロッパにもたらされるようになった。最も重要な輸出品である穀物に関して注目すべき点は、面積あたりの収穫量が非常に少ないことである。ロシアの穀物の「歩留まり」、つまり播種量と収穫量の比はほかのヨーロッパ諸国と比較して目立って低く、十九世紀になるまでその状態がつづいた。[★4] これには地理的条件や気候も確かに関係しているが、おもな原因は仕事のあり方だった。西ヨーロッパが中小規模の自由農民（土地を所有しているか賃借しているかにかかわらず）を中心としていたのに対し、東ヨーロッパでは貴族と教会と国家が農地のほとんどを所有して大農園とし、農民に耕作させて経営していた。この農民を、文献では一般に農奴と呼んでいる。

農民は主《あるじ》の領地を離れる自由をもたなかったため、土地に縛りつけられ、地主に完全に隷属していた。この体制は十六世紀後半から段階的に導入された。一五八一年は禁止年とされ、農民が主人の土地を離れてある程度自由に行動できる唯一の聖日だった聖ユーリの日の移動が、地主の働きかけにより禁じられた。さらに一五九二年から一五九三年の勅令《ちょくれい》を経て、最終的に一六四九年の会議法典（ウロジェニエ）で農民の移動の権利が完全に消失した。[★5] ロシアの人口の九〇パーセント以上がこの法の対象になった。

注意してほしいのは、歴史家がよくいう「再版農奴制」という言葉の含みに反して、農奴は奴隷と同じではなく、また中世西ヨーロッパの農奴とさえ違うことである。これにはいくつかの理由がある。第一に、ロシアの農民は土地から切り離されて売られるなどして確かに踏みつけにされたが、それでもいくつかの重要な権利を保持していた。地主への義務以外に、農業だけでなく家内工業でも自分のための仕事を工夫して考え出し、その利益の一部ないし全部を手にすることができたようだ。第二に、彼らは領地内の活動以外のことにもかなりの時間を割くことができた。十八世紀以降、農家の成員は地主にいくらか払って許可を得たうえで都市へ季節労働に出たり、よその農園の収穫を手伝ったりするようになった。そして第三に、地主が領地の内外でほとんど自由をあたえないような場合には、拡大しつづけていたロシア帝国の新しい領土へ逃亡するという手段があった。これを選ぶ者が多かったのは、逃亡への処罰をほとんど恐れていなかったからである。つまり近代初期のロシアの農奴制は、領地での生産性の低い強制労働と、自分と世帯のための集約的労働の組み合わせだったようだ。[★6]

農奴は地主に対して賦役（バールシチナ）か、貢租（オブローク）のいずれかの義務を負ったが、もちろんこれには多くの組み合わせがありえた。バールシチナは農作業や荷運びなどで、原則的に労働時間の半分を占める。また、農奴家族に男性労働者の数が多い場合には、「兄弟は兄弟のために」の原則にしたがって一人が地主への義務を果たし、もう一人は世帯への割り当て区画で自由に働くということがよくあった。十九世紀になるとバールシチナは割り当て仕事とされ、農民は日課をすませたあとに自分の家の区画を自由に耕すことができるようになった。オブロークは一八〇〇年ごろで総収入の五分の一とされていたが、一八五〇年ごろには三分の一にまで引き上げられた。それでもこの半世紀のあいだに収入が大幅に増加したため、農家の収支はプラスになった。モスクワの南の肥沃な「黒土」地帯ではおもにバールシチナが課され、北部の肥沃でない地域、たとえばモスクワとサンクトペテルブルクのあいだのいわゆる中央工業地域とその東側の地方ではオブロークが義務とされた。やがてオブロークはバールシチナよりも一般的になり、支払いも現物納付から金納へ変わり、そこに国税として「人頭税」が加わった。[★7]

一六七八年には、貴族の所領で全農奴の半数以上、教会の所領で一五パーセント以上が働き、残りは国有地農奴だった。教会所有地はとくに広大で、一七六二年でロシアの耕作地の三分の二以上に相当し、教会の土地施設の七〇パーセントが修道院の所有だった。各教会領は一〇〇人以上の農民を所有していたが、貴族でそれだけの農民を所有していたのは一三パーセントにとどまる。[★8]ロシアの領地の特徴はその規模の大きさにある。農奴の五人に四人が二〇〇人以上の農民を抱える領地に住んでいたが、これは所有者自身が農園経営をするのが原則だった同時代のアメリカ大陸にくらべると、はるかに大きい労働単位である。そのため労働関係は人間的なつながりが希薄で、大多数の農奴は所有者とほとんど顔をあわせることがなかった。ロシアの地主は裕福な者ほど不在地主だった。かわりに領地管理人（彼ら自身も農奴であり、のちにはドイツ人入植者のこともあった）が、一〇〇世帯、五〇世帯、一〇世帯ごとに農民の助けを借りて「怠け者を働かせ、のらくら者を許さず、働こうとしない者を罰し」た。これはある不在地主から領地管理人への指示の言葉だ。[★9]

領地の仕事は男女できっちり分かれていた。「男性は耕し、種をまき、荷を運び、木を切り、建物を建て、馬の世話をした。女性は干し草を返し、穀物を刈り、牛の乳を搾り、鶏を世話し、さらに子育て、掃除、料理、糸紡ぎ、布織り、縫いものなどの屋内労働をした」[★10]

農奴の共同体と世帯

農奴の結婚はほぼどこでも許され、なかでもモスクワ南の肥沃な「黒土」地帯では奨励された。[★11]地主は農奴にできるだけ多くの子（ひいては多くの労働力）を生ませるため、また婚前交渉を防ぐために、若いうちにきちんと教会で結婚させようとした。同居世帯や合同家族が一般的で、これはとくにバールシチナの義務を分担できる点で規模の経済のメリットがあるためだった。中央工業地域（モスクワ州およびその北側）では、世帯はもっと小規模で単純だった。世帯の規模と構成はこのような地域差のほかに、地主個人の結婚についての考えや方針にもよった。地主は結婚を奨めるだけでなく、独身でいる男性から罰金をとることができたのである。

ロシアの農民は、選挙で選ばれたスターロスタと呼ばれる長老のもとで、かなりの自治権をもつ共同体に暮らしていた（スターロスタは「年長者」という意味だが、それでは最年長者が選ばれたかというとそんなことはなかった。年長者も含めて農民の多くが時間をとられるこの役職を引き受けたがらなかったからだ）。[★12]この農村共同体（ミール、またはオーブシチーナ）は農奴の政治的代表を選任し、政府の公認を受け、またとくにオブロークを課される領地では地主もしぶしぶながら容認していた。成人男子は定期集会に出席する権利があり、家長はその集会で投票でき、書記係の農民が記録を残した。スタ－ロスタを長とするこの集会は領地の利益を目的とし、オブローク の徴収、家族の人数と構成に応じた労働義務の割り当てと割り替え、徴集兵の選抜などを決定した。だが、集会がそれだけにとどまらなかったことは、領地や村の代表者が待遇への不満を訴える無数の嘆願書を地主や、さらには皇帝にまで宛てて送ったこと（一七六七年に公式に禁止された）から明らかである。

嘆願書は不満の原因の解消を求めはしたが、農奴がそれを送った直接の理由は不当な扱いにあったのではなく、彼らが「既得権」の侵害と考えること、つまりでき上がった現在の環境を壊されることにあった。[★13] 農奴は「既存のやり方を覆すどんなものも胡散臭く感じ」、地主との関係がつづくことをどこかで期待していたのである。陳情が聞き入れられなければ、課された労働を拒否するまでだった。この抵抗は陳情からはじまって、ストライキという集団（村または領地全体）での抗議になることがあった。ストライキが領地で解決されない場合には、政府が公式に聴きとり調査をし、調停することが多かった。それもうまくいかなければ、軍隊が送られて農奴を降伏させるか指導者を軍事法廷で裁いた。たまに、抗議行動が数千人の農奴による事実上の反乱に発展することがあった。まぎれもない農民反乱というわけではなかったが、十七世紀に二度、十八世紀に二度起こった武力衝突は非常に多くの農民が一つになって立ち向かったものだったため、労働関係のシステムとしての農奴制から切り離して考えることはできない。一七七四年の反乱には三〇〇万人の農民が集まった。反乱を率いたエミリヤン・プガチョフは彼らにこう呼びかけた。

> この勅令〔プガチョフの命令のこと。彼は暗殺された「ピョートル三世」を自称した〕により……これまで農奴制のもとで地主に隷属していたすべての者に、君主の忠実な臣民となる権利をあたえよう。古来の十字架と祈り、帽子とひげを許し、自由と解放を授けよう……兵の召集、人頭税などの納税義務を要求することなく、土地、森、牧草地、漁場、塩湖の私有をさせず、なんらの納付義務もオブロークもない。悪辣な貴族や袖の下をとる者や裁判官に抑圧されていたすべての者、すべての農民、義務と苦しみを負わされていたすべての民を解放しよう……これまで領地を所有する貴族だった者、われらが権力に敵対する者、帝国を破壊する者、農民を破滅させる者、これらの者どもを捕らえ、殺し、吊るし、キリスト教の心をもたない彼らが汝ら農民を扱ったように、彼らにも同じことをするのだ。敵と悪徳な貴族を絶滅させればこそ、すべての者がやすらぎと平穏な生活を感じ、それが永代つづくだろう。[★14]

地主のために汗水たらして働くかわりに農民がいちばんしたこと、そしていちばん成果が上がったことは、嘆願や抵抗やときどきの反乱のような集団での行動ではなく、もっとひそかな行動だった。つまり農民は、世帯の労働力をできるだけ地主にかかわりのないところで領地の内外の仕事にふり向けたのである。

バールシチナとオブロークの義務を除けば、農民は労働力を好きなように使ってよかった。そして、彼らはそうした。十八世紀末の農奴と国有地農民は、国内の穀物市場で大規模地主よりも多くの穀物を売り、大麻や亜麻やタバコといった専門化した農産物の販売も事実上独占していた。また、織物でも腕の立つ職人ぶりを発揮した。[★15] そのことがよくあらわれているのが、農民は領地の義務を果たすのには腰が重いくせに割り当て地は熱心に耕すという、たびたび聞かれた地主の不平である。「こっそり自分の仕事をする」ために教会に行こうとしない農奴に、「私の領地に日曜日に働く者はいてはならない」として罰金と打擲《ちょうちゃく》を科すように指示した地主がいたほどだったのだ。[★16] 教会に通い、日曜日と祭日を祝うことを地主は農奴に命じたが、バールシチナの義務に数日を費やした農奴は、自分の作物の世話をする時間が必要だった。

オブロークの義務が課される領地では、個人の仕事がもっとしやすかっただろう。カリフォルニア工科大学の社会科学史の教授トレイシー・デニソンは、中央工業地域のボシシャジニコボ領で農奴の大半が自分の仕事をしていたことを明らかにしている。彼らは税を納めるのと引き換えに領主から許可をもらい、手工業、物品取引、小規模製造、都市での住み込み労働などに従事していた。十八世紀から十九世紀にはこれと似たケースが多くあり、労働、土地、不動産、資本、小売りの各市場が存在したといえるほどだった。

このようなオブロークの領地では、農奴は全員がミールのなかで割り当てられている土地を耕作して、オブロークをおもに金納するか、そうでなければ物納することが求められた。物納の場合は飼料用のオーツ麦、地主世帯用の小麦とライ麦、領地の備蓄倉庫用に各種一定割合の麦を引き渡すが、これはミールに一括して課された。さらに村のインフラを維持するために労働力を提供し、一部は共同体の資金から労賃が支払われた。[17]

現実には、より報酬の高い仕事を職人仕事や家内工業などに見出した農奴が、仲間の農奴を雇って割り当て地の耕作をさせることがあった。土地の割り当てがなく、賦役に就かなくてはならない最貧層は、暮らし向きのよい村民のために賃金労働者として働くことを望んだ。このように農奴制の内部にもまぎれもない労働市場が存在したのである。[18] 村の内外から日雇い労働者や奉公人を賃雇いして牧畜をやらせながら、自分は国内旅券をもって村外で奉公人として働く者さえいた。またミールは、道路や教会の建設など、賦役として割り当てられた作業をさせるためにも賃金労働者を雇った。

このように共同体内に社会階層ができていったことで、村の有力者たちは蓄財し、土地を「買う」ことまでできるようになった。公式には地主の所領以外の私有地は認められていなかったが、現実には——多額の返礼金と引き換えに——特定の農奴の財産権を認める地主があらわれはじめ、そうした「財産」の売買が促されることになった。これで農民はほかの農民を働かせる作業場をつくることもできた。もちろん、このような行使しうる財産権制度が既成事実として成立するかどうかは、個々の地主しだいだった。[19]

移動の自由

農民は領地での義務を果たすかぎり、地主の許可を得て領地の外へ移動することができ、地主は原則的に反対しなかった。同意して国内旅券をもたせてやれば、移動した者の収入から大きな利益を得ることができたからである。一六四九年に成立した会議法典でもこの可能性は残され、一七一九年から一七二四年のあいだに国内旅券制度が立法化された。このような地主の同意のもとで短期労働移動をする者は、オトホドニキと呼ばれる[20]。農奴制がロシアの主たる労働関係であるかぎり、都市の労働市場はこのオトホドニキに完全に依存していた。一八四〇年には、モスクワの人口の半分が短期労働移動者で占められていたのである。彼らは農奴で、その大半はオブローク領地の出身者、とくに国有地農民だった。

やがて移動の距離が長くなり、都市への流出が増加したため、ボシシャジニコボのようなオブローク領地では周辺地域からの移住者がもっと必要になった。オトホドニキはいくつかのグループに分けられる。一つは工場労働者で、農奴と国有地農民が多かった。もう一つは職人、商人などの一種の事業者で、彼らの多くは家内工業などで生産した手工業品を市場で売ったり自分で売り歩いたりした。

工場労働者として出稼ぎに行くのは男性が圧倒的に多く、世帯の仕事は女性に任せられたため、家内工業は実質的に女性の専門分野になった。短期労働移動にともなうリスクを回避または分散するために、農民は単独で移動するよりも、アルテリや同郷人組織が手配する集団請負のもとで出稼ぎに行った。アルテリとは、短期労働や季節労働の職探しを共同でする組織、同郷人組織は都市に到着したり仕事に就いたりしてからの団体で、通常はアルテリよりも大規模な常設組織だった。

厳しい状況がつづいて集団でも個人でも手の打ちようがないときは、最後の策があった。

許可なく領地を離れ、地主の手の届かない場所へ逃げるのである。新しい征服地のシベリア、ウラル、ボルガの各地域に移住した農民が一六七八年までに三七〇万人にのぼったことは、いかに多くの人びとがこの手段を選んだかを如実に物語っている。そしてこの動きはその後もつづくことになった。一七二七年から一七四二年のあいだに、毎年平均で二万人の農奴が故郷を離れたのである。[★21] 逃亡農奴の連れ戻しは一六四九年の会議法典の重要なねらいの一つだったが、南部の国境地帯でタタール人などとともに半独立のコサック共同体に同化した逃亡農奴を、皇帝は見逃した——帝国の防衛と拡大に協力する覚悟があるかぎりという条件がついたのはいうまでもない。

シベリアへの逃亡農奴が容認されたのは、この地域が周辺国への重要な毛皮の供給地だったからである。[★22] モンゴル帝国のジョチ・ウルス（キプチャク・ハン国）とその従属国がこの貿易を支配していたが、ジョチ・ウルスが十五世紀に衰退したあとにその空白を埋めたのがモスクワ大公国と、イスラム教徒の小ハン国であるクリミア、アストラハン、シビル、カザンだった。モスクワ大公国がノブゴロドを併合し、一五五二年にカザン・ハン国を征服したことで、毛皮貿易はさらに隆盛した。モスクワ大公国は、ノブゴロド、カザン、シビルから、さまざまな質の毛皮（「柔らかい黄金」）を貢納させるヤサクという習慣を取り入れたのである。こうして狩猟採集民の重要な部門が世界経済に取り込まれた。一六四〇年代初め、ロシアの役人はブラーツクの人びとに宣誓させた。彼らは「われわれの信仰に、太陽に、大地に、火に、ロシアの剣に、銃にかけて」皇帝に忠誠を誓わなければならなかった。誓いを破れば、

「そのときは信仰にしたがって、太陽は私を照らさず……私は地の上を歩かず、パンを食べない。ロシアの剣は私を斬り、銃は私を殺し、火はわれわれのウルス（国）と土地を破壊するだろう」[★23]。だが、「柔らかい黄金」をもってくるかぎり大事にされたこの罠猟師たちは農民ではなかったし、また簡単には農民になれなかった。だからこそ非公式なシベリアへの農民の移住は非常に重要だったのである。一六四九年の会議法典とは矛盾していても、帝国の拡大という目的にかなうからだ。大勢の農民が集団で出発し、シベリアで故郷とよく似た共同体を形成した。彼らの立場は、シベリアで事実上唯一の農奴の分類である国有地農民ということになった。したがってオブロークのほかに、金銭と現物（賦役）で納税しなければならず、全員が軍隊式に組織された。国家以外に農民を農奴にする権利は教会だけにあり、貴族の領地では許されなかった。例外は、アルタイ地方の豊かな銀山やウラルの冶金施設で働くように命じられた農民と兵士だった[★24]。

シベリアには狩猟採集民と逃亡農奴のほかに、政治的、宗教的な理由や犯罪のために流刑になった者と、ポーランド人、リトアニア人、スウェーデン人などの戦争捕虜が住んでいた。一七〇九年のポルタバの戦い〔スウェーデンとの北方戦争におけるロシアの勝利を決定づけた戦い〕で、二万人のスウェーデン兵と非戦闘員、女性や子供が捕虜になっていた。また、刑法が整えられたことで一六四九年の会議法典以前にはめずらしかった流刑囚と追放者が増え、国家によるシベリアの人口増加策に貢献した[★25]。以下の一六五三年の事例に代表されるように、この刑罰はしばしば身体切除をともなった。「以前の勅令では自らの責任により死刑に処されたはずの窃盗犯と強盗犯は、死刑ではなく笞刑《ちけい》とし、左手の指を落としたうえで、妻子とともに国境地帯へ送り、シベリアの辺境の不振の都市に配流するものとする」[★26]。こうしてロシアでは犯罪者の死刑執行がまれになった。シベリアへの流刑者の子や孫は、追放者でない者と見分けがつかなくなった。指摘されているように、「追放は君主の残忍な懲らしめと、国家の実益ある搾取をつなぐ伝動ベルトだった」のである[★27]。

南方では、エカテリーナ二世統治下のロシアがドニエストル川からダゲスタン（いまや誇らしげにノボロシア〔「新ロシア」の意〕と改称）の遊牧民を次々と服従させ、広大な土地を征服したことから、逃亡者の立場がますます根本的に変わった。南方の農奴はドン・コサック軍団に逃げ込むことで、「避難する権利」ではなく、帝国の自由な臣民の地位を手に入れたのである。移住者にはロシア出身者ばかりでなく、入植を奨励されてやって来たドイツ人もいた[★28]。

ロシア帝国の苛酷な労働制度のもう一つの側面である徴兵制度にも、さらに驚くべき点がある[★29]。一六五〇年以降、ロシアは軍隊を傭兵軍から徴兵軍に移行させ、ピョートル大帝（一世）が徴兵制度を導入してこれを完成させた。ロシアはこれにより、ヨーロッパで最も徴集兵の割合の大きい国（一〜一・五パーセント）になった。恐ろしいのは、地主が国家に兵士を供給する義務を負うことだ。不運な徴集兵は生まれ故郷を永遠に離れることになるのである。一七九三年に兵役期間が終身から二五年に短縮されたとはいえ、実質的にはほとんど違いがなかった。他方、こうした新兵は非常に重要な東と南への帝国領土の拡大のためにも使われた。新しく征服した領土を二度と手放さないように維持し、防衛するために、兵士は新しい地域に農民として根を下ろし、もう一度ある程度の自由を得ることができた。

　こうしてロシアは巨大な帝国として十九世紀を迎えた。それを支えたのが、法によって移動を制限され、大土地所有者のために働かなければならない圧倒的多数の農奴と、同じようにシベリアや中央アジアの土地に縛りつけられながらも、そのほかの点では独立していた農民兵だったのである。はるか西のエルベ川までの地域にも、移動を制限するさまざまな手段を見出すことができ、共通点の多いそれらの策がヨーロッパの西と東を隔てていた。[★30]

▼　▼　▼

一五〇〇年までの世界には、そこで暮らす人びとの働き方の違いからいくつもの大きな「島」ができていた。狩猟採集民はまだ地球の広い部分に住んでいたが、（亜）北極地域とアフリカおよび南米の熱帯雨林などに押しやられていた。ほかはどこも農業を主体とする社会だった。農業は自給のみにとどまらず、十分な余剰を生むだけの高い生産性を有した。これには大きく分けて二つのモデルがある。ユーラシア大陸では市場を介した分配社会が、南北アメリカ大陸とサブサハラ・アフリカの一部では再分配を基盤とした政体が形成されていた。

　後者は急速に姿を消した。たとえば過去にメソポタミアがそうだったように、内部から徐々に消えていったのではなく、外部からきわめて暴力的に消し去られたのである。市場モデルのなかでは、賃金労働で自由に仕事をする小農と職人による経済活動が広まったが、そのすぐ隣では諸勢力の対立から奴隷化が生じ、場合によっては社会全体が奴隷労働に強く依存するようになった。

ヨーロッパ人が海洋進出を果たしたことが転換点になり、以来、独立していた「島」と「島」がたがいに接触するようになった。これにより狩猟採集は見る間に衰退し、最後の強大な再分配社会も破壊され、互酬関係は世帯内に引き下がって、市場経済が拡大し、勢いを増した。この市場経済の拡大には二つの面があった。市場モデルが他地域にもちこまれたこと、そして非自由労働が増加したことである。ロシアでは農奴制が強化され、またほかの多くの地域でも動産奴隷制が急激に広まった。なかでもカリブ海地域とブラジルに集中したが、アフリカとおそらく中央アジアとその周辺にも奴隷制が浸透した。インド洋地域にもそれに勝るとも劣らない数の奴隷がいたが、人口に占める割合はずっと小さい。

市場モデルの拡大と強化は、あらゆる分野に影響をおよぼした。世界人口で圧倒的に大きな割合を占めるユーラシア大陸の農民は、農業そのものにも家内工業にも、あらゆる方法で労働力をつぎ込んだ。ロシアの農奴でさえ、制度が課す制約の範囲内で同じようにした。小農世帯の市場志向の高まりによって、男性の仕事だけでなく、女性と子供の仕事も増えた。急速に発展した町や都市、さらには海運や軍事などの部門にも同じことがあてはまる。この背景には、グローバリゼーションの影響もあって消費量が増大したこと、また必要最低限のレベルを超える新しい消費機会がもたらされたことがおもな動因としてある。

それを最もよく示しているのが砂糖の消費量の増加だが、ほかに茶、コーヒー、酒類、アヘンなどの興奮性の嗜好品や繊維製品にも同じ傾向が見られた。また、ヨーロッパでの安価な印刷物の普及もそのあらわれである。

概して仕事の場はまだ規模が小さく、農場や職人の作業場をとっても、アメリカの大半のプランテーションをとってもそうだった。他方、軍隊のような大きな労働単位は何千年も前から存在し、外洋を船が行き交うようになったこのころには、造船所や工廠などの軍事関連の大規模な仕事場があった。ロシアの農奴が働く領地、カリブ海の一部のプランテーションも大きい労働単位である。労働関係についていえば、奴隷制と農奴制はいうまでもなく従属を意味し、労働者が自らの利益を守ろうにも、あらゆる制約があった。それでも生まれながらの奴隷でないかぎり、自由だったころの記憶は決して消えず、非自由労働者は自分の利益を守る機会を絶えず求め、見出した。他方、自由労働者には、協力、協同という明らかな選択肢があり、とくに政治的にそれが許される都市ではその機会が多かった。職人は利益を守るために立ち上がり、ギルドなどの同業者団体をつくった（インドの職人カーストの組織もこの一つに挙げられるだろう）。以上がのちに産業革命と呼ばれることになる大転換の前夜における世界の仕事と労働関係の姿である。いまや世界は完全につながりつつも、労働のあり方はさまざまに異なる原則にしたがっていた。

十九世紀初頭、世界の勢力関係は三世紀前から見ればすっかり別ものになっていた。一八〇〇年にはすでに「大分岐」が起こっており、一六五〇年から一七〇〇年の五〇年から表面化したパワーシフトの勝者は西洋だった。いまにして見れば、運命は初めから決まっていたように思える。しかもつい最近まで、西欧の他国に対する支配は不変とも思われていた。この第5部では、仕事と労働関係の歴史を公平に分析しようとすることで、「大発見」と「産業革命」のあいだの数世紀が簡単にすませられるものではないことを示してきた。とはいっても、生じた亀裂は埋まらず、むしろさらに深まっていくことになる。それについては、第6部で産業革命期の仕事の歴史を見ることで明らかにしていこう。

読み書き能力の向上は第5部の前の時代から見られたが、そのおかげでさまざまな労働者の証言が数多く得られるようになった。間接的ながら、非自由労働者の声もある。ダホメ王に捕らえられ、奴隷としてアメリカに送られたオルアレ・コソラ、農民蜂起を率いたプガチョフ、あるいはネプトゥヌス号の奴隷の運命のことを思い出してほしい。こうした記録が裏づけているのは、自由を奪われた状態は人間の摂理などではなく、人生の現実として容易に受け入れられるものでもないということだ。自営労働者や賃金労働者への理不尽な扱いや不当な報酬もしかりである。たとえば息子を火薬工場の事故で亡くしたインドの母親クースームディやヨーロッパの手工業ギルド、ストライキを断行した北京の造幣局の労働者など、貧困から逃れるために、あるいは労働環境を改善するために個人や世帯や集団が打った手に関する証言は無数にある。

第 **6** 部

労働関係の収斂

1800年から現在まで

ダイヤモンド加工工場で手作業で働く研磨工
(アムステルダム、1875年)。

本書の区分における最後の時代、すなわち、この第6部と次の第7部で扱う二つの世紀――十九世紀と二十世紀――は、これ以前の時代よりも現代の読者にとっては身近なものだろう。しかし、それでもこの時代の特徴を二言三言であらわすのは困難だ。この時代は何が特別なのか。おそらく第一には、断続的ながらも世界の労働関係がたがいに似通ったものに収斂《しゅうれん》した時代だということだろう。都市が出現して以来、これほど多くの人びとが仕事のしかたを同じくしたことは一度もなかった。同様に、人びとが個人としてでも集団としてでも、これほどまでに労働関係と労働環境を向上させようとしたこともなかった。

第6部の主題は、さまざまな種類の労働関係のうちからしだいに賃金労働が突出し、最終的にそれが主軸となって広まっていった経緯である。その流れと並行して、第7部で論じるような、労働者の利益を代表する「行動のレパートリー」にも変化が起こった。その種の行動も、圧倒的な勢いで社会の多数派になりつつあった賃金労働者（だけではないが、おもに彼ら）の利益を代表するものになったのである。とくに、労働者のあいだに新しい種類の団体行動がいろいろと出現して、労働問題にますます影響力を強めていた国家とも連動した――ただし双方のイデオロギーの方向性はまったく逆だったが。

この二世紀のあいだに生じた労働関係の変化をより深く理解しようとするなら、いわゆる産業革命を無視するわけにはいかない。これによって仕事が以前ほど農業中心ではなくなっていき、それがまた消費のレベルとパターンを一変させた（第20章）。そうなると、仕事の目的もがらりと変わった。生きるための純粋な必要性の問題というよりも、多くの人にとって前の時代にはとても考えられなかったような生活の質の向上が、ついに視界に入ってきたのである。

すでに市場を抜きにしては語れなくなっていた労働関係が、この二世紀でまたがらりと変わった。まず、非自由労働が急激に減った（第21章）。その前触れとなったのが、ハイチ革命（一七九一～一八〇四年）をきっかけとする奴隷制の廃止、一八〇七年のイギリスによる大西洋奴隷貿易の廃止、一八六一年のロシアの農奴解放を最も有名な例とするヨーロッパ全般での農奴制の廃止だった。これらの運動のひとまずの成果が、一九一九年の国際労働機関（ＩＬＯ）の設立と、一九四八年の世界人権宣言である。だが、それで万事解決となったわけでもない。自由労働へと向かう動きは何度となく妨げられた。この点に関しては、スターリン、ヒトラー、毛沢東、ポル・ポトといった名前を出せば十分だろう。もちろん今日の北朝鮮の金王朝も忘れてはならない。

そして非自由労働が減ったのと同様に、自営労働も減った（第22章）。ただし、こちらの減り方はずっとゆるやかではあった。減少のおもな原因は、それまで世界中で多数を占めていた無数の小規模な農民と職人の重要性が薄れたためである。さらに家庭内労働が果たしていた役割も、女性がますます家の内外で市場向け労働をするようになるとともに縮小した（第23章）。この三つの動向を受けて、最も割合を伸ばしたのが自由賃金労働である（第24章）。それは工業においてだけでなくサービス部門においても同様で、どちらもおもに都市に集中していた。そして自由労働の増加は、移動の増加にもつながった。賃金労働者はいわゆる「足による投票」〔自分にとって好ましい条件を提供してくれるところへ自ら移るのを選択すること〕を行使し、移れるところがあれば移ってよりよい労働条件を求め、雇用されなければ別のところで働いた。移動先は国内のこともあれば、国外のこともあった。そしてその際には、年季奉公人がそうしたように、場合によって労働条件が一時的に悪化することも受け入れた。

第20章 産業革命

工業社会の出現と、何よりその拡大は、労働関係の世界的な収斂の最も明白な例だろう。働く人びとの歴史において、産業革命は農業の導入以来の最も重要な変化だった。ただしどの国においても、国内労働力の過半数が工業に就いたことは一度もなかっただろうとは思われる。★1 いずれにしてもここにきて、第5部の用語にならえば、労働集約型発展経路から資本集約型発展経路への移行が初めて可能になった。この現象が最初に明白にあらわれたのは十八世紀のイギリスだった。この話を第5部で取り上げず、あえてこの第6部にまわしたのは、この現象が当初はごく一部の人口にしか関係せず、その影響がしだいに明確になってきたのはイギリスにおいてさえ、十九世紀のあいだだったからである。

ここではまず、産業革命が起こってイギリス全体に広まり、やがて世界中にも拡大する過程で進んだ機械化についてざっと説明してから、ますます工場に集中するようになった工業労働に、その機械化がどのような意味をもっていたかを具体的に例証したい（むろん機械化は工業だけでなく、ほかの部門、とくに輸送と農業にとっても大きな意味をもっていたが、それについては追って触れる）。このとき何より重要だったのは、まったく新しい環境のもと、直接誰かの監督下に置かれながら生産的な労働をすることに慣れていなかった人びとに、どう意欲を起こさせるかだった。つまり、これは労働インセンティブの問題である。

機械化

これまでにも機械化の例はいろいろと見てきた。つまり、人間と人間のために働く動物それぞれの筋肉と頭脳がもっと効率よく活用されるよう、さまざまな道具が使用されてきたということである。糸車も、織機《しょっき》も、ろくろも、荷車もその一例だ。生産や移動のためのエネルギー源にしても、人間や動物や植物に由来するものに加えて、水力（具体的には水車や潮力水車）と風力（帆船や風車）が何世紀も前から人間によって利用されてきた。

産業革命の特異な点は、蒸気という新しい動力源を使っていることと、それにより、もはや利用場所の制限がなくなったことだ。連接棒を介して回転装置を動かすことのできる蒸気ボイラーは、場所を問わず、十分な燃料──おもに石炭──が採れるところや安価に供給されるところのどこにでも設置できた。すでに中国では蒸気が動力になることは知られていたが、こういう力もあるのかと認識されていただけで、実用化されてはいなかった。[★2] 蒸気が初めて工業利用されたのは石炭採掘においてである。採炭は地中深くまで掘ろうとすればするほど、そのたびに地下水の湧出に妨げられていた。しかし一七一二年、トマス・ニューコメンが揚水ポンプを動かせる蒸気機関を開発したことで、それまでの手作業での揚水が初めて省力化された。しかも揚水ポンプのパワーはますます上がり、石炭の採掘量が増えたことで、いっそう多くの工業用蒸気機関を動かせるようになった。石炭を運ぶための運河も必要になり、結果としておびただしい数の運河が掘られた。次の大躍進は、一七六九年に特許を取得したジェームズ・ワットの蒸気機関だった。ワットの機関は使用燃料がニューコメン機関の五分の一ですんだうえに、ワットは回転運動を可能にする伝動機構も設計していた。結果として、蒸気の動力をあらゆる種類の機械に供給することができるようになり、とくに工業のなかでも最も重要で、多くの新しい機械が発明されていた繊維工業に大きな益をもたらした。また、同じ一七六九年には、リチャード・アークライトが水車を動力とする紡績機を発明してもいた。こうして一七五〇年から一八〇〇年までのあいだに綿紡績の労働生産性は二〇〇倍に上がり、同じような例が工業の全部門にわたって多くのところで見られた。

次の進歩は、蒸気の推進力が船と列車にも導入されたことで、これは一八二〇年ごろからはじまった。本書のような概説では、どれだけ簡潔に説明したとしても、有名な発明や技術革新の重要性をとても十分には伝えられない。しかし、それらが長い一連の試行錯誤の所産だったこと、そしてそれらの導入には半世紀以上かかることもめずらしくないぐらい長い時間が必要だったこと、および、これらの進歩と同時に古いテクノロジーも大きく改善されていたことを忘れてはならない。たとえば当時の帆船は、海運業においては蒸気船に取ってかわられていたが、それでもかつてより格段に速くなっていた。

その後の十九世紀後半から二十世紀にかけては、おもにアメリカとドイツで重要な発明が相次いだ。たとえば電気が、照明や通信（電信、電話、ラジオ、テレビ）に使われるようになった。電気はさらに、電気モーターという特別な応用先も見つけていた。その結果、この新しいエネルギーを小規模工業生産にも家事にも利用できるようになった。蒸気は電気に取って代わられ、その最も明白な例が電車だったが、それだけでなく、蒸気は石油にも取って代わられた。ガソリンエンジンを搭載した自動車（一八八五年にカール・ベンツが発明）につづき、トラック、バス、船舶、飛行機も登場して、世界中がつながり、人と製品を世界のどこにでも届けられるようになった。電気エンジンに加え、ガソリンエンジンとディーゼルエンジンも工業に応用された。そしていまや核分裂の利用がエネルギー生成分野における長い発明の歴史の最後の大躍進となっている。

もちろん、エネルギー生成における発明とともに、化学分野とバイオテクノロジー分野における発明も欠かせなかった。塗料工業や製薬工業、あるいはゴム、化学繊維、建設資材、農業用肥料などの産業を考えてみればいい。また、医療でのあらゆるイノベーションに各種の発明が応用されたことも忘れてはならない。そして最後に、人間のやることを自動化した機械工学がある。現時点で自動化における最後の大躍進は、いうまでもなく、ここ数十年のデジタル革命である。その最新の応用先がナノテクノロジーと、工業に必須のものとして期待されている3Dプリンティングであり、これが実現されれば少なくとも輸送システムは大きく変わるだろう。

イギリスでのはじまりと世界の席巻

なぜ産業革命はある地域のある一国ではじまり、なぜイギリスが労働集約型発展経路から資本集約型発展経路への移行を世界に先駆けて果たすことになったのだろう。これは何世代もの歴史家を悩ませてきた問題で、議論はいまなお決着がついていない。ヨーロッパ人、アングロサクソン人、はたまたイギリス人が、この地球上のどこの住人よりも優れた天分をもっているのだという根本的に人種差別的な見解は、いまでは完全にすたれている。石炭などの原材料の有無で説明しようとする考えも、イギリスにとくに優れた制度なり慣習なりがあったのだと見なす考えと同じぐらい偏った見方である。

産業革命といっても実際には多くの分野での無数の小さな進歩と発明の集まりであり、それらの基本には、毎日の職人仕事を試行錯誤しながら向上させてきた不断の努力があったという理解が進むとともに、近年では、有効な知識の普及という点が重視されるようになっている。そしてこの見方からすると、一五〇〇年以降、ユーラシア大陸における西ヨーロッパとそれ以外の地域とのあいだに一線を引いてきた、ある一つの特徴に思い当たる。それは安価な印刷物が手に入ることであり、それによって技術的な進歩と知識が広く、とくに職人のあいだで普及できたということである。

これと同時に、ヨーロッパ内の多くの沿海地域がバトンをつなぐように次々と工業化を起こしていった。これらの地域は何世紀ものあいだ、大国にはならず、小規模な都市政体として繁栄していたところだ。★3 工業化のバトンはまず北イタリア、とくに都市国家ベネツィアから北海沿岸低地帯、とくにネーデルラント連邦共和国（いくつかの有力都市を中心とした七つの州の連合）へと渡され、さらにそこから十七世紀末に、部分的ながら選挙制の議会も備えた中央集権国家のイギリスに渡った。これを前例とすれば、もっと大きな国家も次々と同じように移行を果たせるはずだ。そのリレーで最初に産業革命を起こす栄誉を担ったのが十八世紀のイギリスだった。その後、この役割はアメリカに引き継がれ、ある程度まではドイツにも引き継がれた。そしてこれらの先頭走者が近隣諸国を触発し、そのフランスやイタリアや北海沿岸低地帯諸国やスイスなどが、先駆者の模倣をできるという利点をいち早く享受した。現在それと同じような位置にあるのが中国とインドで、まさにこれらの国がテクノロジー面での新しいリーダーになろうとしている。

イングランドとスコットランド低地地方での技術革新を成功させた新しい要素——それ以前、とくにネーデルラントでの技術革新には見られなかったもの——は「公共科学《パブリックサイエンス》」で、これに一般市民や職人だけでなく「進歩的」な地主も参加した。具体的にいえば、これによる最大の影響が、当時の表現でいうところの学識的で哲学的な社会の誕生だった。大衆のあいだに力学的で科学的なニュートン的思考がますます広まり、その種の雑誌や講演も普及して（あちこちを巡回して講演する講師がいた）、発明が——ひな型になっていようといまいと——称賛される舞台が整っていた。こうした社会のもとで、学術的な科学の世界で深められる理論的な知識と、工学技術の実践的な知識のあいだにあった溝が埋められていった。[★4]

実際、知識——とくに実用的な知識——が国内にどう広まるかは、前述のような後発国がどれだけ模倣を成功させられたかにも決定的にかかわっていた。ドイツの一八五〇年以降の大躍進、いわゆる第二次産業革命も、この点から説明がつく。卒業生に兵役短縮の恩恵もあるゲヴェルベシューレ（実業学校）での優れた（成人向けの）義務教育と、国と雇用主と連携したインヌングの制度（新世代ギルドのようなもの）を組み合わせることで、実用的な知識を効率よく伝授できる柔軟な徒弟制度ができあがったのだ。同じころ、イギリスでは技術的な知識がしだいに閉鎖的なものになり、現場の「労働貴族」によって用心深く守られるようになった。アメリカの経済専門家ラルフ・ローランド・マイセンザールがこれを的確に言いあらわしている。「既得の技能を時代遅れにする気などほとんどない古株の労働者が雇用と見習いの教育を担ったものだから、その見習いもまた古い技術から抜け出られなくなった」[★5]

本質的に、ユーラシア大陸のさまざまな地域において現場労働者の生来的な労働生産性に特段の違いは何もなかったと思われるが、新しいテクノロジーと生産手法を取り入れることのできる下地には差があった。[★6]それは前もって農村部と都市部に勤勉革命が起こっていたかどうか、人と知識の自由な流れが生じていたかどうかの差でもあったが、さらにヨーロッパの一部では、プランテーションでの非自由労働のおかげもあって、国際海上貿易から望外の儲けが得られていたことも差を生んだ。国民国家は競争相手に保護関税をかけることによって、このすべてに主要な役割を果たした。[★7]結果として、最初は小さかったユーラシア大陸の両端での差が、じきに大きく広がっていった。そしてそれらの差がたがいを強めあった結果が、産業革命と植民地主義によって生まれた「大分岐」だった。脱植民地化が進み、冷戦が終わりを迎えて、ようやく世界のなかでの貧富の差の縮小と、それを受けての労働報酬の差の縮小が可能になった。だが、とくに東アジアにおいてはそうなったが、サブサハラ・アフリカにおいては今日もなお差が開いたままである。

産業革命による大躍進は、イギリスでは一七八〇年から一八〇〇年ごろ、ベルギーでは一八三〇年ごろ、ドイツでは一八七〇年ごろ、アメリカでは一九〇〇年ごろに起こったとされている。しかし、こうした各地での時期をめぐる議論でしばしばなおざりにされていることがある。それは、これらの国でも工業に就いていた人口は長いあいだ全体のごく一部だったこと、そしてその工業人口のなかでも、機械化された工場で働いていたのは、やはりごく一部だったということだ。イギリスを例にとっても、産業革命が起こったのは最初のうちは繊維業だけで、そのなかでもとくに綿加工にかぎられていた。これと並行して金属工業が出現し、それとともに鉄道網が拡大したが、工業がもっと幅広い基盤をもつようになるのは一八四〇年代以降だった。

ロンドン万国博覧会が開催された一八五一年から一八七〇年代までの四半世紀で、イギリスは世界の工場と呼ばれるようになり（のちにその座はアメリカとドイツに奪われるが）、イギリスの工業は労働人口の四〇パーセントを抱えるまでになった。だが、あわせて注意したいのは、これがイギリスの史上最高の数値であり、しかもこの工業人口が国内で非常に不均一に分布していたことだ。南部に工業はほとんどなく、対照的に北部では非常にさかんで、中部諸州とウェストヨークシャーではとくに強かった。同じ工業でも業種によっては大きな差があり、職人仕事もロンドンをはじめ、顧客の多い都市部ではいまだ根強く残っていた。[★8]このような、労働人口のごく一部だけが大きな工場や鉱山で働いているというパターンはほかの国でも一様に見られ、それらの工場はきわめて地理的に集中していた。たとえばドイツのルール地方、フランスのアルザス＝ロレーヌ地方、アメリカで現在「ラストベルト」（さびついた一帯）と呼ばれる地域、ロシアのウラル地方とドンバス地方〔現ウクライナ東部〕などがいい例だった。

工場労働の組織編成

この二世紀に発達した工場労働とはどのようなものだったと考えればいいのだろうか。第5部で見たように、これ以前の数世紀のあいだ、工業は都市部の職人も担っていたが、それよりむしろ、いわゆる家内工業のかたちで主として農村部に集中していた。どちらの場合でも、労働と生活はずっと一体だった。しかし、そのころでも水力や風力を動力として使えるところでは、作業単位をいくぶん大きくすることができた。熱に依存する工業も同様で、製錬所、製塩・石鹼《せっけん》工場、砂糖精製所、繊維漂白工場、染色・捺染《なっせん》工場などは比較的規模が大きかった。要するに、産業革命以前から大量の資本を投資していた会社なら、労働者がほんの十数人から数十人の規模でも十分やっていけたということである。一か所での作業単位が数百人、ことによると数千人にもなるような大規模産業はだいたいが陸軍や海軍の工廠《こうしょう》、銃器鋳造所、造船所などの国営会社で、当時はどこの国でも一握りしかなかった。

イギリスでの例に見られるとおり、工業化の過程が試行錯誤の連続だったことは広く裏づけられているが、当然そこから察せられるように、しばらくのあいだは多様な組織構造が並行して存在し、たいていそれらはたがいに密接に関連していた。いずれにしても、伝統的で牧歌的な職人仕事に対する地獄のような工場労働という典型的な対比は誤解を呼ぶものである。[★9]

この多様な組織構造は、技術の発展段階や、工業のさまざまな部門ごと、あるいは地域ごとの差異ときれいに符合しているわけではない。かといって論理的な整合がまったくないわけではないが、それにしてもばらつきは大きい。第一に職人がいて、これが最終消費者向けの生産もしていたが、一般的には仲介業者向けの生産をすることが多かった。この仲介業者という第二の構造が、悪名高い苦汗《くかん》（酷使・搾取）産業に発展した。請負人がその部門の別の業者から出来高料金で仕事を請け負うが、実際の仕事は家内工業者にもっと低い時給か出来高払いでやらせるのである。これが工業における最もひどい搾取のかたちで、そこに工場はまったく関与していない。

このほかに、多くの小さな作業場があった。これらはすでに機械化がはじまる以前から、性別や年齢や技能に応じた最適な分業をめざしていた。ウェールズの聖職者で、経済学者でも政治評論家でもあったジョサイア・タッカー（通称、主任司祭《ディーン》タッカー）が、一七五九年にこう記している。

労働は……非常に適切に割り当てられており……時間をいっさい無駄にすることなく

品物が次々と手渡されて製造されていく。そのため必要以上に働き手が雇用されることもない。この両方の好例として、バーミンガムに無数にある例から一つを挙げよう。工員が機械を使って金属のボタンに刻印するときは、その横に立っている子供がぱっとボタンを置いてすぐに刻印できるようにし、刻印されたらまたぱっとボタンをどかして次のボタンを設置する。これにより、工員は一人でやる場合の少なくとも二倍の数のボタンを刻印できる。一人の場合はボタンを入れ替えるのにいちいち手を止めなければならないからだ。……これだけで八〇パーセント、ないしは一〇〇パーセントの節約になると同時に、子供は話せるようになるのとほぼ同じ年ごろから仕事の習慣を実地に覚えられる[★10]。

　こうした職場に加え、時期はずっとあとになるが、おもに繊維工業において機械化された作業場が登場する。労働者の数は数人から数十人、数百人とさまざまだったが、その全員の労働者が一つの建物、つまり工場で働いた。動力源は最初は水車で、のちに蒸気ボイラーが取ってかわった。ここにきて、労働者をどう編成するのが最善なのかという問題が生じた。なにしろここまで多くの人数が一か所で働くというのは、かつてなかったことなのである。まず考えられるのは指揮命令系統を中央に一本化する方式だったが、むしろ多くの工場は、建物を事実上いくつもの小さな単位、それも多かれ少なかれ自律的な単位に分割して、中間に多くの管理者を挟まなくてすむようにしていた。

しかし最も一般的だったのは、かつての家内工業の方式を引き継ぐことだった。ただし工場の建物に移し替えるにあたって、その中身は根本的に変えられた。[★11] この方式では、工場主や企業家が多数の紡績工や織工などの専門職人を出来高払いで雇い、それらの職人がまた自分の助手や見習いを時間給で雇った。助手はおもに子供や女性で、親戚や隣人が使われることが多かったが、ランカシャーのボールトンのような急成長した工業都市ではかならずしもそうではなかった。こうして業務の管理は中央から現場に委譲されたが、とくに想像力をたくましくしなくとも、この方式が少数のエリートによる多数の下位労働者の搾取を強化したことは容易に察せられる（のちの悪名高い苦汗産業と構図は同様で、これについては前にも触れたが、追って第22章「手工業、小売業、サービス業」の節で詳しく論じる）。「親方労働者」は下位労働者をせっついて一定時間にできるだけ多くの仕事をやらせるほど自分の儲けを増やせるが、従属するほうにとっては一文の儲けにもならない。このような不当な制度がなぜそんなに長くランカシャーの綿紡績産業などで機能できたのかと不思議に思うだろうか。その秘密はもちろん、下位労働者の将来への希望にあった。いつかは自分も親方紡績工や親方織工と同じ立場になるのだから、さしあたりは搾取されておいてやろうという考えである。これ自体は徒弟制度の徒弟の考え（第17章「発展する都市」の節を参照）とそう変わらないが、最終的に出世がかなう見込みは徒弟よりもはるかに低かった。

同じように管理の負担を軽減しながらも、これよりもずっと公正なもう一つの方式が、工場をいくつかの独立した作業場に分割し、多少の自主権をもたせた労働者のグループに細分された仕事をやらせるというものだった（「内部請負」と呼ばれる）。[★12] このような制度のもとでは、現場監督が副監督や代理を任命して、労働者に時給に見合う十分な生産性をあげさせるよう綿密な直接監視にあたらせる必要がない。かわりにここで重視されるのは、生産過程の各部分を調整して作業場から作業場へと円滑に移行が進むようにすることである。この伝統的な組織構造には、多数の「協同請負」単位の効率的な共同作業が必要だった。

このような多様な組織構造は、どれもそうすぐには変わらず、変わるにしても部門によって差があった。そうした変わりにくさはある程度、平均的な会社規模にも反映されている。たとえばマンチェスターでは、一八一五年には従業員五〇人未満の綿工場がまだ多数を占めていたが、一八四一年には従業員一〇〇人から二五〇人の工場が一般的となっていたのに対し、同じ期間に従業員五〇〇人以上の工場の数はほとんど増えていなかった。[★13]

労働者の反応と行動

さまざまな経済部門の生産性が急激に、ときに目覚ましいほどの勢いで上昇したからといって、それで労働者の生活が短期的にはっきりと向上したわけではない。むろん生活水準についての議論は決着していないが、ある程度の意見の一致は見えている。イギリスの工業労働者――男性だけでなく、膨大な数の女性と子供も含めて――の実質所得は、一八二〇年以前はほとんど上昇しておらず、その後の半世紀にもきわめて緩慢にしか上がらなかった。しかも、そのささやかな利益さえ、急成長する工業都市においては生活環境の悪化によってほとんど相殺された。平均寿命や乳幼児死亡率や身長といった生活の質をはかる各種の指標がようやく明らかに向上したのは一八七〇年代以降のことだ。イギリスの歴史学者エマ・グリフィンは、過去二世紀についての議論を要約してこう述べている。「実質賃金の少しばかりの上昇も、健康、寿命、福利の点での高い代価を差し引けば、ごくわずかな埋め合わせにしかなっていないと見られる」[★14]。いずれにしても、社会的不平等は増大し、工場所有者と工場労働者との格差も確実に増大した[★15]。

当然ながら、労働者のあいだでの産業革命に対する受け止め方は複雑だった。そしてそれは、長時間の勤労に対する報酬が不十分なせいだけではなかった。彼らの働く環境もまた劣悪だったのである。機械音のうるささだけをとってもひどいもので、会話もできない。繊維工業だけでなく製材所などでも同様で、そうしたところでは身振り手振りが必須だった。これは小さな作業場との大きな違いで、あるいは大勢の労働者が戸外で船頭歌などの労働歌を歌いながら労働のつらさを和らげていたのとも対照的だった[★16]。

小さな作業場から大きな工場への移行や、多様な組織構造間での変化が徐々に起こってくると、労働者からは三種類の反応が生じた。受容と、適応と、抵抗である。おそらく後世に最もよく知られるようになったのは抵抗だが、じつのところ、これはかなりまれなケースだった（個人的、集団的な反応については追って第26章で詳しく扱う）。新しい組織構造への抵抗は機械化そのものに対してというよりも、毎日の管理が厳しくなったこと、集団への出来高払いが個人への時間給に替えられたことに対してのほうが大きかった。要するに、独立性を奪われたことが不満だったのである。[17]

一七六〇年から一八二〇年のあいだに機械の打ち壊し事件がいくつも起こったことは知られている。ときに暴力事件や致死的な事件に発展することもあり、とくに新しい機械や工場やその所有者を守るために軍隊が派遣された場合には、そうなる危険性が高かった。抵抗の激しさには地域による違いもあり、イングランド南部、とくに南西部が突出していたが、こうした抵抗と受容の地域差はそう簡単には説明がつかない。ともあれ明らかなのは、抵抗がよく見られたのは大都市よりも地方部だったということだ。たとえば活況に沸き、移住者も多かったバーミンガムでは、抵抗はまったくといっていいほど見られなかった。新しい機械に対する最も激しい抵抗がラッダイト運動というかたちで起こったのは、一八一一年から一八一二年のノッティンガムシャー、ダービーシャー、レスターシャーの田舎だった。これらの運動は「作業場文化や小さな準農民共同体の内部での個人的つながりや血縁関係、その他もろもろの社会関係」を基盤としていた。きわめて統制のとれた「ゲリラ隊」が新しい織物加工機や編み機や力織機とその所有者に何度となく夜襲をかけることができたのも、全員の口が固かったからだった。ちなみに、こうした機械打ち壊し運動はイギリスだけの現象ではなかった。フランス、ドイツ、スイス、オランダ、メキシコなどでも同様の例が見られている。[18]

これほど派手ではないものの、これよりずっと一般的で、長きにわたって成功したのは適応しようとする試みで、これこそ労働者の創造性の極みである。労働者の管理が厳しくなるのは避けられないなかでも、監督が許容できる程度にできるだけ行動の自由を維持しようとするのが適応や順応のおもな目的だった。そのために広く採用され、うまくもいった手法が、さきほども触れた「協同請負」である（フェビアン協会員のデヴィッド・フレデリック・シュロスが一八九〇年代にこう表現した）。★19

協同（もしくは集団）請負では、通常、請け負う側が生産過程の一部か全体をまとめて引き受け、完成品の品目ごとに集団で報酬をもらう。こうした体制なら労働過程の編成はその集団にゆだねられ、雇用主の役割は最初の段階での原材料の供給と生産施設の提供、および最後の段階での完成品の品質管理だけに限定される。この方式は雇用主にとっても益が大きい。労働者間での協力の不備による損失はすべて産出量の減少、ひいては報酬の減少というかたちで請負側の集団が負うことになるからだ。一方、労働者は生産過程での共同作業を効率的に編成する責任を自ら負うことで、大きな自治権が得られ、雇用主からの抑圧的な監督を受けずにすむ。いいかえれば、集団が最終製品の品質に対して相互責任を負い、それによって報酬の多寡が決まることで、集団のさまざまな成員のあいだでのエラー率を最小限にすることと、各自のもつ技能を生産過程に効果的に適用することにプレミアムがつくのである。同世代や異世代のあいだでの職業技能の伝達も実地訓練を通じて達成され、収入の再分配に技能に応じた格差があることも技能の伝達を促進する。

請負単位は多くの場合、家族集団を基本とした。それが必須だったわけではないにしろ、集団の構成はメンバー全員にとって重要な問題だ。結局のところ、集団内の最も弱いところが集団全体の最終成績を左右するからである。[20] 協同請負の体制はあらゆるところに広まった。農業の季節労働者の集団にも見られ、採鉱や住宅建設や公共事業、そしてもちろん工場にも取り入れられた。イギリスの最も有名な鉄道敷設事業者で、ゆえに世界最大の民間雇用主だったといっていいトマス・ブラッシーの同名の息子が、一八七二年にこう記している。

私の父はいつも日払いより、仕事に値をつけるほうを好んでいた。出来高払いの仕事はかならずしもすんなり受け入れられるわけではなかったが、父はつねづね、日給仕事は負け戦だと思っていた。そのため父の仕事はできるかぎり請負制でなされていた。これはある種の、大規模な出来高仕事だ。……出来高払いは親方にとっても労働者にとっても益がある。労働者はより高い賃金を得られ、親方は自分が労働者に払う賃金の分を得たうえで、請け負った契約をずっと早く完了できるので満足なのだ。[21]

これもイギリスだけの現象ではなかった。ここ数世紀の西ヨーロッパと東ヨーロッパとインドでの煉瓦製造の組織を比較した異文化研究の結果、この原理は世界で広く採用されていることがわかった。しかも、それらがたがいに直接影響をあたえていた形跡もないので、家内工業以外の工業の賃金仕事の編成には、一定の普遍的な社会心理学的機序が働いているものと思われる。このような編成は、機械製造工場でも印刷所でも、ほかのさまざまな産業でも見られる。そして一九〇〇年ごろまでにヨーロッパのすべての大都市に広まったといわれ

ている。[★22]

実際、協同請負制は一九〇〇年ごろにピークに達したものの、そのころから二つの公然たる敵に直面した。一つは現代の企業家と科学的管理法の唱道者たち、もう一つは現代の労働組合運動である。労働組合運動については第7部で詳しく論じるが、さしあたりここでは雇用主のほうに注目したい。雇用主側の代弁者としておそらく最も有名で、「テイラリズム」という言葉の由来でもあるアメリカのフレデリック・W・テイラーが、一九一一年にこう述べている。

入念な分析から、労働者が大勢の集団になると、一人ひとりの野心が刺激される場合にくらべて各人の効率は大幅に落ちること、また、労働者が集団で働くと、個人の効率がほぼ確実に、その集団内で最も効率の低い労働者のレベルかそれ以下にまで落ち込むこと、そして群れることによって全員が引き上げられるどころか引き下げられることが実証されている。

なぜそういうことになるのか、その理由をテイラーは明言していないが、これは労働者が「ずるけている」のだといわれていた。実際、労働者は――そしてテイラーも――よくわかっていたのだ。労働者の生産性が上がれば賃金率は下げられるのである。「出来高払いの仕事であまりにも多くを生産する労働者は、自分の強欲のために友人たちを犠牲にしていると見なされた。まわりより多い賃金を独り占めして、それにより確実に生じる賃金率の引き下げなど意にも介さない、というわけだ。そして日給制であったとしても、そういう労働者はボスの機嫌をうかがって、同じように仲間を犠牲にして自分の利を得ようとするものだと思われていた[★23]」

前述の煉瓦製造の比較研究を見てもわかるとおり、テイラーの主張はかなり一方的である。それでもこれを無視すべきではない。実際に一九〇〇年ごろから協同請負は完全にとはいわずとも、少なくとも経済的に最も発展した国々ではしだいに姿を消して、時間給での個人契約にもとづく直接雇用に取ってかわられていったのである（建設産業の一部は例外だったかもしれないが）。

この自由賃金労働の管理法における新しい段階については追って詳しく論じるが（第26章「労働組合」の節）、そのためにも、先に自由賃金労働の増加そのものをしっかり見ておくことが必要だ。しかしそれもまた、非自由労働の消滅があって初めて果たされたことなのである。

第21章 非自由労働の衰退

一八〇七年、イギリスは奴隷貿易を廃止する法案を可決した。そしてこの決定は二度と覆されなかった。ゆっくりとではあり、むろん一直線に進んだわけでもなかったが、過去二世紀のあいだに奴隷貿易も奴隷化も奴隷労働もすべて減少に向かい、最後には消滅した。非自由労働の世界的な終焉はまぎれもない事実で、今日、世界に残る非自由労働は、数千年前の奴隷制の導入以来のいかなるときよりも少ない。この奴隷貿易と奴隷制の廃止はなぜ、いかにして可能になったのか。非自由労働の長きにわたる発展がいつ、いかなる理由で停止することになったのか。そして現在の状況はいかなるものなのか。

奴隷貿易と奴隷労働の廃止――その理由と経緯

国家によって施行される法的に認められた制度としての非自由労働の終焉は、二つの方向から起こった。一つは上から、一つは下からである。まず上からに関しては、この二世紀のあいだに各国が奴隷貿易を廃止し、次いで奴隷労働を廃止（ただし金銭的補償の対象となったのは奴隷所有者で、解放された奴隷ではなく、むしろ多くの場合、解放奴隷が自ら補償金の一部を払わなければならなかった)[★1]、最後に、労働契約を守らせるにあたってのあらゆる懲罰的制裁を廃止した。そして下からに関しては、非自由労働が存在するかぎり、それを強制された人びとはどうにかしてその立場から脱しようと、個人的に逃亡したり(ギアナの逃亡奴隷《マルーン》や、コサックの支配する国境地域に逃亡したロシアの農奴がいい例だ)[★2]、可能であれば自由を買ったりするだけでなく、ときには集団行動にも出て、すでに見てきたような反乱を起こした。

上からの廃止——これは下からの集団行動による圧力を受けての結果でもあるが——の全体的な効果が大きかったことは明らかなので、そこにいたるまでにどんな段階が踏まれたのかを細かく見ていこう。[★3]わずか数年のあいだに、三つの国家が長きにわたるアフリカからの大西洋奴隷貿易を制限することを決断した。一八〇三年にデンマークが国民の奴隷貿易を非合法化し、一八〇七年三月二日にアメリカのトマス・ジェファーソン大統領が奴隷の輸入を禁止し、同年同月二十五日にイギリスが全国民にアフリカ人奴隷の貿易と輸送にかかわることを禁止した。なかでもイギリスの奴隷貿易廃止法は飛び抜けて影響力が大きかった。これはイギリスが海軍力と植民地拡大において圧倒的だったためで、とくに一八一四年から一八一五年にイギリスがナポレオンに勝利してからは、いっそうその傾向が強まった。さらにイギリスは、他国も協定に引き入れて同じことをさせようとするぐらい、この問題に真剣だった。そうした協定のもと、加盟国に属する船の船倉を捜索する権利が認められ、協定を実施するための国際法廷も設置され、奴隷化されている男女の解放が進められるとともに、解放奴隷のその後の安住の地としてシエラレオネ、のちにはリベリアが用意された(当時のシエラレオネは

〔イギリスが植民地化して解放奴隷を入植させたところで、リベリアはアメリカの解放奴隷が国を興したところ〕。

実際のところ、中世と近代初期に奴隷雇用で悪名高かった地中海諸国の一部は、このあと実際に奴隷を使うことはまずなかったにせよ、ついぞ奴隷制を正式に廃止したことはない。十八世紀のヨーロッパで（おそらく実際にはもっとあとまで）、奴隷制が重要な役割を果たしていた唯一のところはポルトガルである。[★4] 一六〇〇年ごろから一七六一年まで、ポルトガルの港には年間一〇〇〇人から二〇〇〇人の奴隷が上陸していた。一七六一年に初めてアメリカ大陸やアジアやアフリカからの黒人奴隷の入国が禁止されたが、それも人道的な理由からではなく、収益性の非常に高いポルトガル植民地だったブラジルから奴隷を流出させないようにするためだった。また、すでにポルトガル本国にいる奴隷は明白に解放措置から外されていた。一七六七年、解放措置がムラート〔白人と黒人の混血〕奴隷にも拡大され、一七七三年にはポルトガル国内の奴隷のもとに生まれた子供と、国内に孫がいる奴隷に自由が認められた。しかし、それ以外の奴隷は一生その身分のままだった。当然ながら、ポルトガルの植民地では奴隷労働の消滅までに非常に長い時間がかかった。

地中海の東端では、廃止までの進みがさらに遅かった。[★5] 十六世紀にオスマン帝国で農業奴隷が消滅して以来、奴隷はもっぱらエリート家庭の所有物となり、男性ヨーロッパ人奴隷にかわって女性奴隷、それもカフカス出身の奴隷が少しは残っていたものの、ほとんどはアフリカ出身の奴隷が使われるようになった。十九世紀には、奴隷が総人口の五パーセントを占めていたともいわれる。十九世紀半ばから奴隷制はしだいに衰退していった。クリミア戦

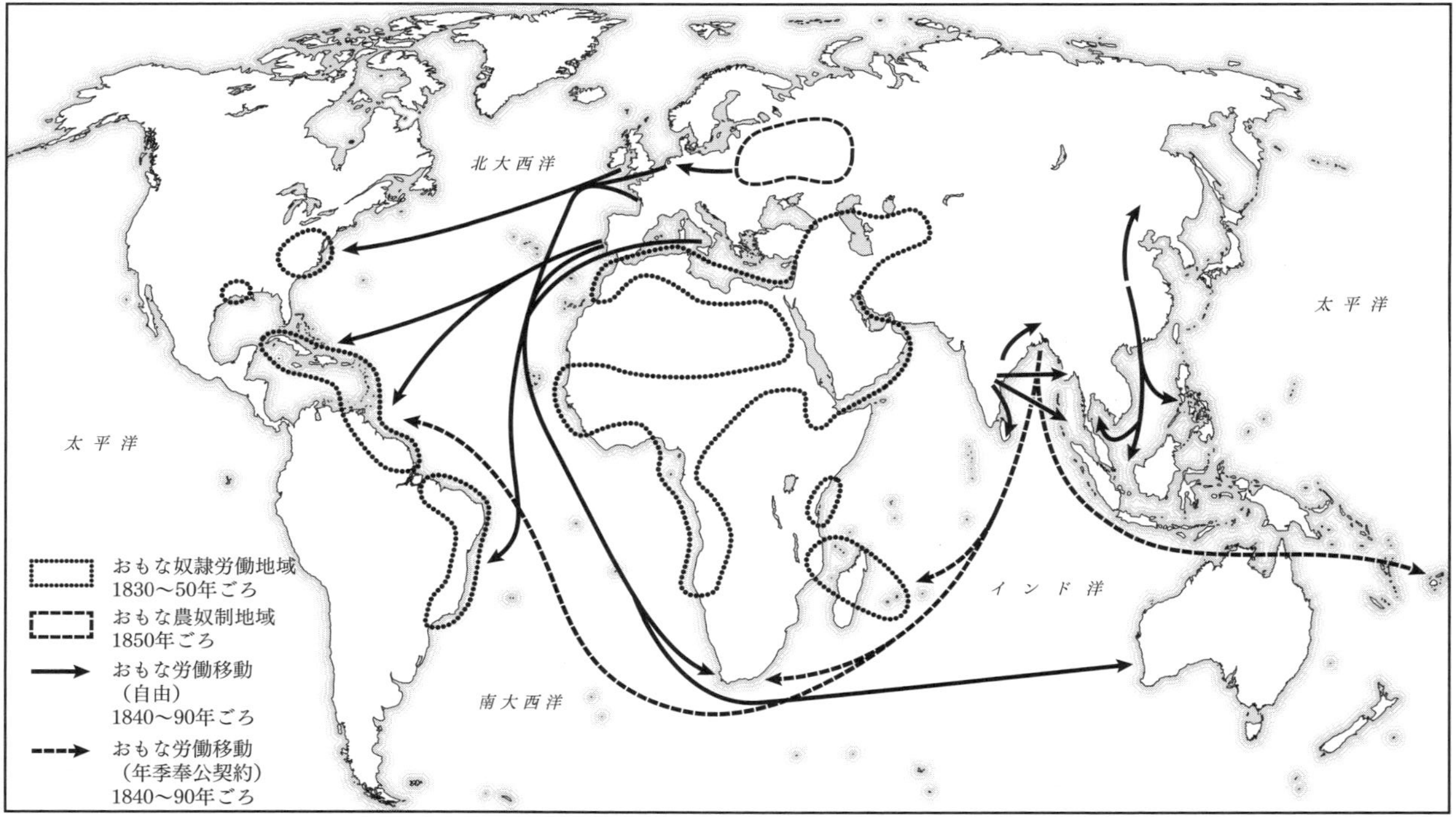

［地図6］19世紀における非自由労働と労働移動

争（一八五三〜五六年）後、オスマン帝国はもはや戦争捕虜や敵の国民を奴隷にはしなくなり、一八五七年には黒人奴隷貿易が禁止された。その後、カフカス——オスマン帝国への伝統的な「白人奴隷」供給源——でロシアがチェルケス人を打倒してからは、チェルケス人の奴隷がその主人とともにぞくぞくとトルコに脱出してきて、一八六四年から一八六五年にピークに達した。これによってオスマン帝国ではにわかに奴隷労働が急増したが、長続きはしなかった。以後、奴隷貿易はますます先細りになりながらも一九〇九年まではつづいていた。この年に、前年の立憲革命で実権を握っていた「青年トルコ人」が正式に白人奴隷貿易を廃止したが、奴隷制については帝国の神聖な法によって認められるとして、やむなく容認した。

　また、奴隷貿易の大西洋横断ルートに対する圧迫は（これを逃れた最も顕著な例はブラジルの奴隷船で、イギリスの監視船がいる海域の南側を通ってアンゴラ、マダガスカル、モザンビークへと渡っていた[★6]）アメリカ大陸での奴隷制の性質に変化をもたらすとともに、アフリカ大陸そのものでの奴隷制を拡大させた。最終的に、アフリカと南北アメリカのあいだの奴隷貿易はみごとに挫折した。一八四〇年代に大西洋を渡った奴隷の数は四三万五三〇〇人だったが、一〇年後には一七万九一〇〇人に減少し、一八六一年から一八六七年の期間には五万二六〇〇人にまで低下した。

　だが、奴隷制廃止運動は負の効果も誘発した。大西洋奴隷貿易をイギリスが徐々に締めつけていった結果として、ブラジル人など、これに大きく投資していた人びとはなんとかこれらの措置を回避しようとした。そして実際に、その企ては長いこと成功していた。既存の奴隷に子を生ませつつ国内奴隷取引で補うだけでは、自由労働者の雇用に切り替えたがらない奴隷所有者の要求を満たすには十分でなかったからである。

アフリカ大陸内でも奴隷制は拡大していた。代表的な例がナイジェリア北部に存在していたカリフ制ソコト帝国で、一九〇〇年ごろには一〇〇万人から二五〇万人の奴隷が働かされていたと見られる。その多くは換金作物の生産に従事していたが、一部はエリート層の誇示的消費の対象にもされていた。イギリスの阻止努力にもかかわらず、奴隷化されたアフリカ人の輸出は十九世紀になってもつづいた。もはや大西洋を渡っての輸送はほとんどなくなっていたが、そのかわり、サハラ砂漠から（ダルフール王国が悪名高い奴隷狩り国家になった）紅海とインド洋を経由した輸送が増えつづけた。この北回りと東回りの奴隷貿易がしだいに終わりを迎えるには一九〇〇年ごろまでかかったが、同時に、世界中の海洋奴隷貿易もしだいに阻止されていった。

奴隷貿易の反対運動と並行して、奴隷制と奴隷労働そのものに対する反対も広まりはじめた。この運動も、最初はおもにイギリスから起こっていた。一八三三年に、東インド会社が支配する地域を例外として、全植民地での奴隷制を廃止する法案がイギリス議会を通過した。東インド会社の支配地域でも一八四三年には奴隷制が廃止され、それより少し遅れて、東インド会社の直接支配していないインドの地域――トラバンコールなど――でも一八五五年に奴隷制廃止が決まった。★7 ほかの宗主国もこの例につづいた。フランスは一八四八年、オランダは一八六三年、キューバを最も重要な植民地としていたスペインは一八八六年に、奴隷制を廃止した。だが、ほかのいくつかの重要な国家が奴隷制の廃止に踏み切るのはかなり遅かった。アメリカでは血みどろの内戦を経て（労働関係の一つをめぐって六〇万人もの犠牲者を出したすえに）ようやく一八六五年に実現したが、それからまるまる一世紀ものあいだ、南部人のあの手この手の妨害により、元奴隷とその子孫が公民権を完全に享受するにはいたらなかった。だが、これに関しては労働組合も負の役割を果たしており、W・E・B・デュボイスやマーティン・ルーサー・キングといった著名な黒人指導者からの批判を集めた。[★8] 一方、ブラジルはようやく一八八八年に奴隷制を廃止した。最後に残ったうちではエチオピアが一九四二年、モーリタニアが一九八一年に廃止を決めた。[★9]

中央ヨーロッパと東ヨーロッパでの農奴制の廃止も、この時系列パターンに合致する。[★10] フランス革命によって実現した農奴制の廃止に多くの国がならい、プロイセンとポーランドでは一八〇七年、ロシア領のバルト海沿岸地域では一八一六年から一八一九年、ビュルテンベルクでは一八一七年、バイエルンでは一八一八年に農奴制が廃止されたが、ほかの諸国は様子見をしたまま半世紀以上が経過した。そしてオーストリアでは一八四八年、ハンガリーでは一八五三年、ロシアでは一八六一年に農奴解放が実現した。ルーマニアも一八六四年にそのあとにつづいた。ロシアでは一八六一年の農奴解放令によって二一〇〇万人の農奴（全農民の五〇パーセント近くで、ロシアの男性総人口の四〇パーセント近く）が自由になったが、それから何十年ものあいだ、元農奴は依然として望むところに自由に移住することはできなかった。実際、多数の元農奴がミール（農村共同体）に縛りつけられ、そこでかつての主人に多額の補償金を支払う集団責任を負わされた。

これらすべての国は、もともと私有財産を奴隷所有も含めて不可侵と考えていたために、そこをどうするかという問題に苦慮した。結果としてとられた解決策が補償で、元奴隷所有者に国庫から補償金が支払われた。円滑な移行を促すために、元奴隷所有者には数年の期間、解放奴隷を「年季奉公人」として使うことも認められた。これは実質的に、本来は自由になったはずの解放奴隷がさらに数年間、食事や住居や医療やその他もろもろの生存条件と引き換えに、かつての主人のために働かなければならないということだった。実際、年季が開けると元奴隷のほとんどは出ていこうとしたため、多くのプランテーション所有者がやむなく自分の土地を分割し、自由民となった元奴隷に貸与するか、もしくは彼らを分益小作人として扱った。しかし解放された元奴隷としては、労働契約を結ぶとしても、かつての奴隷所有者との契約は望まなかった。★11

また、これとは別のかたちの年季奉公もあった。こちらは労働者を契約や懲罰として何年ものあいだ一か所のプランテーションに縛りつけ、働かせるというものである。そうして何千万もの中国人やインド人やジャワ人や日本人、そして当時「カナカ」と呼ばれていた太平洋諸島の一部の島の人びとが「苦力《クーリー》」として、故郷から何千キロメートルも離れたところに渡り、アメリカ、ギアナ、モーリシャス島、セイロン島、インドの南部やアッサム地方、マレー半島、スマトラ島、オーストラリアなどで働かされた。かつて同様の境遇にあったイギリスやフランス出身の年季奉公人（第18章「アメリカ大陸のプランテーションにおける動産奴隷制」の節を参照）と同様に、これらの人びとも斡旋《あっせん》人に船賃を払ってもらったうえでプランテーション所有者に引き渡され、その債務を返済するために労働に服した。何年もかかって自由を取り戻したあとは、故郷に帰るか、新しい祖国で農民となって定住した。奴隷制が廃止されてからも、これら二種類の年季奉公というかたちでの非自由労働は一世紀近くにわたってひっそりと存続し、イギリスをはじめとする植民地大国がついに後者の年季奉公人制度を廃しはじめたのは第一次世界大戦の前後だった。アメリカの法学者トバイアス・バーリントン・ウルフは、この最後に自国に残った合法的非自由労働の形態の特徴をこう説明している。「法的なカテゴリーは別だった──人間に対する財産権はもはや禁止されたので、それにかわって一般に認められている、債権者が債務履行を迫る権利がもちだされた──とはいえ、結果としてはほぼ同じだった。国家の強制的な力を行使して、投獄をちらつかせながら貧しい（たいていは黒人の）労働者に労働を強いたのである[★12]」。この見解はアメリカについてのみならず、同様の斡旋制度が存在する世界各地の状況を言いあらわしてもいた。

ここまでの短い概説でもわかるとおり、まずは奴隷化された労働者の売買が廃止され、次いで奴隷労働そのものが廃止されるにいたるまでの長い道のりは、決して自明でも容易でもなかった。そこで問題は、誰がこの廃止の主要な推進者だったのか、そしてその動機はなんだったのかである[★13]。答えは二つあるが、その二つはかならずしも連動していたわけではなく、たがいに共感してさえもいなかった。一方の推進者は、反乱や革命を通じて目標を達成しようとしたアメリカ大陸の奴隷自身であり、もう一方の推進者は、イギリスの市民──とくに労働者――である。

カリブ海地域とブラジルでは奴隷や逃亡奴隷《マルーン》の反乱がたびたび起こった（57ページのパルマーレスの反乱を参照）。最も規模が大きかったのは一七六三年二月二十七日にギアナのベルビス川沿いではじまった奴隷反乱で、一年以上にわたってつづいた。最終的に、ヨーロッパ人の軍隊と先住民の協力者、および抵抗をあきらめて主人に忠実になった黒人奴隷との連合軍による鎮圧がかなったのは、反乱軍の内部に不和があったためだった。[★14] こうした逃亡や抵抗もなかなか奴隷制を終わらせられなかったなかで、ついにハイチ革命が起こった。一七九一年、プランテーション植民地のサン・ドマング（イスパニョーラ島のフランス支配地域、現在のハイチ）で、トゥーサン・ルーヴェルチュール率いる奴隷反乱が起こった。一七九四年には、フランス革命期の国民公会によって奴隷を含む全住民の自由が確約された。しかし、それが実際に認められる保証はなかった。ヨーロッパ人の奴隷所有者とヨーロッパ人とアフリカ人の混血の子孫（有色自由人）による反対、およびイギリスの侵攻と、さらにその後のナポレオン軍の侵攻（ナポレオンは一七九四年の法令を覆したがっていた）は大量の流血を生み、ようやく独立がかなったのは一八〇四年のことだった。大西洋奴隷貿易がはじまって以来、初めてアフリカ出身奴隷とその子孫が自ら一国全体で自由を勝ち取ったのである。だが、その代価は非常に高くついた。

もう一方の奴隷制廃止論者は、かなり意外なことに、おもにイギリスにいた。そしてこの人びとの運動が、最終的に目的を達する粘り強い広範な大衆運動の先駆けとなった。もちろん、運動参加者の動機はさまざまで、全人類の基本的平等という同じ原理から派生した、キリスト教や人道主義にもとづく啓蒙思想の支持者もいれば、絶対的に「自由」な市場での経済競争の支持者もいた。自由貿易論者はさておき、後者のなかに、イギリスの労働者階級と労働組合運動の萌芽があったことを忘れてはならない。英国奴隷貿易廃止協会（一七八七〜九二年）は学者や専門家の仲間うちからだけでなく、事務員や職人からも幅広い支持を集めた。こうした人びとは「主人のいない人間」という理想を強く信奉し、それを植民地に拡大することにもやぶさかでなかった。全国の数十万人の請願者のうちの二万人は、人口七万五〇〇〇の工業都市マンチェスターの住民だった。★15

ナポレオン戦争後、ギアナのデメララ川流域とジャマイカなどでの奴隷反乱にも刺激され、イギリスでの運動はふたたびさかんになった。このとき中心になった新しい組織は、奴隷制の緩和と漸進的廃止のための協会（一八二三年）と反奴隷制協会（一八三〇年）で、その一二〇〇の支部が植民地での即時の奴隷解放を訴えた。いまや植民地の奴隷制は、本国での賃金労働者の搾取と直接的に結びついていた。反奴隷制の活動家リチャード・オーストラーは「ヨークシャーの奴隷」と題した一八三〇年の論説文で、子供や女性が工場所有者によって容赦なく酷使されていると非難した。★16 さらに辛辣だったのは、奴隷労働と賃金労働との矛盾をあぶりだした、イギリス領バミューダ出身のメアリー・プリンスによる一八三一年の指摘だ。

私自身が奴隷だった——だから奴隷の気持ちがわかる——ので、私は自分の経験から、ほかの奴隷がどういう気持ちでいるのかを伝えられるし、実際にほかの奴隷の話も聞いている。奴隷は奴隷制にいたって満足している——奴隷は自由になることを望んでいない——などと言う人は、まったく何もわかっていないか、嘘つきかのどちらかだ。私は一度たりとも奴隷がそんなことを言うのを聞いたことがない。……だから奴隷はなくてはならない、と言う人がいる。だが、このイギリスでも奴隷はなくてはならないと言うのだろうか？　ここには奴隷はいないし——鞭もないし——悪いことをした人以外は罰も受けない。イギリスでこのうえなく苛酷に働かせられたとしても、奴隷でいるよりはずっといい。たまたま悪い主人にぶつかったとしても、辞めますと言って別のところで雇われればいい。彼らには自分の自由がある。それこそ私たちの求めるものだ。私たちは勤労はいとわない——適切に扱ってもらえるなら、イギリス人の奉公人のように適切な賃金をもらえるなら、そして安息日を守れるように一週間のうちに適切な時間をもらえるなら。だが、彼らはそれをくれない。★17

公正でまともな扱いを本国でも植民地でも、という訴えは、とくに労働者と女性に響いた。バーミンガム黒人友好婦人協会は一八三一年、先頭に立って即時の奴隷解放を要求した。★18
数年後、議会制度改革と奴隷制廃止が順調に進んだところで、イギリスの奴隷制廃止論者、政治改革論者、プロテスタントの信仰復興論者、労働者階級の運動家は、ふたたびそれぞれの道を行きはじめた。労働組合は、契約不履行に対する刑事制裁の廃止を求めて運動を組織したりストライキを実行したりする自由など、単純で基本的な法的権利の獲得に向けて闘った（第26章参照）。奴隷制廃止の大義は、いまや啓蒙思想の影響もあって、各国での大衆運動にまではいたらずとも、国際的な目標にはなっていた。一八一五年のウィーン会議も、のちの多くの国際協定に出てくるような制裁の規定こそなかったものの、奴隷貿易の終焉を早める役割を果たした。ロシアで農奴制が廃止され、アメリカ合衆国で奴隷制が廃止されると、もはや西半球に残る主要な奴隷使用国はブラジルと、スペイン植民地のキューバぐらいになっていた。反奴隷制運動の主要な関心は、いまやアフリカに移った。

ヨーロッパ人がもたらした奴隷制の遺産のことはすぐに忘れられ、このころのアフリカ大陸は、宣教師で探検家のデイヴィッド・リヴィングストンが描いたような像、すなわち「誰かの奴隷にされる被害者」というより「誰かを奴隷にする暴君」の大陸だという見方をされるようになっていた。つまり非難の矛先が、アフリカ人支配者と中東出身のイスラム奴隷商人に向けられたのである。[★19] これが結局はアフリカ争奪と、アフリカ人をキリスト教（の多様な宗派）に改宗させようとする宣教師のただならぬ熱意に正当性をあたえた。一八六七年のパリ会議、一八八四年のベルリン会議、一八九〇年のブリュッセル会議は、いずれもアフリカ人による奴隷輸出ばかりを問題にして、新旧の植民地大国に奴隷制をはじめとする各種の非自由労働を以後何十年も継続させるに十分な余地をあたえた。ヨーロッパの人道主義運動が各種の非自由労働の継続と、アジア太平洋地域での年季奉公労働の非自由性にほとんど注意を払わなかったのも、これが一つの重要な理由だったかもしれない。しかしそんな状況も、第一次世界大戦が終結した一九一八年以降、新しい世界秩序のもとで変わっていった。[★20]

一九二〇年に発足した国際連盟は、前世紀の慣例を引き継いで、二国間、さらには多国間の取り決めを通じて世界的な政治的合意の形成をめざした。十九世紀には聖書からの引用が「キリスト教世界の力」に気づかせるものとして機能し、キリスト教世界が「文明」と同等視されていた。だが、誰もがそれに納得していたわけではない。一八四〇年、あるイギリスの外交官は、イギリス大使がイスタンブールでオスマン帝国全土での奴隷取引をやめさせようとしたことに関して、「［それは］たいへんな驚愕をもって［迎えられ］、含み笑いさえ見られた。……トルコ人は、科学や芸術や軍備の面ではわれわれイギリス人のほうが彼らより上だと思っていたかもしれないが、われわれの知恵や道徳が彼らのものより優れているとはまったく考えていなかった」と述べている。[★21] 奴隷制に加えて、いまや賦役制もターゲットになっていた。伝統的に、賦役は一種の間接的な（労働を通じての）課税として機能していた。とくに貨幣化がさほど普及していない社会ではその傾向が強く、植民地もそうした社会の一例だった。そして宗主国が輸出作物の強制的な栽培に賦役を利用して、その労働にわずかしか報酬を払わないとすれば、賦役は一種の非自由労働にもなりえた。独立国での賦役が現金課税に置き換えられて、賦役が全般的に消滅するのは第二次世界大戦以後のことになる。[★22]

家庭内での隷属関係も、かなり最近まで、ほぼすべてのところで見過ごされてきた。宗主国側のヨーロッパ人男性と、インドネシアやインドシナ半島など、さまざまなところの植民地側の女性からなる、ほとんどが未婚の「国際カップル」がいい例だ。これらの女性とその子供が面倒を見てもらえるのは、たいてい男性が帰国するまでだった。そうなると、女性は生まれた村に戻るしかない。一九一〇年当時のハイフォン（ベトナム）を例にした比較が、その事情をよく物語る。

フランスでは、近隣の女性を食いものにする農民や労働者は賠償責任を負う。立場を利用して若い女性や貧しい女性をいいようにした男性も、永久に消えない罪を負う。だが、肌の色や人種による優劣が当然視されているような状況では、社会関係はそうはならない。これらの地にやってきたフランス人男性と、総じてその男性にあてがわれている現地女性との関係も同様だ。[★23]

第一次世界大戦後、科学、軍備、経済における優位性によって、北大西洋諸国は自由労働についての自分たちの概念を他国に押しつけることができた。国際連盟の加盟国は、「正当で人道的な労働条件を男性にも女性にも子供にも確保し、維持するとともに、それを本国だけでなく、商業的、産業的な関係のあるすべての国にも適用する」ことを確約した。もちろんこれは、当時まだいたるところに存在していた植民地や「委任統治領」も含んでのことだ。したがって、西洋の宗主国はそれらの場所で「現地住民の保護、および現地の風紀と物質的満足における条件向上の監督」にあたることを責務とした。さらに「あらゆる形式の奴隷制と、奴隷の海上・陸上貿易の完全消滅を実現させる取り組み」においても団結した。[★24] これは新たに創設された国際労働機関（ＩＬＯ）の責務の一つにもなった。国際的な労働組合運動の影響力も大きかったため、労働運動と非自由労働の撲滅との結びつきはあらためて強まった。そして以後も、一九四五年に国際連盟にかわって創設された国際連合の傘下で継続していくことになる。

このように、過去二世紀で非自由労働は確実に減らされてきた。しかし二つの理由から、まだ完全になくなったとはいえない状態にある。一つには、同じ過去二世紀に、ときおり大きな後退が起こり、「現代社会」においても自由民の再奴隷化は起こりうるばかりか、とてつもない規模で起こりうることを証明している。スターリン支配下のソ連、ヒトラー支配下のドイツとその占領地域、毛沢東支配下の中国を筆頭に、ポル・ポト支配下のカンボジアや今日までの北朝鮮など、無数の大小の例を考えてみればよい。[★25] そしてもう一つには、必要証明書をもたない移民（すなわち不法入国者、フランス語で言うなら「サンパピエ」）に強いられている非自由労働が依然として撲滅されていないことがある。これは今現在も、世界からの細心の注意を必要としつづけている。

非自由労働への一時的回帰——その契機と理由

非自由労働への回帰が最もよく起こるのは、戦争捕虜が収容中に強制的に労働に就かされるときである。[★26] その顕著な例が、第一次世界大戦時と第二次世界大戦時のドイツで起こった。

このときドイツは何年にもわたって抜き差しならない状況に置かれていた——男性労働人口が戦争にとられ、それによって労働力が欠乏したのである。フランスが植民地の労働力を大量に採用し、イギリスが女性の労働力に大きく依存したのと対照的に、ドイツは戦争捕虜を利用しようとした。一九一八年には、二〇〇万をくだらない戦争捕虜がドイツ帝国のために強制労働に就かせられた。さらに、戦前に外国人労働者として入ってきていた五〇万人以上のポーランド人労働者に対しても、本質的に敵に共感しているはずだとの理屈のもとで帰国を許さず、同じようにドイツのために働かせた。

第二次世界大戦時にも同様のパターンが見られるが、その規模ははるかに上をいく。★27 ドイツ政府とイタリア、ユーゴスラビア、ハンガリー、ブルガリア、オランダの各政府との取り決めにより、すでに開戦前から多くの外国人（一九三八年時点で三七万五〇〇〇人）が自発的にドイツで働いていた。ドイツがポーランドを占領してからは、一〇〇万人のポーランド人労働者、とくにポーランド人の若い女性をドイツで強制的に働かせることに照準が向けられた。西部で戦闘がはじまると、さらに多くの国の国民も徴用され、一九四一年の夏には二一〇万人の民間人が労働に就かされていた。これに加え、フランス人とポーランド人が大半を占める戦争捕虜一二〇万人もドイツ国内で働いた。このころには、ナチも深刻な労働力不足をついに解決したかに見え、ノルウェー人、オランダ人、および（大半の）ベルギー人の戦争捕虜は故国に送り返してもかまわないとまで考えるようになっていた。したがって、その後のソ連への攻撃時にも捕虜の獲得にはほとんど関心がなかった。ドイツが獲得した五七〇万人の戦争捕虜のうち、約三三〇万人が死亡したが、そのほとんどは開戦まもないうちに飢餓と病気で亡くなっていた。

この無慈悲な放置の方針をドイツが後悔するまでに、そう長くはかからなかった。一九四二年の初めには、戦争が予想していたより長引くことは明らかとなり、したがって労働力不足がふたたび問題になることも明らかだった。ドイツの支配下に入った地域では、ますます住民がドイツのために働かされるようになり、やがては強制収容所の収容者までもが動員された。一九四四年には、一〇万人以上のユダヤ系ハンガリー人が一時的にガス室行きを免れて戦争産業に従事させられた。一九四四年十月、ドイツは二〇〇万人の戦争捕虜を含む八〇〇万人の労働者を二六の国から強制動員し、そうして集められた人びとがドイツの労働力の三分の一を占めた。いまや明らかに、敗残兵よりも民間人の捕虜のほうが断然多くなっていた。彼らの運命、ことにロシア人とポーランド人と一部の特定の人びと――おもにユダヤ人とロマ――の運命は非常に厳しかった。これらの人びとは「ウンターメンシュ」(下等人種)と定義された。それはすなわち、生存の見込みがほとんどないということだった。

戦争はほぼかならず戦争捕虜を生む。結果として、強制労働の発生も避けられない。ここで見てきたドイツの例だけでなく、日本のような軍事大国や、アメリカや中国のような激しい内戦を起こした国など、ほかのところにも同様の例は難なく見つかる。交戦が終結したからといってかならずしも戦争捕虜や民間人捕虜の非自由労働が終了するわけでもなく、ことにソ連ではそうだった。ソ連に拘束されて働かされた最大の集団は、およそ一〇〇万人のポーランド人と、その数をはるかに超えるドイツの敗残兵からなり、ドイツ兵の帰還がついに完了したのは一九五〇年代も半ばになってからだった。[★28]

多くの国が戦争に際して一時的に非自由労働に回帰したのに対して、スターリン支配下のソ連、ナチ支配下のドイツ、毛沢東支配下の中国の事例は、構造的なものと見なさなくてはならない。ロシア革命とロシア内戦を経て、ボリシェヴィキは市場をもたない独自の経済を築くことをめざした。一党支配国家を唯一の雇用主として、士気の高い労働者評議会とともに合理的な計画と科学的な管理法を実践すれば、かならずや万民に幸福をもたらせると考えていた。[★29]

ロシアがこのユートピアを実現するまでの時間を待ちきれなかったスターリンは、結果としてさまざまな措置を強要することにより、ソ連の職人や農民や労働者からあらゆる種類の選択の自由を剥奪した。一九三〇年十月の「失業者の即時雇用」法令で、失業手当の給付はすぐさま停止され、働きたがらない申込者は職業安定所の名簿から抹消された。一九三八年には、きわめて不人気な「雇用記録簿」の導入によって工場管理者に労働者に対する全権が委任された。翌年には社会保険の権利が一か所での雇用期間の長さに紐づけられた。そして一九四〇年六月、「労働者と被雇用者が自発的に仕事をやめることを禁止する」法律が公布され、無断欠勤がついに犯罪行為となった。

これらの措置が一九六〇年代まで施行されたので、必然的に、それを守らせるための巨大な装置も必要になった。そのため帝政時代に政治犯を収容していた既存の監獄が拡張されて、アレクサンドル・ソルジェニーツィンの作品でも知られるようになった悪名高いグラーグ(ラーゲリ)が誕生した。こうした強制収容所や隔離施設には、政敵やその他もろもろの反対派に加え、ここに入れなければ矯正できないような市民がぎっしりと詰め込まれた。一説によれば、一九三八年から一九五〇年のあいだにソ連全土で約七〇〇万人以上の収容者が強制労働に就かされ、とくに建設事業や採鉱や伐採に従事させられたという。これはソ連の非農業労働力の二〇パーセント以上に相当する。また、一部の民族集団は政権の意向によって強制的に移住させられ、さらに前述したように、第二次世界大戦での数百万の戦争捕虜もそのまま抑留されて、何年も働かされた。

ドイツでは、権力を握ったヒトラーが領土拡大を決断し、ついに戦争の準備をはじめたところから、スターリンと同じ道をたどった。[★30] まずは政敵を収容できるように監獄を整えねばならなかったが、じきに一党支配国家の利益の追求に労働力をふり向ける必要が生じ、結局は強制収容所での強制労働をそれらすべての土台とした。これらの収容所にユダヤ人をはじめとする「ウンターメンシュ」を絶滅させる機能があったのは疑いないが、とりあえずそれについては脇に置き、ここでは非自由労働の歴史における収容所の位置だけに焦点を絞りたい。

スターリンがそれまでの指導者の政治を踏まえられたように、ヒトラーもワイマール時代の政治を利用することができた。[★31] ある意味で、ワイマール共和国はソ連の先を行っていた。一九二四年の失業給付に関する法律は、生活保護受給者に対する労働の義務化、いわゆる「福祉としての労働」を強化した。一九二七年以降、失業保険の請求者には国の機関から仕事が割り当てられるようになる。若年層と単身者がとくにその対象となった。この勤労奉仕義務は一九三〇年代初めに議会で激しく討論されることになるが、ナチが権力を掌握してからは、むろん議論は立ち消えになった。実際、ナチはさっそくこの取り組みを採用し、一九三四年にはドイツの全労働力の一〇パーセントを奉仕労働者が占めていた。

中央ヨーロッパと東ヨーロッパの多くの国、およびフィンランドとイタリアとフランスも、一九三〇年代にワイマール式の義務労働を導入した。アメリカのローズヴェルト大統領がニューディール政策の一環として一九三三年に創設した民間自然保存隊も多くの類似点をもっている（もちろん相違点も多いが）。一部の国は憲法にそうした条項を加えた。たとえばスペインが一九三八年、フランスが一九四六年にこの措置をとっている。だが、以下の三つの要素からなる全面的な非自由労働システムを構築できたのは、独裁政権下のソ連とドイツだけだった。第一は「普通」労働者の移動制限の強化、第二は戦争捕虜と被占領国住民の強制労働、そして第三が、自国と被占領国の双方における社会的に望まれない一部人口の殲滅《せんめつ》や奴隷化を含む恐怖支配である。

ドイツでは、戦争準備によって完全雇用が達成された結果として強制労働がしだいに少なくなっていたが、一九三八年から非自由労働力はふたたび増えはじめ、ナチが倒された一九四五年には労働力の四〇パーセントを超すまでになっていた。これは何よりも外国人労働者を捕虜にしたことによるもので、前述したように、戦争捕虜だけでも二〇〇万人いたのだが、それをはるかに上まわる民間人捕虜がいたのである。戦争中は、ナチの親衛隊がこの一大事業を統括した。労働者を直轄で酷使するだけでなく、戦争遂行に不可欠だった国営・民営の武器産業や軍事産業にも送りだした。化学企業I・G《イー・ゲー》ファルベンがアウシュビッツ収容所のそばに、電信・電機企業シーメンスがラーフェンスブリュック収容所のそばに建設した工場などがその行き先となった。[★32]

中国では、第二次世界大戦とその後の内戦を経て、共産党が一九四九年に権力を握った。中国共産党もロシア共産党が三〇年前に経験したのと同様の問題に直面した。しかし中国の場合、国と民との「蜜月」期間がさらに短く、わずか五年で早々に国が厳格な労働割り当て政策を導入した。これにより、前世紀には個人単位や世帯単位の自主的判断でできていた大々的な労働移動（109ページの地図6を参照）が、実質的に終了させられた。この政策には二つの面があった。国民ほとんどの居住地の固定化と、それにともなう労働者の強制的な再配置である。[★33]

一九五五年、有名な戸口《フーコウ》（戸籍）制度が実施された。これは中国の昔ながらの戸籍登録に――ロシア人からの助言を介して――ソ連の雇用記録簿が組み合わさったものである。これによって個人は全員が居住地の登録を必須とされ、その居住地で労働「単位《ダンウェイ》」に組み込まれ、その単位に入っていることで給付や教育を含めた個人の社会的、政治的な権利を得た。住所や職場を変更することは移住証明書がないかぎり認められず、その移住証明書がそもそも取得困難だった。農閑期に農村からの出稼ぎで人口が流出するのを阻止するために、農村幹部は農民に賦役を課し、土壌改良や治水など、さまざまな公共事業にあたらせた。一九六〇年にはこの制度が拡張されて、移動には公式の証明書が必要になり、それがなければ列車やバスや船の切符を買うこともできなかった。

一方で、中華人民共和国が成立して数年のうちに、国家は早くも労働者を強制的に移住させていた。一九五〇年代には何百万人もの失業者が大都市から追い出された。たとえば北京では、一九五〇年から一九五七年のあいだに一三〇万人が転出させられている。中華人民共和国は最初から、都市住民の雇用と福祉にしか責任を負わなかった。飢饉の場合を唯一の例外として、地方住民――協同組合（農業生産合作社）のもとで集団生産を行う自立的な農村に編成されていた――は自分で責任をもって食べていかなくてはならなかった。国から配給される穀物は非農業部門の都市労働者と国家公務員向けに確保され、農村住民にいわせれば、それらの配給は「旱魃《かんばつ》にも洪水にもかかわりなく保証される収穫物」だった。「国の計算では、農民は自己消費する分の穀物を生産しているのだから、国からの穀物の供給をあてにする必要はほとんどない」とされていた。[★34]

中国の大躍進政策と文化大革命は、一九五〇年代の居住固定化政策を生ぬるく見せるほどのものだったが、個人の生活の向上を実現するための――つまり別の雇用主や働き口を求めての――移住は利己的で、したがって非難に値するという原理そのものはまったく同じだった。これをいわゆる大衆の自由と並置して、巧みに説明したのが一九五八年の中華人民共和国公安部長のこんな言葉だ。

当然ながら……一部の制限は、自己のことしか考えず、何が国家の利益にも集団の利益にもかなうかを微塵《みじん》も考慮せずに盲目的に移住しようとする少数派の人びとには影響をおよぼすことになる。こうした人びとからすれば、確かに矛盾があるだろう。しかし、この種の矛盾は、人民の居住の自由、移動の自由、いずれも制限するものではない。なぜなら憲法によって定められる自由は導かれた自由であって、無政府主義的な自由ではないからである。これは広範な大衆のための自由であり、少数の「個人」のための絶対的自由ではない。この少数の個人に絶対的自由を認め、国家と集団の利益についてしかるべき考慮もしない盲流の自由を許せば、これはすなわち、全体計画にしたがって物事を整理し、社会主義的改造計画を実施するという方針が、円滑に実施できなくなることを意味する。★35

自国の労働者に自由を認めない第二の動機は、「三線建設」の構想に見ることができる。一九五〇年代末に中国とソ連の関係が悪化したために、中国は主要産業を遠い内陸部の山地に分散させることを決断したのである〔攻撃される危険の高い沿海部と中ソ国境の東北部が一線、沿海と内陸の中間地帯が二線、そして内陸部が三線と呼ばれた〕。第三の動機は、共産党と体制に対する敵と――真偽を問わず――見なされた者をまとめて抑圧することで、そこから発展して中国版のグラーグが生まれた。★36 そして第四の動機は、関連する一種の強制移住として、毛沢東の文化大革命の最中に生じた。このとき都市に生まれ育った若者は、再教育が必要とされ、「現実」の世界で農作業や肉体労働に従事させられている。これが上山《じょうさん》下郷《かきょう》運動——「上は山まで、下は農村まで」——で、一九六六年から一九七六年までの一〇年間に一七〇〇万人以上が動員された。一〇年後、この社会統制の一手段はカンボジアのポル・ポトに着想をあたえ、同じくこれに触発されていた北朝鮮の金王朝では現在もなお生き残っている。戸口制度はその後も長くつづいたが、中国における労働関係は一九八〇年代以降に決定的に改革され、それと同時にこの種の不自由の多くは消滅した。★37

これらの事例に共通するのは、すべての賃金労働者が職業を変更する自由、自分で自分のことを決める自由、自分の立場を守るためや向上させるために雇用主と国家に異議を申し立てる自由を奪われていることだ。また、「真の」労働者を解放し、労働条件をよりよくすると誓約する国家イデオロギーも共通している。しかし悲しいかな、いずれの事例でも、求められた要件を満たさない人間はすぐさま敵と見なされて、悲惨な目にあわされる。仕事を黙って受け入れようとしない失業者への厳しい措置——中世の浮浪者取締法の現代版——にはじまる一連の流れが、すぐに雇用記録簿を通じて国家の一存での完全な固定化に発展する。

皮肉なことに、二十世紀に見られた自由労働の大きな後退は、すべて労働者の楽園という旗印のもとに起こっていた。それもまた、北朝鮮を唯一の不吉な例外として、これらの体制がいずれも短命に——せいぜい数十年しかもたずに——終わっている理由かもしれない。ここで注目するべきは、一九六〇年代からはソ連とアメリカがともに労働者を消費者として満足させようとする競争を繰り広げたが、一九八〇年代からは中国が同じ道をたどっていることだ。ロシアの場合、結局は共産主義体制が終わりを迎えたものの、それにかわる適切な労働体制は生まれなかった。中国の場合、体制は修正されたが解体されることなく今日まで存続し、そのあいだずっと生活水準は上向きだ。

現在の状況――非自由労働の存続と変化

現代の奴隷制についても数々の報告があり、いまなお奴隷のように酷使されている人びとの悲惨な現実もあるにはあるが、歴史的な視点からいえば、いまでは非自由労働は周辺的な現象である。大西洋奴隷貿易を専門とするカナダの歴史学者デイヴィッド・エルティスにいわせれば、「二か月にわたる大西洋横断を経て奴隷船の船倉から出てきたかつての奴隷たちのうち、人間の労働力の酷使に関する現代の多くの議論で暗に前提とされている奴隷労働や奴隷取引の定義に、誰か一人でも首肯《しゅこう》するかどうか非常に疑わしく思う」★38。と同時に、非自由労働の撲滅のために各国と国際組織が協力して進めてきた二世紀にわたる努力を経ても、いまなお人身売買が存続している事実、性産業での強制的な奉仕や借金による束縛の事例が無数に知られている事実についても、あらためて問い直す必要がある。まず見えてくるのは、三つの主要な説明だ。第一は、囚人に強制労働を課すのは今日でも合法なのだが、収監される確率に不平等があること。第二は、奴隷制や、その他カーストなど広く認識されている不平等に関して、公式な廃止と実際の社会的規範の変化とに時間差があること。そして第三は、「違法」な労働者、とくに家事労働に多くたずさわる「証明書をもたない」（不法滞在の）移民を容易に酷使できること。[39] これらの説明を――もちろんこれですべてが説明されるわけではないが――ここで詳しく確認しておきたい。

徴兵と同様に、犯罪者の収監もそれ自体は自由労働の原則に違反するものではない。しかし、これは場合によっては違反になりうる。現代のどの社会にも、法を破った罰として短期であれ長期であれ閉じ込められている人間は多数いる。有罪判決を受けた人間をすべて即座に殺すような社会でないのなら、ほぼまちがいなく、どの社会にとっても監獄は必要なものだ。しかしながら、全人口に対する囚人数の比率に関しては、国によって大きな差がある。また、囚人数の多い国ほど、囚人が労働に就かされる確率も高く、労働力のかなりの部分を囚人が占めていることも少なくない。

独裁政権のもとで囚人の労働が付随的に急増する例はすでに見てきた。これにソ連のグラーグの前史を追加することもできる。すでに十七世紀から、帝政ロシアは囚人をシベリアに送っていた。一八五〇年以前は、その数が年間数千人だったが、十九世紀末には一万人を超え、これに囚人の妻子も加わった。一八八五年には、全体の一五パーセントが重労働刑に処された罪人で、二七パーセントが強制入植者、三七パーセントが「共同体追放者」（全般的な素行不良を理由に当人が属する村落共同体から追放された者）、一七パーセントが浮浪者、四パーセントが政治的、宗教的な理由での流刑者だった。[40]

ここでいったん、独裁的でない「普通」の国において囚人数が平均を超えている例や、囚人の労働条件がきわめて苛酷な例を見ておこう。アメリカ独立戦争以前、イングランドは約五万人の囚人を監獄から植民地に吐き出しており、とくに主要な送り先がメリーランドとバージニアだった。スコットランドからもさらに数千人が追加された。アメリカの独立宣言後にこの送り先が使えなくなると、ペナン島などに加え、オーストラリアが罪人の主要な流刑地になった。一七八八年から一八六八年までに、約一六万人がこれらの地に輸送された。最盛期には、イングランドから年間およそ二〇〇〇人の国民が放逐されていた。[★41]

フランスには、囚人をガレー船送りにするか、海軍の保有する「バーニュ」（海上監獄のようなもの）で重労働をさせるという昔からの伝統があったが、のちにはやはり流刑がはじまった。[★42]一八四八年の六月蜂起の鎮圧後、ルイ・ナポレオン（のちのナポレオン三世）は六〇〇〇人以上の囚人をアルジェリアに送ったが、そのほとんどは戻ってきた。結局、これはのちに起こったことにくらべると、まだ子供の遊びのようなものだった。フランス領ギアナが流刑地として目をつけられてからは、一九三八年までのあいだに約五万二〇〇〇人の囚人と一万五六〇〇人の追放者が大西洋を渡った。おそらく最も有名な流刑者はアルフレド・ドレフュスだろう。この流刑地が最終的に放棄されるのは一九四五年のことになる。フランスはギアナに次ぐ第二の流刑地を、オーストラリアの例にならって太平洋上に見出した。一八六四年から一八九六年のあいだに、ニューカレドニアには二万人の囚人――その大半はパリ・コミューンの支持者――と一万人の追放者が入ってきた。これだけでも約一〇万人が強制的にフランスから追い出されたことになるが、この数字には一八八九年から一九三九年のあいだに歩兵大隊の一員として北アフリカに送られた数千人が入っていない。さらに広い意味でとらえるなら、フランス領インドシナのようなフランスの植民地内や植民地間での強制移送も考慮に入れなくてはならないだろう。

このような、収監と労働をひとまとめにする例は過去のものと見られているかもしれないが、いまでも一部の国は、多数の国民を監獄に拘束していることで悪名高い。その筆頭がアメリカ合衆国だ。現在でもアメリカの収監率はきわだって高く、そして何より、収監者のひときわ高い割合を人種的マイノリティが占めている。この状況はかなりの程度まで、かつての奴隷制の長きにわたる遺産として説明されるかもしれない。一八六三年に奴隷制が廃止されてからも、アフリカ系アメリカ人はきわめて高い投獄リスクを負ってきた。南部諸州では有罪判決を受けた白人がほとんど収監されなかったため、監獄の収容能力が劇的に上がっただけでなく、収監者の九〇パーセントから九五パーセントがアフリカ系アメリカ人で占められるまでになった。[★43] 彼らは苛酷な労働に従事させられ、公共事業に使われるほか、民間の工業や鉱業にも貸し出された。一八七〇年代から一八九〇年代はアラバマ州やテネシー州の炭鉱や鉄鉱山で働かされ、ジョージア州南部やフロリダ州北部のテレピン油産業でも働かされた。一八八〇年代の南部での囚人死亡率が平均で北部の三倍近くにのぼっていたのも不思議ではない。囚人貸出制度は一九二〇年代までには消滅したが、債務返済を理由とする同様の労役制度はなおアメリカ南部で存続し、これもまたほとんどの割合をアフリカ系アメリカ人が占めていた。[★44]

南アジアにも、執拗に残る非自由労働の悪名高い例を見ることができる。イギリスは十九世紀半ばに植民地での奴隷売買と奴隷使用を廃止したが、さまざまな指標から示されるのは、現在もなお数百万人、ことによると一〇〇〇万以上のインド人がいっさいの権利をもたされないまま雇用主兼債権者のために働かされているということである。[★45] アメリカの場合（114ページでトバイアス・バーリントン・ウルフが説明している）と同様に、これは借金を返済できない債務者の問題というよりも、むしろ――もっと基本的に――雇用主兼債権者の属しているカーストが労働者兼債務者の属するカーストより高位であることに問題がある。そして、この経済的分断のどちらの側にしても、祖先の代からずっとこうした不平等な関係が維持されているのである。かつては一般に認められた慣習によって是認されていたかもしれないが、いまでは法がそれを許していない。実際、独立してからのインドには、成果が十分とは言えないものの、低位カーストに相当する集団を優遇するアファーマティブアクション（差別是正措置）を進めてきた長い歴史がある。[★46]

カースト制の慣行はしだいに薄れてきているものの、やはりいまだに根強く残る。カースト最下層の出身だったB・R・アンベードカルのような政治家や社会活動家が数々の取り組みを進めたにもかかわらず、いまだインドで非自由労働を撤廃できていないのも、伝統的な規範や慣習に非自由労働が深く組み込まれているためかもしれない。また、もう一つ忘れてはならないのは、非自由労働から利益を得る雇用主や、問題の是正を妨げることに良心の呵責をほとんど感じない高位カーストを別にしても、当の非自由労働者が非自由労働の存続に加担するような役割を果たしてしまっている場合があるということだ。オランダの社会学者ヤン・ブレマンによるグジャラート州の使用人兼債務労役者（ハーリー）の調査結果によると、彼らのあいだでは長期的な自由よりも短期的な利益——この場合には信用貸しをしてもらうこと——が優先されているようだった。

したがって、ハーリーに自らの拘束状態を終わらせる気があったかどうかは非常に疑わしい。ハーリーは主人に借金があるかぎり主人のもとを離れるのを許されない状態にあったことから、通常ならば、これはハーリーに労働が強制されているものと考えられる。しかし、この借金はむしろ性質的には架空の債務であったため、借金だけが理由なのであれば、この形式の隷属状態に債務奴隷という用語を適用するのはあまり適切でない。ハーリーに最小限しか労働報酬があたえられないことで、建前としては返済がなされているものの、実際にはどちらの側も返済がなされることを想定していない。……［主人は］借金を回収できないのをよく知っているために、ハーリーの借金を一定の範囲内に収めようとしていた。一方のハーリーは、借金を最大限にするべく最善を尽くし、ことあるごとに主人からなにがしかを引き出そうとした。★47

非自由労働関係がいつまでもなくならないのは、たとえばモーリタニアのような、かつて奴隷制が支配的だったり、カースト制にもとづいて労働者が下位に置かれていたりするところだけの現象ではない。★48 カースト制も奴隷制の遺産も存在しないところでも、社会からの孤立者や、家族からの十分な保護を受けられない子供などは、依然として非常に弱い立場にある。これは現在、労働法が最もよく整ったヨーロッパや北米でも同じことだ。不法滞在移民をはじめ、アメリカ合衆国や欧州連合という約束の地への入場許可を得ようとしてかなわなかった何千人もの被害者を考えてみればいい。あるいは孤児や、親戚からも救貧委員からも教区聖職者からも見捨てられる「堕落した娘」を考えてもいい。近年でも、オランダやさまざまなところのローマカトリック女子修道院で、このような子供たちが強制労働させられていたことが大きな騒ぎになった。アイルランドでは一七六五年から一九九六年までのあいだに三万人以上の少女が修道院に送られ、洗濯などの労働に従事させられていたという。[★49]

第22章 自営労働の相対的な減少

二世紀前には、労働人口の過半数が市場向けの自営労働で生計を立てていた。これは世界の全域にあてはまることであり、唯一例外と考えられるのは、そのような市場が未発達のままだった太平洋諸島とサブサハラ・アフリカぐらいのものである。この自営労働に加えて、奴隷制などの非自由労働と、賃金労働がおもな労働形態だった。現在ではこれらの重要度が逆転し、賃金労働が優勢になった一方で、非自由労働は大幅に減衰し（だからといってその犠牲者の運命を軽んじるものではないが）、自営労働の相対的な割合も大きく低下した。これはおもに、世界の食料生産における小規模農民の役割が小さくなったためである。

自由市場の支持者にとっても反対者にとっても、この小農や職人や小売店主や行商人などの相対的な減少は、加速する労働の機械化を考えれば、避けがたい自明なことだったかもしれない。自由市場の支持者は大規模な農業や工業に資本を投下したが、それは共産主義者も同じだった。たとえば毛沢東は一九五七年の初めに、中国の農民がいつまでも変わらなければ先行きはたかが知れていると確信した。当時、中国は人口六億人のうち、工業に従事する労働者が一二〇〇万人しかいなかったが、「偉大なる舵取り」と呼ばれた毛沢東は、この少数派に手持ちの札をすべて賭けた。

数こそ少ないが、未来はそこにしかない。……未来の農民は機械化され、農業労働者に変貌する。……今現在は、農民の協同組合組織である合作社による土地所有制度がある。しかし数十年後の未来には、この組織が工場のようなものに変わっているだろう。これらは農産物工場になるのだ。この工場で、トウモロコシ、粟《あわ》、米、サツマイモ、落花生、大豆などを栽培する。ブルジョワジーに関しては……彼らもまた労働者になる。数億の小農と手工業労働者が、いまやすでに集団農場の農民となっている。未来には、これらが国営農場の農民に、機械を使用した農業労働者になるのである。★1

この「偉大な指導者」の予言は悲惨な結果に終わり、中国の小農は以後何十年も健在だった。しかし中国だけでなく、全世界でも、自営労働者は多くの人の予想よりもはるかに強い弾力性をもっていた。自営労働者の割合が相対的に低下したのは否定できないが、その減り方はゆっくりで、しかも断続的だった。全般的にもそうかもしれないが、とくに西ヨーロッパでは、生計を賃金収入で立てるか自営で立てるかの切り替えに、年齢が顕著にかかわっている。

十九世紀末まで、人口の大半にとって賃金労働は人生行程の全体を構成してはいなかった。むしろそれはライフサイクルの初期段階に関連づけられていた。大半の人は三十歳前後で独立した農民や職人や商人として身を立てることをめざした。……四十歳から四十九歳の年齢では自営業者や雇用主が労働者と同じぐらいの割合になり、五十歳以降になると、前者の割合が大きく後者の割合を引き離した。[★2]

小規模農業

すでに見てきたように、小農は自分の農場での農業活動を強化したり、家内工業やよその農場での賃金労働で収入を補充したりしながら生計を立ててきた。このような家族経済——つまり自分たちの栄養の大半、または少なくともかなりの部分を十分にまかないながら、市場向けの生産もして家計を維持するやり方——は、中国では何千年も昔から、日本では近世から、また東南アジアの高台の灌漑稲作農家や、メキシコのチナンパ耕作〔浅い湖沼に水草や泥土を積み重ねてつくった浮島を畑として用いる農法〕農家や、さらに北海沿岸低地帯でも採られていたことが十分な記録によって裏づけられている。だが、これはほかのところにおいても広く見られる現象だ。[★3] アメリカで十九世紀半ばから、ほかの豊かな国でもやや遅れて起こった農業の大規模な機械化のせいで、つい忘れがちになるのだが、世界中の小農は苦労しながらも、いまだ立派に生計を立てられている。

小農が減ったとはいえ、それが相対的な減少であって絶対的な減少でないことは断言できる。というのも、十九世紀以降ほど多くの小規模農家——人数にして二五億人——が存在していた時代は過去に一つもなかったからだ。全世界の五億七〇〇〇万の農場のうち八五パーセントは耕地面積が二ヘクタール以下なので、当然ながら小農と定義される。しかしながら、全世界の食料供給の大半を担っているのがその小農なのである。[★4]

結局のところ、人口密度の高い地域の小農にとっては、都市での労働で収入を補うことならできたとしても、土地がありあまっているところへ移住するのでもないかぎり自分の農場を拡大することは不可能で、その選択肢は過去にも現在にもない。したがって、まずは農業を集約化することが第一の策となる。すなわち、

耕せるところを徹底的に耕し、作物を多様化して輪作し、畜産も組み合わせ、土地に肥料をやって灌漑し、排水し、段々畑もつくるなどして、土地の肥沃度を回復させながら保持しつつ、畑をなるべく休ませないようにして、比較的高い年間収穫高や、多毛作による収穫高をあげることである。ここでいっているのは、穀物の穂が琥珀《こはく》色に波打つような畑のことではなく、菜園や果樹園、水田、酪農場、チナンパのことである。……いずれの場合でも、土地は客観的にいって乏しいが、単位面積あたりの農業生産高は比較的高く持続可能で、畑はつねに使われており、仕事には技能が必要で時間も比較的長くとられるし、決めなくてはならないこともいろいろあるが、農家は土地とその成果物に対してある程度の継続的な権利を維持できる。[★5]

だが、このように自分の農場に力を入れていても、共有地《コモンズ》への積極的な参加が妨げられるわけではない。

こうした「規模はなくても技能がある」社会のよい例が、スイスのバレー州の高山にあるテルベル村の戦後の数十年間だ。★6 この村の小農は、おもに市場向けの酪農業で生計を立てている。長い冬のあいだは、天然の牧草地から夏のうちに収穫した干し草を牛に食べさせる。畑には冬ライ麦を植え、斜面の菜園はところどころ石垣で保護をする。急勾配の狭い区画も耕して、ジャガイモとソラ豆を栽培する。「この斜面の畑を侵食から守るため、村人は春になると斜面の下でかごいっぱいに土を盛り、それをてっぺんまで苦労して運んでいく。カブとキャベツが植えられた小さな菜園は、鍬と熊手でしっかり耕された揚げ床でできている。川の近くの石だらけの斜面は広い段々畑として利用され、手工具で手入れされたブドウ園になっている」。★7 干し草用の牧草を二回収穫し、放牧時にもたっぷり草があるようにするために、牧草地をずっと肥沃にしておくにはたいへんな手間が要る。灌漑を行うことで、この牧草地を高度二〇〇〇メートルのところにもしつらえられる。資源の共有に参加する全員の放牧地に「神聖な水」が等しく行き渡るよう、灌漑システムは共同で管理される。

これと同じように家族活動を主体として、個人の財産権と共同の財産権を共存させる組織編成は、ほかのところにもしばしば見られる。たとえばナイジェリア中央部のジョス高地に住むコフィヤル人は、狭い農地にサツマイモやヤムイモや粟やモロコシを栽培する独創的な手法を編みだしている。水をためるための畝《うね》とくぼみ、サツマイモ用の土手、ヤムイモ用の円錐形の塚などを、絶えずつくっては修復しているのである。

コフィヤル人の農業の最もユニークな要素は、肥沃な土壌を回復させ、部分的に新しく生みだす手段だろう。野山や畑や家庭から集めた有機物を家畜にやって、堆肥をつくり、これを土壌構造と肥沃度を維持するのに使って、永続的に栽培ができる農地に仕立てるのである。九か月の生育期のあいだ、コフィヤル人は、円形の草ぶき小屋がいくつも並ぶ自宅の敷地の入り口にこしらえた直径三・五メートルから四・五メートルの丸い石垣の囲いにヤギを入れておく。ヤギは一頭ずつつながれ、村のまわりの休閑中の畑で刈られた草や、低木が枯れてしまう乾季の後半には、餌用に切り落とされた木の枝の葉をあたえられる。……ヤギの飼料をとってくる、ヤギの飲み水を小川から汲んでくるといった毎日の雑用は、たいてい女性や子供の仕事である。ヤギには食べきれないほどの餌があたえられ、一年もすると堆肥や腐葉土が一、二メートルほども積みあがり、ヤギが夜のあいだに入れられる畜舎にも糞尿《ふんにょう》がたまっている。そして雨季がはじまる直前の三月に、この堆肥を掘り出して、かごいっぱいに盛って近くの家の畑にこんもりと投下する。以後はここが家族の排泄にも使われる。栽培期間中は雑草を掘り起こし、粟の茎を手順どおりに畝の下に埋める。伝統的な家はどこも敷地の入り口の近くに小さな小屋を建てていて、調理用の炉から出る灰をそこに貯蔵する。燃料にする低木の薪やモロコシの茎も灰になったらここに貯蔵して、その灰を一握り落花生の苗にまく。★8

スイスの村人と同様に、コフィヤル人の小農も基本的には私的な世帯単位で活動し、労働力として使える家族を男性でも女性でも総動員して仕事にあたる。[9] と同時に、追加の労働力を雇うこともときにはあるが、それよりはるかに重要なのは、彼らが定期的に他人との共同作業に携わることである。粟やモロコシやヤムイモの栽培に必要な作業をすべて自分だけでできない場合、コフィヤル人は「ビール作業班」を立ちあげる。農閑期のあいだに女性たちが粟のビールをたっぷりと醸造し、それを報酬として四〇人から八〇人の隣人に作業を手伝ってもらうのである。ときには誰かに太鼓を叩かせながら、集団で仕事を完了させ、そのあとにビールがふるまわれる。こうして次には別の世帯が同じようにして隣人からの助力に頼れるようになっている。[10] この比較的組織立った「マー・ミュオ」（ビールのための畑仕事）と内々での家事労働の中間として、大半の世帯は「ウク」と呼ばれる五人から二〇人の交換労働集団に属している。メンバーは交代でたがいの畑の作業をし、互酬的な労働でその返礼を受ける。

最後に、自営生産者にとって自己のアイデンティティがいかに重要であるかも忘れてはならない。自分が作業工程を管理しているという認識があれば、疎外感をなくすこと、あるいは少なくとも軽減することができる。これはフランスの小さなワイン農家が存続していられることにもあらわれている。彼らは少なくとも自分が「自分のボス」であると感じており、それを誇りにしてもいるのである。[11] また、小農世帯が成り立つ要因として、家族の農業活動を毎日の家事と組み合わせやすいこと、収入を補うために本業以外の労働を組み込みやすいることも挙げられる。時間が許せば、職人や商人や賃金労働者としてパートタイムで雇用されることも可能なのである。

このように二十世紀に入っても小農は依然として健在で、近年では小規模機械化や小規模エコロジー農法といった追い風もある。とはいえ、やはり世界の農業経済はしばらく前から規模の経済に支配されている。★12 ヨーロッパでの共有地の分割も、それにつづいての機械化も、さらには国家支援を受けた「緑の革命」も、すべてこの傾向を後押しした。大規模農家は長らく賃金労働者に臨時でも常勤でも雇用を提供してきたが、近年ではとくにフルタイムの農場労働者がめっきり減っている。だが、これは小農にはあてはまらない。労働人口全体における割合は大きく減っているものの、いまだ小農は存続している。

手工業、小売業、サービス業

現代世界では小農の消滅は不可避だという見方が事実ではなかったように、この見方は職人や、ほかの小規模な工業、商業、サービス業の事業者にもあてはまらない。確かにここ数世紀の大企業の隆盛は疑いないが、小規模農民と同様に、職人もまた、そう簡単には消えてなくならない存在である。

イギリス、アメリカ、その他さまざまなところで産業革命が進むとともに、職人がその技能もろとも消滅してしまうのではないかという恐れが広まった。小農がそのような心配をすることはあまりなかったが、職人の場合、彼らの仕事は中世の聖堂のような西洋文明の象徴だけでなく、タージ・マハルのようなイスラム教やヒンドゥー教の輝かしい建築物とも直接的に結びついていた。だからこそ万国博覧会ではつねに過去の時代の「古い」工芸や異国の工芸が、近代的な大規模産業と並置して紹介されてきたのである。工芸はロンドンのヴィクトリア・アンド・アルバート博物館の基盤でもあり、[★13]ペンシルベニア州ドイルズタウンのヘンリー・チャップマン・マーサー博物館の基盤でもある。[★14]もちろん機械との競争は職人にとって脅威でしかなかったが、十九世紀にほとんどのヨーロッパ諸国と近隣諸国で手工業ギルドが衰退していたことも、この窮状を呼んだ一因と見なされた。なんといっても、専門技能を親方から徒弟へと受け継がせていたところがなくなってしまっていたのである（第17章「発展する都市」の節を参照）。

とはいえ、たとえギルドという形式がなくなっても、徒弟制度は長いあいだ存続し、現在でもさまざまなかたちで残っている。とくにドイツではその傾向が強い。[★15]たとえば自由業には確実にその流れが残っており、場合によっては大学の修了証書を得ることも義務となる。そうして構成される閉鎖的な職業体制はいたるところに存在し、そこに参入するには国の認める厳密な要件を満たさなくてはならない。サービスの質を落とさせないという理由から、市場原理を脇に置くことさえ許容される。したがって、たとえば靴職人や大工や小売店主の自由な開業が全世界でいたって普通のことであるのに対し、たとえば医者や歯医者やその他の医療専門職（補助員も含めて）や、公証人が自由に開業するのは、ほぼすべてのところで御法度である。この点で、移民はとくに不利になりやすい。そのほかに、非公式に閉鎖的な市場も存在する。

世界中の多くの都市にある自営タクシードライバーの市場などがいい例だ。

このような地域市場、国内市場の独占は、当然ながら独立専門職の存続を助長する。そしてまったく別のかたちだが、ディーゼルエンジンと電気モーター、もっと最近ではコンピューターも、同じく専門職の存続を可能にしてきた。もはや機械化と自動化は大々的な投資がなくても成り立ったからだ。高い需要のある大都市ではとくに、それが極端な分業につながった。しかし同時に、それは幅広い専門知識が損なわれる危険とも裏腹だった。たとえば以下は、パリの職人がロンドン万博に向けて一八六一年に準備した報告書である。

ショールのデザイナーが作業を分割して八人に割り振る。一人が最初のデザインを作成し、一人がラフ画を描き、一人がそれを厚紙に拡大し、一人がデザインの主要ラインを選び、一人が輪郭を整え、一人が細部を描き、一人がそれらの細部を厚紙に移し、一人が全体を埋める。徒弟の技能はそれぞれ高くなるが、デザイナーが覚えるべき仕事の八分の一にしか精通しない。★16

こうした分業は、個々の工房内でも、周辺一帯の工房の職人間でも行われていた。ここまでは、中世に都市職人が出てきたころから何も変わっていないように見える。当時も請負制の影響で、やはり分業が進み、職人の独立性が弱まっていた。だが、このようなかたちで職人の仕事がつづいていたにせよ、その存続はうわべにすぎない。なぜならすでに見てきたように、一八五〇年以降、大きな部門と、とくに北大西洋諸国の大都市では、職人の独立性が失われ、極端な場合には苦汗産業にまでなっていたからである。職人の数は増えつづけたが、衣料産業と履物産業ではとくに職人が完全に中間業者に依存するようになり、中間業者が職人に半完成品を供給するばかりか、ときには道具や営業費までもあたえ、細かい仕様書に沿って仕事をさせた。このプロセスをおそらく最も正確に描いているのが、イギリスの社会問題研究家のチャールズ・ブースらにより、一八八六年から一八九七年にかけて編まれた全一七巻の『ロンドンの民衆の生活と労働（*Life and Labour of the People in London*）』である。ブースによれば、自営業は、少数の請負業者や賃金労働者と組んでいようといまいと、立派に繁盛していた。

これらの小規模な産業単位は、場合によっては古い体制の生き残りかもしれないが、決してすべてがそうではない。むしろ、これらは最も活気のある産業が生存闘争のなかで自ら採用した形式である。ロンドンは疑いなく小規模産業の砦だが、ロンドンは最大の近代都市だから、ロンドンでそうなのであれば、ニューヨークやメルボルン、パリやベルリンでも少なからずそうなのだろうと確信する。★17

ブースの協力者の一人だったアーネスト・ハリー・エイヴィズは、大きい生産単位と小さい生産単位、直接雇用と請負制、時間給と出来高払い、どちらが好まれるかを一般論で説明できるものではないと見ていたが、彼はほかにも多くの有益な見解を述べている。少し長くなるが、そのうち二つを引用する。まずは賃金労働と自営のあいだでの転身についてだ。

「独力で」事業をはじめるにあたって資本がわずかしか必要でない場合、それは概して、そうした零細業者が増えるのにまったくもって有利な条件が整っているということである。たとえば家具職人なら、手持ちがわずか二ポンドや三ポンドでも、むろん不十分で不安定ではあるが、とりあえず営業は開始できる。……ほかの決定要因は、その市場の性質にある。資本がほとんどいらないような商売では、市場が大きくて、需要がまずまず一定で、買い手に容易に接近でき、さらに市場に注文購入の習慣か、もしくは初見の生産者からでも現金払いで買ってくれるような習慣があるのなら、その市場では零細生産者にもチャンスがあるだろう。そうした市場のなかでも断然重要なのは、卸売市場である。このとき零細製造業者は消費者に直接販売するためでなく、「業界向け」に生産をするということになる。だが、これは指摘しておいたほうがいいかもしれないが、この零細製造業者がもっている「業界向け」の知識、つまり自分の足場固めに使えるような知識には、往々にして、賃金労働者だったときに得た情報のちょっとした悪用も含まれている。聞くところによると、針金細工師の業界では、しばしば独立したばかりの職人が前に雇われていた業者の顧客に近づいて、かなり安い値段での提供をもちかけるそうだ。そうして注文を得られればよいが、顧客が前の雇い主にその安い値段でほしいものを手に入れられることを知らせる場合もある。そうすると今度は前の雇い主がそこの職人たちに新たな商売敵の出現を告げるから、商品価格も賃金も連動して下がっていくことになる。この流れが、「リピート」される注文品の価格が絶えず下落する主要な原因の一つだといわれている。そのうちに、零細自営業者が独力ではやっていけなくなると、彼は――以下はある針金細工師（賃金労働者）の話の聞き書きから引用するが――「ふたたび雇用を求めることになる――報酬の低さと、自分と自分の同類に主要な責任があるあらゆる悪条件に悪態をつきながら」★18。

エイヴィズは、零細自営業者とその一握りの従業員との労働関係についても鋭い目を向けている。

ほかの条件が一定ならば、零細の雇用主は大手の雇用主にくらべ、そう厳密に押しつけるわけではないながらも、より厳しい条件を雇い人に課す傾向がある。その理由のいくつかは、とくに考えずともすぐわかる。最も大きな理由の一つは、零細雇用主がしばしば現場で自ら仕事をしていることにある。事業主が自分で働いていると、どうしても従業員の仕事を自分の熱意に照らして評価しがちになるが、その従業員の総生産量への関心は、自身がもっている関心ほど大きくはなりえないのである。こうした雇用主はたいてい数人の従業員と非常に近しい友好的な関係を保っているが、本人の資本が小さく、事業上の関心が一点に集中しているために、雇用されている労働者は結果的に、もっと幅広い活動をしていて注意が分散している大手の雇用主のもとにいる場合より、ずっと集約的なかたちで生産の人的手段にされる。つまり、彼らの働きぶりが雇用主の収益に最も明白に直結するということだ。零細雇用主の場合、このような従業員の働きぶりに対する関心の高さが、管理の強さ、厳しさに反映されるのである。★19

エイヴィズによれば、零細事業主どうしの熾烈《しれつ》な競争とそれに付随する苦汗制度が「顕著なまでに深刻化したのは、生産者ができるだけ安くという大衆の求めに応じなければならないと、義務感をもってしまったことによる——それはまさにヤヌス神のような、経済の二つの側面だった。一方は人生に楽しみをくれるのに、もう一方は神殿になっている。この神殿の前にほとんどの人が無条件にひざまずくが、そこにはこれまであまたの人間の命が捧げられ、いまもなお捧げられつづけているのだ★20」。

最後に生産量の観点からいうと、二十世紀には大企業と賃金労働が生産の大半を担うようになった。それはときに、すでに見てきたとおり、ソ連や中国の例に代表されるような強制的な移行だったが、世界のほかの大半の地域では、これは工業と輸送の分野を中心とする規模の拡大の結果であり、それと同時に、特定の部門にあらゆる苦汗制度的な慣習とそうでない慣習の深い溝を残してきた結果でもある。これは自営業者にとっての大問題であり、したがって政治的な意味合いもはらんでくる。おそらくその最も具体的なあらわれが、ロシア革命と、結局それでも小規模自営生産者をどうにもできなかった事実だろう。しかし西側の社会民主主義もまた、労働人口のこの部分がどうしたら生計を立てられるかについて、いまだ一貫したビジョンを描けずにいる。たとえばフランスでは、賃金労働者とくらべて小規模事業者をあからさまに差別した財政政策が、一九五〇年代半ばの保守的で反ユダヤ的なプジャード運動〔極右の書店主ピエール・プジャードが主導した中小商工業者の反税運動〕を大きく後押しする結果になった。★21

自営労働の復活とその影響

独立生産の終焉は、少なくとも数十年前までは、疑いようもなかった。しかし一九七〇年代の経済危機とともに、長らく維持されてきた計画的な規模の経済という考え方とその実践に疑問符がついた。解雇された多くの労働者が零細事業主として食い扶持《ぶち》を稼がざるをえなくなっただけでなく、新自由主義的なイデオロギーが急速に広まって、自由企業体制が何よりもの理想とされ、労働組織に関する法や規制に多くの影響をおよぼした（第27章「窮地に立たされる福祉国家」の節を参照）。ガソリンエンジンと電気モーターが二十世紀初期に小規模工業を活気づけたように、一〇〇年後には、おもにサービス部門に対してコンピューターが同じことをした。ある部分では、これによって自営業のかたちも切り替わり、小規模小売業はインターネットショッピングに取ってかわられた。今後は3Dプリンティング技術の発展がまた新たな変化を呼びそうな気配である。

第23章 家庭内労働の割合の減少

過去二世紀で、働く女性の立場は根本的に変わった。そのおもな要因は、医学における数々の発展である。十九世紀半ばまで、北大西洋諸国の一部の恵まれた地域は別として（世界のほかの地域がそれに並ぶのはずっとあとのことになる）、女性は何人もの子供を産んでいたが、そのほとんどは乳幼児のうちに死んでいた。不運な境遇にあれば赤ん坊を手厚く世話する余裕などなく、ましてやその世話によって（さいわい）生きているきょうだいが犠牲になるとすればなおさらだった。[★1] したがって、世帯人数は少なかったにもかかわらず、女性はほぼつねに妊娠していた。存命する子供の日常的な世話と、食事の支度をはじめとする家事全般に加え、既婚女性は家庭内や家庭周辺での生産労働にも献身的にかかわっていた。たいていの場合、それは家族用の食料生産を目的とした農作業が中心だった。しかし少しずつ、これに変化があらわれた。

すでに一五〇〇年前後から、女性は勤勉革命を背景にして、市場に直結する労働にますます従事するようになっていた。前に見たように、ユーラシア大陸ではとくにこの傾向が顕著だった。しばらくのあいだは紡績が、女性の労働に追加された最も一般的な仕事だった。それが一つの典型だったのは広く認められているところだが、その後の数世紀のあいだに、女性はしだいに家の外にも進出するようになった。たとえばそれをよくあらわす例が十八世紀のスペインにある。[★2]子育ては両親だけの仕事ではなく、いわゆる「村落モデル」にしたがって、地域全体で担うものとされたのだ。たいてい年上の子供たちが年下の子供たちの面倒を見たが、いずれにしても、子供はさほど上からの直接の管理を受けなかった。

数世紀にわたって働く女性の「勤勉さ」はますます高まっていたにもかかわらず、旧来の人口「モデル」はほとんどいじられなかった。多少は影響があったかもしれないと考えられるのは、女性の結婚年齢と、夫婦間の年齢差と、子供一人への世話の程度ぐらいだろうか。女性の結婚年齢が上がるほど、女性は結婚前に家の外で独立して働く経験を長く得られる。夫との年齢差が縮まるほど、既婚女性が自分の労働の性質や強度を自分で決定できる見込みは高くなる。[★3]

十九世紀に入ると、病気予防のためのワクチン接種や衛生の向上といった医学分野での新しい知見を受けて、第二の変化が起こった。命を落とさずにすむ子供の数が大幅に増え、それにともなって家事労働が増大したのである。「赤ん坊一人につき約一〇日分」の仕事が毎月の家事に加わるという計算もあった。[★4]この人口学上の大きな変化は、まず都市部であらわれた。都市部は衛生状態がひときわ悪かったため、衛生向上による利益もひときわ大きかったのだ。これは経済繁栄にも結びついたため、同時にいたるところで地域ぐるみの教育が目立ってきた。母親にとっての影響は、一日のうち何時間かは誰かが子供の面倒を見てくれるようになった一方、子供が働きはじめる年齢が格段に上がったために、子供の世話にかかる手間が増えたことだった。

さらに一〇〇年が経過すると、有効なバースコントロール手段が避妊薬というかたちであらわれた。アメリカでは一九六〇年に食品医薬品局（FDA）がピル（経口避妊薬）を承認した。それから一〇年もしないうちに、この二十世紀の最も有効な発明と呼ばれた薬は世界中に広まった。一部の国はこれを積極的なプロパガンダにまで仕立て、多産多死から多産少死への人口転換の結果として爆発的に増えていた人口を抑制するために利用した。働く女性にとっては、これによる影響が二つあった。一つは、かつてほど妊娠しなくなったことだが、もう一つには、子供の数が少なくなった反面、心理的にも物質的にもコストがかかるようになった子供への世話が急激に増大し、ことに子供の教育が社会的成功への入り口になる場合には、手厚い世話が欠かせなくなったことである。

この三つの推移を踏まえたうえで、既婚女性が世帯の外に出て市場向けの生産労働をするようになった大転換をとらえる必要がある。加えて、無報酬の家事労働と子育ての仕事が今日もなお、妻や母親の重要な仕事と見なされがちであることも忘れてはならない。

産業革命から人口転換まで

すでに見たように、家庭にいる女性が生産的な農業労働や工業労働を家事労働と組み合わせられたことが勤勉革命の秘訣の一つだった。だが、主要な産業労働の現場が農場や作業場から集中動力方式の工場に移るにともなって、家庭と有償労働とのつながりは徐々に、しかし着実に壊れていった。それが最初に起こったのがイギリスで、次いで西ヨーロッパ、北アメリカに波及し、やがて世界中があとにつづいた。とくに繊維産業では、すでに家内工業だったころから男性より女性のほうが多く働いていたので、この変化は顕著だった。★5 金属加工など、産業革命のほかの象徴よりも繊維業のほうがずっと重要だったことを考えれば、産業革命の最初の一世紀には、女性と子供の姿がとくに繊維工場に見られたといってさしつかえないだろう。ちなみに、これは単純に前々からの伝統が新しい場所、すなわち工場でも継続していたという問題ではない。一般に、女性が農業と工業で稼ぐ額は男性の収入の半分から三分の二にとどまっていたが、拡大中の産業にあっては女性の平均日給も高くなっている傾向があった。

こうした新しい環境で、とくに既婚女性はどのように二種類の主要な務めを組み合わせていたのだろうか。また、男性と社会全般はそれにどう反応したのだろうか。子供の数が増えていたわけだから、産業革命の初期段階では、それまでよりも多くの子供が、生産力として使えるようになるとほぼ同時に労働に就かされていただろう。しかもこのころには、技能のいらない仕事がたくさん工場にあったのだ。これによって母親の仕事は軽減され、同時に、世帯の収入が増えることにもなった。しかし一方で、女性にとってはそれまで以上に家事奉公の働き口が多くなった。結果として、家事はもっぱら女性の仕事になっていった。使えるお金の多い中産階級が成長してからは、家事奉公の需要はますます高まった。これはヨーロッパだけでなく、あらゆるところで起きた現象である。一九〇〇年前後のインドでは、都市人口の一五パーセントから二五パーセントが家事奉公人で、この部門はますます女性に固定化されつつあった。その結果が、この職業の地位と報酬の低下である。この賎業《せんぎょう》化には、低位カーストと奉仕が強く結びついていたことも確実に影響していたと思われる。★6

追って第7部で見るように、産業革命とともに生まれた多数の起業家は、ひたすら経費の削減を追求した。そしてそのために、機械化で生産性を高めようとするのみならず、労働力に女性や子供を使うという方策もとった。だが、そのやり方が反動を招いた。まずは、もはや競争で勝てる見込みのなくなった自営の職人が、機械化を阻止しようとする動きに出た。彼らはその後どうにかして収入を増やすため、組合を結成し、自分たちだけで仕事を独占して女性や子供をはじめとする非熟練労働者との不利な競争をかわそうとした。加えて中産階級の人びとも、苛酷な児童労働や、女性工員の夜勤とそれによる家庭放棄には抗議を示した。こうして家族に関するある種の理想像が生まれた。男性がまずまずの世帯収入を稼ぎ、女性は家庭と子供のために尽くすのがあるべき姿になっていったのだ。

人口転換から避妊薬まで——男性稼ぎ手の全盛期

しばらくのあいだ、この理想像が女性にも男性にも過大な負担を強いた。一八五五年にロンドンのベスナルグリーンに生まれたレイトン夫人の少女時代の回想録が、多くを物語る。

私は母の七番目の子供で、私のあとにも七人の子供が生まれた――全部で一四人だ――から、母はまさに奴隷のようだった。大まかにいって、母は赤ん坊を身ごもっているか、赤ん坊を胸に抱いているかのどちらかだった。……私の父は、教育のある男性で、ある政府機関で午前十時から午後四時まで勤務していた。……その立場上、父は無理をしてでも体裁を保たなくてはならなかった。同じ収入の普通の労働者なら、そんなことはしなくてすんだのだが。父はいつも小ぎれいな黒い服にシルクハットというかたちで仕事に行った。……時間があるときは仕立て屋の商売のことを勉強していた。また、知り合いの仕事を手伝ったり、家族が食べる野菜のほぼすべてを自分で栽培したりして、ささやかな収入を補っていた。父は教会員だったので、日曜の朝の礼拝は欠かさず出席し、母の負担を軽くするためにいつも子供を何人かいっしょに連れていった。政治に関しては、父は保守党員だったが、いつも寛容だった。ある程度までは、よき夫で、よき父だったが、家族のことはすべて母に任せきりだった。母は私たち全員のことを何から何まで面倒見なければならなかった。家族が増えても、父の給料は増えなかったので、私たちが食べるものや着るものに困ることがないように、母が家計を助ける必要があった。牧師の奥様がとても母のことを気に入っていて、自分の赤ちゃんが生まれたり具合が悪くなったりしたときは、いつも母に世話を頼んでくれた。牧師館に子供が生まれるたびに、私のいちばん上の姉が家で留守を守り、私たちが交代で一日に三回か四回、母の赤ちゃんを母のところに授乳に連れていった。母がまだ赤ん坊を乳離れさせられないあいだに牧師の奥様が子供を産むことがしょっちゅうだったからだ。母がいないときは、父が毎朝、出勤前に、私たち全員に一日分の食事を用意していってくれた。[★7]

大家族であるということは、家事が増えることを意味するだけでない。暮らし向きがよくなれば——ささやかでも——住居も広げなければならず、あらゆる種類の雑用も多くなる。とくに使用人を雇う余裕がない、あるいは少ししかない世帯では、どうしても家族の負担が増すことになった。近くに親戚でもいれば多少の解決にはなったが、二十世紀に入って、しだいに人が年をとっても健康でいられるようになると、別の解決策ももたらされた。それが必要不可欠な祖母という現象で、たとえば第一次世界大戦後と第二次世界大戦後のソ連では、祖母が何から何まで徹底的に取りしきった。

もちろん、男性が稼ぎ手となって専業主婦の妻をもつという中産階級の理想があるかぎり、それをかなえられる家にすることも重要だった。この理想の典型が、一八八〇年代にオランダの繊維業の町ティルビュルフに住んでいた、ある技師による一文にも描かれている。

工場勤めの娘たちはまともな主婦にはなれない。男性労働者がまともな娘、つまり、きちんとした家庭に五、六年ほど勤めたことがあって、家の切り盛りのしかたがわかっている娘とたまたま結婚できたなら、その男は非常に幸運だ。しかしながら、家事のことを何もわかっていない工場勤めの娘と結婚しようものなら、毎日帰宅したときには家はめちゃくちゃで、たまらずパブに行って酔いつぶれるしかなくなるだろう。女性はこのように大きな役割を果たすのだから、ぜひとも女性には工場で働かないでいただきたい。[★8]

西ヨーロッパでは、十九世紀後半から、労働者階級の家庭がこの理想をかなえる見込みも高くなった。それは何よりも、熟練労働者の実質賃金が上昇したからである。[★9]このときようやく実入りのよくなった組合員の男性労働者が、妻にもう働きに出なくともよい、かわりに家のことをしっかりやって、子供を「風呂に入れて髪をとかして」やれと、堂々と宣言できるようになった。あとは子供をきちんと学校に行かせて、将来、自分たちよりもよい暮らしができるようにしてやればよい。こうして稼ぎ手の夫と専業主婦というイデオロギーが支配的になり、女性の勤め先は世の中から消えていった。もちろんそれは表面だけの話で、現実には、貧しい労働者階級の世帯では依然として女性の生産的な労働が必要とされ、苦汗産業の拡大と家事奉公人に対する需要の高まりが女性に労働機会を提供していた。貧しい農家や農場労働者にとっても事情は同じだった。

ときに男性の稼ぎ手の活躍が妨げられ、それまでの傾向が一時的に反転することもあった。たとえば二つの世界大戦のさなかと戦後に起こった異例の労働力不足などが、その原因である。徴兵制度のある国では身体健全な男子がすべて軍隊に招集されたので、経済を維持するうえでの大きな問題が起こった。後方の軍事産業では、爆弾や手榴弾や軍服などに、いくら生産しても足りないぐらいの需要があったが、それだけでなく農場や工場や事務所でも、人手がまったく足りなくなった。第一次世界大戦の例で見たように、ドイツなどの国では戦争捕虜が大量に動員され、第二次世界大戦でもやはり強制労働が発生した。フランスでは植民地から労働者が連れてこられたが、イギリスとアメリカでは、おもに女性が労働の役割を担った。イギリスの労働組合は「労働希釈」〔伝統的に熟練工がやる仕事に低技能の労働者を使うこと〕に難色を示し、戦後すぐに女性が台所に戻ってくれるならという条件つきで女性労働者を仲間に迎えた。

しかしながら、この労働市場への女性の大量参入は、異例の一時的な措置であったにもかかわらず、のちのちにまで影響をおよぼした。第一次世界大戦時には戦後の女性参政権の導入のきっかけになり、第二次世界大戦時にはさらに多くの女性の参入を呼んだのである。第二次世界大戦中に各国政府がこれに関して宣伝活動を展開したのはよく知られるところで、女性を造船などの重工業に引き入れるべくポピュラーソングやポスターが利用され、カナダではロニー・ザ・ブレンガン・ガール（ブレン軽機関銃組立工のロニー）、アメリカではロージー・ザ・リベッター（リベット打ちのロージー）が女性労働者の象徴として宣伝された。[★10] ナチスドイツでさえ、以前はほかの多くのコーポラティズム国家〔ファシズム期のイタリアなど、政府が強制的に労使を協調させて労働を国家の直接支配下に置く体制〕と同様に、女性の賃金労働の抑制を自分たちのイデオロギーの柱の一つと称揚していたにもかかわらず（ドイツでは労働の現場から退出することに合意した女性に「結婚貸し付け」を用意するという巧妙な策をとっていた）、戦時中の最後の数年間はこの主張を引っ込めなくてはならなかった。[★11]

最も極端な男性不足が起こったのはロシアである。第一次世界大戦と、その後の同じぐらい長期にわたった内戦が原因だった。ボリシェヴィキが覇権を握ってからも、国家イデオロギーが生産力のある市民全員に生産活動への従事を求め、かつ家族の務めを集産化したために、労働市場では引きつづき女性が必要とされた。[★12] したがってソ連では、ほかのヨーロッパ諸国や北アメリカで起こったような労働市場からの部分的な主婦の撤退は起こらなかった。第二次世界大戦後の中央ヨーロッパと東ヨーロッパの共産主義国家でも、やはり女性が労働者として動員された。たとえばドイツ民主共和国（東ドイツ）では、一九六〇年から一九七一年のあいだに女性の労働参加率が六四パーセントから八〇パーセントに上昇した。一方、同じ一〇年間にドイツ連邦共和国（西ドイツ）では四〇・九パーセントから三七・六パーセントへと低下している。[★13]

当然ながら、ソ連はバースコントロールの分野でも先頭を走っていたが、その扱いには変動もあった。一九二〇年から一九三五年までは人工流産が合法で、その後、一九五五年から一九六八年までがふたたび合法になっている。あいだに空白が挟まっているのは、集産化と飢饉と「大祖国戦争」（独ソ戦）の結果として、人口が大量に失われたためだ。多くの女性が中絶を選んだ理由の一つには、もちろん、母子にとって必要なほぼすべてのものが欠乏していたということがある。ソ連の勢力圏内にあった東ヨーロッパでも、一九四五年からベルリンの壁が崩壊するまで、同じパターンが存在していた。

一九七九年、中国は人口の増大に制限をかけるべく、社会統制の主要手段の一つとして

「一人っ子政策」を打ち出した。一人目の子供を出産したあとに子宮内避妊器具を外科的に挿入し、二人目の子供を出産したあとには避妊手術をほどこすということの措置は、女性の生産活動への従事を大幅に増やすものでもあった。

最後の半世紀——共稼ぎ夫婦、シングルマザー、独身女性

一九六〇年以降、ピルはたちまち西ヨーロッパと北アメリカの最も一般的で、最も有効なバースコントロール手段になった。ローマカトリック教会を筆頭に各方面からの抵抗はあったものの、出産率は急激に低下して、女性の労働市場への参入と女性の自立全般を大いに誘発した。ハーバード大学の経済学教授クラウディア・ゴールディンは、これを一九六〇年代と一九七〇年代の「静かな革命」にからめて語っている。女性の活躍範囲が広がったことで、当然ながら早い年齢での結婚も姿を消し、さらに結婚しても従来の姓を保持できるなど、女性がアイデンティティの修正を迫られることもなくなった。[★14] ただし、副作用はあった。離婚が増え、連続的一妻多夫と呼ばれる現象も増えて、女性も独立した収入を得られるようになる必要が生じた。

家庭における母親の務めという点では、重視されることがそれまでの家事から、子育てに移った。といっても子供の数はかつてより格段に少なくなっているので、その少ない子供のためにどれだけよい教育を授けてやれるかが重要になった。[★15] これが可能になったのは、設備の向上と普及のおかげでもあった。水道、電気、水洗トイレといった基本的な設備はもちろ

ん、「解放のエンジン」、すなわち電気洗濯機、掃除機、冷蔵庫、食洗機、電子レンジなどが、女性を大いに家事から解放した。[★16]

子供の教育がこれだけ重要視されていたにもかかわらず、家庭的であるとか専業主婦であるといった（とくに中産階級での）社会規範は、いまや決定的に壊されていた。こうなった要因はもっと早いうちからあちこちに散見される。[★17] アメリカ合衆国と一部の西ヨーロッパ諸国では、十九世紀末から一九二〇年代の初めまで、女子工員のほかにも教職や事務職などに独立した女性労働者の一群が出現していた。しかし彼女たちの大半は、結婚すると同時に仕事をやめた。既婚女性が家庭外に仕事をもつことには少なからぬ社会的スティグマが付されていたためである。しかし一九三〇年代から一九五〇年代のあいだに、既婚女性の仕事に関する制約は徐々に緩和された。それは前述したような戦争の影響だけが理由ではない。教職や事務職における結婚という障害――独身女性は結婚と同時に雇用から外され、既婚女性はそもそも雇用されないという規定――はそれまで非常に一般的だったのだが、この障害が取り除かれたのである。一部の職種ではパートタイムの労働も可能になった。一九五〇年代から一九七〇年代のあいだには、もっと年長の既婚女性の一群が労働市場に参入してきた。子育てのために仕事をやめていた母親が復職したのである。

一九七〇年代以降、豊かな西洋――第二次世界大戦以後ずっと経済危機と無縁だったような諸国――では、子供の少ない共稼ぎ夫婦という家族形態があたりまえになった。[★18] しかし（前述のような）離婚の急増もあって、いまでは全世界の世帯の一〇パーセントから二五パーセントが母親を世帯主としている。そこに父親の姿はなく、この割合は増える一方だ。ボツワナ、スイス、バルバドス、グレナダでは、子供のいる家庭の四〇パーセントで父親が同居していない。ちなみに、父親の世帯収入への貢献と家族としての役割がかならずしも約束されていない以上、母子家庭の子供のほうが父母のそろっている家庭の子供よりよい暮らしをしている可能性は十分にある。実際、グアテマラ、ケニア、マラウィなどでは明らかにその傾向が示されている。[★19] また、堅実な夫のいない女性にとっては一つの解決策が連続的一妻多夫で、アフリカやカリブ海沿岸地域、およびヨーロッパと北アメリカの都市貧困層のあいだにその傾向がある。[★20]

ここ数十年の中国ほど、女性の家政から労働市場への移転が進んだ例はほかにない。大都市への移住者のなかには何千万人という若い女性が含まれていた。そのうちの一人で、一九七四年に湖南省に生まれ、両親の望みに逆らって十八歳で広東省に出てきたチュンミンの日記と手紙から、中国の古い世界と新しい世界の両方がうかがえる。まずは彼女の一九九四年三月二十九日の日記から、新しい世界を見てみよう。

今日は給料日だった。三六五元。そのうち五〇元を返済に充てても、まだ三〇〇元ある。時計もほしいし、服も、身のまわりのものも、いろいろ買いたい。そうしたらいくら残るんだろう?……もう夏だけど、着るものが全然ないし……時計も買わないと。時計がないと時間がうまく使えない。家にも送金したいけど、そっちはもっと無理だ。来月お給料が入ったら、速記秘書通信大学に入学手続きをしようと思ってる。大学の卒業証書が必要だから。私は月に二〇〇元だか三〇〇元だか稼ぐために広東に来たんじゃない。これはただの通過点。こんなところに長くいるつもりはないし、もちろん永久にここにいるなんてありえない。誰もわかってくれないけど、べつにわかってもらわなくていい。私は自分の道を行くだけで、他人になんといわれてもかまわない！★21

彼女は現在やっているプラスチック成形の仕事の先のキャリアを考えながら、それと同時に古い世界にも結びついており、読み書きのできない母親に向けて手紙を書いている。

お母さん、私、お母さんにセーターを編んだよ。……お母さんのセーターを編んでいなかったら、この一日を使ってたくさん本が読めたんだけど。でも、お母さん、私ときどき考えるんだ。お母さんの従順な娘だったらよかったのかな、いくら読みたい本があってもそんなもの放りだして、子としてふさわしい娘になればよかったのかなって。お母さんへの愛をこめて、このセーター、編みました。

既婚女性の労働事情に大きな進歩があったとはいえ、まだ結婚もしておらず子供もいない女性にとっては、そうした進展も部分的にしかあてはまらない。理由の一つは、チュンミンのような未婚女性は親戚の家に住まわせてもらって、そこで家事を割り当てられることも多かったからだ。しかし別の理由として、このような進歩は、いまや男女が平等に家計を担うことを意味する。収入と昇進機会はいまもって女性よりも男性に有利で、それはおおむね、女性が依然として家事や子育てを職業と並行してやっている場合が多いためである。祖母（元気なまま、ますます年齢が上がっている）、あるいは託児所などの保育施設のおかげで、女性の務めはずいぶん軽減されてきたが、それでもなお負担は大きい。この女性に不利な収入や地位の格差が国によってはいっそう顕著で、女性がパートタイムの職にしか就けなかったり、妊娠や出産に国が援助をしているにもかかわらず、その道を選ぶと職に響いたりする。[★22] さらに最近では、この世界的な傾向の反転もときどき見受けられる。たとえばインドでは、家族の社会的地位が高まるほどに女性が労働力から降りている。これは女性が家にいる余裕があるということでもあるが、高学歴女性でも社会に出ないのは、ヒンドゥトヴァ（ヒンドゥー至上主義）運動の文化的な理想がますます政治的な理想にもなってきたことのあらわれでもある。[★23]

第24章 自由賃金労働の増加

十八世紀までは、賃金労働者はまだ少数派だった。賃金労働をするのはおもに若い男女で、生涯労働サイクルの最初の段階として雇われ仕事をしていた。家事奉公人（男性も女性もおり、たいてい住み込み）、独立前の職人（親方と同居している場合もしていない場合もある）、もっと大人数の単位なら船員、そして何より軍人がいい例だ。もちろんこれらに加え、もっと恒久的な勤め人として行政業務に携わる公務員もいれば、火薬工場や工廠や造幣局などの国有大企業に雇われる賃金労働者もいた。

賃金労働者数と勤務時間の増加

十九世紀には、これらすべてのカテゴリーの賃金労働者が絶対的にも相対的にも増加した。とくに西ヨーロッパが顕著だったが、経済の繁栄によって中産階級の購買力が増したため、奉公人の数も雇われ職人の数も増えていた。気船を筆頭に船舶の輸送力が増した結果として船員の数も多くなった。しかし何より、国民国家に直接、間接に雇われる賃金労働者が増えていた。公務員や職業軍人（徴集兵からなる軍隊においても必要だった）の枠がじわじわと拡大し、国営化が進む鉄道や郵便でも多くの職員が必要になった。

しかしながら、賃金労働が最初に最も増大したのは工業においてだった。各工場は新規労働者を雇われ職人のあいだからも採用したが、おもにねらいをつけられたのは自営の小農や職人で（これらにくらべると少ないながら、元奴隷や元農奴も雇われた）、最終的には女性も家庭内労働の時間を部分的に減らして賃金労働に進出した。ちなみに、自営から賃金労働への移行はだいたいにおいて非常に円滑に進んだ。多くの自営業者はすでに分益小作や問屋制家内工業の経験があり、とくに後者の場合、原材料と機械と流通を取りしきる問屋から家内での製織や紡績などの仕事を請け負って、毎週前払いで出来高賃金をもらっていたからである。

場合によっては、賃金労働に移行することは集団的な労働関係から個人的な労働関係に移行することを意味してもいた。一九〇五年、アングロ・ペルシャン（のちのアングロ・イラニアン）石油会社は、石油採掘の準備にとりかかるにあたってバフティヤーリー族というイラン南西部の遊牧民から人を雇うことにした。★1 会社は当初、採掘現場の守衛として八〇人を出してもらうのと引き換えに、一年につき合計二〇〇〇ポンドの仲介料を払うことで部族の代表たちと合意した。それとは別に各守衛には年間一〇〇トーマーン（三五・二五ポンド）と馬の飼い葉が支給されることになっていたが、どうやらバフティヤーリーの族長たちが石油会社から預かっていた賃金分を着服したらしく、哀れな守衛たちは「別の手段」で必要を満たすしかなくなった。彼らがようやく守衛頭からじかに賃金をもらうようになったのは一九〇九年のことだった。

この制度上の問題とは別に、部族との最初の取り決めには入っていなかった本物の市場を確立する必要もあった。石油会社の言葉を借りれば「賃金は、それ自体では……彼らを仕事につなぎとめておくのにほとんど役に立たなかった——彼らがその賃金で商品を、遊牧生活では得られない便利なものを購入できる機会もあわせて提供しないかぎりは。ただ金銭をやるだけでは足りなかったのだ。そのお金の使い道もいっしょに用意してやらないと」。この賃金労働への移行は十九世紀から二十世紀のあいだに加速度的に進み、それと並行して農業と手工業（どちらも多くの自営労働者で成り立っていた）から工業への移行も進んだ。一九五〇年の時点では、まだ世界人口の三分の二が農業に（おもに小農として）従事していたが、現在ではその割合が三分の一になっている。[★2] また、工業での職種に加え、「第三次」部門の商業、運輸業、サービス業にますます多くの職種が追加された。

中間管理者が挟まっているかいないかにかかわらず、雇用主に直接雇われて働く人はますます増え、しかも長期間、長時間にわたって働くようになった。すでに見たとおり、十六世紀のヨーロッパでの宗教改革以来、人びとの働く時間は延びつづけており、とくにオランダで長くなっていた。そして十八世紀、自由時間にまたしても打撃が加えられたが、今度はもっと深刻で、もっと広範な影響がおよんだ。[★3] 一七五四年、オーストリアの女帝マリア・テレジアが——ローマ教皇の許可を得て——カトリックの祭日を二四日も廃止したのである。むろん激しい抵抗はあったが、同年四月二十三日、すなわち聖ゲオルギオスの日に騎馬警官隊が出動し、ウィーンの街中の小売店主に有無をいわさず午前十一時に店を開けさせた。

イギリスでは、とくに法制化されることもないままに、年間の労働日がやはり大幅に増えていた。一八三〇年ごろのイギリスで生計を立てるには平均して一一時間労働を三〇〇日、すなわち年間三三〇〇時間の労働が必要で、骨休めに充てられるのは毎週の日曜日に加え、クリスマス、イースター、聖霊降臨日のときの、あわせて七日間ぐらいのものだった。この労働時間の長さは過去にくらべると大幅に延びている。一七六〇年当時はロンドンで二三〇〇時間、北部で二八〇〇時間だったのが、一八〇〇年にはロンドンで三三〇〇時間、北部でも三〇〇〇時間に増えている。首都のロンドンと北部とで総時間の差が大幅に縮まって逆転までしているのは、ロンドンのいわゆる「聖月曜日」――とくに男性が、週末の疲れをとるためと称して一週間のはじまりの日を休みにしていた習慣――が、一七五〇年から一八〇〇年のあいだのどこかで消えたせいだと考えられる。北部では、この習慣がすでに一七六〇年までにほとんどなくなっていたのだ。さらに北部では一八〇〇年から一八三〇年にかけて、宗教的、政治的な祝祭日の多くもなくなったと見られている。一方のロンドンでは、それがすでに以前から起こっていたに違いない。同じ半世紀のあいだに、毎朝の労働開始時間も早くなり、一日の労働時間が平均して一時間半ほど長くなった。一八〇〇年ごろには、概して人びとは朝七時から夜七時まで働くようになり、あいだに一時間から一時間半の休憩が挟まるだけだった。

興味深いのは、この労働時間の延長がすでに一八〇〇年以前、すなわち機械化された工場が出現する前から起こっていたことである。イギリスで工場の機械化が本格化したのは一八六〇年代以降のことなのだ。同時にそれは、収入源を工場労働に移行させた人びとが仕事人生の大半の期間、雇用主の言いなりになって働くようになったということでもある。もちろん、急速に数を増やしていた奉公人、とくに上流家庭に住み込みで働く奉公人にこうした事情がなおさらあてはまったのはいうまでもない。

このあと第7部で見るように、工場での勤務時間は十九世紀半ばから徐々に短縮されていく。最初はきわめて遅いペースだったが、第一次世界大戦以降は着実に、かつ急速に進むようになった。一九二〇年前後には、イギリスで生計を立てるのに必要な労働時間が平均二四〇〇時間となり、二〇〇〇年前後には一七〇〇時間にまで減少した。

最後にもう一ついっておくと、賃金依存は、失業がますます可視化されるようになることを意味してもいた。なぜならもはや労働者は、かつての自営労働者と同じではなくなっていたからだ。かつての自営労働者なら仕事がなくなっても、新たに別の請負仕事を探すだけであり、周囲からもそのように認識されていた。その種の失業者は公式に登録されることもなく、せいぜい手工業ギルドに把握されることがあるぐらいだった。それに対して賃金労働の時代の失業者は、雇用主の意向しだいで収入を失ってしまう依存者であり、その解決策を考えることは政府の役目であるとばかりに放置されていた。

規模拡大の影響

賃金労働への大々的な移行は、ただこれまで家内で働いていた人がよその作業場や工場や事務所に何時間も働きに出るようになったというだけでなく、自分で選んだ仲間ではない何十人、何百人、ことによると何千人（さらに中国では最大数十万人）もの他人といっしょに、慣れ親しんだ家内ではない別の空間、別の環境のもとで働くようになることを意味してもいた。こうした話で即座に思い浮かぶのは、容赦なく回転しつづける鉄の機械に指や手などが簡単に切り落とされてしまう風景や、暗くて風通しの悪い鬱々《うつうつ》たる構内のありさまだろう。だが、このような劣悪な条件の多くは家内工業の時代からありふれていたもので、おそらくは以前のほうがもっとひどかった。

また、規模が大きくなるということは、産業事故の可能性もそれだけ大きくなるということであり、とくに化学工業は危険性が高かった。たとえば昔から火薬工場で起こってきた爆発事故は、ときに何十人もの労働者を死傷させたが、そのような場所では近年でも多くの悲惨な労働災害が起こっている。その最悪の事例がインドのボパールでの事故だったかもしれない[★4]。一九八四年十二月二日、ユニオン・カーバイド社の殺虫剤工場から四〇トン以上のイソシアン酸メチルガスが漏れ出して、最初の数日で約一万人を死亡させ、その後の二〇年間で一万五〇〇〇人から二万人に早すぎる死をもたらしたのである。

中央管理型の職場での賃金労働が主流になった背景には、工業会社や輸送会社が集中動力を手に入れたことがある。それによって交通の要衝に大きな会社が設立され、急速に都市化が進んで、もはや都市の労働者が農業をしながら働けるような機会はますますなくなっていった。機械化の歴史では、ワットやエジソンやマルコーニのような有名な発明家ばかりに注目が集まりがちだったが、やはり忘れてはならないのは、だいたいにおいて国家がイノベーションの先導をしてきたことだ。とくに陸軍、海軍、主要省庁が果たした役割は大きく、場合によっては貨幣鋳造所、海軍造船所、火薬工場などの国有企業もそれに連なる。

各種の機械装置やその動力がいろいろと研究されたのはいうまでもないが、とくにアメリカでは、労働者そのものも本格的な研究の対象になった。[★5] そうした研究を最初に試みた一人がイギリスのチャールズ・バベッジ（コンピューターの「父」）だが、最も有名なのは疑いなく、次世代のフレデリック・ウィンズロー・テイラーである。アメリカ人のテイラーは、産業活動に必要な時間を体系的に研究し、その成果を人間工学と「人的要因」技法の結集である「科学的管理法」にまとめ、また経済に関しては、「労働経済学」「労働（産業）関係論」「マンパワー経済学」といった考え方を打ちだした。これに共鳴した人びとは、テイラーと同様に謙遜という言葉を知らなかったらしく、こうしたアプローチを「ザ・ワン・ベスト・ウェイ（唯一最善の道）」と呼んだ。[★6] だが、かならずしもすべての人がそう確信したわけではない。デンマーク出身の経験豊富な工具工で、アメリカ労働総同盟において連邦砲兵工廠と海軍工廠に勤める機械工の代表もしていたネルス・ピーター・アリーファスは、やる気も責任感もある労働者がテイラーの時間研究に反対する理由を直接本人に向かって説明した。

被雇用者がどうしてずっと水面上に頭を出してこられたか、どうして雇用主に頭を押さえつけられても沈まずに息をしてこられたかといえば、それは雇用主が被雇用者にできることをまるでわかっていなかったからにほかならない。労働者がこれだけの速さで仕事をすればいいと思うその速さで仕事をするのに十分な時間をどうやって保持できてきたかといえば、そのための唯一の道が、必要となる正確な時間について雇用主を無知なままにさせておくことだったのだ。アメリカ合衆国の国民は、これだけの速さで働きたいと発言する権利をもっている。われわれは、できるだけ速く働きたくはない。自分にとって働きやすいと思えるだけの速さで働きたい。われわれは、自分が一生のあいだにどれだけすごいタスクを実行できるかを見るために生まれてきたわけではない。われわれはできるかぎり自分の仕事を調整して、仕事が人生の補助となるようにしている。大半の人は、よっぽど遠くなければ毎朝歩いて仕事に行く。それを、走って仕事に行けば三分の一の時間ですむじゃないかと誰かが発見したとして、その事実が突きとめられたこと自体にとくに異議はないかもしれないが、もしその事実を突きとめた人が走って仕事に来いと命令できる権力をもっていたとすれば、そんな事実は発見してほしくなかったと文句をいうだろう。[★7]

動作研究の分野を確立したフランク・バンカー・ギルブレスと妻のリリアン・モラー・ギルブレスは、その点で、テイラーと同じ立場でもあり、反対の立場でもあった。フランク・ギルブレスは一九一一年の著作『動作研究（*Motion Study*）』で、煉瓦積み職人の単独での動きと、助手との共同作業での動きを詳細に分析している。とくに重要なのが、足場の高さと建設中の壁の高さとの関係（正確にいえば「煉瓦積み職人が立つところから約六〇センチ上」）と、その壁よりもさらに高くにある、煉瓦とセメントを置く作業台の高さ（「煉瓦積み職人が立つところから約九〇センチ上、すなわち、煉瓦が詰まれる壁の最上部より約三〇センチ高い」）で、これなら確実に煉瓦積み職人は直立して作業ができるから、労働生産性が大幅に上がることになる。ギルブレスは誇らしげに「職人の生産性はいつでも二倍にできるが、科学的な動作研究によって三倍以上にもできる」とまで述べている。[8] このように生産量を増やせれば、雇用主にとってコストの削減につながるうえに、出来高払いで雇われている煉瓦積み職人にとっても賃金の増加につながるというわけだ。

テイラーとは対照的に、ギルブレス夫妻はこの結果がかならずしも万人にはあてはまらないこと、そして一人あたりの生産量があまりにも高いと「組合員がみな仕事を失う」のではないかと労働組合が恐れることもわかっていた。組合も、生産性の向上が一般に生活費全体の軽減につながるのは重々わかっており、そのことにはもちろん反対していなかったが、それによる影響を地元の組合組織が負うことになるのは避けたかった。適正な出来高賃金率と専門技能の発揮が維持されているかどうかを見ているほうが、組合からすれば安全な戦略に思えたのである。[9] 一三人の子供の母親だったリリアン・ギルブレスは、当然ながら自らも、科学的管理法を家庭管理に応用した。彼女の有名な「キッチン・プラクティカル」――電気とガスの設備を備えた現代的キッチンのデザイン――は、科学的管理法にもとづいて「自分の時間を解放して有償労働に振り向け、家族内の男性にもいっしょに家事をやらせ、家庭と

仕事がどちらも管理技能と人間的要素を必要とする似たような領分であるのを実証する」ためのものだった。[★10]

実際、科学的管理法は肯定派によって採用され、ヘンリー・フォードのような企業家による実践を通じてさらに発展した。アメリカ人はこのアイデアを世界中に伝え、ほぼすべてのところがそれを喜んで迎え入れ、とくに後年には交戦国までが積極的に導入した。[★11] フランスなど一部の国では科学的管理法を教える国立の学校も出現し、それに社会主義者が積極的に関与した。この種のアイデアが人気を得たことで最も有名なのがソビエト連邦で、レーニン、トロツキー、スターリンの全員に支持された。実際、レーニンは一九一八年に日刊紙プラウダに載ったスピーチで、テイラリズムを「ブルジョワによる搾取の残酷さを洗練させて、多数の貴重な科学的達成を」混ぜ込んだシステムと評し、「ロシアにこの研究と、テイラー・システムの教育と、その体系的な試行と適用を導入しなければならない」と述べていた。[★12] この人気ぶりは、ムッソリーニ支配下のイタリア、ヒトラー支配下のドイツなど、ほかの独裁国家でも同様で、ヒトラーなどはわざわざヘンリー・フォードの名を挙げて称賛していた。

労働科学、産業医、経営コンサルタント、そして人事問題や人的資源管理を扱う専門部署といったものが普及しはじめた新たな流れも、この枠組みの一環として考えられる。[★13] 雇用主の視点からいえば、これは労働者を個人としても集団としてもできるだけ効率的に働かせるための取り組みというだけでなく、最も見込みのある労働者を見つけだし、ひとたび見つかったら会社から絶対に離さないための取り組みでもあるのだ。そのため、大きな会社では社内に出世の道が開けていた。効率性の話と同様に、ここでも見本を示していたのは政府だった。軍隊での階級制度がそれであり、優秀な兵卒は下士官に昇級できるのだ。多くの西洋諸国で被雇用者の平均勤続年数がおよそ一〇年であることを考えれば、現代の雇用主はこの点でかなりうまくやっている。勤続一〇年ならば、被雇用者は仕事人生において数回しか雇用主を替えないということだからだ。しかしもちろん、そうした意味での会社に対する帰属意識の強さには、国によってばらつきがある。最も強いのは日本で、次にフランスとオランダが来るが、アメリカやカナダやオーストラリアではるかに弱い（被雇用者の平均勤続年数は七年前後である）。アメリカでは、現場監督による雇用と解雇という伝統的な慣例が刷新されるまでに長い時間がかかった。科学的管理法の影響のもと、大企業では福祉向上、職業訓練、人事担当部署を用意することが必須となった。これらの実現は二つの世界大戦中に一気に進んだが、それはある意味では労働組合を出し抜くためであり、ある意味では労働組合を懐柔するためでもあった。★14

賃金労働者の自主性への影響

工業労働者にとっての最大の変化は、ますます多くの労働者が家内での仕事をつづけられなくなったことにより、自分の裁量で働けなくなって、かわりに来る日も来る日も工場や事務所で他人の命令を遂行しなければならなくなったことだった。もはや時間さえ自分で調整することはできなくなった。勤務時間が一律に決められたうえ、最初は延長までされたのである。[15] この変化の進む速さには国によって差があった。イギリスでは、遅刻して出勤した労働者を工場から閉め出すことによって時間についての規律が強制された。ランカシャーのプレストンのある女子工員は一九一五年、組合にこう報告している。「月曜の朝に仕事に行って、戸口に足をかけたとたんドアを閉められて、ドア枠とドアのあいだで足を挟まれました。手でドアを押し開けてなかに入ると、監督がそこに立っていて、こう言うんです。『出ていけ――おまえは入れてやらない』と」。こうした遅刻者に対する閉め出しを、ただの権威の誇示と解釈してはならないだろう。それなら遅刻に重い罰金を科せば、同様どころかそれ以上の効果が得られたはずだからだ。むしろこの措置は、イギリスの工場の所有者と労働者の関係をたがいがどう認識していたかの論理的な帰結だったように思われる。「労働者の閉め出しは、違反者個人に内在する労働力に対して所有権を主張したものではなく、［伝統的な問屋制家内工業の場合における］請負人が納品を納期に間にあわせる義務を怠ったため、契約の停止に値すると判断された場合と同等の扱いを違反者に対してしたものである。これは製品の受領をめぐっての争いだったのだ」[16]

対照的に、十九世紀のドイツでは、まだ多くの繊維工場が始業時間と終業時間を定めていなかった。時間を守らないのもどちらかといえば労働力の提供拒否ととらえられ、罰金で対処された。ライン川下流のデューレンの羊毛産業では、すでに一八一二年には労働者が出勤時刻を一分単位で記録する決まりになっており、二十世紀に入るころには、このような時間記録方式がドイツの繊維工場で広く利用されるようになった。そのかわり、労働者はひとたび自分の労働力を雇用主に引き渡した瞬間から、自動的にその現場でずっと「勤務」していることになった。労働者はこの勤務のうちに、コーヒーをいれることも服を着替えることも、材料の到着を待つことも、賃金の受け渡しをすることも含めるようにと主張した（一九〇六年、メンヘングラートバハの工場労働者は、賃金を各自の担当する機械のところにもってくるようにとまで要求した）。こうした主張が段階的に受け入れられて、やがてドイツでは休暇前の賃金支払いが求められるようになる。[★17]

　どのような制度をとっているにせよ、仕事が中央管理されているところでは、時計がなくてはならないものになった。時計については、工場が出現する以前から、散発的にだが前例がある。たとえばオランダのライデンでは一五一六年に時計台が建てられて、縮絨工《しゅくじゅう》〔毛織物の仕上げ工程を専門とする職人〕が使用人を監督するのに使われた。アムステルダムのオランダ東インド会社の造船所でも、一一〇〇人の労働者に見えるように正門の上に時計が吊り下げられていた。[★18] イギリスの典型的な工場でも、やはり見えやすいところに大きな時計が設置され、その発想は植民地にも波及した。一八五〇年、北インドのルールキーにも時計台が建てられたが、それはとくにガンジス運河の建設に役立つようにするためで、実際にも建設監督のプロビー・T・コートレーにこう評価されている。「これは集まった作業員の統制をとるのに欠かせないものだ。旗振り係が時計台の上に立って付属の旗を上げ下げすることで、ルールキーからマヘワルまで広がる現場に作業員たちをいつ集まらせ、いつ解散させるかを調整することができる」[★19]

イギリス本土の典型的な工場では、もっと強化された管理もなされていた。建築仕様があたかも城塞のようで、正門に守衛がいて全員の出入りを監視し、あらゆる空間が中央の中庭を経由しないと近づけないようになっている。これは内部のあらゆる動きを掌握しやすいということでもあった。ロンドンのナイツブリッジにあった円形建築の粗布《あらぬの》工場を一八四三年に訪れた人が、そこの様子をこう描写している。「建物の最上部はかなりの高さだが、そこに小さな四角い部屋があって、四面すべてに窓がついている。そこから全方向が見渡せたのではないか」。一八五〇年ごろから機械設備はますます大型化し、建築用の鋼桁《はがねけた》と大重量を支える新技術が開発されたのも手伝って、一八九〇年代にもなるとだだっ広い作業場を備えた大工場が建設されるようになり、この構造がまたいちだんと労働者の監視に役立った。★20

工場労働者への新たな依存を最も明白にあらわしていたのが、労働者が質のよくない仕事をしたときや、不要なおしゃべりをしたときや、そのほか何かにつけて科される罰金だった。雇用主から見て許容しがたいあらゆる種類の行為に対し、賃金から罰金が天引きされた。イギリスの労働者とドイツの労働者とでは労働者の定義がまったく別だったので、この罰金に対する反応も、イギリスとドイツとでは完全に違っていた。イギリスの織工はこの種の措置をきっぱりと拒絶した。彼らからすれば、自分は工場と契約関係にあるのだから、工場側は最終製品の品質に関して文句をつけることしかできないはずだ。したがって、彼らは罰金を不適切な搾取の一種だと考えた。あるヨークシャーの女子織工の一八九〇年の言葉を借りれば、「親方たちは四ペンスの葉巻をのべつまくなしに吸っているが、先週の出来高賃金二回分［の罰金］が葉巻代になったんだ」。対照的に、ドイツの労働者は罰金という原則は拒絶せず、罰金を言い渡されるたび、その正当性と金額について交渉した。[★21]

この過程で、一般的な支払い方式が出来高賃金（集団払いでも個人払いでも）から個人の時間給へと移行し、契約も集団単位から個人単位に移行した。こうしてますます労働者は中央管理型の職場と直接的な監督の影響下に置かれるようになる。雇用主が一人ひとりの従業員をよく監視できるようになればなるほど、雇用主は支払う賃金が——少なくとも雇用主の目から見て——適正かどうかを確信できた。もちろん、このような体制を敷くには中間管理職の分厚い層が必要になった。前に引用したような反対意見もあるにはあったが、この新しいやり方を進めたのはとくにアメリカだった。

自主性を奪われた労働者に労働意欲を起こさせるには

工場で働く人の独立性が失われた以上、本人の労働意欲にはどうしても抜本的な影響がおよぶ。収入と引き換えに他人の言いなりになるのはしかたがないが、それで自分の最善が尽くせるか、自分の最大以上の力が出せるかというと、それはまた完全に別の話である。ほとんどの奴隷が解放されたあとに賃金労働者にはならず、小農か自営職人になったのはすでに見たとおりだが（第21章「奴隷貿易と奴隷労働の廃止」の節）、それももっともなことだろう。彼らはもう十分に命令を受けてきたのである。

自営労働から賃金労働への移行と、それに関連する意欲の変化をより深く理解するには、そもそも生計を立てる必要があるのは前提としたうえで、何が自営労働者にやる気を出させ、自分の最善を尽くそうと思わせるのかを考えてみなくてはならない。それは仕事をする喜びであり、職業人としての誇りである。後者においては競争も重要で、とくに若い人にとっては大きな意味合いをもつ。そこであらためて、疑問が湧く。これは賃金労働者にどの程度まであてはまるのだろうか。

社会学者のチャールズ・ティリーとクリス・ティリーによれば、雇用主は労働者を働く気にさせるために三種類のインセンティブを使いわける。すなわち特別手当（「成果報酬の提示」）、帰属意識（「自発的な献身の誘導」）、強要圧力（「懲罰をちらつかせた脅し」）である。[★22]もちろん、これはあくまでも分析上の区別であって、これら三つは相互に強く関係している。ティリーらがいうように、「成果報酬を引っ込めると言えば脅しになるし、脅しと報酬を使いつづけていれば自発的な献身も呼び起こされよう。また、『一日分の仕事をしっかりやってくれれば一日分の報酬をしっかり出そう』『いい仕事をしてくれたら家名にとっても名誉となろう』といった言葉の裏には、暗黙の脅しがひそんでいる。『一日分の仕事をしっかりやってくれないなら、辞めてもらう』『まずい仕事をしてくれたら、親御さんに知れてしまうだろうね』といった具合に」。[★23]奴隷所有者や強制収容所の管理者なら容易に強要圧力を使えるだろうが、鞭の力に頼るだけでは人を思いどおりには動かせない。もっとたくさんいい仕事をさせるには飴《あめ》も必要で、少しだけよい食事をあたえたり、ささやかな特権をいろいろと恵んでやったりすることが重要になる。ときには軽く背中を叩いて励まし、褒め言葉の一つも言ってやればいい。一方、自由賃金労働者を抱える雇用主なら、もちろん賃金をはずんでやる気にさせるのもいいが、それ以外にも使える手段はいろいろある。まずは帰属意識を起こさせてみて、最終的には——もし自分に解雇の権限があるならば——法に触れない範囲で強要圧力を使う。

この三種類のインセンティブをすべて組み合わせた具体的な例が、南アフリカのキンバリーのダイヤモンド鉱山に見られる。採鉱会社のデビアス・コンソリデーテッドは最初、政府から雇い入れた数百人の囚人労働者を使った閉鎖的な採鉱場で試行的に操業をはじめた。その方式が、経営陣の目には、ほぼあらゆる面で有望に見えた。囚人労働者は自由賃金労働者より規律正しく、低コストで、規模の経済によって安く維持でき、囚人でない労働者よりずっと容易にダイヤモンドを盗ませないように計らえる。一八八九年、デビアスはこの経験から採鉱労働者をひとまとめにして資本集約的な地下生産にあたらせるのが有効だと確信し、今度は自由民の（つまり囚人でない）アフリカ人採鉱労働者一万人をコンパウンドと呼ばれる閉鎖的な敷地内に収容して本格操業に乗り出すことにした。総監督のガードナー・ウィリアムズ（アメリカからの移住者）は、その利点を資金援助者にこう説明した。「われわれのもとにいる現地人は、コンパウンドの外の現地人よりも快適な住居と十分な食事にありつけていて、どこのヨーロッパの国の採鉱労働者よりも高い賃金をもらっています。体調不良か採掘作業での怪我によって仕事ができる状態にない場合は、敷地に隣接した会社の病院で無償で治療されます。現在の体制下でなら、［以前の］開放的な採掘場より事故も少ないのです[★24]」。

ではここから、三種類の労働インセンティブが賃金労働者にどう効くかを詳しく見ていこう。

特別手当

支払い方式が時給制に変わることによる重要な影響の一つは、個人の仕事ぶりを監視する必要が格段に大きくなることだ。それ以外に個々の労働者の成績を判定する方法があるだろうか、というわけである。前述したように、大手の雇用主は出来高賃金で労働生産性を上げようとするよりも、勤務中の労働者の監督をするほうを選んだ。すると今度は、その監督方式が広まったのを受けて、科学的管理法が出現した。ただし、そうした管理の必要度については世界の工業国のあいだでも非常に大きな違いがあり、これを一概に説明するのは難しい。たとえば一九八〇年の時点で管理者（つまり管理職の労働者）一人に対する事務部門、サービス部門、生産部門の労働者の人数は、アメリカ、イギリス、カナダ、オーストラリアでは五人から一〇人、スカンディナビア諸国（スウェーデンをのぞく）、オーストリア、ベルギー、フランス、日本では一二人から一九人で、上記以外のヨーロッパ諸国の一部では二二人から二八人にものぼった。このような「管理範囲」のばらつきを、出来高賃金制と時給制のばらつきに直接関連づけることはできない。それはノルウェーとスウェーデンの事例にも実証されている。この隣り合った両国では、ともに工業での総労働時間の六〇パーセント近くが出来高賃金制だったが、管理範囲はノルウェーだと管理職一人につき生産労働者が一一・四人、スウェーデンだとその二倍以上（二五人）になっていたのである。[25]

そこで出てくる当然の疑問は、出来高賃金制は監督コストが比較的かからないはずなのに、なぜ時給制より一般的にならなかったのかということだ。組合の抵抗も一つの理由だが（第26章参照）、もう一つの、おそらくもっと大きな要因は、労働者側が賃金率の切り下げを恐れたことである。この脅威に対して、労働者には二つの強力な武器がある。一つは前述したように（第20章）、生産性を最大値より下げる、すなわち仕事をわざとゆっくりやるという手段をとることで、たいていはこちらが選ばれる。しかしもう一つに、レートバスター（賃率破り）に制裁を加えるという手段がある。「仲間うちで合意された仕事の効率にあわせず高い生産性で働くがゆえに、全員の賃金率を下げさせかねない者は、最もよくても仲間外れにされるから、経営陣のあいだで扱いにくい労働者だとの評判が立つ。そして最悪の場合には、仕事仲間から暴行を受ける」のである。[26]

労働インセンティブの一つである特別手当について、および時給制と出来高賃金制のメリットとデメリットについて論じるにあたり、一般に前提とされるのは、労働者への報酬が原則として現金で払われるということである。これは実際にもおおむねそのとおりで、とくに工業では確実にそうだったが、労働者にもっと生産性を上げさせるため、ときに現金以外の何かが追加されることもあり、それはたいていなんらかの興奮剤だった。十九世紀の北半球では、それはジンやウォッカなどの酒であることがほとんどだった。二十世紀になると、それに加えて化学合成物も利用された。その極端な一例が、兵士に対するそうした合成薬物の支給である。ドイツ軍は一九四〇年にオランダ、ベルギー、フランスに侵攻する際にも、その後ソ連と交戦する際にも、ペルビチン錠剤（実質的に覚醒剤と同義のメタンフェタミン）を大量に使用した。この電撃戦のあいだ、戦車隊や歩兵隊の兵士は四八時間一睡もせずに持ち場を守ることができた。[★27] 戦時中はもとより（ベトナム戦争でのアメリカ兵がいい例だが）、そこまではいかずとも、いまでもトラック運転手やセックスワーカーなど疲労度の高い職業に従事する人のあいだでは、強い酒や薬物に対する非常に高い需要がある。

成果報酬には労働生産性を上げるプラスの効果があるかもしれないが、このあと見るソ連の献身誘導計画のように、競争を完全に暴走させてしまうこともある。悪名高いエンロン事件もその一例だ。テキサス州に本拠を置く総合エネルギー会社エンロンのCEOで、のちに収監されることになるジェフリー・スキリングは、経済学者のミルトン・フリードマンと生物学者のリチャード・ドーキンス、およびドーキンスの書いた『利己的な遺伝子』に影響されて、熾烈な社内競争を扇動した。オランダの霊長類学者で動物行動学者のフランス・ドゥ・ヴァールは、これを進化生物学の誤った解釈の一例だと指摘する。

スキリングは「ランク&ヤンク」という社内評価委員会を設置した。これによって従業員を最高の(1)から最低の(5)まで五段階に分け、(5)と評価された全員を首にした。毎年、最大二〇パーセントの従業員が解雇され、しかもウェブサイトの人物紹介ページでさらされるという屈辱までついていた。彼らはまず「シベリア」送りにされ――二週間の猶予のあいだに自ら社内で別のポジションを見つけるという意味だ――それでもだめなら退職を促される。スキリングの委員会の背景にあった考えは、人間という種がもっている基本的な原動力は二つだけ、すなわち強欲と恐怖である、というものだ。これがまさに言霊《ことだま》的な予言になってしまった。人びとは、自分がエンロンの環境で生き残るべく他人を蹴落とすことになんら躊躇《ちゅうちょ》しなくなり、その結果、社内では恐ろしいまでの不正が充満し、社外では容赦ない搾取が繰り広げられるのが、この会社の社風となった。そして最終的に、二〇〇一年のエンロンの自爆につながったのだ。[★28]

帰属意識

労働者に職場への帰属意識をもたせ、職場で献身的に仕事をさせるには多くの方法がある。しかも雇用主が自ら手を出す必要さえない。仕事に喜びを見出させるのも、その喜びを強めてやるのも簡単で、たとえば集団で仕事をしながら歌を歌わせるだけで達成される。フランク・ギルブレスは軍隊音楽やスポーツ中の音楽との類似を例に挙げ、こう述べている。「ある種の集団作業をするときに全員で歌を歌ったり、集団のリーダーがリズミカルな掛け声をかけたり、ハンドドリルを動かしながら声をそろえてうなったりすることには、音楽とリズムによる結束効果と同時に、運動刺激の効果もある」。[★29]さらにギルブレスは、レコードをかけたり音楽を鳴らしたり音読したりすることが「沈黙の職業」にきわめて有効であるとして、タバコの収穫作業をするメキシコ人に向かって大きな声で音読をしたドイツ人の例を引きあいに出している。

文字どおりの報酬を用いずに間接的に労働意欲を強化する方法は、お手本のような例が軍隊にある。ときどき背中を叩いて褒めてやる行為にかえて、永久に残る肩章や勲章のようなものが得られる職場を用意してやるのである。しかし勲章が得られる場は、戦場や兵舎にかぎらなかった。農奴にやる気を出させるのにつねに苦労していた十九世紀のロシアでは、軍隊以外のところでも勲章をつけてもらえたが、おそらくそれも偶然ではない。この帝政時代以来の伝統が、共産主義政権下ではさらに拡大された。一部には理念的な理由から、しかし一部には経済的な理由から、共産政権は個人への特別手当を無制限に適用するわけにはいかなかったのである。[★30] ちなみに共産主義の指導者たちも、国外で進行中の状況に無理やりつきあわされてはいないまでも、少なからず影響は受けていた。レーニンがテイラリズムを高く評価していたのはすでに見たとおりだが、今度はイタリアの全国余暇事業団（ドーポラヴォーロ、直訳すれば「仕事のあと」）や、そのドイツ版の歓喜力行《りきこう》団といった、大衆に労働後の楽しみを与える国家主導の運動組織が称賛されるようになっていた（それらへの称賛が恐怖に変わるのも遠くなかったが）。

社会主義的競争という題目のもと、第一次五か年計画の実施中には労働生産性を上げるための刺激策として、個人ごとの出来高報酬やボーナスのほか、住居、「希少品」配給、教育、保養所利用などに関する優先的な特権が用意された。これはこれで結構だが、こうした物質的報酬だけでなく、労働者の積極的な献身は工場の食堂内に花で飾られた特別席が用意されることによっても称えられ、とくに優秀な業績にはソヴナルコム（ソビエト連邦人民委員会議）の定める各種の国家賞、労働赤旗勲章、および――最高栄誉の――レーニン勲章などが授与された。受賞者や受勲者は全国日刊紙プラウダに名前を掲載され、それによってほかの全員の手本となった。

一九三五年、九月一日のインターナショナル青年デーを記念する挑戦として、ドンバス炭田のイルミノ中央炭鉱で働くアレクセイ・G・スタハノフと二人の助手が、所定のノルマを超過する成績達成を試みた。八月三十一日の午後十時に作業を開始したスタハノフは、六時間のシフト内に手持ち削岩機で一〇二トンの石炭を採掘した。それはノルマの一四倍にもなる量だった。だが、これはうまく仕組まれた一件であり、炭坑のいちばん奥の採掘現場に炭鉱機関紙の編集者がいたことからしてできすぎだった。スタハノフはこの努力に対し、通常賃金の二三～三〇ルーブルを大幅に超える二〇〇ルーブルをもらったが、それも些細なことにすぎなかったのがすぐに明らかになる。この偉業の直後、午前六時に地元の党委員会の臨時会議が招集されて、これを生産性の世界記録と宣言した。歴史学者のルイス・H・シーゲルバウムはスタハノフ運動についての著書のなかで、この驚くべき会合の内容をこう説明している。

スタハノフの名前は炭鉱の表彰掲示板に大きく表示されることになった。彼には賃金一か月分相当のボーナスが支給されるほか、技術者用に確保されているアパートメントの一室がスタハノフ一家に提供されることにもなった。電話も「必要とされるあらゆる上質な家具」も装備されているアパートメントだ。さらに炭鉱の組合は、スタハノフとその妻に、映画館や劇場、地元の労働者クラブ、リゾート施設への入場許可証もあたえることにした。採炭労働者を集めた特別集会を開いて地区の党代表と組合代表と管理責任者にも列席してもらい、そこでスタハノフに挨拶させること、さらに後日、スタハノフに匹敵する最も優秀な労働者を地区ごとに競うことも決まった。最後に、「スタハノフとその記録を中傷しようとする者」は例外なく「最も卑劣な人民の敵と党委員会から見なされることになる」と宣言された。[★31]

この有名な一件は、スタハノフの個人的な達成以上に、労働者の自発的な献身がいかに上から仕組まれるものであるかを明かしている。目的は明らかに、この一件を見本として競争を起こさせることなのだ。そして実際、まさにそれが全国的に起こったことだった。プラウダが――重工業人民委員〔大臣に相当〕オルジョニキーゼにけしかけられて――この記録を報じたのをきっかけに、一夜にして「スタハノフ労働運動」と「記録狂」という言葉ができて全国を席巻し、一九三五年十一月に頂点に達した。一九二〇年代後半の「突撃作業班」を思わせる、すでに抜群の成績をあげていた労働者が結集した「スタハノフ労働班」が次々に生まれ、次いで全連邦スタハノフ労働会議やスタハノフ学校（優秀なスタハノフ労働者が指導する実地訓練課程）も誕生した。この運動はとりわけ若い男性に訴えたが、一方で、女性は男性ほどスタハノフ労働者にはならなかった。

たとえば私に母と妻がいるとしよう。母は高齢でコルホーズ〔協同組合形式の集団農場〕では働けないが、家事はできるし子供の世話もできる。この場合、私と妻は問題なく外で働けて、所定の労働時間をきっちり労働に費やせる。つまり、私たちはスタハノフ労働者になれる。一方、あなたも結婚しているが、あなたの妻には子供が何人かいて、その子供の世話をしてくれる祖母が家にいないとしよう。その場合、あなたの妻はあまりたくさんは働けない。……しかし私の妻は、家に年長の女性がいるので、スタハノフ労働者になって子豚を一頭もらえる。[★32]

しかし実際にスタハノフ労働者になると、女性はロックスターのような地位を得た。その代表格が、女性初のトラクター隊長となったパーシャ・アンゲリーナである。彼女は突撃作業班でも活躍していたが、スタハノフ運動への献身によって、人前でチャストゥーシカ（アップテンポなビートでユーモラスな内容が歌われる民謡の一形式）を歌うまでになった。

おお、ありがとう、親愛なるレーニン
おお、ありがとう、親愛なるスターリン

おお、ありがとう、ありがとう
ソビエトの力に
私に編んでよ、親愛なるママ
素敵な赤の更紗《さらさ》のドレスを
スタハノフ労働者といっしょに散歩に行くから
進歩に後れた人とは行きたくないから

その第一〇回コムソモール（共産主義青年同盟）大会に彼女が不満を漏らしたのも無理はない。たびたび一〇〇人もの群衆に取り巻かれて握手を求められ、上着を引っぱられる始末だったからだ。[★33]

この熱狂的な記録競争の最大のリスクは、もちろん、「レートバスター」だった。出来高賃金制で誰か一人が過剰に効率を上げると管理者に生産ノルマを厳しくされるのである。これを最も恐れたのが熟練労働者たちで、彼らとしては、アルテリ（共同組織）的な集団で報酬を分けあいながら長続きできるペースで協力的に仕事をしたかった。一方、管理者側にも恐れる理由があった。熱狂的な競争志向者とそれ以外とのあいだで緊張が高まる恐れを別にしても、記録がつづけざまに破られるようにでもなれば、そもそものノルマ設定が低すぎたのだと見られかねないからだった。サボタージュを告発され、結果として解雇された者は大勢いて、ひどい場合は投獄され、最悪の場合は処刑されていた。「進歩に後れた」労働者や管理者が無差別の深刻な迫害の犠牲者になるのにも長い時間はかからなかった。このエピソードの混乱ぶりは、革命期のペルシムファンス・オーケストラにもたとえられてきた。一九一七年から一九一八年にかけて、指揮者なしでの演奏を試みていた楽団のことである。★34

だが、この種の競争促進は明らかに、共産主義体制だけのものではない。ギルブレスもアメリカでの労働生産性の向上のために競争を推奨し、煉瓦積み職人にチーム対抗で、いわゆる身体能力くらべをやらせればいいと進言していた。こうした対抗戦に大いに関心をもってもらうため、職人を出身国ごとのチームに分けて別々の足場に立たせてはどうかとも提案した。それが難しいなら、背の高い者を集めて一方の足場に立たせ、背の低い者の集まりをもう一方の足場に立たせるとか、独身者と既婚者を対抗させるとか、煉瓦の積み方をイースタン方式（「ピック・アンド・ディップ」）とウェスタン方式（「ストリング・モルタル」）で競わせるのもいいという。★35　要するにギルブレスが強調するのは、チームのメンバーに社会的一体性をもたせるということだった。彼はこれを「教義」の共通性と呼んでいるが、それは信念や国籍などを同じくするという意味だ。つまり、労働者どうし、あるいは労働者と現場監督や管理者や雇用主とのあいだの共感の絆として機能しそうなあらゆるもののことを指している。「現場監督や雇用主の指示は、従業員と現場監督と雇用主のあいだに共感の絆があるところほど、よく実行されやすいという事実が認められている」。さらにギルブレスはそのたとえとして、「自分の宗派と異なる教会の壁をつくっている煉瓦職人の動作は、自分と同じ信仰をもつ人が集まる教会で作業している場合の丁寧な動作とは、段違いであることが多い」ともいっている。

さきほどのソ連の例で見たような、献身を促そうとする極端で過剰な試みが目立ちすぎるため、つい忘れがちになるのだが、ぽんと背中を叩いたり励ましの言葉をかけたりする行為は普遍的ではないにせよ、極端な例よりはるかに一般的に行われていることだ。こうした行為がかたちを変えたのが、「内部労働市場」をもつ、やや大きめの会社での社内昇進だった。十九世紀後半には、その規模の会社がいたるところに存在していた。そうした会社の雇用主は、社内の部署に欠員があったときに外部の労働市場から新人を採用するよりも、見込みのありそうな自社従業員にその席を割り当てていた。★36 実際、大きな会社では、これが終身雇用計画にまで結びついている。新規採用から定年退職まで、労働者にずっと同じ一つの会社にいてもらおうというものである。

強要圧力

労働の生産性と質を高めるための三つの手法のうち、自由賃金労働者に最も有効でなさそうなのが強要圧力だ。しかし、これが使われていないわけではまったくない。これが使えるかどうかは――非自由労働の場合と同様に――法的な規制とその強制力しだいである。その点から、自由賃金労働者に対する強要圧力は三種類に区別できる。雇用主が住み込みの奉公人に対してほぼ完全な支配権をもつような場合、雇用契約の遵守を刑法によって強制できる場合、契約に民事裁判を通じた調停が必要となる場合だ。最初の二つは、この二世紀のあいだに完全に消えたとはいわないまでも、かなり分が悪くなっている。これら三種類の強要圧力の成り立ちを、まだこれまでの記述で言及していなかった面から簡単に説明しよう。

子供が父親にしたがうように、住み込みの被雇用者は雇用主にしたがうべきだという考えは、あらゆる労働が世帯内で組織され、市場を通していなかった時代の産物である。当時の家庭は子供を外にやって経験を積ませることはあっても、子供が家にいるあいだは家長の権威が絶対だった。ここ二世紀では、そうしたことが見られるのはおもに住み込み徒弟の場合であり、親や保護者が子供の頭越しに先方と契約し、報酬や習熟過程についての取り決めを交わす。しかし奉公人の場合でも、習熟面についての要素がほとんどないだけで、親と雇用主が絶対であるという原則は長らく前面に押し出されてきた。ドイツでようやく奉公人への体罰が撤廃されたときのことを考えてみればいい[37]。

この変種が、軍隊における兵卒と上官や、船内における普通船員と高級船員のあいだの労働関係である。船内での高級船員による懲罰や、平時にも適用される軍法は、その最後の痕跡だといっていいだろう[38]。すでに見たように、ヨーロッパとヨーロッパに依存する地域では、刑法を通じて労働契約を履行させられるようにするべきであるという考えが、十四世紀以降、すなわち黒死病の影響で労働力が不足していた時代に出てきていた。そしてその考え方が、ほとんどの国で十九世紀まで残っていた（第27章「公平な市場環境の追求」の節を参照）。

一方、それとは別の考え方もあった。労働契約は一般契約論の範疇《はんちゅう》に収まるものであり、違反はできるかぎり協議で解決されるのが望ましく、それがうまくいかない場合でも民事法廷で解決されるべきであるという考えだ。これは少なくともローマ時代からあった考え方だが、フランス革命を機にようやく大陸ヨーロッパの大部分で採用されるようになり、逆に労働契約違反に対するアングロサクソン流の刑事的な処罰は十九世紀末以降、英米以外では見られなくなった。最終的に雇用契約に対しては民法での対処が優勢になり、それとともに強要圧力の要素は労働インセンティブの一種に含まれるだけとなるが、例によって、それは試行錯誤の末だった。とくに二つの世界大戦のあいだには、すでに見たとおり、あらゆる種類の政体があらゆる手段を通じてふたたび労働の自由を制限しようとした。雇用記録簿、失業者の強制労働、勤務延長、社会保障の否認、そして最後には、とくにソ連とドイツの政府が自国民のほか、占領した国や実質的に支配した国の国民にまで押しつけた強制労働を通じてである。たとえばソ連では、一九三八年から一九三九年のあいだ、それまで同志裁判所〔集団農場などでメンバー投票により組織された任期二年の裁判所で、労働規律違反や軽微な犯罪などを扱った〕にゆだねられていた違反行為がふたたび法律によって重犯罪化されていた。★39

移動の自由

労働インセンティブの歴史がすでに示しているとおり、賃金労働者の自由を最もよくあらわす究極的な指標は、労働者が雇い主を替えられるかどうかである。この自由には、転居の自由、行政上の境界を越えての移住の自由も含まれるが、そうした移動ができなければならないわけでもない。広い土地に工場などの大規模な職場がますます集中するようになったところでは、ますます多くの人が自分の居住地を離れなくても雇い主を替えられるようになった。さらに交通の発達により、通勤できる範囲での転職の機会も広がった。

しかし十九世紀と二十世紀の何千万という人びとにとって、労働関係の変化とはおもに賃金労働への移行ということであり（非自由労働者の移動については第21章「奴隷貿易と奴隷労働の廃止」の節を参照）、それに付随するのが地理的な移動だった。これは賃金労働者が職を替えるにあたっても同様で、賃金労働者はできるだけ雇用条件のいいところを求めて、あるいは失業中であれば雇用してくれる先を求めて、別の場所へと移動した。もちろん、移動や移住がそのまま成功と結びつくわけではない。その点では、年季奉公に出る場合のように、雇用条件が一時的に悪化するのもかならずしも悪いことではなかった。しかしいずれにしても、第二第三の「ラストベルト」を生むがごとくに、誰も彼もが大量解雇による大量失業を受けて場所を移るわけではない。

移動の活発さは、第5部で見たように、すでに近代初期にはユーラシア大陸のさまざまな地域で高まっていたが、十九世紀後半の半世紀で、移動する人の数は二倍になり、二十世紀前半の半世紀では三倍にもなって、そのあとに初めて大幅に減少している。★40 これはとくに驚くことでもないかもしれない。ヨーロッパからアメリカ大陸への大量移住はよく知られた話であり、とくに一八四〇年代以降、気船が輸送のコストとリスクを軽減してからは移住に拍車がかかっていた。しかし、あまり知られていないが同じぐらい活発だったのが、南アジアからの「苦力《クーリー》」の移住と、満州の植民地化による移住の流れである。東アジアでは、中国、日本、朝鮮の開国後から、大量移動が可能になった。この三つの恒久移住の大波と、無数の小さな波に加え、フランス革命以来の徴兵制による、複数年にわたる兵士の一時的な（少なくとも生存者にとっては）大量移動も忘れてはならない。

だが、こうした長距離大量移動よりさらに顕著だったのが、都市化の効果である。都市化によって、自営農民から工業やサービス業の賃金労働者への大々的な移行が生じていた。この変化は西ヨーロッパでは早くも一八〇〇年から加速して、アメリカでは少し遅れてはじまった。一八九〇年の都市化のレベル（住民一万人以上の都市に住む人口の比率）が全世界で一三パーセントだったのに対し、西ヨーロッパとアメリカは、ともに三〇パーセントにのぼっていた。二十世紀前半のあいだに史上最高のレベルで移動が増えたのも、この二つの地域のおかげである。だが、この豊かな世界のどちらにおいても、一時的には何度か移動の遮断が見られている。最初は第一次世界大戦後で、いまのところ最後がこの二十世紀から二十一世紀への替わり目だ。また、一時的な労働移動の中間的な形態の一つに、自国民にあたえる権利を何一つあたえないうえでの一時的な労働移民の受け入れがある。これはどこでもあることだが、この点でどこより悪名高いのがペルシャ湾岸諸国である。[★41]

ヨーロッパと北アメリカに遅れて、世界のほかの地域でも移動の活発化は加速した。そしてついに一九七〇年代からは、中国でもその勢いが高まった。自由な移動の抑止と特定プロジェクトへの労働力の割り当てを一挙に果たそうとした何度かの国家的実験を経て（前述したとおり）、ここ数十年では労働力が東海岸へと大量に移動した。ただし湾岸諸国とまったく同様に、移住した労働者には基本的な社会的権利がほとんどあたえられなかった。中国系アメリカ人ジャーナリストのレスリー・T・チャンが、そうした多くの「女工」の姿を写し出した傑作ノンフィクションを書いている。そのなかに、ルー・チンミン、愛称ミンという河南省の農村出身の女性が出てくる。彼女は二〇〇三年に十六歳で故郷を離れ、一〇〇〇キロ南の広東省に移住して工場で働くようになった。

ルー・チンミンが生まれた村では、ほとんど全員が彼女と同じ姓をもっていた。九〇世帯が住んでいて、小さな区画で米やアブラナや綿《わた》を栽培している。ミンの一家は半エーカー（約二〇〇〇平方メートル）の土地を耕し、栽培した農産物のほとんどを自分たちで食べていた。彼女の未来はすでに子供のころから決まっていたようなもので、農村生活の基本原則がつねにその中心にあった。すなわち、家族には息子がいなくてはならないというものだ。ミンの母親は四人の女児を産んだあと、ついに男児に恵まれた。当時は政府の方針で、家族は一人しか子供をもてなかったが、地方の大半では強制力がゆるかった。だが、五人の子供を育てるのは経済的に大きな負担だった。折しも一九八〇年代の経済の自由化で、生活費は上昇していた。ミンは次女として、その負担の多くを担うことになっていた。……一九九〇年代の末、ミンの両親は二人とも子供の教育費を稼ぐために働きに出た。父親は沿海部の靴工場で働いていたが、体をこわして戻ってきた。そのあと母親が一年間、働きに出た。ミンは近くの町の中学校に寄宿していたが、毎週末に帰ってきて父親と弟妹のために料理と洗濯をした。村の若者はほぼ全員、村を離れていた。ミンがまだ中学生だったとき、姉のグイミンが東莞《とうかん》の工場に働きに行った。……グイミンが二〇〇三年の春節（旧正月）に帰ってきて、戻るときにミンをいっしょに連れていった。ミンはまだ学校がもう一学期残っていたが、授業料を節約したかったので職探しに飛びついた。彼女は家を離れることに身震いするような興奮を覚えた。まだ一度も列車に乗ったことがなかったし、工場を見たこともなかった。★42

▼　▼　▼

ここ二世紀についての最初の部に「労働関係の収斂」という題をつけたのは、自由賃金労働がほかのあらゆる種類の労働関係をさしおいて、全世界で加速度的に広まったからである。非自由労働も（これは一九〇〇年までしつこく残り、その後も今日にいたるまでときどき再燃しているが）、自営生産も、家庭内労働も、みな世界的に縮小した。同時に、おもに二十世紀においては赤ん坊や在学中の子供から年金生活者まで、非労働人口が社会のなかで大きな意味合いをもつようにもなった。これについては次の第7部で論じる。

この労働関係上の重要な変化は、いわゆる産業革命とその広まりを受け、大きく加速した。その結果、ますます多くの労働者が、もはや農家や職人世帯の閉じた環境で自分の予定にしたがって仕事をしてはいられず、大勢の他人といっしょになって、別の労働者や管理者やその部下の直接の監督を受けながら働くようになった。したがって、なんのために働くのか、なんのために一所懸命、予定にしたがって働くのかという動機づけは、働く人自身から生じるものでなく、雇用主や、その下のますます増える管理職があたえるものになっていった。

それらの管理職もほとんどは賃金労働者だが、立場が違うので、労働者にできるだけ成果を挙げさせるべく、状況に応じて労働インセンティブをどう組み合わせ、どう適用するかという問題を引き受けることになる。特別手当も含めて適正な賃金を払うのは最もよさそうな手段であり、したがって占める割合も高かったが、帰属意識をもたせることと、強要圧力をかけることも外せなかった。こうした組み合わせが必要であること――純粋な強要圧力ばかりが典型的な労働史では目につくが、それだけではだめだということ――自体、労働者の役割と影響力が、かつてとは大きく変わったことの証左である。労働者はもはや世帯単位で働いているのではなく、はるかに大きな集団規模で、たがいに協力して働いているのである。いまや女性も男性も子供さえも含めて、働く人びとの証言はふんだんにある。詳しく見るのは次の第7部にまわすが、それらはいずれも自分の仕事に誇りをもちながら、なおかつ自分にはもっと価値があると信じている、しっかりと自我をもった人間の言葉である。すでに出てきた元奴隷のメアリー・プリンス、子だくさんの専業主婦を母にもつレイトン夫人、農村から都市に働きに出たチュンミンにルー・チンミン、さらにはソ連の労働者として頂点をきわめたパーシャ・アンゲリーナまで――いずれの例からでもわかるだろう。加えて、チャールズ・ブース、アーネスト・エイヴィズ、ネルス・アリーファスといった同情的な第三者や、ロバート・ネッティングのように深い共感を示す学者もいる。同時に、トマス・ブラッシー、フレデリック・テイラー、フランク・ギルブレスといった反対側の立場にいる人びとも忘れてはならないし、その意味では、レーニンや毛沢東も無視できない存在である。

この第6部で描いた働く人びとの行動と感情が、時代的に並行する次の第7部の枠組みになる。その第7部では、力をもった雇用主に対抗して自分の立場を守ろうとする賃金労働者の取り組みを中心に論じていく。そうした行動は降って湧いたように出てくるものでなく、労働市場の統制を務めの一つとする国家の枠組みのなかで生じるものである。各国の方策は、極端な不干渉から極端な中央集権的組織化まで、じつにさまざまだ。そしてその両極端の中間に位置するのが、第二次世界大戦後の福祉国家である。

第 7 部

変わりゆく仕事の意義

1800年から現在まで

スタハノフ運動が15周年を迎えた1950年に、アゼルバイジャンの綿の収穫を視察する政治家バスティ・バギロヴァと背後の綿摘み労働者。

第6部で論じた過去二世紀の労働関係の決定的な変化には、多くの意味があった。それらは世帯の内のものだった仕事が外のものへと大転換し、それにより仕事と労働関係を公的に規制する必要性が増したことに関係している。なかでもとくに重要な動きが三つある。人びとの生活における仕事と余暇の意味が変容したこと（第25章）、主流になった賃金労働者を中心に、それまでにない助けあいのための新しい組織が出現したこと（第26章）、労働に関する法と規制が絶えず修正されてきたこと（第27章）である。第7部ではこの三つを論点としよう。

非自由労働から自由労働へ、自営労働から賃金労働へと世界の労働関係が転換したことで仕事の意義が変わり、人びとの生活において仕事以外の活動に費やされる時間が増えた。この変化を促したのは、過去一世紀に重労働から機械化された軽労働へ、また知的労働へと段階的に移行したことである。自営労働と賃金労働から得られる収入はゆっくりだが確実に増加し、それとともに余暇と消費機会が増大した。人生はただひたすらつらいだけのものではなくなった。つまり、恵まれた少数の人びとでなくとも、よりよい生活に手が届くようになったのだ。訓練や教育への投資が価値あるものになり、子供の生活環境が重視されるようになった。学校に通う時間が増え、就労年齢が上がった。[★1] まだ働いてはいけない年齢、あるいはもう働かなくてよい年齢の人も増えていった。こうしたことから、まず豊かな国々で、次には世界のそのほか多くの場所で、余暇が大切なものになった。

このような変化と移行はひとりでに起こったわけではない。さまざまな種類の労働者、とくに賃金労働者が、個人として、あるいは組織の結成を通じて、この変化に大きく寄与した。まず自営の職人とその弟子たちが組織をつくり、つづいてあらゆる種類の労働者がストライキを含む集団行動を「自然発生的に」はじめたことから労働運動が生まれ、労働組合が発達した。何よりもこれを促したのは、国を超えて経験とアイデアが交換され、まもなく世界中で交わされるようになったことである。

共同し、組織を結成するのは、労働関係に関してばかりではない。結局のところ、先述したような大きな変化があれば、労働に関する法と規制もそれにあわせて絶えず修正しなくてはならない。親、子、奴隷に関する世帯内の決まりからはじまって、それらの決め事がしだいに公的なものになり、地域のものから国のものへ、国のものから国際的なものへ発展していく。雇用契約と報酬、職業紹介、労働者の集会および結社の自由と団結権、労働条件や社会保障の分野の法律が、働く人びとの生活をますます決定づけるようになった。

仕事に関連する事柄が立法化され、同時に民主化が着実に進んだことで、労働市場と労働関係に関する規則の決定に国が果たす役割が大きくなった。ここからさまざまなかたちの福祉国家が誕生したが、近年の歴史が証明するとおり、これも困難と無縁というわけにはいかなかった。

第25章 仕事と余暇

非自由労働から自由労働へ、自営労働から賃金労働への過去二世紀の長きにわたった移行は、仕事というものへの認識においても、また仕事そのものにおいても重要な意味があった。これまでの各部で述べたとおり、働くことを見下し、さげすむエリート層の態度のせいで、そうではないもっと肯定的な見方、とりわけ都市で働く職人の見方が忘れられがちである。しかし現代は、この肯定的な認識が以前よりもはるかに優勢になっている。重農主義者のあいだでは、農業と農業関連の仕事が最も価値あるものとされた。同じように、スコットランド生まれの経済学者で哲学者のアダム・スミスは、「農民と農村労働者の労働は、商人、職人、製造業労働者の労働にくらべてはるかに生産性が高い」と依然として考えていたが、つづく一文で、「しかしながら、ある階級が優れた生産高を上げるからといって、ほかの階級が不毛で非生産的だというわけではない」と述べていることからすると、当時支配的だったこの重農主義思想に反駁しているようにも見える。★1 十九世紀になって、工業労働と農業労働の価値を対比させる議論はすみやかに解消されたが、機械化、熟練労働の単純作業化、都市化への倫理的な反対論は長いあいだ残り、ある意味では今日もつづいている。

アダム・スミスと、スミスより少しあとの経済学者デヴィッド・リカードの時代から、労働は何よりも生産性の源であると考えられ、とくにカール・マルクス以降は価値の唯一の源泉と見なされてきた。共産主義、社会主義、キリスト教、国民社会主義（ナチズム）、そしてファシズムのプロパガンダは一様に労働を称揚した。それだけでなく、最近の数世紀にはどんな政治的立場からも、労働は社会の基盤として認められるようになった。これは強い信念から生まれた考え方ではないとしても、重要な生産者であり消費者でもある労働者階級が、普通選挙権によって歴史上初めて重要な政治勢力になったことから生じる必然的な結果だった。

職業の専門化が進み、労働生産性が向上したことで、数々の結果がもたらされた。まず、一八〇〇年に一〇億人だった世界人口は、一九二五年に二〇億人、一九七五年に四〇億人、二〇〇〇年に六〇億人と爆発的に増加し、二〇二五年ごろには八〇億人に達すると予測されている〔国連は二〇二二年一一月に八〇億人を突破したと発表〕。次に、とくに二十世紀に入ってから、大多数の人びとの生活水準がゆっくりとだがまちがいなく向上した。すなわち平均寿命が延び、多くの職場で労働時間が短縮され、社会移動と地理的移動によって社会的地位の向上が期待できるようになり、子供の教育への投資が促進された[★2]。

その結果として、仕事が人びとの生活に占める割合は少しずつ減少している。現代ではほとんどの人が両親や祖父母にくらべて遅い年齢で仕事に就き、現役時代の労働時間と労働日数が減り、これからはますます多くの人がより長い年月を年金生活者として暮らすことが予想されている。そこで労働時間と余暇とその二つのバランスが過去二世紀で、場所により、職種により、どのように変わっていったかを詳しく検討する必要がある。

就労年齢の上昇

これまで見てきたとおり、子供はできるだけ早くから親を手本に少しずつ学びながら家業に参加するのが一般的な慣習だった。圧倒的大多数の人にはそれが普通のことであって、そこに正規の学校教育が加わる余地はまったくなかった。二〇年前に人類学者のバーバラ・ポラックは、マリ共和国のバマナ族の子供が仕事を覚える様子を記録した。

［収穫の季節になると］三歳のダオレはつるから豆を摘みはじめる。一つかみの豆で帽子を一杯にしてしまうと、もう興味が失せてしまう。豆の入った帽子を放りだして、別の仕事を探しに行ってしまうのだ。五歳のスマラは収穫のすんでいないところはないかと見まわしながら、ヒョウタンが一杯になるくらいの豆を摘みとる。スマラはこの仕事を三〇分以上もやりつづける。十一歳のファセは朝からせっせと豆を収穫している。父親や成人した兄と同じくらいてきぱきと働き、二人が休憩しないかぎり自分も休まない。豆の収穫の仕事なら、もうすっかり一人前だ。弟たちを監督する役目まで引き受けて、ときどき彼らの仕事ぶりを確認している。[★3]

このような光景は現在も、必要なことが学べる義務教育制度のない国の貧しい人びとや零細な自営業者のなかに見られるが、過去一世紀半でめずらしくなってきている。どのようにしてそうなったのだろうか。★4

子供の仕事が家庭の外に移るところからはじめよう。初めは家族といっしょに家庭外で仕事をするようになる。家長が工場や鉱山に働きに行くときに、世帯の成員をできるだけ多く仕事場へ連れて行き、必要なら子供も働かせたのだ。これで児童労働が間接的に第三者の管理下に入っただけでなく人目につくようにもなり、とくに新興の工場制工業を批判する者に見咎《みとが》められるようになった。雇用契約が個人単位になって、子供が工場主の下で直接働くようになると、児童労働は隠れもない事実になった。

こうして児童労働を規制する法律がつくられ、同時に義務教育の推進運動が起こった。まず一八〇二年にイギリスで工場法が制定され、繊維工場で徒弟が一日一二時間を超えて働くことが禁止された。一八三三年には、もっと実効性のある、範囲の広い工場法が制定された。ところが、視察官の深刻な不足と話にならないほど軽い刑罰が災いして、雇用主や親が意図的に規制をくぐり抜けたため、この種の法律の効果は概して限定的だった。

十九世紀半ばのプロイセンに見られたような無料の全日制義務教育は確かに有効だったが、義務教育の普及に決定的な役割を果たしたのは十九世紀末の成人労働者の賃金引き上げである。そのおかげで親は収入を補うために子供を働かせる必要がなくなったからだ。★5　一九〇〇年には西ヨーロッパの大半の地域で、十二歳または十四歳までの就学義務が要求された。しかし、これは農家や商店のような家業での児童労働を防止する効果はなかった。多くの子供が通学前や放課後や学校が休みの日にあいかわらず親の家業を手伝って働いた。休校日は、たとえば秋のジャガイモ収穫の手伝いがしやすいように決められた。

一方、親は必要に迫られて、あるいはいまとなってはなかなか信じがたい損得勘定から、工場法の制限すれすれまで、ときにはそれを超えて子供を働かせた。親が子供兵士や児童買春の仲介者の誘いに乗るのは、その極端な例だ。もちろん、最も弱い立場に置かれているのは家族の保護を受けられない子供で、その多くは高い死亡率の犠牲者だった。母親を亡くした子供——多くの女性が出産で死亡した——は孤児院に入れられ、仕事に就かされた。たとえば白人の入植地では安い労働力が求められ、その需要を児童労働で満たすことが多かった。実際、ロンドンで路上生活をする子供は、アメリカがまだイギリスの植民地だった時代からバージニアに送られていた。のちの「開拓時代」には、ホームステッド法〔合衆国市民に公有地を貸与し、五年以上開墾した者にその土地を無償であたえた農地法〕を利用してアメリカ西部に移住した入植者も、とくに子供のない者は労働力を切実に必要とした。一九二九年までに、東海岸の都市にある孤児や捨て子を養育する施設から、およそ二〇万人の子供が「孤児列車」に乗せられて西部や中西部の家庭に送られた。[★6] だが、(主として)親のない子供の搾取の最たる例は、アフリカとアジアを中心とした子供兵士である。[★7]

それでも識字率と就学率の統計は、賃金労働をしながら昼間に学校教育を受けられることを考慮に入れたとしても、はっきりした傾向を教えてくれる。[★8] たとえばイギリスの繊維産業の最盛期には、子供が午前中に働いて午後に学校で授業を受けるのは普通のことだった。以前は支配階級や、インドならバラモンやカーヤスタ（書記）のような高位カーストの家庭だけが、子供を学校に行かせて就労年齢を遅らせられるだけの資産と熱意があったが、仕事の専門化と生活水準の向上によって、この慣習が幅広い階層に広がった。世界の十五歳以上の人口のうち、少なくとも基礎教育を受けた経験のある者は、一八〇〇年にはわずか一〇分の一強だったが、一九〇〇年にはそれが三分の一になり、一九五〇年には二分の一、そして現代では八〇パーセントを超える。ただし、この教育達成度は非常に偏りがあり、とくに後れをとっていたのがサブサハラ・アフリカ、それよりややましだったのが南アジアと東南アジアだった。[★9] この地理的な差と時期的な差は従属人口指数〔働き手である生産年齢人口（十五〜六十四歳）一〇〇人が、働き手でない従属人口（〇〜十四歳と六十五歳以上）を何人支えているかを示す比率〕のような単純なことでおおよそ説明できる。「児童労働があたりまえなのは、従属人口指数の高い経済地域なのである」[★10]

　教育達成度の上昇にともなって就労年齢が大幅に高くなったのはまちがいない。十九世紀半ばには、世界の子供の平均就学年数は一年だった。一九一〇年には二年、一九五〇年には三年以上、そして現在は前述した地域が依然として後れをとっているものの、平均では八年になっている。[★11] 今日、世界全体を見ると、人びとが働きはじめるのは七歳になるやならずの歳ではなく、十五歳前後である。

労働時間と労働日数

これまでに見たとおり、労働者が労働時間を自分で決定できる場合、世帯労働（農業では季節によって作業量に差がある）と家族の世話、市場向けの自営労働の境界は、柔軟に変えられる。だが、すべての農業社会には公休日が正式に決められていた。それには一週間のうちの決まった曜日（ユダヤ教、キリスト教、イスラム教の決められた毎週の休日など）と、一年のうちの決まった祭日（ヒンドゥー教のクンブ・メーラーのような宗教行事の行われる日など）とがある。この二種類の休日に、聖人を記念する祝日が加わる場合もあった。個人のレベルでも、イスラム教徒のハッジ（大巡礼）の例で見たとおり、人びとは巡礼のために数日、数か月、ときには数年の休みをとった。

祭日と祝日のこうした習慣は、信仰に根ざしたものであっても、不変のしきたりというわけではなかった。宗教改革の一環として祭日が制限されたために、ヨーロッパでは年間労働日数が実質的に増加したことはすでに見たとおりである。過去二世紀の労働時間の変動はもっと激しかった。賃金労働の広まりを背景に、雇用主はかつてない水準まで労働時間を延長したが、組織的な労働運動に押し返されて労働時間は徐々に減少し、二十世紀最後の二五年間に史上最短になったところで横ばいになったか、むしろわずかに伸びた。まもなく労働組合は、賃金労働者の年次有給休暇制度を推進した。欧米では第二次世界大戦後に一般所得が増加したおかげで有給休暇制度が実行可能になり、自営業者や社会全般にとってもそれは魅力的だった。のちに、年次休暇は世界各地で手本にされることになる。

宗教改革ではじまった労働日数の増加は、産業革命中のイギリスでもつづいた。この傾向は、たとえばイングランド銀行の休業日数にあらわれている。一七六一年にはまだ四七日あった休業日が一八〇八年には四四日に、一八二五年には四〇日に減り、その後は急速に減少して一八三〇年には一八日になった。一八三四年には、聖金曜日〔復活祭前の金曜日〕、クリスマス、五月一日、十一月一日のわずか四日になっている。イギリスではこれに加えて、ボクシングデー（十二月二十六日）がたいてい働かなくてよい日だった。このボクシングデーとイースターマンデー、八月の第一月曜日が法律で休日に加えられたのは、一八七一年になってからである。このような法律が定められたのは、イギリスとしてはきわめて画期的だった。英国国教会を国教とするこの国では、これらの日はもはや宗教上の祭日ではなかったからだ。とくにボクシングデーは世俗的な休日と見なされていた。産業革命の発祥の地では、少なくとも公的な休日が増え、それまで増加をつづけていた年間労働日数は減少に転じた。[★12]

　もちろん、もっと重要なのは一日の労働時間である。実際、初期の工業化の最も顕著な影響は、工場で働く賃金労働者と、単純賃金労働で酷使される女性と子供の労働時間の伸長だった。いうまでもなく、労働者は「聖月曜日」に欠勤して対抗した。彼らには休みの日曜日に思いきり酒を飲み、翌月曜日に仕事を休む習慣があったのだ。雇用主も日ごろよく働く労働者に対しては目をつぶった。

　聖月曜日よりもっと組織的な対策は、最大労働時間を制限する法律の制定だった。[★13] 十九世紀の工場労働者の労働時間は悪名高い一二時間労働か、もっと長い場合もあったが、この長時間労働はまず女性と子供について、次に男性について段階的に短縮は、最初にオーストラリアとニュージーランドのような白人入植地で実施され、のちに北大西洋地域や革命中のロシアなどに広がった。世界各国の労働法の歴史の先陣を切ったこの重要な第一段階は、八時間労働制の立法化で完結した。多くの国で八時間労働制が実現したのは、第一次世界大戦末期の激動の時代である。数年後、西ヨーロッパの重要な産業分野では、週四八時間労働（四五時間ではなく）が採用された。[★14]

数十年をかけて八時間労働制を勝ちとった労働運動は、メーデーの行事などでこの成果を祝った。一九三六年に週四〇時間労働という思い切った政策を導入した社会主義者のフランス首相レオン・ブルムは、めずらしく職務を離れてパリ郊外をのんびり散歩していたときに、色とりどりの服を着た労働者階級の男女の二人連れが自転車やタンデムやオートバイに乗って道路を埋めつくしているのを見て、余暇を楽しみながら心からの喜びを発散させているようだったとしみじみと語っている。ただパブで飲んでいるだけではなくなったとか、家族とゆっくり過ごせるようになったというのではなく、「彼らは将来の展望を、希望を手に入れたのだ」。[★15]

結局、一九三六年にフランスで実施された労働時間の思いきった短縮は長つづきしなかったが〔第二次世界大戦がはじまり、軍需工場での兵器増産計画のための労働力が足りなくなったことによる〕、この理念はまもなく別の場所で実現した。アメリカは一九四〇年に、ヨーロッパ諸国は戦後の復興のあとに、土曜日を休日にする週五日労働制を採用し、合計労働時間を最大四〇時間に制限したのである。そして二〇〇〇年にはフランスが最大労働時間を三五時間にまで縮めた。ただしこれらの数字は、実際にはそれを超えると超過勤務手当（ブルーカラーの場合）か休暇（ホワイトカラーの場合）が発生するラインと見なしたほうがよいだろう。

労働時間は有給休暇制の導入でまた減った。一日の、一週間の、一年の労働時間の短縮という三つの尺度の複合による効果は、二十世紀の最後の数十年に最も目に見えてあらわれた。世界で最も豊かな国の一つであるドイツでは、一八七〇年に三〇〇〇〜三五〇〇時間だった年間労働時間が二〇〇五年には一五〇〇時間まで減少したのである。[16]

しかし、平均労働時間を単純に計算して満足してはいけない。すでに見たとおり、農業は農繁期と農閑期で労働量の差が大きいのが特徴である。ピーク時の収穫期には、労働者は夜明けから働きだして、目の前にかざした自分の手が見えないほど暗くなるまで仕事に励む。かわりに冬は暇な時期がつづき、とくに北方の地域はその期間が長い。夜業は人間の体に余分な負担をかけることがわかっているが、これもまた大幅に増加した。昔は夜間に使える安価で十分な明かりがなかったため、人びとが夜に仕事をすることはめったになかった。パン職人はよく知られた例外だった。だが、人工照明が普及すると、夜間勤務と二四時間交代制が、避けるべきものとされてきたにもかかわらず急激に増加した。[17] 夜間勤務の制限も最初は社会立法の対象だったが、この分野は議論されなくなって久しい。

経済成長は、一九五〇年代から一九六〇年代にかけて北大西洋地域で労働時間の短縮をもたらした決定的な変化だった。労働者は、より少ない労働でより多くのものを購入できるようになった。だが一九八〇年代ごろから、同じ労働者がこの購買力を維持するためには、共稼ぎをしなければならなくなった。一九七〇年代まで、全職種平均の労働時間は年間一九〇〇〜二〇〇〇時間だった。その後は国によって差があり、現在はフランスとドイツで一四〇〇〜一五〇〇時間、イギリスで一七〇〇時間、アメリカでは一八〇〇時間になっている。西ヨーロッパのこの進歩は、週あたりの労働時間の短縮と休日の増加の結果である。[★18]日本は残業が非常に多いせいで労働時間が突出して長く、長時間労働によるさまざまな健康上の弊害が生じている。[★19]北大西洋地域の多くの労働者にとっては、余暇こそが生活の基本であり生きがいであって、仕事は長いあいだ（必要なので受け入れざるをえない）例外事態にすぎなかったが、ここでまた振り子は逆に振れているようだ。

それと同時に、労働が豊かさの唯一ではないが主たる源泉と考えられるようになると、仕事に新しい格差が生じた。教育の果たす役割が重視されるようになったために、ホワイトカラーの仕事は高級、単純な作業労働のブルーカラーの仕事は低級と見なされるようになったのである。この意識の変化は古くから労働力不足に悩まされてきたアメリカなどの白人入植地にくらべて、ヨーロッパやアジアにおいてより顕著だった。[★20]

忘れてならないのは、このような労働時間の短縮はもっぱら賃金労働者、とくに中規模以上の企業に勤務する労働者にかかわるものであることだ。経済を支える重要な部門、すなわち急速に増えていた大勢の奉公人はこの流れから取り残された。彼らは昼も夜もなく働き、日曜日のわずかな休みで満足しなければならなかった。苦汗産業システムの下の自営業者と半自営業者には、ごくかすかにではあったが労働時間短縮の傾向が見られた。初めは増加し、その後は減少していく労働時間の傾向は、程度は小さく大幅に遅れたものの、富裕国以外にも確かに見られる。豊かな国と貧しい国のあいだには一見して越えがたい隔たりがあると最近まで考えられていたせいで、貧しい国々でも仕事から余暇への移行が確実に起こっていることが見落とされがちだ。しかし、ハッジのような巡礼に出かける人が増えていることが、余暇の増加を例証している。

マッカ（メッカ）やメディナへ聖地巡礼をするイスラム教徒の数は、十九世紀にいったん減少したあと、汽船による安価な定期航路が誕生したおかげでふたたび増加した。第二次世界大戦後の一九五〇年に一〇万人余りだった巡礼の数は、一九七四年にはおよそ一〇〇万人になり、一九八五年には三〇〇万人に達した。当時、ウンマ（イスラム共同体）の総人口は七億五〇〇〇万人で、その平均年齢を五十歳と仮定すると、二〇パーセントもの人びとが生涯に一度は巡礼に出かけたことがあると考えられる。★21 実際には、二度以上の人もいるから、この数字はもっと小さいだろう。それでもイスラム教徒が巡礼に費やす時間を過小に見積もってはいけない。第一に、巡礼を呼び寄せる聖地はほかにも数多くあるから、第二に、巡礼の旅は時間をとられるからだ。

第二次世界大戦前には、毎年のハッジに約三〇万人の巡礼が集まり、一九三七年には二五万人のイスラム教徒がセネガルの聖地を訪れ、数十万人がナイルデルタの巡礼地に出かけ、およそ一〇万人がアルジェリアの巡礼地の一つを訪問した。こうして枚挙していくことはまだいくらでもでき、たとえばマッカ以外にもシーア派にとって重要な聖地が現在のイラクの四か所を含めて全部で六か所ある。ただし、古い時代の統計を集めるのはこれよりずっと難しい[★22]。

ハッジの旅は長い時間がかかる。海路を選んだインド人は、三月に出発して九月に帰国した。故郷から国内の港町まで時間をかけずに移動できる人でも、家を半年間留守にしなければならなかった。汽船が就航してようやく全部で二、三か月にまで短縮され、二十世紀末には、飛行機の利用で数週間まで減らすことができた。それまではダマスカスからの陸路の旅は全部で三か月、カイロからは五か月がかかった[★23]。

敬虔なイスラム教徒の人生における巡礼の意味について考えてみると、確かにハッジは経済活動に結びつくが、おもには娯楽であって、厳密な意味での仕事とは区別しなければならない。しかし、かといって巡礼を余暇活動と位置づけるのもまちがいだろう。巡礼は明らかに義務なのである。本書の序章で引用したネルス・アンダーソンの述べたとおり、「そのような義務を果たすことで、よき配偶者、よき親、よき隣人、よき市民、よき友人などの地位を得る。これらの役割はみな地位を得るべきものであって、そのための活動は非常にやりがいがあるだろう。余暇活動と同じくらい満足感を得られるかもしれない」。ほかの宗教の巡礼にも同じことがいえる。ここで取り上げている問題、すなわち厳密な意味で仕事に従事しない時間に巡礼がおよぼす影響はかぎられているようだ。ハッジに費やされる時間は、世界の全イスラム人口を平均すれば、年間労働日数の数日分にすぎないだろう[★24]。概していえば、巡礼による労働日の「損失」の平均は、一生に一度の大巡礼の場合はせいぜい年に一日、一生に数度、あるいは毎年ということもある小巡礼の場合は年に数日、そして葬儀への参列はおそらく一週間である。

最後に、世帯内での労働時間にも目を向けなければならない。世帯内労働は家業のための無償の仕事と、昔ながらの家族の世話や家事とがあるが、これらの仕事が家庭外の労働時間の規制の影響を受けることは、皆無とはいえないまでも非常にまれである。[★25]

引退生活者

かなり最近まで、平均寿命の伸長は働ける平均年数の伸長といいかえることができた。だが、とくに二十世紀になって平均寿命が目覚ましく伸びた結果、多くの人が働くのをやめたあとの人生を生きられるようになった。これは平均寿命が七十歳以上の国の大多数の国民にあてはまるだろう。教育の普及と同じで、平均寿命が七十歳を超えた時期も地域によって異なる。西ヨーロッパとその派生国〔アメリカ合衆国、カナダ、オーストラリア、ニュージーランド〕では一九五〇年代、東アジアでは一九八〇年代、ラテンアメリカとカリブ海諸国では一九九〇年代で、その他の大半の地域では二〇〇〇年を過ぎてからだったが、サブサハラ・アフリカだけが大きく遅れている。[★26]

十九世紀末に、富裕国の六十五歳以上の男性はまだ有給の仕事に就いていたが、それから半世紀後には、六十五歳を超えて働いている人は少数派になった。二十世紀後半になると、六十～六十四歳の年齢層だけでなく、五十五～五十九歳の年齢層にさえこの傾向が見られるようになった。[27] それが可能になったのは、公的な年金制度が導入されたからである。年金制度は数世紀にわたる小規模な職業集団の共済年金の経験を基礎にしている。第5部（第17章「発展する都市」の節を参照）で見たとおり、この職業集団は一般に職人の集団で、給付の対象に配偶者が含まれる場合もあった。他方、引退に対して肯定的な見方をする人が増えた。一九七二年と一九八四年にそれぞれ退職時期を迎えたパリの労働者の二つのコホート〔ある統計因子（ここでは年齢）を同じくする人口集団〕は、引退について考え方が変わってきていることを示している。

若いほうのコホートは引退についてより肯定的な考えをもち、解放されて家族と過ごしたり好きな活動（多くの場合は有益な活動）ができる時間として、あるいはもっと社会的で知的な余暇活動のできる人生の新しい段階としてとらえていた。一九七〇年代半ばから一九八〇年代半ばにかけて、「早期」引退、つまり六十歳前後での引退が社会的に受け入れられただけでなく、社会の新しい標準にもなった……熟年の労働力人口の大多数は、退職を人生の一段階として肯定的なものと見なした。[28]

最近の数十年で、この流れに逆行する動きが出てきた。多くの国で年金制度を支える財政負担が重くなり、引退年齢がふたたび上昇しつつある。人口統計上の理由（生産年齢人口と従属人口の望ましくない比率）は別として、政府が資金の投入に積極的でなくなっていることも原因の一つだ。[29] 高齢者への公的福祉が先細りになっている現状では、増加している無年金の自営業者にとって、若いうちに職を退くことは魅力を失い、また現実的な見通しも立たなくなっている。

仕事と余暇のバランス

余暇と仕事とを天秤にかけて重みが拮抗するのは、それぞれのもつ意義がまったく違うからである。余暇も仕事も重要になった。一方では、余暇はとてもありがたい。手にした賃金を楽しめる（つまり、消費できる）時間だからだ。だがもう一方では、余暇を手に入れるには懸命に、まさに懸命に働かなくてはならない。一八八四年に、スコットランド人事業家（のちに下院議員）のアレグザンダー・ワイリーは、この時代の産業界の大物や経済学者に非難の矛先を向け、彼らはもっともらしい理屈をこねて長時間労働と不当な社会的不平等を正当化しようとしていると苦言を呈した。ワイリーにいわせれば、貧しい労働者もつまるところ、彼らの雇い主と同じように贅沢欲の犠牲者なのである。[★30] 彼らは栄養豊富な食品や子供の教育のためにお金を使ったり、いざというときに備えて生活協同組合や共済や住宅金融組合を通じて貯蓄したりもせずに、不相応な額を酒や煙草や山ほどの菓子につぎ込んでしまうのだ。

その数年前、カール・マルクスの娘婿でクレオール〔植民地で生まれ育った者を宗主国で生まれ育った者と区別して呼んだ呼称〕のポール・ラファルグは、熱情と皮肉のこもった『怠ける権利』を執筆した。このなかで、ラファルグは労働者の自由時間をもつ権利として怠惰を擁護した。それまでの一〇〇年に次々と機械化が進められたからには、それは容易に手に入るはずだとラファルグは考えていた。労働者は働かされすぎてへとへとなのだと彼は訴え、まるで祈りの言葉を唱えるかのようにこう願った。「怠惰よ、われらの長き悲惨を憐みたまえ！　ああ、怠惰よ、芸術と尊き美徳の母、怠惰よ、人間の苦悩を癒《い》やしたまえ！」[★31]。ブルジョワジーは労働者が生産したものを消費する閑《ひま》があったら、彼らにもっと高い賃金を払ってやるべきだ。そうすれば労働者はこんなに働かなくてすむだろう。ワイリーよりも楽観的だったラファルグは、未来が労働者のためにあるのは明らかだと信じていた。そしてブルジョワジーのほうは大食と飲酒と強欲と退廃的な行いのせいで、どんなにしぶとかろうといずれ滅びるだろう、と。

　ラファルグの考えを継いで時代の先を行く予言を残したのは、ロシア人芸術家のカジミール・マレーヴィチである。一九二一年に発表した『人間の真実としての怠惰（*Laziness as the Real Truth of Mankind*）』のなかで、マレーヴィチはこう述べている。「過去になされたすべてのことが人間のみでなされていた。現在、人間は人間のみでなく機械といっしょに働いている。将来は機械かそれに類するものだけが働きつづけるだろう」[★32]。その後もこのような予言は数かぎりなくあったが、それから一世紀がたった現在、機械が仕事を引き継いでくれたので人間が働くのをやめたという事実はない。結局、もっと多くを、もっとよりよいものを消費したいという願望のために（この願望は医療にもあてはまる。公的給付がない場合、医療はとくに高額である）、人はいまだに働きつづけている。社会学者のチャールズ・ティリーとクリス・ティリーは一九九五年に四〇か国の成人に聴きとり調査をし、この矛盾に迫った。回答者は次の二つの選択肢からどちらかを選ぶよう求められた。「仕事は重要である——余暇の目的はよりよい仕事ができるように充電することだ」「余暇は重要である――仕事をする目的は、人生を楽しみ、好きなことを追求できる余暇をもてるようにすることだ」。結果には国による大きな違いがあらわれた。ブラジル、フィリピン、サウジアラビアでは、回答者のおよそ三分の二が仕事を余暇よりも重要なものと位置づけた。一方、チェコ、デンマーク、イギリスは半数以上が余暇を第一と考えていた。

ティリーらによれば、とくに驚いたのは考え方と行動が逆だったことである。彼らは次のように結論している。

仕事をすること自体に価値があるという国民ほど、労働時間が少ない。労働時間が長い国民ほど、仕事をあまり重要視しない。これはなぜだろうか。理由の一つは、国が豊かになるにつれて二つの現象が生じたことにある。生活水準が向上し、消費がさかんになった結果、しかるべき水準で生活するには……もっと働いて収入を増やさなければならない。その一方で……誰かの下で働くようになって、それがために仕事そのものへの熱意はうすくなる。したがって、国が豊かになるほど人はより長い時間働くが、働くことをより好きでなくなるのである。★33

少なくともこの指摘は賃金労働にあてはまる。働いて稼げば、高い生活レベルを維持できるということだ。また、引退生活に入った多くの人が大なり小なり働く意欲をもちつづけていることの説明にもなる。同時にこの指摘は、低所得者層は別として、就業人口から外れている人びと、とくに失業者の悩みを浮き彫りにしてもいる。一九六〇年代に、イギリスの失業中の炭鉱労働者が、仕事と余暇への相反する気持ちを次のようにみごとにいいあらわした。「白状すると、仕事なんかまっぴらだ。それでもって、仕事は好きだというのも嘘じゃない……仕事が好きだなんていうやつ、はっきりいって俺みたいな者が仕事だと思っているような仕事を好きだなんていうやつには会ったためしがない……俺たちが好きだとかなんだとかいっているのは、仕事というか、仕事にくっついてくるもののことだね」。仕事にくっついてくるものとは何かについては、別の失業者が語っている。「『仕事をしているときは』世の中の役に立っていると感じられる。九時から六時まで働いて、いくらかを家にもって帰れるならけっこうなことだよ……不用品でも役立たずでもないんだ……そうだったら、死んだも同じじゃないか」[★34]

第26章 利益の拡大——個人戦略と集団戦略

働く人なら誰でも、仕事の環境が悪化したり報酬が減ったりするのを心配するものだ。最低でも現状を維持しようとし、できるなら初めよりも、あるいは他者よりも、それらを向上させようとするだろう。このように利益の拡大をめざすのは普通は個人がすることだが、世帯の外や特定の状況では集団がすることもある（前の時代については第4部と第5部を参照[★1]）。賃金労働者なら、個人の戦略として、まず雇用主かその代理に働きかけるだろう。自営業者なら依頼主に働きかける。いずれの場合も、最終的には契約上の義務をできるだけ有利に取り決め、その義務を遂行するということになる。先に見たとおり、教育はこれらに先立つ戦略であり、また世帯戦略としての結婚の取り決めも教育と同じくらいの価値がある。

自営業者、被雇用者、雇用主の集団戦略は、彼らが相互に依存しているのでないかぎり、まず困っている者どうしが同盟を結ぶこと、次に世論を効果的に動かすことである。過去二世紀に、この運動は地域から全国へ、そして国境を超えて世界中に広がった。同盟の形成と世論への訴えのどちらにおいても、経済学者のアルバート・ハーシュマンの有名な「忠誠」（現状を維持しようとする行動）、「発言」（向上のための努力）、「離脱」（状況を公に、または内密に回避もしくは阻止する方法が何もない場合）のどれにするかの選択肢がある。

　個人と集団の戦略や戦術をこうして区別して分析してみたが、これらは個人のレベルでも国のレベルでも密接に結びついているだろう。移民国家、たとえばアメリカ、カナダ、オーストラリアでは、新しい入植者が個人の生活の向上を重視したため、出身地であるヨーロッパ諸国にくらべて労働時間と年間労働日数が大幅に増加した。ヨーロッパでは労働組合や政党による集団行動によって、またとくに休日が増えたことで（前章「労働時間と労働日数」の節を参照）、労働時間が短縮された。★2

個人の戦略

　職人の徒弟や小規模自営業に雇われて働く奉公人、あるいは賃金労働者の個人戦略を検討するには、親方や雇い主や同僚と良好な関係を築くための戦略と、技術と知識を習得しようとする努力、さらに移動労働について考える必要がある。具体的に見ていこう。イギリスの労働者階級のある少年は一九〇〇年に父親を早く亡くし、十歳で働きに出ることになった。この少年、あるいは少なくともこの子の母親はすでに策を練っていた。「母につき添われてサルフォードの有名な古着屋に行った。店の名はハーゾグという。上着、ズボン、シャツ、靴下、靴をその店でそろえて、四シリング六ペンスを支払った。当時としては大金だ……次の月曜日の朝、私は母に連れられて『職探し』に行ったが、さほど時間がかからずに仕事が見つかった」★3。雇用主に好印象をもってもらえたわけだが、ほかに同僚との関係も重要だった。第17章でリッペ＝デトモルト侯国の煉瓦職人の例を取り上げたが、この季節労働の職人たちは、製造工程で協力して効率的に働けるかどうかに直接の利害があった（第17章「農村地帯の移動労働者」の節を参照）。また、それと並んで社会的技能も必要だった。職人たちは工場で働いているあいだ、食べものも自由時間も二人用の狭いベッドも、要するに朝から晩まで何もかも分かちあったからだ。毎年、季節労働がはじまる前に各人の評判に応じて組替えがあり、能力の高い職人は組のリーダーになれた。★4

この二つの例が示すとおり、労働者がどのようにして工場や会社に雇われたかが、その後の相互関係を決定する要因になる。職に就いていれば、職業紹介所や斡旋業者の事務所に足を踏み入れることはないが、そういう場所にたびたび通う者もいれば、新聞の求人広告で仕事を見つけようとする者もいた。今日なら、ソーシャルメディアだろう。★5 実際、仕事探しの方法は個人的な伝手《つて》から公募まで、数えきれないほどある。

たとえばヘントの綿紡績業者の息子ポル・デ・ウィットの場合はこんな具合だった。「一八五七年十二月のある夜、ポルの父親が帰宅して、若い掃除係がやめてしまったので、明日から息子を連れて行くといいだした。これには二つの利点があった。［掃除係に支払う］三フランの給料が節約でき、息子は仕事を覚えられる。ポルはそのとき九歳だった。母親と息子は猛烈に抗議したが、ポルは翌朝から働きはじめた」。★6 個人的な仲介は、仕事や徒弟の口を求めるときや、学校（特定の仕事や職業をめざすための訓練校）に入学するとき、企業間または（大きい）企業内で仕事を替わるときに利用された。最後のケースはいわゆる内部労働市場が関係する。鉄道会社のような大企業だけでなく、陸軍や海軍、教会のような大きい組織にも内部労働市場がある。[★7]

個人の伝手を頼らずに職を探すには、ギルドやコンパニョナージュ（フランスの同職組合）、労働組合、雇用主団体のような組織の斡旋があった。民間ないし公共の職業紹介所は、基本的に公募である。十九世紀のヨーロッパでは、ギルドによる仕事の斡旋は減り、類似した組織が部分的に受け継いだ。たとえばフランスの中部と南部では、およそ二〇万人のコンパニョン（熟練職人）がフランス巡歴《ツール・ド・フランス》に出かけて組合加盟の宿を泊まり歩き、そこで仕事を斡旋されたり必要な旅行用品を提供されたりした。[★8] 同様の組織はドイツ語圏にもあり、ある意味で現在も存在している。二十世紀には、公共の職業紹介所がおもに失業対策として重要度を増した。最近の数十年は、民間の職業紹介がふたたび増加傾向にある。[★9]

協同組合に所属する労働者は就業機会を自分で決定できたが、どこにも所属していない労働者の場合は監督者や上司の意向に左右された。今世紀初めのニューデリーの金属研磨工場では、同僚や上司といっしょにやっていくために必要な社会的技能のなかに、きわどいおふざけができることも含まれていた。

> からかいあったりふざけあったりするのに、男性器を触ったり握ったり見せつけたりして……大騒ぎした。勤務時間が終わると、一つしかない仮設トイレとその隣の小さな浴室に数人が詰めかけ、こびりついたその日の塵《ちり》や汚れを会社支給の研磨洗剤でごしご

し落とすのだが、混雑した場所でうっかり指やひじや膝が目にあたらないようにしなければならない。それから下着にも注意していなくてはいけない。でないと誰かに引き下ろされてしまうかもしれないからだ。数人でかかってくることもある。そうなったら、かわいそうに、みんなに大笑いされながらあわてて下着を引っぱり上げなくてはならない。[★10]

この工場では親方もこうした悪ふざけに加わり、待遇の向上と引き換えに性的行為の要求をにおわせるようなことをいった。[★11] 監督や上司に気に入られるためにすることとしてはいささか行きすぎだろうが、きっちり仕事をするか、そうしているふりをするかして、上司と良好な関係を保つのが重要なのはいうまでもない。第6部で見た、中国の工場で働くチュンミンはすぐにそのことを理解し、そのために犠牲も払ったが、昇進できた。[★12] 一九九六年三月二十六日の日記に彼女はこう書いている。「今度の昇進でいろいろ経験した。激励してくれる人、お祝いしてくれる人、幸運を祈ってくれる人もいたし、うらやましがる人や認めない人もいた。……私をねたむ人なんて……進歩の道のただの障害物だ。蹴散らして進んでいこう。将来はもっとねたまれるんだろうから！」

中国系アメリカ人ジャーナリストのレスリー・T・チャンはこう述べている。「チュンミンは上司を観察した。生物学者が標本を観察するときのようにじっくりと。人事部長がスピーチしたときに、緊張で手が震えていたのをチュンミンは見逃さなかった。新年には工場のフロアマネージャーに無視されたが、勇気を出して新年の挨拶をしてみた。するとフロアマネージャーはやさしく挨拶を返して、伝統的な贈り物として赤い封筒に入れた一〇元をくれた」。チュンミンはこの経験をふり返って、日記にこう書いている。「この出来事でよくわかった。ふだんは近寄りがたく見えても、本当はそうでない人もいる。自分のほうからもっと近づいていけばいいだけなんだ」。また、チュンミンは講座を受講することで地位を守り、向上させた。

実際、どんな仕事でも、訓練なしには昇進はありえない。職人が優れた職人になるには、普通は住み込みで徒弟として何年も修業する。工場労働者はそこまで要求されなかったが、上をめざす者は夜間の講座を受講した。大きい事業体は安定した労働力と効率的な内部労働市場を期待して、こうした講座を開いたり有給で訓練したりするだろう。大企業はこのような制度があることでよく知られている（これは日本の「サラリーマン」現象〔本書でのこの語の含意については、次章参照〕を説明する秘密の一つだ）。ある種の公務、とくに軍隊には世界中で同様の制度が見られる。[★13] 過去一世紀の職業訓練の全般的な傾向としては、若い従業員への一般教育や専門教育の講座、さらに従業員の大半を対象にした不定期のリフレッシュメント行事が挙げられる。

労働者が個人の利益を大きくしようとするなら、雇用主も同じことをする。労働者が上司を選ぶように、上司も部下を選ぶのだ。多くの工場主は、ちょっとやそっとでやめたりしない信頼できる従業員、なおかつやる気と向上心をもちあわせた従業員を求め、利益の最大化をめざしながら、労働者のさまざまな福利に投資することで経営を成功させられると考えていた。オランダの機械製造業者チャールズ・テオドール・ストークは、一八七三年に一〇〇台目の蒸気機関を無事に納入できたとき、工場の五、六〇〇人の従業員をデーフェンテルの会議場に招待した。全員が長いテーブルを囲んで座り、「一人ひとりの前に皿とグラス、ハーフボトルのワインが置かれると」、ストークは労働関係について方言交じりの平易な言葉で語った。

［工場主は］ペンと頭を使って働いています。手を使って働くよりもずっと難しいのですが、君たちはそれを知らないのではないかと気になっています……［工場主と工員は］敵どうしだと思っている人もいますが、それはまったくのまちがいです。本来、私たちはおたがいによき友として接するべきなのです。工員は工場主を信頼してほしい……工場主が君たちをよく思っていること、善良で賢い工員を、機械などではなく、神のお創りになられた人間として隣人だと思っていることをどうか信じていただきたい。★14

ストークはまた、成果によって賃金に差をつける理由について明確に述べた。それはなにもオランダ政府がそう命じるからではなかった。

勤勉でよく気を配って働く者、そして仕事をよく理解している者は、誰でもその働きに対して報酬をあたえられます。それは正しい法であり、どこででも有効です。この国の法律を制定する紳士方が集まってつくった政府の法ではありません。勤勉でよく気を配って働く者は、怠け者や仕事になじもうとしない者よりもうまくやれるということなのです。これは神がお創りになった法、だからこそよい法なのです！

このような例は、程度の差こそあれ、どの国にもたくさんある。株式会社ではなく同族会社を経営するストークのような雇用主は、ほぼ例外なく賃金をはずみ、清潔な労働環境を整え、学校や住宅や公園を用意しただろう。このような雇用主は従業員との対立を避けようとしたし、社会における自らの役割を自覚してもいた。同じ立場の経営者らが自分にならってくれるよう願い、国のレベルでそれが標準になるように身をもって行動したのである。オランダの鉄鋼メーカー、国営ホーホオーフェンス製鉄の初代取締役ドルフ・ケスラーは、「われわれはつねに社会の一歩先にいなければならない」と述べた。二〇〇七年にホーホオーフェンス製鉄を買収したインドのタタ・スチールも、ある程度この理念を受け継いでいる。★15

さらに、工場主や経営陣の心がけも変わる。★16 第二次世界大戦後の品不足の売り手市場では、経営者はストークのような家父長タイプではなく、専門教育を受けた技術者タイプになった。彼らは生産能力を重視し、労働者や労働組織と良好な関係を保とうとした。過剰生産による買い手市場の時代（一九六五～一九九〇年）には、販売宣伝部門の幹部（生産を無数の下請業者に任せる傾向があった）が実権を握ったが、この時代を経て、経営と財務のトップがブランド化を通じた流通経路のコントロールに力を入れる環境になった。経営陣と労働者の個人的な結びつきが非常に弱くなったのは、本書のテーマに照らせば重要なことである。しかもまた累進課税が軽減されて、組合組織の対抗力が失われるなかで会社役員の報酬水準がはね上がった。[★17] 賃金生活者の戦略が個人としても集団としても変わらなければならないのは明らかだ。

労働者が状況を改善できない、それどころか悪化してもそれを防げないときには、新しい職を見つけることで新しい機会が手に入る。労働者の離職は、「個人主義的ストライキ」というぴったりな名で呼ばれている。[★18] もちろん、それがうまくいくかどうかは労働力需要の全般的傾向と個々の事情しだいである。離職率は、技能訓練のなされていない臨時雇用労働者と専門技術をもたない労働者が最も高く、その典型的な例はアメリカへの移民が最もさかんだった時代に見られた。結局のところ、賃金労働者の個人戦略は防衛一方にならざるをえないのだ。自営業者の場合は、たまに訪れる支払い不能や破産の危機をしのぎながら、新規事業の立ち上げをくり返すということになる。

一八四〇年ごろから、地理的移動とその結果としての社会移動が目立つようになった。都市への人口集中と国外移住がその最も明白な例である。[★19] 都市への移動労働者の流入は西ヨーロッパではナポレオン戦争後に、ロシアではその半世紀後に、アジアでは二十世紀に急速に進んだ。国外への移住は古くからさかんに見られた事象だが、汽船の運賃が大幅に下がってから急激に増加した。つづいて陸でも鉄道が同じ効果をもたらした。交通の発達により、一八四〇年から一九四〇年にかけて最も劇的な移住の波が起こり、そのたびに四〇〇〇万人から五〇〇〇万人もの人びとがヨーロッパから南北アメリカへ、南アジアなどから年季奉公人がアメリカとオセアニアとアジアの砂糖その他のプランテーションへ、そして中国南部の農民と農業労働者が中国北東部へ移った。また、船員はもとより、植民地などにおける数々の戦争と、第一次、第二次世界大戦に従軍した軍人の労働移動があったのはいうまでもない。

小農から工場労働者への転身、農村から都市へ、大陸から大陸への移住がどれほど規模が大きく劇的だったとしても、この種の移行は一気になされるのではなく、(第6部で取り上げた牧畜民のバフティヤーリー族のように)段階的な移住で少しずつ進行した。たとえばある男性がよそへ働きに出て、そこで安定した生活ができるようになると、故郷から妹や友人などを呼び寄せる。あるいは農村からまず小さい町へ行き、そこから大きい都市に移る。ロシアの農奴とその子孫にさえこれに近いことがあった。[★20] 十八世紀には、一年のうち一定期間だけ都市の工業部門で働いてその間の賦役を免れる農奴がいたのだ。一八六一年に農奴制が廃止されて土地が再分配されると、解放農奴には都市工業での労働や季節労働から得られる追加収入が欠かせないものになり、この慣習がさらに広がった。

「忠誠、発言、離脱」から選択した個人の無数の決断は、積もり積もってこの数世紀の労働関係の大転換に大きく影響した。地元の、近隣の町の、海外の工場に働きに行くために小さい農地や職人仕事を手放す決心をし、地理的移動と職業間移動を同時に乗り越えた人びとはその典型的な例である。過去二世紀のあいだに賃金労働への移行がいっそう顕著になったために(主として小規模自営業が犠牲になった。第22章参照)、行動のレパートリー、集団行動、そしてもちろん労働組合もその流れにあわせて発展した。このことは、賃金労働者の集団的発言と並行して、自営業者の集団的発言が表立ってきたこととも符合する。これについては、単発的な集団行動と、共済組合や労働組合のような恒久的な組織とに分けることができる。

単発的な集団行動

本書では、これまでに集団行動のおもなかたちがいくつか見られた。恒久的な組織をもたない賃金労働者のストライキ（「自然発生的ストライキ」という呼び方は誤解されやすいので、「単発的」というほうが適切だろう）や、奴隷の反乱、職人や商店主や商人などの抵抗運動があった。このようなかたちの集団行動は重要性を失ったものもあるが、消滅したわけではない。では、まず恒久的な組織のない集団行動について詳しく見ていこう。サボタージュや集団離脱、シャリバリ（後述）、陳情、消費ボイコット、そして何よりもストライキである。[★21] これらの集団行動のレパートリーからどれを選択するか（あるいはよくあるように、どれとどれを組み合わせるか）は、政府当局の態度に最も左右された。たとえば個人資産の破壊のような不法行為をともなう場合やストライキが違法とされた場合は、秘密裏に実行することが重視される。[★22] 純然たる賃金労働者は、たとえば土地などの副収入源のある小規模な自営業者よりも弱い立場にあることが多かった。

サボタージュは産業革命の初期に見られ、イギリスやフランスで機械打ち壊し運動が横行した（第20章「労働者の反応と行動」の節を参照）。ただし集団離脱と同じく、それよりもはるか昔からあった[★23]（たとえば九世紀のザンジュの乱［第13章「ビザンツ帝国、ササン朝ペルシャ、アラブ帝国におけるローマ時代の労働関係の継続と改変」の節を参照］）。一八四〇年代には、この二つを（その他の戦術も）組み合わせた反乱がインド北部のルールキー近郊で起こっている。ガンジス運河沿いの煉瓦工場に季節労働者として雇われた成型職人が、出来高賃金の一二・五パーセント削減を阻止しようとしたときだ。[★24]一〇〇〇人を超える煉瓦職人がおそらく出身地やカーストごとに結束し、まず集団離脱を試みた。イギリス人の幹部技術者は明らかに対立の根深さを理解していなかったらしく、次のように報告している。

彼らが適正な一日の仕事を逃れようとしたり、［最近引き下げられた賃金を］上げさせようとしたりして、頻繁にあれこれのことをしたので、煉瓦製造に携わるすべての関係者が不安になった。成型職人に無理強いしようとしたり、あるいは職人の仕事の質か量にまずいところを見つけたりしただけでも、全員が型をもったまま仕事をやめ、どれほどいさめようと宿舎に帰ってしまうだろう。私はルールキーで彼らが週に二度もそういう態度に出たのをよく覚えている。[★25]

次の段階では、成型職人の独占を脅かす新式の機械がたびたび破壊され、賃金引き下げを取り消させるためにあの手この手が使われた。それがことごとく無駄に終わったころ、ルールキーの土木局の草ぶき屋根の倉庫から出火した。イギリス人技術者たちは放火にまちがいないと考えたが、犯人は捕まらなかった。技術者の一人はこう述べた。「このような無謀な破壊行為の原因は、現在の賃金への不満にあると考えざるをえない……おそらく不平分子のリーダーたちは、こういう暴挙におよぶことに日ごろの不満のはけ口を見つけたのだろう。あとの者はこれを見て喜ぶか、そうでなくても積極的に止めようとはしなかった」★26。興味深いことに、最後には成型職人が勝利した。製造コストを二五パーセント削減したいと考えていた技術者は、一六パーセントまではあまり時間がかからずに削減できたものの、技術者の一人が認めたとおり、そのあと「もめごとに果てしなく対処」しなくてはならなかったのだ。そしてもっと重要なことには、賃金はその後長いあいだ引き下げられず、機械は使われなくなり、ふたたび煉瓦を手作業で製造するようになったのである。

共同体のルールを破った者を公衆の面前で辱める罰は、シャリバリ、または「ドンキーライド」と呼ばれる。結婚を約束した女性を妊娠させて捨てた男、不相応に年の離れた夫婦、妻に暴力をふるう夫への懲らしめがよく知られているが、労使対立でも見られた。人望のない上司、またとくにスト破りはこのやり方で思い知らされた。恥知らずの烙印《らくいん》を押された者は柱にくくりつけられるか、練り歩かされるか、手押し車に乗せて引きまわしにされ、「ラフ・ミュージック」と呼ばれる調子外れの歌や演奏ではやし立てられた★27。

陳情は政治に参加する権利をもたない人びとにあたえられた不満のはけ口と見ることができるが、彼らの訴えはただ黙らせるためだとしても耳を貸してもらえる。非民主的な社会では政府の常套手段になっているが、そうでないところでも昔からいまにいたるまで使われているだろう。それどころか、労働に関する無数の問題をめぐる争いを解決するための定式になっている[28]（第5部参照）。

消費ボイコット（不買運動）は、普通は価格や政治問題に対する不満を表明する手段で、たとえばアパルトヘイトの時代に、アウトスパン社の南アフリカ産オレンジの輸入に反対して実行された[29]。アウトスパン・ボイコットは労働問題と関係していたが、その点では「ボイコット」という言葉も同じだ。行為そのものははるかに長い歴史があるが、この言葉はチャールズ・カニンガム・ボイコット大尉に由来する。アイルランドのメイヨー県で土地差配人をしていたボイコットは一八八〇年に、小作農からの借地料の引き下げ要求を拒否したことで激しい抗議運動を引き起こし、村民から一切のかかわりを断たれたのだった。

賃金労働者がこの手段を用いた例は、ロンドンのイーストエンドに見られる。一九〇四年に、イーストエンドのパン職人が労働時間と労働条件の改善を求めてストライキを起こした。彼らの要求に同意した雇用主らは労働組合のラベルを商品に貼りつけたが、そうしなかったパン屋はボイコットされた。ここで重要な役割を果たしたのが、買い物をする女性たちだ。「ストライキがはじまって数日すると、小さいパン屋の店主らが組合のラベルを商品に貼りだした。そうしないと、ユダヤ人女性たちに買ってもらえないからだ。また食料雑貨店の場合は、店主がパンを仕入れておき、買い物をする女性たちは食料品を買うついでにパンも買っていく。売れ残りのパンを大量に抱えることになった店主は、すぐさま仕入れ先を組合加盟のパン屋に切りかえた。労働組合の要求がすべての店主に承認されるまで、長くはかか

らなかった」[★30]

これは労働組合による組織的なストライキが組織的でない消費者の行動によって成功した例である。だが、従来の見方とは逆に、過去のストライキ、そしておそらく現代のストライキも、労働組合が主導したものではないことがよくある。[★31] この第7部ではその例をいくつか見てきたので（他の部でも、たとえばイチャプルの火薬工場のストライキのような例があった。第16章「インド」の節を参照）、例を挙げるのはここまでにして、ストライキをする労働者の重要なジレンマについて簡単に説明したい。

労働者は働くのをやめて（またはわざと仕事の効率を低下させて）雇用主に損害をあたえることで、彼らに要求を受け入れさせようとする。政治的な理由による外国製品のボイコットや、国の政治体制に起因するような非経済的な要求でないかぎり、ストライキの参加者は職場を放棄したり、供給業者や顧客に対して職場を閉鎖したり、働かずに職場を占拠して座り込みをしたりする。（事前に予告しての）短期間のストライキ（時限スト）もあれば、少なくとも名目として無期限としたストライキもある。一つの施設を閉鎖する場合、同業の複数の施設をいっせいに閉鎖する場合、短時間ストを多数の事業所で連続してくり返す（波状スト）場合もある。その結果が賃金を失う労働者の忍耐力と、売り上げ収入が途絶える雇用主の忍耐力がどこまでつづくかにかかっているのはいうまでもない。

歴史上の数多くのストライキは、結果がどちらに転ぶかは不透明であることを示している。雇用主個人はたいてい労働者より何倍も裕福だが、労働者とて、蓄えた共同資金（臨時の集金かストライキ基金）を用意して団結を保つかぎり、無防備ではない。それが最も難しい局面にさらされるのは、雇用主がスト破りを雇って、警察官の護衛でピケラインを越えさせようとするときだろう。

中央管理型の職場の出現とその後の発展により、ストライキを組織して成功させるのが容易になった。スコットランド人の自然哲学者で、『製造業の哲学（*The Philosophy of Manufactures*）』（一八三五年）の著者であるアンドルー・ユアは、プロト工業化時代のイギリスの織維工は「全国に分散していて」「たがいに仕事と賃金を取りあう競争相手」だったため、「協力して雇用主に対抗することが」ほとんどできなかったと述べている。[★32] このあと見るように、その後ユアの時代とは状況が変わっていった。十九世紀後半から、労働者が工場に集中するようになっただけでなく、各国経済の相互関連性が強まったことで、労働争議の波が国境を超えて広がったのである。[★33] この現象は二つの世界大戦後にとくに顕著だが、イギリス以外では戦間期、たとえば脱植民地化の時代にも見られる。このストライキの波は労働者の地位に大きな影響をあたえた。

ここ数十年、このパターンが不明瞭になっている。豊かな「中核国」ではストライキ戦術の有効性が悲観されている一方で、中国の東部および南部では一九九〇年代末から労働者の集団行動が増加しているのだ。[★34] しかも注目すべきことに、小農出身の若い移動労働者を中心とするこれらの最近のストライキは、かならずしも労働組合が組織したものではない。労働組合は、ストライキをする労働者と、最も主要な関係者であり雇用主である政府との仲介役を務める程度なのである。

一例を挙げると、二〇〇五年の夏に中国の大連経済技術開発区で、韓国企業一社と日本企業一七社、計一八社の二万人の労働者がストライキに入った。[★35] その結果、各社の工場は給料を上げ、短期契約や組み立てラインの高速化などの多数の慣行を廃止した。このようなストライキの成功は、決して当然の結果ではない。それは中国政府が一九七五年と一九七八年の改正憲法で認められていたストライキの自由を一九八二年に廃止していることからも明らかだ。その一方で、全国人民代表大会は一九九〇年に、「国際労働基準の実施を促進するための（政労使）三者のあいだの協議」を求める国際労働機関（ＩＬＯ）第一四四号条約を批准したが、現実には、中国では労働組合が完全に政府に従属しているため、条約の履行は非常に困難なのである。

したがって当然ながら、大連の労働者はストライキを開始するほんの数時間前に組合を出し抜いた。ある企業では、「朝、組合事務室の扉の下の隙間から、四時間後にストライキに突入すると書かれた文書が差し込まれた」。別の企業では、組合幹部が「ストライキに加わらないように説得しようとして労働者の宿舎を訪ねていくと、どこももぬけの殻だった。組合幹部が来るという情報が労働者のあいだに携帯電話のメッセージで広まり、『身を隠す』ようにいわれていたことがあとになって判明した」のだ。[★36]

恒久的な組織

一八〇〇年以降、ギルドやギルドに類似した組織はほとんどの国で姿を消したが、その減り方はあくまでも徐々にであり、今日でも完全になくなったわけではない（たとえば医師のような高度な専門職の閉鎖的な全国組織がある）[★37]。協同組合、共済組合、労働組合のような新しいタイプの組織は、このような古い組織形態（第17章「発展する都市」の節を参照）や集団行動の手法に一部触発されて生まれた。どこの国でいつごろ成立したかは、この種の組織の結成が法的に許されているかどうかで違ってくる。

共済組合と協同組合

相互扶助は十九世紀に生まれた新しい現象ではない。その五世紀前から、手工業ギルドはきちんとした埋葬や、病気や老齢などの人生の苦しみのときに必要な費用をまかなうための相互扶助の方法をいろいろ用意していた。職人の親方を中心としたこの伝統にならって、何年か修業しても親方になる見通しのほとんどない業種では平の職人の組合などもつくられた。

よくあるかたちの相互扶助に加えて、お金を必要としている会員に相互保険や互助で順番に資金を拠出するものもあった[★38]。いわゆるROSCA（回転型貯蓄信用講：rotating savings and credit associations）はその一つで、一九六〇年ごろにモーリシャス島へ移住したインド人の「サイクル」もしくは「シート」がその好例である。仕組みは次のとおりだ。

ある人が友人や隣人を集めてグループをつくる。たとえば一〇人が集まったとして、各人が一〇ルピーを出す。それからくじを引き、あたった者が一〇〇ルピーをもらう（発起人が最初の「掛け金」をもらうことになっている場合もある）。次の月にまた一〇ルピーずつ出しあい、今度は別の者が一〇〇ルピーをとる。こうして一〇人全員が一〇〇ルピーをもらうまでつづけられる。[★39]

グループのメンバーで利益を分配する形式もあり、たとえばコフィヤル人の「ビール作業班」（第22章「小規模農業」の節を参照）がそうしていた。

大半のROSCAは、金銭給付か現物給付かにかかわらず相互の信頼にもとづいて運営され、共済組合や協同組合と比較すると最小限の管理ですむ。このことに加えて、労働組合が移民を相手にしないことも、ROSCAやそれに似た仕組みが彼らのあいだで人気がある理由だ。相互保険は時間的に長いスパンを要する。強制加入のギルドはこの目的に非常に適していた。労働組合も、加入を強制することは法律上できなかったが、のちに福祉国家がそれらの機能のほぼ全部を引き受けるようになるまでは、富裕国で相互保険のモデルになって成功した。[★40]経営側が設立する企業基金、商業基金、医師基金も、ある程度までは競合相手になりえた。とくに民間金融に対しては相互扶助組織が有益な代替手段になる。担保のない貧しい人が民間金融を利用すれば債権者に依存するようになり、下手をすれば一生債務に縛られることもよくあるからである。

共済組合はローマ帝国と中世および近代初期のギルドにすでに記録があるが、賃金労働者の増加にともなって急速に広がった。これは同じ都市の同じ業界の労働者で構成される会員制の組織で、複数の機能をあわせもつことが多かった。相互保険だけでなく、会員どうしの親睦と地域の他団体との交流を深める目的もあり、そのために会員の葬儀を執り行い、会員に正装での参列を義務づけた。また経済面では、協同組合としての機能も果たした。そうなれば、陳情やときおりのストライキを通じるより積極的な利益保護に乗り出すのも時間の問題で、多くの共済組合が労働組合に発展するか、労働組合が禁止されている場合にはそれにかかわる働きをした。共済組合が、ただ貧民救済問題の緩和に役立つという理由からだけでも、ほとんど禁止されることがなかったのは特筆すべきことだ。たとえばイギリスでは、普通「友愛組合」と呼ばれ、早くも一七九三年の法律で合法化された。一方、労働組合は第二回選挙法改正で都市労働者に選挙権が認められた一八六七年になっても、まだ数多くの障害に立ち向かわなくてはならなかった。

生産者協同組合は、会員に運営に関する発言権があたえられている民主的な利益分配組織である。★41 この組織は十九世紀半ばに職人のあいだに誕生して短命に終わったが、農民のあいだではもっと限定的なかたちで発生し、それゆえに大成功した。職人の場合は仕事を失わないように、失っても救済されるように、また中間業者を通さなくてすむように、個人でなく共同で生産する道が選べるようになった。原材料や道具や機械の共同購入、製品の共同販売をしたのである。だが、販売を成功させることがこの種の組合の難しい面であることが露呈することになった。労働意欲が旺盛で、利益の追求も過度にしなかったにもかかわらず、このかたちの協力体制は何度試みられても全体としてははかばかしい成果が挙がらなかった。

生産者協同組合の成功のポイントは、少なくとも西ヨーロッパの小規模農家にとっては、生産手段の共同購入と、協同組合銀行で低金利の信用貸し付けを利用できる権利だった。最も有名なのは、十九世紀に自助を提唱したドイツの社会改革者フリードリヒ・ヴィルヘルム・ライファイゼンが設立した銀行である。ライファイゼンのアイデアはヨーロッパの多くの国で模倣され、さらにヨーロッパの外にも広がっていった。当初は組合員の貯蓄を共同でプールして低金利で長期の貸し付けをする制度だったが、その後、組合員の使用する種子や肥料、機械などの経営資源を共同で購入したり、収穫した作物を共同で保管して、卸売業者に頼らずに最も有利な時期に共同販売したりするかたちへ発展していった。

労働組合

手工業ギルドが地域で自営業を営む同業者の利益を保護し、共済組合が組合員――全員ではないが労働者が多かった――個人の損害の軽減を目的とする一方で、労働組合は一般に賃金水準や労働条件の向上を求める労働者を団結させる。こうした違いはあっても、十八世紀から十九世紀にかけて世界中に生まれた労働組合は、その前身である組織から多くの戦術、戦略、慣習を受け継いだ。そしてこれらすべての組織の集団行動は、長いあいだ並行してつづけられた。これは労働運動の「職人期」とも呼ばれている。[★42] 二十世紀以前は、前述の古い

組織よりも労働組合のほうが多い国は、西ヨーロッパではまだほとんどなかった。[★43]

労働組合の活動を可能にした法的枠組みについてはあとで取り上げることにして（次章参照）、ここではほとんどの国で十九世紀も終わりに近づいたころに許可されたことを念頭に置いてもらえばよいだろう。完全な権利をあたえられる前の労働組合は、ことによると違法な手段に訴え、暴力も辞さなかった。一八二〇年代から一八六〇年代にかけて、マンチェスターとその周辺の煉瓦職人の組合は、雇用主が地域外で煉瓦を販売したり通常の価格以下で売ったりするのを防ぐために、クローズド・ショップ制（後述）をもちこもうとした。目的は雇用主に組合員だけを雇用させること、適正な出来高払い賃金を認めさせ、必要な場合は前払いさせること、また成型ができない冬には粘土を掘る仕事で雇わせることだった。

組合の決めたことにしたがう気のない雇用主は、ストライキで、ストライキでだめなら暴力で反撃されることを覚悟しなくてはならなかった。成型用粘土に針やガラス片が混入され、乾燥前の煉瓦が破壊された。作業場に火がつけられ、工場の馬の靭帯がカミソリで切られた。「親方組合員が次のように証言するとおり、ときには事態がもっともつれることがあった。「親方が組合規則に違反すると、代表団を送り込んで待ちかまえた。それでもまだ親方が規則に逆らうか要求にしたがおうとしなければ、総会が招集され、そこで問題が話しあわれた。そして、かくなるうえは部外者に違法と呼ばれてもしかたのない手段をとるしかないという結論に達した」。[★44]この総会のあと、襲撃、毒殺未遂、反対者の住居への夜ごとの放火、銃撃、さらには一八六二年に警察官が殺害される事件まで起こったと記録されている。この事件は裁判にかけられ、有罪とされた被告の一人が処刑された。

職人組合は、彼らに独立親方の地位を手に入れられる見込みがないことがますます明らかになるにつれてさらに発展し、労働組合誕生への一つの道筋になった。工場労働者になっていた人びとにも同じことがいえる。ランカシャーのミュール紡績工〔一人で数百の紡錘（糸巻部）を稼働させることができるミュール紡績機の工員〕が自分で助手を雇って訓練したことはすでに見たとおりだが（第20章「工場労働の組織編成」の節）、これは彼らが労働力の供給量を自分で管理したということだ。したがって、さらに出来高払い制の詳細、不況期の短時間勤務、一時解雇における先任権制度〔勤続年数の長い者から順に優遇される権利を有するとする制度〕、ついには労働調停に関する取り決めまでをも雇用主と結ぶことで、早い段階から紡績業の労働組合化を効率的に推し進められたのである。★45 そのほか初期の労働組合の多くは自営の零細な独立職人も団結させた。たとえばオランダではダイヤモンド加工職人が結束し、社会主義的な労働組合運動を発展させていった。★46

労働組合の発展は、労働者の組織的な活動を規制する法律が廃止されたこと〔イギリスの一七九九年の団結禁止法（一八二四年廃止）、フランスの一七九一年のル・シャプリエ法（一八六四年廃止）など〕を受けて実現した。どこでもその基礎になったのは、同業同職の労働者が地域で、また地域を超えて結成した組織だった。西ヨーロッパで初めて労働組合発足の波が高まったのは、一八四八年以前の数十年間である。一八四八年からヨーロッパ各地で起こった革命――労働問題よりもはるかに大きな問題が争われた――は、そのほとんどが失意のうちに終わり、労働者のための運動もまた下火になった。それから四十数年を経て、ようやく労働運動は主として社会主義の旗のもとに勢いを取り戻した。★47 西ヨーロッパでは今度こそ全国的な連合組織を結成する試みが成功を収め、まず職業別（職能別）労働者を、ついであらゆる経済部門にまたがって可能なかぎり多くの賃金労働者を団結させた。

この時代は、労働者と雇用者の関係の本質に関するイデオロギーが成熟した時期でもあった。その過程で二つの基本的な立場があらわれた。一つは（おもにキリスト教徒の）労働組合員がとる立場で、彼らは協力こそが前進するための最善の方法だと信じ、例外的な状況を除けばあからさまな対立は必要ないと考える。★48 もう一つは無政府主義者、サンディカリスト（革命的労働組合主義者）、社会主義者の立場である。彼らは、雇用主と雇用される労働者を原理的に利害の相反する二つの「階級」と見なし、階級闘争は必然だと考える。サンディカリストは継続的なゲリラ戦を通じて「階級闘争」を遂行すべきとまで主張したが、社会主義者は組合だけでなく政党も結成することで、あくまでも国の力を借りて目標を達成することを望んだ。労働者と零細な独立生産者に参政権が認められたのをきっかけに、政治的機会を利用したい労働運動にその機運がもたらされた。選挙に参加して勝利し、政権を握れば、労働市場を動かす規則を民主的な方法で変えられる。こうして彼らは社会民主主義を標榜した。二十世紀に入って社会主義から分離した共産主義は力ずくでの政権奪取をめざし、短命に終わった政権（一九一八年から一九一九年にハンガリーで一三三日）、長期にわたる政権（ロシアで七〇年以上、中国では現在も共産党政権であることを考えればさらに長い）を実現した。

雇用主と労働者の利益の衝突がどこにあると見るかによって別々の組織が生まれただけでなく、それらのあいだで激しい競争が起こった。労働組合主義《トレードユニオニズム》の初期段階では、同じ職業の労働者がイデオロギーの違いから別々に組織をつくることはほぼありえなかったが、時代が進むにつれて、とくに全国組織と国際組織ではそれが通例になった。逆に、全国規模の組織が地域規模の組織に主義主張を押しつけることもあった。第二次世界大戦前のヨーロッパ南部やラテンアメリカでは、無政府主義者とサンディカリストの労働組合が大きな役割を果たした。イデオロギーその他の対立は労働組合主義の分裂を招いた。メキシコでは一九一〇年の革命でようやく労働者の権利が広範に認められたのち、労働者の組織がいくつも生まれ、一九四〇年代には八つの全国連合に加盟した繊維工の地域組合が四二五団体を数えるほどになった。★49

冷戦が進展するとともに、共産主義労働組合と社会主義労働組合の闘いになった。社会主義労働組合は、カトリックとプロテスタントの労働組合が重要な役割を果たしていたいくつかの国々でそのキリスト教的手法をしばしば模倣した。それができたのは、第二次世界大戦後に社会民主主義者が階級闘争のドグマを捨て、「社会的市場経済」（ドイツではラインラント・モデルと呼ばれる）をめざしたためである。★50 こうしてアメリカ労働総同盟（ＡＦＬ）のような労働組合も、政治的な色合いを弱めるようになった。

労働組合主義の発展と世界的な広まりは、ギルドや共済組合などのような先行例を手本にして実現した。ここで活躍したのが移民、またとくに船員である。なかでも白人が多く入植した植民地にその現象が強く見られるが、熱帯地域の植民地でも同じことが起こったのは、労働者がよその労働者をまねたからばかりでなく、トップダウンの結果でもあった。これには共産主義者や社会主義者やキリスト教徒の全国的、国際的、国家超越的な組織（このあとで取り上げる社会主義インターナショナルや共産主義インターナショナルなど）による使命感に満ちた教宣活動のほか、宗教上の動機にもとづくキリスト教界の新しい動きもあった。カトリック教会とローマ教皇による回勅《かいちょく》であるクアドラジェジモ・アンノ（一九三一年）と、それに先立つ文書〔ローマ教皇レオ十三世の回勅レールム・ノヴァールム（一八九一年）のこと。カトリック教会に社会問題について取り組むことを指示した初の回勅〕はその好例である。

労働組合は目標を達成するためにさまざまな戦略と多数の戦術を駆使するが、その中心は、集団的労働協約をめざした賃金および労働条件の団体交渉である。これには相当な外交手腕が必要だが、いざとなれば切り札があるのはわかっている——つまりストライキの脅しだ。ストライキの実行は、その労働組合に使用者に対して意志を押し通す力があるか、とくに労働者を統率するだけの力があるかどうかの究極的な試金石になった。労働組合が使用者に組合員であることを条件に従業員を雇用させることができる場合、その制度は「クローズド・ショップ」と呼ばれる。★[51] 実際には、これは手工業ギルドがとった手法と同じである。クローズド・ショップは十九世紀のヨーロッパや、もっと最近ではイギリスの熟練職人のあいだに普及し、成功した。

労働者が団結すれば、相手である使用者も団結したのはいうまでもない。本来は競争相手どうしである経営者たちが労働者の集団行動と団結とに押されて戦略として団体交渉をしようとし、地方自治体や中央政府に労と使のどちらの側につくかを決めるように迫った。概していえば、政治家と経営者は長いあいだ同じ社会階級に属していたから、使用者のほうが労働者よりも要求を通せる可能性が大きかった。また、戦略の一つとして工場内または会社内に労働組合をつくり、労働者自身が組織した労働組合と対抗させるようにもなった。使用者が実権を握るこうした労働組合は、黄色《おうしょく》組合〔戦闘的な赤色組合との対比から。御用組合ともいう〕と呼ばれる。もっと極端なのは黄犬契約だ。アメリカではニューディール政策のもとで諸制度が施行されてからの数十年間に労働組合の組織化が活発になったが、その前の戦間期にはこの黄犬契約がはびこった。クローズド・ショップの対極にある黄犬契約は、「労働者が雇用条件として、雇用期間中はいかなる組合にも所属しない、または団体交渉やストライキなど特定の活動に参加しないと約束することであり、これらの活動ができなければ組合に所属する権利は形骸化する」★52。

戦後の日本と韓国でも、労働組合とそれに対抗する上意下達の組合をつくる使用者との激しい対立はめずらしくない。韓国の造船業界では、独立した組合を守り、紛争に勝つための最終的な闘いのなかで自殺する者さえいた。その一人、韓進《ハンジン》重工業の釜山《プサン》造船所の労働者（キム・ジュイク労組委員長）は、二〇〇三年六月十一日から十月十七日まで、地上三五メートルの高さの第八五クレーンに籠城した。彼は遺書にこう書いていた。

　経営者は刀を抜いて血を流したいようだ。よし！　ほしいなら私を生《い》け贄《にえ》に差し出そう。だが、われわれはこの闘争から是が非でも結果を出さねばならない……経営者は損害賠償請求、仮差し押さえ、刑事責任、投獄、解雇などの手を使ってわれわれの組合を

「植物組合」に、労働者を「植物人間」に変えたいのだ。労働者を意のままにしようとするやり口をこの闘争を通じて改革できなければ、われわれは全員崖から真っ逆さまに落ちていくしかないだろう。したがって、何があっても勝利を手にするまで闘いつづけなければならない。私と行動をともにし、私を信じてくれた同志たちには感謝しかないと同時に、心から詫びたいと思う。★53

一人か数人の工場主と交渉する地域の労働組合どうしの協力が、全国連合へ発展した。目的は全国規模の団体交渉であり、少なくとも賃金水準の地域差があまり大きくない業種では実現しうることだった。★54 こうして特定の労働者グループの労働条件と賃金は、企業間の競争から除かれた。次の段階は企業レベルでの「社会的所有」、すなわち労使での経済力の分かちあいとビジネス上の意思決定および戦略設定への被雇用者の参加であり、これは福祉国家が興隆した時代のスカンディナビア諸国や西ドイツ〔一九五一年と一九七六年の共同決定法が有名〕に典型的な例が見られた。★55

過去二世紀にわたってこのような交渉がつづけられた結果、労働組合がとくに発達し成果を挙げた国では、さまざまな理由から組合ができなかった国にくらべて、賃金労働者の待遇ははるかに恵まれている。国内の部門間についても同じことがいえる。その最も明白な例がインドだ。インドでは、労働組合を結成したり団体交渉をしたりすることができるのは、全賃金労働者の七〜八パーセントを占めるにすぎない「近代的産業部門《フォーマルセクター》」に限定されている。

この部門の賃金、そしてとくに社会保障は「伝統的非公式産業部門《インフォーマルセクター》」、すなわち「非組織」部門にくらべて格段に手厚い[56]。

二度の世界大戦のあとに世界的なストライキの波が、労働組合組織化〔組合員の絶対数ではかられる〕の成功と労働組合組織率〔被雇用者総数に対する組合員の割合〕の伸長とほぼ同時に起こったのは偶然ではない。だが、一九五〇年代から一九六〇年代に最高水準に達した組織化と組織率の成功は長つづきせず、過去半世紀のあいだ世界中で確実に下降の一途をたどっている。これには多くの理由があるが、おもなものとして次のような背景が挙げられる（地域、経済部門、産業部門によって影響の程度は異なる）。政治体制の変化とグローバリゼーション、労働組合幹部の専従化による一般組合員との乖離《かいり》、事業再編、その結果としての組合員の専門知識と伝統の喪失、富裕国における工業からサービス産業への重心移行にともなう労働者の不均質性と非正規雇用の増加などだ[57]（詳しくは終章参照）。

組合組織化の成功による避けがたい結果は、組合役員と職員が有給で組合に専従するようになったこと、そこから組合内部の人間関係が希薄になったことである。とくに団体交渉は幹部と一般組合員のあいだの軋轢《あつれき》を生みやすかった。結局のところ、使用者側と組合側の交渉担当者は、合意した期間の契約を守るためにそれぞれの構成員をしっかり管理しなくてはならないのである。専従の組合指導部に対する不満から、一般組合員はもっとよい契約条件を勝ちとろうとして、いわゆる「山猫スト」〔組合指導部の指令・許可なしに一部の労働者が実行するストライキ〕に踏み切るかもしれない[58]。

富裕国で労働組合が衰退した一つの単純な理由は、工場や鉱山が閉鎖されたことだ。工場は低賃金の外国へ移転した。アメリカでは一九六九年から一九七六年にかけて数十万か所の製造工場が閉鎖され、二二三〇万人が仕事を失った。[★59] ブルース・スプリングスティーンは、繊維工場の閉鎖を歌った一九八四年の「マイ・ホームタウン」でアメリカに充満する根深い不満を描き、ユアン・マッコールは一九六〇年に「炭鉱夫の妻」でイギリスの炭鉱労働者の境遇を嘆いた。これらの問題は、今日もなお北大西洋地域の重要な政治問題として残っている。

もちろん、新しい仕事は絶えず生まれている。しかしここで重要なのは、昔の工場は組合の組織率が高かったこと、だがその数世代にわたる集団行動の経験が失われてしまったことだ。たとえばイギリスでは、アーサー・スカーギルを委員長とする全国炭鉱労働組合が炭坑の閉鎖に抗議して一九八四年から一年にわたるストライキを打ったが、このストライキは組合側の敗北に終わり、以後、イギリスの集団行動は衰退した。また、ほかの国では、新しい工場での賃金労働者と経営者の力関係について、ほぼゼロの状態から学びはじめなければならなかった。そのうえ仕事が下請業者に外注されたために、賃金労働者が労働組合の経験を積んでいくのに必要な長いキャリアというものもなくなってしまった。

労働組合が衰退した理由はもう一つある。一九六〇年代以降、富裕国で労働者の構成の多様化が進んだことである。[★60] たとえばアメリカでは、女性、移民、そしてとくにアフリカ系アメリカ人が、それまでアメリカ生まれの白人男性が占めていた領域に参入した。[★61] つねに賃金カット阻止に注意を払っていた白人男性中心の労働組合は、女性や移民やアフリカ系アメリカ人を信用せず、労働条件の改善など不要な連中だと決めつけた。戦前に雇用主がスト破りに移民を使ったせいで、彼らへの不信感は根深くなっていたのである。新参の労働者を文化的に異質と見なして排斥しようとする傾向は、労働組合の弱体化につながった。一時解雇手当の先任権を重視する労働組合の方針は、在籍期間の長い組合員には有利だったが、若い労働者や非組合員を遠ざける結果になった。

とはいっても、では移民や人種的マイノリティや女性が組合活動に参加させやすい相手なのかといえば、そうではない。オーストリアの社会民主主義者アドルフ・ブラウンは一九一四年に次のように述べている。

男性労働者は決められた時間に仕事をはじめ、休憩をとり、仕事を終えるが、女性労働者が仕事をする時間はたいてい、いやほぼ決まって無制限だ。終業時刻になって工場から帰宅しても、まだ何倍もの仕事が待ちかまえている。自分のことだけでなく、世話をしなければならない家族や子供たちがいて、そのうえ間借人やら下宿人やらのためにも掃除や洗濯や料理をしなければならない……労働組合の集会を終えてから夜遅くに暗く遠い家路をたどるのは、男性労働者にはなんでもなくても、女性にとってはたいへんなことだ。誘われて労働組合の一員になった女性でさえ、男性にくらべて集会に参加しにくい場合が多いのは、そういうわけなのである。★62

もちろん、こうした構造的な理由のほかに、政治的枠組みも問題になる。労働組合への加入に関していえば、政権政党の性質と、使用者と労働者組織との協力の度合いで国によって大きな違いが見られる。政府に左派議員がいるか、失業手当の問題に労働組合が関与しているか、組合を結成できる産業の労働人口はどれくらいかといったことだ。一九八〇年ごろで労働組織率が高かったのは、スウェーデン、デンマーク、フィンランド（八〇パーセント以上）だった。アイスランド、ベルギー、アイルランド、ノルウェー、オーストリア、オーストラリアは五〇〜七九パーセント、イギリス、カナダ、イタリア、スイス、西ドイツ、オランダ、日本はわずか二〇〜四九パーセントで、最も低かったのは二〇パーセントを下まわったアメリカとフランスだった。[★63]まれにもっと特殊な事情が国による違いの要因になることがある。たとえばフランスでは、組合員数が大きく変動する。ストライキの波が引くと労働者があっさり組合を離脱し、対立が激しくなるとまた加入するからである。

この数字は、国の政策が労働組合の寿命に直接影響をおよぼすことも明らかにしている。[★64]たとえば労働組合に重要な実行機能（とくに失業手当に関して）を委任しているスカンディナビア諸国のような福祉国家では、組合員数はおのずと高くなる。これがあてはまらない大半の西ヨーロッパ諸国のような国では、組合員数ははるかに少ない。とくに、一般的拘束力のある労働協約は組合への参加意欲を減退させる。これに該当するのがたとえばオランダである。この国では非組合員も、組合費を払っている真面目な組合員も、組合の決めた有利な条件から同等に利益を得られる。あとで述べるが、最近の数年間に下請業者と派遣業者が増加し、それもあって給与体系の種類が多くなったせいで、一八五〇年ごろから一九八〇年ごろまでの時代を特徴づけていた典型的な工場の労働組合にくらべると、現在の労働組合の仕事ははるかにやりにくくなっている。

政府が労働組合を妨害し、弾圧する国では、輪をかけて組合員数が少ない。独裁政権下では、独立組織としての労働組合は昔もいまも禁止されている。あるいは労働組合が国家に完全に組み込まれる場合もある。これにコーポラティズム的手法（政府の指導による労使の強制的な協調）をとったのがファシスト政権下のイタリアとナチ政権下のドイツ、共産主義的手法がとられたのがスターリン政権下のソ連だった。もっと最近では、ラテンアメリカ、ヨーロッパ、アラブ諸国の軍事政権が労働組合を廃止し、組合の指導者や熱心な組合員を投獄したり、厳しい統制のもとに対抗組織を設立したりしている。中央集権主義の新しい指導者のもとで、こうしたエセ組合（つまり黄色組合）も確かに組合文化という意味では一定の役割を果たしているが、労使間の共同決定という労働組合の最も重要な自立した機能は果たせずにいる。[★65]

アメリカの組合員数の少なさは、他国で影響している多くの構造的要因に加えて、人種対立とさまざまな邪魔、妨害、弾圧の直接的な結果である。[★66]アメリカでは労働組合主義が早くから芽生えて経験豊富な移民労働者に支持され、十九世紀末には労働騎士団（一八六九年に設立され、農民、小売店主、労働者の協同組合を広めた）の成長とあいまって発展した。雇用主はしばしば当局と癒着《ゆちゃく》し、訴訟、スパイ行為、暴力、テロ行為を含む容赦ない対抗手段を打った。よく知られている最悪の例は、一八九二年にカーネギー鉄鋼会社のホームステッド製鉄所で起こったストライキだろう。製鉄所の責任者ヘンリー・クレイ・フリックはストライキを制圧するために、ピンカートン探偵社の三〇〇人の武装警備隊を投入した。彼らが労働者に敗れると、さらに八〇〇〇人のペンシルベニア州兵が送り込まれた。それでも九五日にわたって膠着《こうちゃく》状態がつづき、スト破りの手を借りてフリックに勝利がもたらされた。労働者の武力闘争の例は、とくに第一次世界大戦時から一九三〇年代までに多くを数えている。一九三五年のワグナー法（全国労働関係法）は労働組合の権利を認め、拡大するものだったが、それも一九四七年のタフト・ハートレー法〔クローズド・ショップの禁止、公務員のスト禁止、組合活動に対する不当労働行為認定制度など多岐にわたる〕と、その後のマッカーシズムで骨抜きにされた。こうして、かつて勢いさかんだった労働運動は、技能労働者による主として工場での行動に縮小された。

ここで労働組合の国際協力の歴史をふり返るつもりはないが、一点だけ述べておきたいのは、労働法と労働条件への多国的、世界的な影響である。国際協力の試みは数多くなされたが、最も成功したのはまちがいなく一九一九年に創設された国際労働機関（ＩＬＯ）である。★67

ＩＬＯは労働者どうしの国際的な協力の長い伝統の上に築かれている。はじまりはいくつもの町にまたがる手工業職人の組織だった。フランスのコンパニョナージュや、ドイツのヴァンダーゲゼレがその例である。十九世紀になると別のかたちの組織が生まれたが、これもまた国境を越えて仕事場を転々とする船員などの移動労働者によるものだった（移動労働者と船員については、第17章「複数年にわたる一時的な労働移動」の節を参照）。このような協力は、スト破りに雇われる外国人を入国させないためであり（一九〇一年から一九〇四年にスペインのガリシア地方とポルトガル北部のあいだでは奏功した）、また同業の労働者間の競争を減らすためでもあった。これは自分の身を守るのが目的だったかもしれないが、少なくともさまざまな国の労働者が同じ多国籍企業で働く状況では、他国の労働者との接触が情報を交わす機会にもなったのは確かである。たとえば一九九〇年代に、国際金属労働組合連盟（ＩＭＦ）は五〇〇社以上の企業の情報を保有していた。★68

「インターナショナル」な組織はさまざまなものが知られているが、加盟者の士気高揚から組織化された革命まで、もたらした効果は千差万別である。ロンドンで結成された「デモクラティック・フレンズ・オブ・オールネーションズ」（一八四四～一八四八／一八五三年）などの先駆者の運動を経て一八六四年に創設された第一インターナショナル（国際労働者協会、一八六四～一八七六年）は、まだ小規模だった。第二インターナショナル（一八八九～一九一六年）は世界各地でより多くの加盟者を集め、より長く存続した。だが、第二インターナショナルは多くの点で深い断絶も抱えていた。イデオロギー論争（社会主義者と無政府主義者）だけでなく、一九〇四年と一九〇七年の大会で国際的な労働移動が議論されたときに明らかになったように、現実的な問題もあった。国際的な連帯という高邁《こうまい》な理想を掲げながらも、白人植民地は「非白人」の無制限な流入に断固反対したのである。全般的に見て、労働運動における植民地住民に関する人種差別的な態度は、二十世紀に入って労働運動が脱植民地化を支持したあとでさえはびこっていた。★69だが、一九一四年のあの運命的な夏ほど、ヨーロッパ諸国の労働者組織間の連帯が誰も予想しなかったほど薄っぺらに見えたときはなかった〔一九一四年七月に第一次世界大戦が勃発すると、労働者党、労働組合が以前の反戦決議を裏切り、自国の戦争遂行を支持、国際組織として機能不全に陥った〕。

これらの「インターナショナル」で、労働組合と政党は協力して活動したが、一九〇三年に北大西洋地域諸国の社会主義労働組合を中心に国際労働組合書記局（ＩＴＵＳ）が設立された。この組織は一九一三年に国際労働組合連盟（ＩＦＴＵ）と名称をあらため、一九四九年には国際自由労働組合連盟（ＩＣＦＴＵ）に活動が引き継がれた。これらの団体は、サンディカリスト、キリスト教徒、共産主義者がそれぞれ創設した同様の全国労働組合の国際的な連盟と競争することになった。

このような国際組織は、特定部門の労働組合を団結させるためであれ、イデオロギーを同じくするあらゆる種類の加盟団体の結束のためであれ、どれもみな世論に影響をあたえようと努め、多くが政府にも直接働きかけた。第一次世界大戦後に設立された国際連盟（およびその後継の国際連合）は、こうした活動の中心になった。ＩＬＯは一九一九年に、「平和は社会正義を基礎としてのみ確立することができる」と宣言したベルサイユ条約の具体化として創設された。さいわいなことに、主要国の政治家たちは「ロシアの長い影」を抜け出そうとして、国際的な労働組合運動が有効だと考えたのである。★70 ＩＬＯは創設からわずか一か月後のワシントンでの第一回総会で、製造業における労働時間を一日八時間かつ週四八時間に制限するなどの労働基準に関する法律を制定するよう、加盟国を外交手段で説得した（労働組合と違って、ＩＬＯは闘争手段としてストライキを使用できない）。★71 ＩＬＯが達成した最大の成果に、奴隷労働と奴隷貿易への対抗措置がある。

第27章 仕事と国家

労働関係とそれにかかわる者の戦略が――個人ないし集団による「自然発生的」な行動または恒久的な組織による行動で――大きく変転したことから、社会の性質も過去二世紀で根本的に変わった。おもに世帯内のものだった仕事が公共の領域に移行するにつれて、仕事に関する法と規制がますます多く必要になり、さらに絶えず修正を重ねていかなくてはならなかった。[★1]地方自治体にかわって国民国家が法と規制をつかさどるようになり、最終的に国際的、国家超越的な協定にかたちを変えていった（奴隷貿易と奴隷制の廃止運動がよい例である）。ただし現実には、国ごとに傾向の異なる法学派が興隆したこと、また民主化が進んだこともあって、各国の法と規制にもさまざまな違いが生じ、木は見えども森が見えない状態になっている。

この途方もなく多様ななかにも、柱になる二つの法体系がある。英米法と大陸法である。英米法は二つに大別でき、一つは一三四九年のイギリスの労働者勅令を起源として政府と市民の代表が決議して制定された労働立法、より重要なもう一つは十六世紀末からの先例に照らしてくだされた判決の集積で成り立つコモン・ローである。[★2]ヨーロッパ大陸では、フランス革命以降、それ以前の地域条令とそれぞれに対応する地方議会の議論を踏まえ、それを置き換えるかたちで体系的に編纂《へんさん》された国内法（成文憲法と、民法、刑法、商法、労働法、軍法などの個別の法典）が採用された。イギリスの植民地は当初は本国にしたがっていたが、のちにはアメリカのほかオーストラリアまでをも含む多くの植民地がそこに大陸法のモデルを加えた。これらの法がどのように整備されるかは、係争当事者である自営業者や賃金労働者（個人および集団）、雇用主、それぞれの法律顧問（たとえば大きな労働組合には法務部がある）にとってむろん非常に重要な問題である。

　しかし現実には、過去二世紀に北大西洋地域とその派生国に、そして過去半世紀にはもっと広範囲に、大きな変化の波があったことが認められるだろう。アンシャン・レジームにおける規制と団体《コーポレーション》（世帯、領地、ギルドなど）から、十九世紀前半の脱規制と脱団体《デコーポレーション》、それにつづく一世紀の再規制と再団体化《リコーポレーション》、そして二十世紀末以降のふたたびの脱規制と脱団体である。[★3]二〇〇八年の金融危機を契機に、新型コロナウイルス感染症のパンデミックの影響も受けて、振り子はいまふたたび逆方向に振れているのかもしれない。しかし、その状態がいつまでつづくかはわからない。

　さて、脱団体が進行したというなら、世帯について観察する必要があるだろう。世帯の再団体化は十九世紀末からまったく見られないからだ。中心的な労働単位としての世帯は、とうとう決定的に力を失った。このことは、家内労働者、自営労働者、賃金労働者にどのような影響をおよぼしただろうか。最後のグループ、すなわち賃金労働者はあとの二つのグループよりも目立つようになり、第6部で述べたとおり、最も注意を払われている。非自由労働に関する立法についてはすでに簡潔に論じたので、ここでは触れずにおく。

当初の労働関係はおもに世帯内のもの、つまり世帯の長と（通常は）その配偶者とそのほかの成人および子供——奴隷がいる場合は奴隷も——のあいだの取り決めだったが、十九世紀以降は公的な法と規制のなかでかたちづくられなければならなくなった。これは児童労働に関する議論にとくに明確にあらわれている。国は児童の保護義務を世帯から奪い、結果的に父親の（そして父親を介して母親の）法的権限を剝奪してよいのだろうか。十九世紀には、これは決して自明の理ではなかった。一八七七年から一八七八年に児童労働に関する保護法の問題が議論されたとき、ベルギーの国会議員は次のような意見を述べて強く反対した。

労働者は父親でもある……国が公共の利益のためにある種の職業、たとえば医療や調薬などについて規制できるのは疑いようもない。害虫を食べてくれる鳥が殺されないように、家畜がひどい扱いを受けないように、動物を保護することもできる。だが、国が干渉すれば、かならずわれわれに干渉がおよぶことになる存在がある。それは魂のすべてを通じてわれわれと結びついている存在、すなわち子供たちだ。★4

それでも次の世紀に移るころには、この論争は児童保護法に軍配が上がった。だが、妻と妻の労働、そしてその収入に対する夫の権限を縮小するには、それからまだほぼ一世紀を要することになる。

一方、教育は個々の人間にだけでなく、国民経済全体の利益になるという考えに対してはほとんど反対はなかった。[★5] 十九世紀のアメリカで初等教育の成功で労働生産性が向上したことから考えても、この見方が正しいのは明白である。もちろん、向上心のある若い世代が移民になって旧大陸から出て行ったために生じた影響を見過ごしてはいけないが、イギリスがようやく生産性を向上させたのは一九〇〇年ごろのことで、フランスとドイツはもっと遅かった。二度の世界大戦による荒廃に足を引っ張られたフランスとドイツがイギリスを追い越したのは一九六〇年代である。一九八〇年代までにはアメリカにも追いつき、ゼネラルモーターズ、フォード、クライスラーを擁する国をついには追い抜いた。

この進歩を説明するのが教育である。アメリカでは一九四五年ごろまでに、ほぼすべての国民が中等教育を受けられるようになり、高等教育の拡大においても大きく前進したが、一流大学が私学化されて大学が狭き門になったせいで、日本の普通教育に追い越される結果になった。アメリカでは初等教育と中等教育の質のばらつきは比較的少なく、イギリスでもそれほど極端ではないが、高等教育機関については一九八〇年代から一九九〇年代以降、財政的に豊かな私立学校と余裕のない公立学校のあいだに深い溝ができている。

日本は総合能力に重点を置いた国の教育システムが広く普及したおかげで、アメリカ式の経営モデルとは違うやり方を発展させることができた。日本企業は製造現場で問題を見つけ、ただちに修正できる工場労働者の能力を信頼し、現場の判断に任せてきた。カナダの経済学者ウィリアム・ラゾニックによれば、アメリカの経営陣は熟練した工場労働者の独自の判断を脅威と見なす傾向があるのに対し、日本の経営陣は歓迎すべきこととして彼らを信頼する。このことが——移民がきわめて少ないこととあいまって——日本人の「サラリーマン」現象を説明している。「サラリーマン」とは、成功した輸出産業の企業にすべてを捧げて働く終身雇用の正規労働者である。日本の労働法はこのモデルを念頭に制定された。ただし、ここで一言つけ加えておかなくてはならない。十九世紀のイギリスで成人男性の繊維工が潤ったときに女性と子供は除かれたのと同じように、日本の女性もおもに「二次的労働力」と見なされていた。★6

政府が数世紀にわたって商業活動の法規制を積み重ねてきたために、自営業者にはその間ほとんど変化がなかった。ある国ではギルドの独占が徐々に廃止され、ある国ではギルドが突然排除されて、契約の自由と市場における競争の自由がすべての個人に平等に保障されたかに見えたが、ことはそう単純ではない。たとえば、共有地《コモンズ》の分配にあずかれなかった小規模農家を考えてほしい。また、とくに借地契約、事業用地の借り入れ、金融業における高利貸しの防止に関しては、まだ整備すべき点がたくさんあった。★7

この件についてはここでこれ以上掘り下げるのはやめて、最も変化が大きかった集団、すなわち賃金労働者の問題に戻ろう。歴史的には三つの段階に区分できる。まず、一八〇〇年ごろに団体の秩序が崩壊し、きわめて純粋な市場の働きがそれに取ってかわって、労働契約が何よりも重視されるようになった。つづいて十九世紀のあいだに、この労働契約の働きをもっと平等なものにし、集会と結社の権利、そして最終的にはストライキ権（第27章「公平な市場環境の追求」の節を参照）を獲得しようとする労働者の努力があった。最後の段階では、とくに二十世紀になってから福祉国家のかたちで国が雇用主および被雇用者とともにますます積極的な役割を果たすようになったが、二十世紀末以降は部分的に役割を縮小しはじめている。

コーポラティズムから市場へ

フランス革命は、個人としての成人男性市民の自由と平等を宣言し、身分や団体の課すべての抑圧から彼らを解放しようとした。[★8] 一七九一年三月にギルドの廃止につながる法案について議会で報告したピエール・ダラルドは、「労働の権利は人間の権利の最も重要なものの一つである……この権利は人間の財産であり、いかなる命令によっても奪うことのできない、最も神聖な第一の権利であることに疑いはない」と述べた。ところが、それからまもなくして印刷工や大工や蹄鉄工が新しく認められた集会と結社の政治的自由を行使して給料の削減に集団で抗議したとき、イザーク・ル・シャプリエ（ダラルドの同僚議員）は、真の自由を保障するためには給料の引き上げが必要だと認める一方で、労働者と雇用主の双方について、「日当を引き上げる目的で労働者が形成し、［そのような賃金を］引き下げる目的で事業家が形成する」あらゆる連合組織の禁止を強く要求した。ル・シャプリエはその矛盾した意見を次のように説明している。

すべての市民は集会する権利を確かに有するが、特定の職業に就く市民が共通の利益を意図して集会することは認められない。もはや国家には同業組合《コルポラシオン》は存在しない。存在するのは各個人の個別利益と一般利益のみである。市民に対し中間利益を宣伝し、コルポラシオンの精神を利用して市民を国家から引き離すことは何人にも許されない……われわれは各労働者の日当を決めるのは個人と個人のあいだの自由な合意であるという原則に立ち返らなければならない。雇用主とのこの合意を守るのは各労働者の責任である。★9

フランス革命の原理にもとづいたわけではないが、英米法は十九世紀に労働関係を期間限定的な二人の個人間のサービスの提供と支払いに関する契約という最小限の原則、とくにイギリスの裁判官ジョージ・ジェッセルが一八七五年に述べた言葉を借りれば、「十分な理解力をもつ成人どうしの……自由で自発的な……契約」に単純化しようとした。★10 その三〇年後、アメリカ最高裁裁判官のルーファス・ウィーラー・ペッカムは、ニューヨーク州がパン職人の最大労働時間を決めるのは憲法に認められた権力の逸脱にあたるかどうかが争われた裁判の判決において、同じようにこの原則を明確にした。ペッカムによれば、州の介入は「安全、健康、道徳、公共の一般的な福祉」に限定されなければならない。しかし、

清潔で栄養のあるパンは、パン職人が一日一〇時間働くかどうか、週に六〇時間働くかどうかとは関係がない……一人のパン職人がパン屋で働く時間と、その職人がつくる

パンの衛生上の品質とのあいだに関連性を見出すことはできないとわれわれは判断する……一つの階層としてのパン職人が、ほかの職業や肉体労働の男性と知性や能力の点で対等でないとか、彼らが自分の判断や行動の独立性に介入する州政府の保護なくしては権利を行使することができず、また自分で自分の面倒を見ることができないとする論拠はない。彼らは州政府の被後見人ではないのである。★11

公平な市場環境の追求

現実には、賃金労働者と雇用主はまったく対等ではなかった。それは何よりも完全に公式の理由によるものであり、なかでも長きにわたる最大の問題は英米法にあった。イギリスでは一八六七年まで、労働者が契約に違反した場合は処罰を受けなければならず（雇用主は違反しても罰せられなかった）、それが労働組合による集団行動の重大な障害になった。その典型的な例が、一八四四年にイギリス北部の炭田で起こった大規模ストライキである。

［ノーサンバーランドにある］ラドクリフ鉱山の代理人は偽りの口実を設けて昔からの坑夫をやめさせ、かわりに三二人のコーンワルの炭鉱労働者を集めて、一日四シリングで一二か月間の契約を結んだ……四週間たってから、現場監督は彼らに桶一杯分の採掘物につき四ペンスの支払いを提案したところ、四人を除いて全員が姿をくらました。逃亡したコーンワルの労働者を逮捕するために賞金がかけられた。ニューカッスルの警

察がそのうち四人を逮捕し、二輪馬車に乗せてアンブルへ警官隊が護送した。哀れな労働者たちは月曜の夜から拘束され……火曜の夜に脱走を企て［首尾よく成功し］た……逃亡した残りの労働者はノースシールズの警察に逮捕された。汽船と警官隊と特別巡査が派遣され、彼らを治安判事の前で尋問するために、まずアルンマウスへ、そこからさらにアニックへ送った。[★12]

このような障害はあったが、イギリスの工業の中心である繊維産業の労働組合は、団結禁止法など存在しないかのように、雇用主となんとかして特別の取り決めを結んでいた。イギリスとは対照的に、フランス民法典〔別名ナポレオン法典〕（一七八一条）には契約不履行に対する刑事上の制裁は含まれなかった。ただし、雇用主の証言は真実として認められるのに対し、労働者は法廷での審理に証人を呼ぶことができないと定められていた。[★13]もう一つの面でも、フランスの（そしてフランスを手本とするヨーロッパ大陸の多数の国の）労働者は、イギリス海峡の向こう側にいる仲間よりも多くの自由をあたえられていた。イギリスでは、借金を返済できない債務者は厳罰に処され、特殊な債務者監獄に収監されるか、北アメリカか、のちにはオーストラリアに流刑にされたが[★14]（第21章「現在の状況」の節を参照）、フランスとその他多くの大陸諸国では、債務は商業上の問題とされ、犯罪とは見なされなかった。アンシャン・レジームのもとで一七四九年に導入された労働者手帳《リブレ・ウーブリエ》（略してリブレと呼ばれる）は労働者に携帯を義務づけた個人就労証で、代々の雇用主が記入する雇用記録だった。この労働者手帳は一八〇三年に再導入されたときにに新しい仕組みが加えられた（労働者手帳制度は一八九〇年に廃止された）。市長はリブレを発行して登録する責任を負い、リブレを所持していないことが発覚した労働者は逮捕され、浮浪者として処罰されることになったのである。さらにもう一方で、「雇用主が経済的権限を行使して前払い金債務を労働者に負わせて拘束することが旧来の普通法で認められていたところに、［現在のリブレによって］雇用主が変わった場合に債務が引き継がれることになった……つまり新しい雇用主はその労働者の賃金から最大八分の一の額を控除して、前の雇用主に返済する義務を負った」のだ。この制度に効果があったことは、労働裁判所の調停がうまくいったのを見れば明らかである。★15

十九世紀前半のフランスでは仲裁と調停が功を奏したにもかかわらず、このあからさまな市場システムは、たとえ英米法のような契約違反に対する刑罰の不公平さがなくても擁護しがたいものだった。著名な言語学者のヤーコプ・グリムと弟のヴィルヘルム・グリムが編纂したドイツ語辞典では、*Gewerbefreiheit*（経済活動の自由）は、*Gewerbefrechheit*（経済活動上の傲慢）が生じれば、消滅が避けられないと記述されている。★16 十九世紀半ばのイギリスで万能薬としての仲裁と調停への期待が薄れたときに膨らんだのは、まさにこの傲慢さに対する警戒感だった。イギリスのチャーティスト運動や、フランスとドイツの一八四八年の革命で職人や労働者が果たした役割を考えてみてほしい。ストライキを含む集団での示威行動を通じて、労働者が団結して自らの交渉力を向上させる権利に焦点があてられるようになった。

十九世紀後半から、労働者が労働組合を結成する法的権利を認める国が増えてきた。それ以前はイギリスなどのかぎられた少数の国でしか認められず、しかも活動は厳しく制限されていた。[★17] イギリスで一七九九年と一八〇〇年に制定された団結禁止法は仲裁と調停を奨励し、争議行為を違法としたが、労働者は賃金と労働条件の改善のために平和的に団結することを認められていた。一八二四年にこうした組織化への制限は撤廃されたが、一八六七年まで労働者はまだ契約違反に刑罰が科され、それが労働組合による集団行動の重大な足枷になった。フランスではコンパニョナージュの制度があり、また一八六〇年代になって多数の労働組合が容認されたが、コンパニョナージュ以外の労働組合が合法化されたのはようやく一八八四年のことである。[★18] ほかの多くのヨーロッパ諸国はこれらの原則にならった。イギリスおよびフランスと同様に賃金要求の集団行動が認められる労働組合を設立する法的権利が確立され、不利な法律が廃止されたのは、十九世紀が終わるころだった。

　労働組合の権利は、イギリス、フランス、そして他のほとんどのヨーロッパ諸国において最終的に宣言されたが、どの国でもなんの異論もなく認められたわけではない。たとえばアメリカでは、労働組合を結成する憲法上の権利と、最高裁裁判官のペッカムに代表されるような一貫して反労働組合的な判決とのあいだに、見苦しい対立の歴史がある。一九三五年にフランクリン・ローズヴェルト大統領がアメリカ合衆国憲法修正第一条と第一三条〔第一条　信教・言論・出版・集会の自由、請願権、第一三条　奴隷制廃止（一八六五年）〕にもとづいて施行した全国労働関係法（NLRA、ワグナー法とも呼ばれる）でも、この対立に終止符を打つことはできなかった。[★19] ヨーロッパ諸国が自らの植民地の臣民にそのような権利を付与するのが本国よりもはるかに遅れたのは、意外なことではないだろう。[20] 共産主義国も含めて、政治制度の多様なほかの多数の国では、労働組合は禁止されるか、無力化するために企業に完全に取り込まれている。

労働市場への国家の関心の高まり

十九世紀後半から、再規制と再団体化の過程で国民国家がますます重要な役割を帯びてきた。国家は立法と法執行の独立した主体になった。実際には、もとから陸海軍軍人や公務員の雇用主として長いあいだ独立した主体だったのだが、企業の国有化や、共産主義国での生産手段の私有廃止とともにその重要性がいっそう高まったのである。福祉国家では多数の公務員に新しい職務を遂行させるために、急増した税収の一部が充てられた。[21] 本来、この新しい役割は労働市場の平等性がお題目にならないようにすることにあり、そこには社会民主主義の合意を得たうえでの防衛的保守主義（ドイツのオットー・フォン・ビスマルクだけでなく、ローマ教皇の行動も思い出してほしい）から、労働者の権利を強化するための急進的な試みまで、さまざまに重複する政治的背景がありえた。

このような国家の介入がどの分野にどんなかたちであらわれたかというと、まず前述した仲裁と調停の継続もしくは拡大であり、それはたとえばアメリカやイギリスでは任意だったが、カナダ、オーストラリア、ニュージーランドでは義務づけられていた。[22] 次に、自分で自分の利益を守れないと考えられた人びと——第一に子供と女性で、工場労働者はその次——の保護に力が入れられたことで、多くの国で次々と工場法が制定され、またその遵守を監督するための機関が設けられた。この分野では、最善の（もちろん各国の政治的信念にしたがって最善の）方法が試され、模倣する動きが世界に広がった。たとえば日本の工場法（一九一一年）や中国の工会条例（一九二四年）がよく知られている。[23] ここで重要なのは、どの労働者が法律で保護され、どの労働者が保護されないかという問題である。それを最もよく示しているのがインドだ。この国では賃金労働者の大半が「伝統的産業部門《インフォーマルセクター》」に属していると見なされ、国家の保護をまったく受けていない。

さらに二十世紀には、地域住民の福利、とくに賃金労働者の福利を直接的に向上させる地方自治体の伝統的な役割を国家が引き継ぎ、こうして働く人びとの生活が労働法によってますます規定されるようになった。国家の政策は貧民救済と差別的課税による所得政策をはるかに超えたものになったのである。

では、福祉国家はどのような策で働く人びとの福祉を増進しようとしたのだろうか。非常に危険なものとされていた社会主義にかかわるものを打ち出すためにも、工業化を推進するすべての国は工場の安全と労働時間についてなんらかのかたちで規制しようとした。保険制度への干渉も同じくらい重要だった。紛争の解決には先に見たように調停が薦められ、専用の法廷が用意されることもあった。次の段階は労働市場への介入で、最低賃金が設定され、最終的には貧民救済とは別に失業対策の規定が設けられた。[24]

ここからは第一次世界大戦前のいくつかの重要な労働者保険、なかでも事故、病気、失業に備える保険を中心に検討しよう。なんらかのかたちで世界中で模倣された二種類の主要な

労働者保険は、イギリスとドイツで発達した。[★25]

事故、病気、失業に備える保険政策——二つのモデル

イギリスでは長いあいだ、政府は「自助」の促進を基本方針にしていた。病気や事故で一時的に働けなくなった場合に備える相互保険は、たいてい親方とは独立して設立された友愛組合（共済組合）が給付した。国はそのサービスの質を向上させるために友愛組合を申請登録制にした。プロイセン、一八七一年以降はドイツ帝国も自助に期待したが、イギリスとは逆に、その目的を達するために拠出制の公的強制保険のかたちにした。プロイセンとドイツがその政策を採用したのは、（イギリスよりもはるかに遅れて）経済活動の自由を導入したもの の（それによってギルドの独占を解消し、都市へ自由に移動できるようにした）、社会保障の一部をギルドから引き継ぐ必要に迫られたからだ。そのために二つの方法がとられた。第一に、より一般的な一八四二年の新しい救貧法は、奉公人、職人、熟練工も含めて、正規に雇用されるすべてのプロイセン市民に適用された。第二に、より具体的な一八四五年のプロイセン営業令は、職人に地域の同業者基金への加入を要求する地方自治体の権限を認めた。さらにプロイセンは、一八四五年から一八六五年にかけて国内の鉱業の独占を廃止したとき、鉱山労働者共済組合を存続させた。この共済組合は十六世紀に起源があり、鉱山主と労働者の双方が出資する就労不能保険である。こうした法律は国が管理する将来の強制保険の先例になった。事故や病気に備える保険に関するイギリスとドイツの方針の比較は非常に興味深いが、[★26]

ここではそれに触れるのはやめて、失業保険について考えたい。

失業対策と労働争議の調停

失業保険、少なくとも一定期間だけ給付される失業保険は、ギルドと共済組合の給付のなかで最も古く、最も困難なものの一つである。★27 給付が困難なのは、同じ職業に従事する会員からなる組織では、全会員が同時に景気の影響を受けるからだ。だが、多様な会員からなる組織でも、景気循環の下降局面ではほぼ克服不能な困難と闘わなくてはならない。そのため、このような仕組みにはかならず給付に多くの制約があった。普通、失業保険は失業後一定の期間が経過してからでなくては給付されず、しかも給付期間も短かった。そのかわりに救貧法があったが、多くの場合、一時的失業者（つまり「まともな」労働者）は給付金をもらうのと引き換えに有益な仕事、とくに公共事業で働くことが求められた。イギリスのジョゼフ・チェンバレン自治大臣は一八八六年に、「低賃金で妥当な仕事をあたえれば、根っからの怠け者や慢性的な貧困者に厳しい態度をとることができる」と述べている。★28 地域レベルでは、公共事業による失業対策には多くの障害があった。

十九世紀末のドイツとイギリスは社会政策にも重要な違いが見られる。ドイツでは、失業保険はかぎられた少数の都市にしかなかったが、イギリスでは一九一一年の国民保険法に強制的な失業保険が盛り込まれた。順調に工業化を進める近代的な二つの国のあいだに、これほど大きな違いがあるのはなぜなのかという疑問がふたたび湧いてくる。

一九一一年の国民保険法によるイギリスの対策では、失業の多い部門、主として土木建築業での正規雇用者による毎週の強制的な保険料の支払いが定められた（保険料負担は労働者と雇用主がそれぞれ三八パーセント、政府が二四パーセント）。失業後わずか一週間で支給が開始され、年に最大一五週まで給付される。ストライキによる失業は対象外だったが、他方で労働組合の自発的失業保険に国が助成金を出していた。第一次世界大戦後、長期にわたる大量失業に対応するために全部門を対象にした失業保険が一九二一年に制定され、定額給付から扶養家族加算を含む給付に変更された。

ドイツの失業保険制度は多くのヨーロッパ諸国と同様に、いわゆるゲント制が中心だった。ゲント制は労働組合を運営主体とし、自治体が地域内の組合にのみ補助金を支給する仕組みである。補助金を受けた労働組合は、失業保険基金と、ストライキ中の組合員の収入減を補償するための一般資金を厳密に区別するよう義務づけられた。ドイツの地方公共職業紹介所はイギリスよりもはるかに長い歴史がある。一八六九年から一九〇〇年までは政府の管轄外だったが、その後、透明性を高めるために運営が許可制になった。労働組合の多くが活動内容に失業保険給付を含むようになるにつれて、組合は職業紹介市場のシェアも獲得しようとしはじめた。一九〇三年には、職業紹介市場の三〇パーセントを非営利組織の職業紹介が占めた。雇用主の影響下にある民間の職業仲介業は、当然ながら、労働運動家などの好ましくない労働者をブラックリストに載せる機会が十分にあった。

ドイツには一九〇四年から一九〇五年に二一六か所の公共職業紹介所があったのに対し、

イギリスにはわずか二一か所しかなかった。ドイツで成功したのは、一つには労働組合が失業保険を扱ったからで、一九一一年からはゲント制で補助金が支給されるようになった。補助金を支出するのは地方自治体で、その財源の一部には善意の寄付が充てられたが、しだいに公的資金の割合が増えた。寄付のおかげで、定められた最大給付期間に支払われる保険金額が五〇パーセント増加した。雇用主組織と労働者組織が同権で共同運営する職業紹介所が普及し、失業の原因が本当に自発的な（自己の責任による）ものでないことを関係者が判断できるようになった。実際には、労使共同運営の職業紹介所は熟練労働者に有利だった。加入している労働組合が失業保険基金を非常にうまく管理、運営できたからである。同じ理由で、労働組合が特定部門の労働者を団結させるのにも役立った。政治面から見ると、ドイツの都市がゲント制を導入したことは、ドイツの福祉政策が根本的に変わり、労働組合が「社会問題の規制に関する正当な行為主体」として認められた印といえる。★29

しかし、ゲント制による失業保険はドイツのごく一部の都市で採用されただけだった。というのも、社会主義者や労働組合やその支持者が、労働者のための失業基金を助成するのは有益だと市議会に納得させるだけの力をもたなければならなかったからだ。ゲント制の名の由来であるベルギーのヘント市ではこれが実現したが、ドイツの大半の都市では、政治的多数派は労働者の組織に意味を見出せなかった。イギリスでは「組織された労働者がイギリスの政治制度の一部として実質的に統合された」ため、イギリス式の失業対策はゲント制よりも成功した。★30ドイツでは、労働組合に加入する労働者の割合がイギリスにくらべてかなり小さかったので、同じようにはいかなかったのである。

福祉国家の出現

これまでに説明したすべての政策と立法措置は、よくいえば市場をよりよく、うまくすれば最適に機能させるのを目的とした制度、悪くいえば本質的に不平等な市場システムへの気休めの手直し策と見なせるかもしれない。後者のように考える人びとは、（大規模な）雇用主を排除することで市場を、あるいは市場の大半をなくそうとした。とはいえ共産主義国でも病気や老いなどの人生の問題は同じように発生するから、保険が最善の解決策として受け入れられてきた。ただし、その資金は労働者自身が任意もしくは強制で負担するのではなく、一般税でまかなわれた。

ほかのほとんどの国は、福祉国家という概念が生まれるずっと前から、福祉国家が要求するものに実質的に備えていた。そのために政府は、より多くの賃金労働者を直接雇用したのである。多くの国は徴兵制を導入する以前も、職業軍人の常備軍を維持することで必要な管理技術を培っていたし、徴兵制の実施も相当な官僚的能力と管理技術を要するものだった。十九世紀から二十世紀に国民国家の任務が――植民地経営のための人員も含めて――拡大したことにもそれがあらわれている。

これまでに論じた社会立法の実現は、労働者の集団行動だけでなく、個人の投票行動の結果でもある。[★31] 国民の大部分に選挙権が拡大され、臣民から市民へ格上げされた国民の労働に対して、国家はいっそうの、しかもより細やかな介入を迫られたのだ。国家はよい労働環境と十分な収入を用意することが何よりも国民のためになると自負し、世界一の国、すなわちあらゆる面で充実した福祉国家を約束した。この約束はとりわけ二度の大戦中と戦後に強く主張された。市民が国家のために払った計り知れない犠牲に報いるために、国は市民生活の格段の向上を確約した。すべての苦しみは無駄にはならないのだと。

選挙で選ばれた政府のこの約束に、有権者である労働者の大多数は期待を寄せたが、おたがいの見込み違いがこの一〇〇年の深刻な政治的緊張を招いた。雇用主は少なくとも数の上では少数派だったためロビイストの役割を余儀なくされ、当然のように全力でその役割を果たしていく。ドイツ工業中央連盟（鉄鋼業の事業団体を基盤とする組織）は、すでに第一次世界大戦前に嵐の兆しを見抜いていた。一九一一年にホワイトカラーだけの失業保険に関する法律が制定されたのを受けて、ドイツ工業中央連盟の主要メンバーであるアレクサンダー・ティレは次のように述べた。

この法律の基礎にあるのは、貧困でもなければ、国力の維持への関心でもない。これはいわゆる社会政策、いいかえれば、配慮を示すことが望まれる有権者の願望に対する配慮のたんなる一つの側面にすぎない。国民のなかの特定の集団がもっと快適でいたいと願えば、いつでも政府が彼らの願望をかなえる法律を制定することがドイツの習慣になってしまうとしたら、わが国が社会主義国家になるのも時間の問題だろう。★32

ティレの予言は彼が考えていたよりも、つまり恐れていたよりも早く現実になった。しかし歴史がくり返し明らかにしたとおり、ティレは自分の所属する組織や、議会制民主主義におけるほかの雇用主組織のしぶとさについて悲観しすぎていた。

ほとんどの国は、福祉国家をことさら名乗ったわけでもなければ、福祉国家の廃止を宣言したわけでもない。例外は、福祉国家という明確な言葉こそ使わなかったが、初めからユートピアを約束した独裁政党による権力の掌握である。ロシア革命とその模倣者は最もよく知られた例であり、またコーポラティズムの政権も典型的な例だ。戦間期のコーポラティズム政権は万民のより大きな幸福と福祉と引き換えに、議会制民主主義をお荷物扱いした。万民というが、スケープゴートにされる集団はむろん別である。

とはいえ、福祉国家は何もないところにいきなり誕生したわけではない。十九世紀に高まってきたナショナリズムは国民の労働力にますます関心をもち、それを祖国のために活用しようとした。つづいて労働者に国家への奉仕を強制しようとする思想が生まれた。それを絵に描いたような例が日本に見られる。一九一一年に若い女性繊維工向けの簡単な教本として作成された『女工読本』は、「国のために働け」と説いている。

みなさん、みなさんが一生けんめいに朝から晩まで働いておいでなさるのは、お国のためにはこのうえもない忠義なことです。もしもみなさんがいまのように働かないで、お家でなにもしないで遊んでおいでてでしたら、日本の国はだんだんと貧乏になってしまいます。ですから一生けんめいにお国のために働いて、日本の国を世界のうちで、いちばんのえらい国にせねばなりません。
それにみなさんが何歳になっても、お父さんやお母さんの御厄介になっておいでですと、お父さんやお母さんは、たえず苦労をなさらなければなりません。……ご自分のためと、お家のためと、そしてお国のために、わき目もふらずにお働きなさい。[★33]
（『女工読本』実業国民協会編、実業国民協会〈明44・11〉国立国会図書館デジタルコレクションより。一部文字表記を変更）

第一次世界大戦をきっかけに、議会制民主主義——この時期にようやく成熟したのは偶然ではない——を充実させるなかでさまざまなかたちの所得やその他の福祉を保障しようとする気運が初めて高まった。社会保障は、もはや深刻な社会不安が生じるのを阻止するためのその場しのぎの救済策としてではなく、国を救おうとするすべての人びと、いいかえればすべての労働者、とくに賃金労働者と自営労働者の普遍的な権利ととらえられた。賃金生活者への配慮は、主として政府にとって最大の懸念である大量失業の防止策になってあらわれた。大量失業は、短期的にはデモ行為、最悪の場合は商店の略奪を発生させかねず、長期的には選挙で与党が痛い敗北を喫し、政権の交代につながる危険があったからである。
すでに見たとおり、主要な工業国では第一次世界大戦前から法律が制定されつつあった。

国によって法律の施行にどれほど違いがあったとしても、福祉を地域だけでなく全国的に統一して規定し、最貧者だけでなく、賃金生活者の窮乏を強制保険で根絶しようとするのはどの国も同じだった（のちに積極的な労働市場政策になった）。それには失業という現象が新しく認識されたことがある。意外かもしれないが、「失業」という言葉は一八九〇年代までほとんど使われていなかった。一八九一年のフランス国勢調査では失業者に分類される者はなく、一八九六年の調査で初めてその項目ができたのである。このときから自己責任による失業者（六十五歳以上はもう生産活動に従事できる年齢と見なされないため、失業者に数えられない）と、本当の意味で仕事を失ってしまった者とが明確に区別された★34。

統計上で失業が構造的現象として認識されたのは、十九世紀最後の数十年間に景気循環の規則性が発見されたことにもとをたどれる。この発見はイギリス王立委員会による一九〇九年の「救貧法に関する少数派報告書」〔このころ多数派の資本家側と少数派の労働者側が別個の報告書を作成した〕にあらわれている。それまでの少数派による報告は臨時雇い労働者の失業問題に関心の中心があったが、一九〇九年の報告では、王立委員会は評判のひどく悪い地域救済プログラムの廃止を提言し、意義あることに、さらに代替案を示した。従来の救済策にかわるものとして報告書が提案したのは、景気循環の停滞局面にあわせて中央省庁が失業者を雇用することだった。公共事業に従事する労働者は、標準的な賃金を支払われなければならない。報告書はその原資についても、不況期に遊休資本を財源にし、好況期に返済する案を提示した★35。

「長い十九世紀」〔フランス革命のはじまった一七八九年から第一次大戦開始の一九一四年までをさす時代区分〕には、貧困と失業に関して公式非公式を問わず無数の報告書が相次いで出されたが、第一次世界大戦の勃発とともに、政府の介入が活発化する新しい時代が到来した。戦時中に生じたこの大きな変化には、二つの要因がある。第一に、労働市場を含む国民経済全体への国家の介入が拡大したこと（何よりも雇用主の主導権を犠牲にした）[★36]、第二に、労働者が戦争の辛苦と引き換えに社会保障制度を要求したことだ。革命の危機が広がるなかで、政府はこの要求を真剣に受けとめざるをえなかった。

　第一次世界大戦がいくたびかの大きな戦闘からなる一連の軍事行動ではすまないとわかってくるにつれて、各国政府は国家の資源をますます投入せざるをえず、ついに労働市場もその対象になった。労働人口の大部分が兵役に注ぎ込まれ、しかも従軍した者の多くが二度と戻ってこなかった。この戦争でおよそ一六〇〇万人の戦闘員が戦死するかゆくえ不明になり、さらに二〇〇〇万人が負傷した。生産目標を達成するために、多くの男性と女性までも（第23章「人口転換から避妊薬まで」の節を参照）が軍需産業を中心に労働市場に駆り出され、ときには強制的に動員された。

　ドイツと連合国（協商国）が休戦協定を締結したあとのドイツ革命期に、各国政府は一八四八年のフランス二月革命における革命家の主張をくり返すかのように、市民には賃金労働を得る権利があると公言しはじめた。一九一九年八月に制定されたドイツ初の民主主義憲法であるワイマール憲法は、第一六三条に「すべてのドイツ国民は賃金労働によってその生活の糧を得る可能性があたえられなければならない。適当な労働の機会があたえられないかぎりにおいて、その者に必要な生計の配慮がなされる」と定めている[★37]。だが、労働者が権利を主張したのは敗戦国だけではなかった。イギリスでは一九一九年にロイド・ジョージ内閣が、とくに復員兵の失業が増えるのをおそれて金本位制への復帰（一九一四年に一時停止されていた）を拒否した。イギリス史上初めて、イングランド銀行と大蔵省の意見よりも失業のほうが高い政治的優先順位をあたえられたのである。すでに見たとおり、多数の国で国家主導の強制失業保険と国営の職業紹介所が一体になっていた。イギリスは一九一一年に試験的に施行したのち、一九二一年に世界で初めて公共職業紹介所と連携した実質的に全国民を対象とする強制失業保険政策を導入した。そのほかたとえばスウェーデンなどでは、政府が失業保険を管轄し、雇用主と労働組合が共同で仕事を仲介する二重制度を発達させた。

　一九三〇年代の大恐慌を機に、労働市場をどのように誘導するかについて議論が再燃した。ドイツはあくまでも政治を優先したが、イギリスは市場の働きを理解することを重視した。これは、現在では広く受け入れられている一九〇九年の王立委員会少数派報告書の結論と、ウィリアム・ベヴァリッジによる影響力の大きい著書『失業――産業の問題（*Unemployment: A Problem of Industry*）』（一九三〇年）に導かれたものだった。ベヴァリッジは、失業は労働市場における需要と供給の不均衡という経済問題にほかならないとしたジョン・メイナード・ケインズと見解を同じくしていた。[★38] この知の発展の結果、一九三〇年代にリベラル派の政府はふたたび金本位制を停止し、保護主義と並んで競争力、ひいては雇用機会を増進する為替政策を打つことができた。さらにこの新しい政策は、公共職業紹介所、景気低迷期の「国家公益事業」、そして何よりも景気変動に左右されやすい業界の労働者のための国民保険を促進し、失業を緩和したが、失業を根絶するにはいたらなかった。

中央、東、南ヨーロッパ諸国はイギリスと違って、経済よりも政治を大きく優先させた政策を採用した。ドイツのやり方は、労働市場の規制を国家が完全に独占することだった。ヒトラーが権力を掌握する何年も前に、全国民の労働の権利ではなく全国民の労働の義務を出発点としたのである。実際に、当時の状況においては強力な労働市場政策が歓迎され、独裁的政策さえ広く受け入れられた。一九三四年にジュネーブで開かれた国際労働会議（ILO総会）で、ILO事務局長のハロルド・バトラーは、イタリアはアメリカ、ソ連、ドイツとともに、新しい経済を創造する最前線に立っているとためらいなく宣言した。「個人主義にもとづく経済理論を捨ててコーポラティズム体制を構築した」イタリアの進歩をバトラーは称えたのである。当時、イタリアの工業界における失業が一九二九年の二・五倍に達していたことを考えると、この発言はいっそう驚くべきものに感じられる。イタリアのファシスト政権の政策の大半は目新しいものではなかった。だが、それらの政策が半ば公式に国際社会で認知されたことは、大恐慌が労働政策へのイデオロギー的アプローチに世界各地でいかに深い影響をあたえたかを物語っている。[★39]

戦後の福祉国家の繁栄

一九三〇年代にすでに中央集権化がかなり進んでいた国だけでなく、たとえばイギリスのような国でも、第二次世界大戦を機に、経済への政府の介入が第一次世界大戦中よりもさらに拡大し、強まった。イギリス政府は戦費調達をはかるとともに、個人福祉予算を低く抑えてインフレ（前回の戦争で大きな問題になった）に対抗する財政政策に着手した。国家予算と国民経済計算を統合する画期的なケインズ主義の手法が、戦後数十年にわたってつづくことになる。一九四二年からは、人的資源計画全般が労働・国民兵役省の管轄になった。大蔵省が中心的役割を失ったのは、政府官僚のなかで経済学者の影響力が強まり、社会問題を解決する方法として合理的知識への信頼が高まったことによる。これは戦後の復興期にも見られた。ベヴァリッジやケインズなどのリベラル派が、保守党および労働党よりも重要視されるようになったのである。彼らは、私有財産を危険にさらすことなく既存の経済体制を改革することを望んでいた。

一九四四年の「雇用政策白書」は、摩擦的失業〔産業構造の変動にともなう労働移動がスムーズに進まないことで一時的に起こる失業〕、構造的失業〔マイノリティの存在など社会構造上の問題で生じる恒常的失業〕、一般失業を区別し、「安定した高水準の雇用」の必要性を訴えた。同じ年にベヴァリッジが出版した綱領的な著作は『自由社会における完全雇用』と題された。民間投資は継続するが、公共部門の計画では政府が十分な役割を果たすべきだとベヴァリッジは主張した。このような思想はイギリスだけでなく、ヨーロッパ全体の政治に深く影響した。資本主義対共産主義の二大社会経済体制の競争が激しくなるなかで、西ヨーロッパ諸国の政府は、社会政策と経済政策に抜本的な改革を導入することで労働者の要求に応えなければならないと、第一次世界大戦後よりもいっそう強く確信するようになった。

とくに一九五〇年代に冷戦の緊張がいよいよ高まった時期に、西ヨーロッパでは想像を超える経済成長が実現する一方で福祉国家が主流になり、それ以外の状態は考えられなくなるほどまでになった。学問的洞察と政治的意志が手を携えたことで、社会を「創造する」ための解決策がもたらされたようだった。ケインズ派の経済政策の成果とされる社会状況への全般的な楽観論は、マイケル・スチュワートによる『ケインズと現代』にあらわされている。一九六九年にペンギン・ブックスから初版が出版されたこの本は広い支持を得て版を重ね、数か国語に翻訳された。ウィルソン労働党内閣の上級顧問を務めたスチュワートは、満足げに宣言している。

大量失業は第二次世界大戦をもって終止符が打たれ、二度と戻ってこなかった。一九四五年の暗い予測にもかかわらず、イギリスは三〇年以上も完全雇用を維持している。この驚異的な変貌にはいろいろな要因があると予想されるかもしれない。だが、じつはほかの何よりもある一つの要因によるところが大きい。それは一九三六年における一冊の本、ジョン・メイナード・ケインズの『雇用、利子および貨幣の一般理論』の出版だ。[★40]

この時期は国際協定の重要性が強調された時代でもあった。ヨーロッパ諸国の政府は、福祉国家の成功には国際協定が欠かせないと考えた。それがあってこそ、ある国が他国によって危機に巻き込まれ、予測不可能な結果に陥るのを防ぐことができる。イギリスは一九四〇年代末から一九五〇年代初めにかけて、とくに国連経済社会理事会（ECOSOC）を通じてこのような協定を積極的に進めようとしたが、アメリカの反対に遭って、ほとんどが失敗に終わった。結局、ITO（国際貿易機構）は実現せず、ブレトンウッズ体制が短命に終わったあと、GATT（関税と貿易に関する一般協定）だけが残された唯一の手段だった。一九四〇年代のケインズの理想には遠くおよばない状況だった。

一九七〇年代以降の世界的な経済危機で福祉国家は試練にさらされたが、その後の歴史をたどる前に、共産主義における福祉国家と、先に触れたヨーロッパ内外の民主主義における福祉国家との競争について手短に述べておきたい。★41

ソ連は、労働者に正当な収入を保障するために過激な手段をとった最初の国である。★42 雇用主の利益を切り捨て、フランス革命の平等の理念を遵守すれば、地上に労働者の楽園が生まれるはずだった。だが、そうはならなかった。客観的な事実として、ソ連は少なくとも一九五〇年代まで厳しい気候のもとで生活する農業社会だったのだ。もちろんカナダにも同じことがいえるが、ソ連がカナダと違っていたのは、一九一四年から一九四五年までの三一年間に起こった二度の世界大戦と長い内戦のせいで、国土が荒廃していた点である。ソ連の指導者はこの状況を完全に理解していた。だから彼らは大衆に向かって忍耐強くあらねばならないと説き、真の共産主義の楽園、すなわち共産主義型の福祉国家という目標が達成される前に、「社会主義」という移行期間が必要だと訴えた。

過渡期の「社会主義」のもとでは、低い生産性と工業化の後れという経済的課題を克服するために、労働インセンティブとして賃金格差が必要だと考えられた。これはマルクスが一八七五年に『ゴータ綱領批判』で述べた内容を指している。マルクスによれば、共産主義への移行の第一段階では、物資がまだ欠乏しているので、人びとが最終目標をめざすには一時的に特別なインセンティブが必要なのだという。最終目標とは、豊かさが実現され、なおかつその豊かさが能力に応じて分配される段階〔共産主義の第一段階としての社会主義。「各人は能力に応じて働き、労働に応じて受けとる」〕から必要に応じて分配される段階になった共産主義社会である。レーニンはこの本のドイツ語版初版（一八九〇～一八九一年）の余白に、「働かざる者食うべからず」という聖書の金言を書き込んだ。スターリンはこれにぴったり沿って、大粛清の前の一九三〇年代初めにはまだ強力だった、革命以前からの労働組合の平等主義を「小ブルジョア」と呼んで批判した。一九六〇年代から一九七〇年代にも、ソ連の経済学者は「必要以上の平等」は共産主義社会の建設――社会主義社会が達成すべき最大の目的――を脅かすと主張していた。[★43]

　共産主義の理想と、一九一八年から一九七七年のあいだに制定されたいくつかのソビエト憲法[★44]で宣言された福祉の権利との食い違い、そしてきわめて不利な状況下で近代的な工業国へ革命的な転身を遂げるという目標が直面する現実とで、ソ連型福祉国家の特異性が決定づけられた。国民の要求を満たすために、ソ連は医療と七歳から十七、八歳までの教育を無料とし（さらに幼稚園の一部と大学の授業料免除および奨学金）、その他の財とサービスを補助金つきの価格で提供した。

　原理的に生産手段の所有者としてすべての財とサービスを管理する国家は、国民が食料を買い、家賃などを払えるように、特定の集団を対象に無償給付制度を設けた。この給付には年金と疾病手当（だが一九三〇年以降は失業手当がなくなった）、出産手当、児童手当などのほかに、もちろん現金給与も含まれた。一九五〇年代から一九六〇年代には、さらに多くの財が支払い能力に応じて分配されるものから「必要に応じて」分配されるものに移行することが望まれた。一九六一年の共産党綱領――福祉国家についてのフルシチョフの見解――では、真の共産主義はパンや住宅、交通機関、工場の食堂で出される食事などに適用されるべきだと主張されている。だが、これらの主張が実現したことは一度もない。[★45]

現実は厳しく、スターリンはいまや集団農場の一員になった農民が自立して生活するべきだという考えを放棄せざるをえなかった。農民以外の国民、主として完全雇用状態にある国家職員については、労働災害の被害者や一九四一年以降は戦傷者のための障害年金だけが必要だった。あとの困窮者はすべて、意図的に労働を拒否する怠け者と見なされた。人口の大部分がどう見ても貧困状態で生活している状況にあって、このままではやっていかれないとようやく認められたのは一九六〇年代になってからだ。一九六五年には二億三〇〇〇万人の全人口のうち、五〇〇〇万人もの国家職員とその扶養家族、三〇〇〇万人のコルホーズ労働者が貧困ラインを下まわる生活をしていたのである。[★46]

これらのことは、たとえ一人あたりの実質所得が一九六五年から一九九〇年のあいだに倍増しても、ソ連型福祉国家が大失敗だったことを示している。[★47]さいわい、人びとの創意工夫のおかげで、現実は救いがたいほど悲惨というわけではなかった。ソ連の国民は次から次へと創造力を働かせて規則の抜け穴を見つけ、同居の祖母を中心に家族で助けあい、世帯レベルで生活状況を向上させた。[★48] 国家の貧弱な福祉を補うための、祖母の力を借りた家庭内福祉策である。一九七〇年代から一九八〇年代にかけて国家が社会政策の実現に失敗したのを目のあたりにして、大衆のあいだに国家の空疎な主張に対する疑念が広がった。ありとあらゆる不自由を脱し、計画経済から市場原理の導入をめざしたペレストロイカが進められたのは当然のなりゆきだった。

共産主義者と資本主義者（社会主義者を含む）の世界観の競争は、ロシア革命後に激しさを増した。両陣営とも経済的手段と政治的手段で相手を打倒しようとしただけでなく、おもに福祉政策にあらわれた物質的な成功も見せつけあった。モスクワに本部を置く共産主義インターナショナル（コミンテルン）の厳しい統制のもとで、世界中の共産党が「現に存在する社会主義」の美点を宣伝した。スターリンは一九三六年憲法に関連して世界に向けてこう宣言した。「ソビエト連邦の労働者階級は搾取から解放された。人類史上類を見ない、まったく新しい労働者階級である」[★49]

戦間期には、とくにヨーロッパ列強の植民地でこの競争がとくに顕著だった。植民地主義者の福祉への意思はやっとあらわれてきたところで、全般的にはまだうまくいっていなかった。このときはまだ共産主義モデルがソ連で無料の医療と教育が実現したことを自慢できていた一方で、開明的かつ理想主義的な植民地支配を標榜するヨーロッパの国でさえ、その分野では無能なことを告白せざるをえなかった。

戦後、共産主義が東では中国、西では東欧、中欧、バルカン諸国へと拡大するにつれて、共産主義の誘惑は、とくに植民地支配者が権力を手放したがらない地域で勢いを増していった。さまざまな分野の福祉に関するプロパガンダが冷戦で中心的な役割を演じた。[★50]中国とソ連のポスターに描かれた幸福な労働者の姿は、プロレタリアートの実収入の厳しい現実を覆い隠すのに役立ったかもしれない。だが、それよりももっと重要なのは、共産主義者が戦前と同様に無料の医療と教育（人口動態のひどく悪い数値が示すとおり、前者はほとんど成果が見られなかったが）、労働の権利を保障し、さらに教育における男女格差の早期解消と社会的不平等の低減を約束したことだ。他国で同じ約束をした典型的な例は、アンゴラ、モザンビーク、ベトナム、そしてそれ以上に、カストロのキューバである。

しかし、欧米の福祉国家の理念も広い範囲に訴える力があった。このことは欧米の緊縮財政が落とした暗い影のなかで忘れられがちである。一九八〇年代から一九九〇年代の民主化の波のなかで、軍事政権を含む多くの独裁政権が倒れ、それとともに市民運動が労働報酬の向上と生活保障の拡大を促進した。[★51]その実例は、たとえばアルゼンチンとブラジル、韓国と台湾に見ることができる。韓国では四〇年にわたった独裁政権が市民運動によって幕を下ろした。さらにその後、一九九六年から翌年のゼネストは韓国の市民運動で決定的な役割を果たした。労働法改定に反対する労働組合と改革主義のエリートが力をあわせ、民主主義と再分配を同時に要求したのである。[★52]

これらの改革の成果は、新自由主義による市場改革の直後に生じた反動で一九九七年にアジア通貨危機、二〇〇八年には世界金融危機に見舞われながらも、消えずに残った。一九九七年に韓国が導入した国民皆保険制度は、とくに老齢年金の分野でいろいろなものが少しずつ削りとられたものの、いまもこの国の国民健康保険制度は立派に存続している。ブラジル、またとくにアルゼンチンは、二〇〇〇年代初めに新自由主義の見直しをはかって福祉措置を拡大したが、その後、福祉向上の効果は大きく減じた。

ソ連の崩壊後、共産主義型福祉の担い手として残ったのは中国だけである。とくに目覚ましい経済成長率を達成し、最近アジアやアフリカの貧困国に多額の投資ができるようになってからは、中国がこの分野の主役になっている。欧米諸国が福祉政策に以前のような自信を見せなくなったためか、このところ中国も張りあおうとする様子はない。海外投資と経済成長が新しいスローガンになり、投資対象国も世界のほかの国々も、中国に別の思惑があるのかどうかわからずにいる。共産主義型福祉の例を世界に広めるという目標は一帯一路に取ってかわられ、舞台からすっかり姿を消したようだ。[★53]

窮地に立たされる福祉国家

福祉国家が最も脅威にさらされているのは、福祉国家を誕生させた国である。一九八五年に、マーガレット・サッチャーの保守党政権は「雇用――国家の課題」と題する白書を発表し、政府のすべきことは民間企業が利益を上げられる環境を整えることだけだとのメッセージを発した。一九四四年白書とのおもな違いは、政府の唯一の仕事は「国民の努力のための枠組みを設定すること」であるとして、社会福祉への政府の責任を否定したことである。[★54] 政府は労働の需要サイドに力を入れた一九四四年白書とは逆に、労働の供給サイドに努力を集中させるべきだとし、そのために若者に職業訓練を施し、健全な経営と賃金の適正化を広め、集中的な「規制緩和」計画に努める方針を打ち出した。

一九四四年と一九八五年の白書に見られるイギリスの国際社会についての見解の変わりようには驚くべきものがある。一九八五年の白書には国際協調に関する言及が一切なく、国内政策のみが議論の対象になった。「国外の出来事は、英国政府の力のおよばない、完全に外的要因によるものとして扱う」というのである。この変貌には過去四〇年にイギリスの国際的な影響力が衰えたことがあらわれているといってよいだろうが、イギリスの「行動が実を結ぶ範囲が縮小した」ことも見てとれる。

規制緩和と福祉国家への決意の後退は、北大西洋地域のどの国でも明らかな傾向として見られるが、アメリカ、イギリス、大陸ヨーロッパのあいだには本質的な違いがある。アメリカでは、一家の稼ぎ手である特権的な白人男性とほかの賃金労働者との格差がレーガン政権よりもかなり前からはっきり指摘されていた。一九六〇年に、アメリカの知識人ポール・グッドマンは独特の挑発的なスタイルで、「社会から取り残された」アメリカのワーキングプア（「黒人、プエルトリコ人、メキシコ人、移民農場労働者」）をほかの労働者と対比させている。比較の相手の一つは工場労働者、もう一つは次のような人びとだ。

昔気質の人、変わり者、犯罪者、才能のある人、生真面目な人、男と女、不労所得生活者、フリーランス……。これらの種々雑多な人びとは、いろいろなことをしながら組織の周辺をさまよっている――特選品を扱う店を経営し、教師などの専門職業に就き、銀行を襲い、庭師になる――が、生活はいっこうに楽にならない。なぜなら彼らは昇進したり、財団の交付金を手に入れたり、公式に認められた労働組合に守ってもらったり、法に触れずに資産を着服したり、真実を隠蔽したり、場違いなところで泣いたり笑ったりしないようにするといった常套手段を知らないからだ。★55

アメリカの所得格差が、労働生産性の上昇と足並みをそろえるようにして西ヨーロッパよりも格段に広がっていることは、連邦最低賃金の下落で説明がつく。最低賃金は一九五〇年代と一九六〇年代にはまだ世界最高の水準だったが、一九七〇年代から一九八〇年代以降は三〇パーセント減少した。★56

大陸ヨーロッパ諸国では、レーガン大統領とサッチャー首相による新自由主義モデルに逆らって「ラインラント経済モデル」★57がある程度までもちこたえている。効率ではなく社会正義を、対立と競争ではなく歩み寄りと合意と協力を、短期で成果を求める剛腕と変化ではなく長期的な安定をめざすものだ。そして究極的には政府のあり方についても、つかず離れずの控えめな政府ではなく、経済主体ともちつもたれつの、手ごわいが活力あるパートナーとしての政府という立場である。一九八九年以降、ドイツが東西の統一に苦労したにもかかわらずラインラント・モデルの原理を固く守っているのは瞠目《どうもく》すべきことだ。また、ヨーロッパ以外の国でも、たとえば韓国と台湾の例を思えば、福祉国家は消滅したと一概に悲観しなくてよい。さらに中国、もっというなら最近のインドも注目するに値する。

しかしこれは、ヨーロッパ大陸は何も変わっていないということではない。福祉国家はことに二〇〇八年の深刻な金融危機以降、これまでの福祉国家としての自負を失いかけている。その結果、フランスの経済学者トマ・ピケティが国民所得に占める労働所得の割合の縮小を指摘して明確に示したとおり、社会的不平等が拡大した。[★58] 誤解のないようにいうと、これは最下層の人びとの収入、とくに過去四〇年にわたる賃金の低迷の問題というよりも、おもには格差の拡大の問題である。携帯電話などの電子機器はより多くの人に入手しやすいものになったといっても、ピケティによれば、「所得階層の下位五〇パーセント」の実質可処分所得はここ数年ほとんど伸びていず、とくにアメリカではその傾向がはっきりしている。しかもこれは、労働生産性が急激に上昇したにもかかわらず、の話であり、その点はヨーロッパ大陸だけでなく――予想どおり――イギリスとアメリカも同じなのだ。[★59] 不平等が拡大した陰にはもっと重大な現象が隠れているだろう。北大西洋地域の（垂直的）社会移動の停滞である。二十世紀前半には、この地域の労働者は世代を追うごとに生活水準が上昇したものだったが、現在、当時のような社会階層間の移動は鈍化している。たとえばアメリカの「ラストベルト」に暮らす人びとがそうであるのと同じように、ヨーロッパの多くの人びとにとって、社会移動というものは消えてしまったのだ。多くの労働者や小規模自営農家は、自分はもとより子や孫の生活がこの先よくなっていくという希望を完全に失っている。

何度か述べてきたとおり、一九八〇年以降、アメリカとイギリスを筆頭に大半の国がそれまでとは正反対の社会経済政策を採用した。民主主義国ではこの方針が有権者の支持を十分に集めてもいる。その理由として、とくに賃金労働者が社会民主主義政党（イギリスでは労働党、アメリカでは民主党など）に背を向けたことがある。ピケティによれば、社会主義、共産主義、社会民主主義の政党への労働者階級の票が失われたのは、戦後数十年間の教育機会の大幅な拡大および垂直的社会移動と同時に起こった「教育的亀裂の逆転」に理由がある。どういうことかというと、「低学歴層は、いまでは左派政党が高等教育を受けた新しい層とその子供を学歴の低い者よりも優遇していると考えるようになった」のだ。さらにたとえばフランスでは、逆に「大学に進学した［労働者階級の］子供や孫（とくにより高い学位を取得した者）が、一九五六年に教育水準の低い有権者がそうしたように、熱心に左派政党に投票しつづけている」のである。そしてピケティが示すとおり、これはフランスにかぎった話ではない。★60

国内の所得格差の拡大は、いまや世界的現象になろうとしている。同時に、世界各地の経済パフォーマンスの深い溝は、何より中国の急成長と政治体制のまったく異なるインドの最近の躍進によって埋まりつつある。

▼　▼　▼

第5部で見たとおり、一五〇〇年から一八〇〇年のあいだに賃金労働が増加したが、これはおもに、町――概してまだ小さく数も少ない――の外で暮らす小農の副収入源としてだった。一八〇〇年以降、賃金労働を唯一の収入源とする人が増え、現在では世界人口の大部分がそうなっている。賃金労働の出現は、われわれが仕事というものをどうとらえ、働く人間として個人的に、集団的に、また政治的な枠組みのなかで、自分の利益をどのようにして守るかという問題に数えきれないほどの影響をおよぼしてきた。

まず、賃金労働から男性稼ぎ手のイデオロギーの現象が生まれた。このイデオロギーは近年になってようやく弱まり、男性だけでなくすべての労働者が稼ぎ手と認められるようになった。アパルトヘイトや身内と他人を分けて考える差別思考の例はあったが、それと並行して、水平協力、仕事への誇り、公正な労働関係が世界の標準にもなり、そのことは社会の主流にいたティレや、もっと極端なラファルグやマレーヴィチの見解によくあらわれている。この第7部で取り上げたさまざまな集団行動の例も忘れてはならない。そして最後に、ILOと国連の実効性にどれほど疑問があるとしても、これらの組織の基礎になった原理について考えてほしい。

工業化と生産効率と賃金労働の密接な関係は、労働時間と余暇の比率も変えた。昔は起きている時間の大半を労働に費やさなければならなかったが、二十世紀には余暇と教育がその時間を埋めるようになった。いわゆる「グローバルノース」ではこの動きは数十年前に停止したが、「グローバルサウス」、またとくに中国では、近年もまだ止まっていないことを指摘しておきたい。しかも世帯を分析の単位として見れば、グローバルノースでは夫婦の労働時間の合計がむしろ増えていることがわかる。それなのに一時間あたりの実質労働報酬は、何十年も横ばいがつづいているようだ。一九五〇年代と一九六〇年代にあたりまえだった、福祉の平等な分配と一体になった経済成長は、もはや過去の話になったのである。★61

一世帯あたりの労働時間が増えたことで、おもに豊かな北大西洋地域とその派生国では消費も増加したが、その代償もあった――気候変動をはじめとする環境への悪影響があることも疑いようがない（本書のテーマから外れるので、ここでは触れずにおく）。やや大げさにいえば、豊かな労働者ほど、稼いだお金を使う暇をもてずにいる。そして第一次、第二次、第三次産業革命（経済社会理論家のジェレミー・リフキンの表現）を経たにもかかわらず、仕事は少しもなくなっていない。

賃金労働者は、いまも世帯の力に頼っている自営業者とは違うやり方で自分の利益を守っている。彼らは地理的移動と社会移動を柱にした個人戦略のほかに、いわゆる集団行動のレパートリーを発達させた。真っ先に思い浮かぶのは労働組合だが、歴史的にはさらに多種多様な集団行動と組織がある。個人戦略と集団戦略のバランスは絶えず変わっている。第一次世界大戦後、またとくに第二次世界大戦後には労働組合運動が成功を収めた時期があったが、現在、この種の組織がうまく立ち行かなくなっているのは明らかだ。

伝統的な集団行動の成功によって、世界中でさまざまなかたちの福祉国家が誕生した。それらに共通しているのは、労働市場の調停者としての、そして福祉の提供者としての国家の役割が増大していることである。これは民主主義のプロセスの不可欠な一部になっている。

だが、その影響はどのようなもので、どこまで、いつまでつづくのだろうか。その問いは、長期的な視点に立った仕事の本質についての一般的な考察とあわせて、本書を締めくくる終章「今後の展望」のテーマとしよう。

終　章

今後の展望

「世界が生き延びるためになすべきことは、しのごの言わずにもっと生産することだ」という某実業家の意見に対する、ベルギーの芸術家フランス・マシリールの返答（1919年）。

この広大な時間と空間にまたがる仕事の歴史を通して見てきて、最後に生じる疑問の一つは、この歴史から、今後の仕事のあり方や、今後の仕事のしかたについて学べることはあるのだろうかということだ。われわれ人間の未来をよりよく制御するためになすべきことについて、歴史の記録は何を示唆しているのだろう。大筋で見分けられることはまちがいなくある。たとえば過去数世紀にあったいくつかの重大な分岐点と、その結果は明らかである。蒸気動力がもたらした機械化によって「大転換」が起こり、工業化が進んだ国ではそれに比例して農業の重要性が低下していった。一九七〇年ごろからの「第二の大転換」では、製造業にかわってサービス業が優勢となり、それと同時に国家が市場への支配力をゆるめていった。そしていまや人間は、次の大転換ともいうべき、ロボット時代への変化の渦中にいる。[★1]しかしながら、単純な断層線を見た目どおりに受けとってはならないことも、仕事の歴史全体を概観してきたあとでは明白である。とくに、その断層線が過去数世紀の豊かな国の経験にもとづいたものでしかないのならなおさらだ。とはいえ、本書でたどってきた歴史から明らかになった四つの重要な要素を指摘することはできる。

まず、過度に単純な見通しに対して慎重にならざるをえない第一の理由として、本書で見てきた主要な発展がいずれも予想外の反作用を生んできたという事実がある。何かが出現しても、それはいつ消滅しないともかぎらない。たとえば紀元前五〇〇年から紀元後五〇〇年までの一〇〇〇年間、西ヨーロッパとインドであれほど機能していた市場経済が、その後いきなり五〇〇年以上にわたって姿を消してしまった。市場経済のなかでの非自由労働の盛衰と、ふたたびの出現もいい例だ。十九世紀に奴隷制に対する激しい反対運動が起こって奴隷制の廃止にいたり、さらにベルサイユ条約によって労働者の基本的な権利が確立されたにもかかわらず、ロシア、ドイツ、日本、中国といった大国で、部分的に非自由労働への退行が起こってしまったのは記憶に新しい。専業主婦の労働市場への進出も何度か中断を余儀なくされ、福祉国家の理想も受け入れられそうで受け入れられない不安定な状態を経てきている。報酬が伸び悩み、安定した職が得にくくなっている状況も、とくにこの数十年は富裕国において顕著だが（フレキシビリゼーション〔雇用の柔軟化、すなわち多様な雇用形態の導入〕やプレカリゼーション〔雇用の不安定化、すなわち非正規労働と失業の増大〕といった概念に要約されるように）、これもまた一種の反作用に数えられるだろう。[★2] その意味では、最近の新型コロナウイルス感染症のパンデミックを受けて、企業や労働者に対して大々的になされたケインズ的国家支援も、以前には絶対に考えられなかったようなことである。

二つめに、すでに前述の例から示唆されることではあるが、そうした反作用の性質と激しさを予測するのは容易ではない。少なくとも、賃金の大幅な引き下げによってストライキが起こるといったような当然の予測にはならないということだ。たとえば労働運動がさかんになって頂点に達したのが一〇〇年前だが、それにくらべて現在では、労働条件の改善に向けた集団行動で成功しているものはまったく見当たらない。その反面、各国内では一握りの富裕層とそれ以外との富の格差がここ数十年で急激に開く一方となっている。普通なら「古典的」な社会的対抗運動が起きていてもよさそうなものなのに、その気配もないまま社会的不平等が拡大しているのである。一見すると奇異な現象のようにも思えるが、戦間期の「ネイティビスト」（たいていはポピュリストと同義）の移民排斥運動と今日のそれとのあいだに憂さ晴らしという点でまさに抜きがたい類似があることに気がつけば、要は不満のはけ口が別のところに移ってしまっているのだとわかるだろう。

三つめに、デジタル化の影響のもと、ここ数十年のあいだに各国の繁栄度と消費パターンは前例のないほど世界的に収斂し、同様に仕事に対する報酬の水準も似通ってきた。要するに、ついに中国人の暮らし向きがよくなってきた一方で、欧米人（とくにそのなかでも白人男性）は足踏み状態、もしくは一歩後退を余儀なくされている。これは歴史的に類のない真にグローバル化された世界ならではの新しい点である。これにともなって、対抗的な動きも起こっている。「オフショアリング」（低賃金国への生産移転）がはやっていたこれまでとは反対に、北大西洋諸国でのロボット化の進行と、海外、とくに中国での人件費の高騰を背景にして、国外に移された生産拠点が国内に戻る「リショアリング」が広まりつつあるのだ。一方、中国もこれをただ看過してはおらず、いまや本格的に工場の自動化を推進している。これは高齢化の入り口に立っている国にとっては当然の流れでもあり、日本と韓国ではすでにそれがはじまっている。★3

そして四つめの、確実に見過ごすべきではない点として、グローバリゼーションとは大半の国にとって、民主的な意思決定が全国的に蝕まれることを意味している。現在、資本が国民国家の内部で合意されたルールにのっとって勝負しようとしないだけでなく、非公式経済の拡大に乗じて労働力をもち逃げしているという状況がある。つまり、非公式経済活動を［犯罪的な経済活動とは異なり］社会的に合法な賃金労働だが、税や社会保障や労働法にかかわる当局から隠れ、必要とされる登録も申告もしていない労働」と定義するならば、それがいま広まっているのである。資本が国家との社会契約を打ち切るような状況では、労働者に十分な実入りは望めない。ＥＵ（欧州連合）圏内では、民間部門の総労働投入量のじつに一〇パーセント程度が非公式部門にあり、粗付加価値（ＧＶＡ）〔生産活動によって原材料に付加された価値額〕でいえば全体の一四・三パーセントに相当する（ポーランドやルーマニアやリトアニアの二五パーセントから、ドイツの七パーセントまで開きはあるが）。ヨーロッパ以外ではさらに顕著で、三六の発展途上国の調査にもとづけば、非農業労働者の約六〇パーセントがおもに非公式経済で雇用されている。★4

この点から見れば、グローバリゼーションとは、北大西洋諸国では国家レベルでの社会契約の終了、あるいはすでに長らく前からそうした契約が機能していなかったところでは、その追求の失敗を意味している。大企業は生産コストが（人件費を含めて）低く、税率も低い国を選び、増えた収益から経営陣と株主に支払いをする。そして働き手をなるべく安上がりな雇用形態で調達する。ここで実施されているテクニックの一つがサービスのアウトソーシングで、それを可能にしているのが人材派遣業だ。ヨーロッパの労働組合と大手国際企業との様変わりした力関係を考えてみればいい（ちなみにアメリカの労働組合はほとんど影響力をもっていない）。結果として、その変化の犠牲になったと感じている多くの労働者の心的傾向と政治的な支持傾向も変化した。この集団のなかでは、保護貿易主義と国際労働移動の制限こそが最善の解決策であるという希望が高まっている。

単純に歴史の道筋を追うのが容易ではない、それどころかできそうもないなら、いまの労働者がどういう立ち位置にあるのかについての洞察を得るために、別の戦略を提案しなければならない。まずは、近年の文献によく見られるいくつかのシナリオをざっと論じておこう。それから最後のまとめとして、それらのシナリオの検討の結果を、人間の仕事の歴史から導かれるいくつかの重要な不変の要素に照らして考えてみたい。なぜなら、そのような不変の要素も確実に存在するからだ。

現在のところ、出まわっている未来のシナリオはいくつもあるが、そのほとんどは労働に関係していないか、しているとしてもごく間接的にしかかかわっていないので、ここでは取り上げない。[★5]しかし、次の五つは注目に値する。

その第一は、現時点で支配的な市場経済体制（「資本主義的」と呼ばれるもの）は民主的な社会のもとにあろうがあるまいが、いずれにしても持続不可能だとする見方だ。[★6]このシナリオの最もよく練られた分析は、オランダの歴史学者バス・ファン・バヴェルによるものである。ファン・バヴェルは歴史的根拠にもとづいて、現在の市場経済はいずれ内在的な弱点により消滅して二度と復活しないと予測する。また、これとは別に、前世紀には自由労働が成長し、それに対する報酬も上がる一方だったが、これは自由労働の歴史においてだけでなく、未来の観点からいっても例外的な期間であったとする見方もある。

第二は、市場経済が深刻な苦境にあるという見方で、富裕国で社会的不平等が拡大しているのがその証拠であるという。ただし、もちろんこれは国際間の不平等とは別であり、そちらの不平等は急激に減少している。★7 第7部で詳述したように、富裕国、とくにアメリカでの仕事の報酬は、収入の不安定な労働者（「プレカリアート」）が公的援助を必要とするぐらいにまで低下している。これはつまり、従業員に十分な賃金を払わない雇用主に納税者が助成金を出しているということだ。★8 これに関して、たとえばピケティなどがとくに疑問視するのは、民主主義国で労働賃金の低下を食い止めるための集団行動や社会政治的関与がいっさいなく、第一にやるべき累進性の高い課税の復活さえも見られないということだ。ピケティも、イギリスの開発学〔途上国の国際開発を多角的に考える学際研究〕教授ガイ・スタンディングなどほかの研究者も、このような左派側の政治的無気力が右翼のアイデンティタリアン〔フランスの白人ナショナリストのあいだから生まれたアイデンティティ至上主義思想の賛同者〕政治家に機会をあたえ、それによって（潜在的な）犠牲者が出ることを危惧している。★9

ここまでは、非常に悲観的なシナリオだ。しかしもちろん、楽観的な見方もある。

第三は、現行体制が危機にあるのは認めながらも、同時に「資本主義」の再生力、とりわけ国家の介入を通じた再生の可能性に期待する見方だ。これは民主主義国の為政者と学者の双方において主流をなしている立場である。★10 これまで資本主義が（アメリカにおいても）国家の保護のもとで繁栄してきたこと、市場と国家の組み合わせこそ最強になりうるのを実証してきたことは、いまや広く認められつつある。たとえばその証拠に、コンピューターを使える労働者がほしい労働市場の需要と、おおむね低学歴で先端技術に疎い失業者の供給というミスマッチは、政府の努力によって解消とまではいかずとも、少なくとも軽減されてきている。

第四に、問題などほとんどないと見なす筋金入りの新自由主義者がいる。実際、この人びとには成功の機会しか見えていない。二〇〇八年の金融危機や二〇二〇年の新型コロナウイルス感染症の大流行など、近年いくつも深刻な経済危機があったにもかかわらず、彼らはいずれ賃金労働者が消滅し、つねに機会を探している新人類——企業家と自営専門職——の時代になるものと信じている。この独立事業者たる未来のヒーローはとてつもなく移動が活発で、世界を股にかけて新しいチャレンジを求めていくという想定だ。[★11]

そして第五に、悲観的にであれ楽観的にであれ、テクノロジー発展の究極の加速に関する予想を共有する人びとがいる。そして本書にとっては、その加速の最も重要な帰結がロボット化である。[★12] これにともなって、仕事時間と自由時間のバランスに前例のない変化が生じるだろう。この人びとのうち、楽観主義者はその変化がもたらす余暇を歓迎する。一方、悲観主義者は大量失業と、さらに徹底的な購買力の低下とそれによる需要の低下を懸念する。加えて、ロボット化はとどまるところを知らず、高齢化する労働人口がいっそうそれを助長することになるだろう。そして悲観的とも楽観的ともいいがたい第三の見方は、ロボット化の背後の原動力である大手多国籍企業に全面的に関係している。国民国家の過半数はグローバルな市場独占に反対していると見られるが、中国を例外として、これらの国家はとうていアマゾンやアップルやＩＢＭやマイクロソフトのような巨大企業に太刀打ちできない。これらのテクノロジー企業はますます大衆の好みを決定できる力を高めているように見える。その最終的な結果として、市民、ひいては働く市民が、単なる既製品の消費者に堕落させられる。これこそ究極の「パンとサーカス」社会の到来である。あるいはユヴァル・ノア・ハラリの「ショッピングの時代」、オルダス・ハクスリーの『すばらしい新世界』（一九三二年）といいかえてもいい。[★13]

仕事の歴史を過去から現在まで見てきたうえで、このあとの未来がどうなるかについて、これまでの歴史からどんなことがいえるだろうか。未来は明らかにこうなると（あるいは、こうはならないと）断言できるようなシナリオは出せないが、いま挙げたような、仕事の未来に関しての既存の――いくつかは広く知れ渡ってもいる――見通しに、なんらかの答えを返すことはできるだろう。以下、「資本主義の終焉」、不平等の拡大、仕事と報酬の分配における「自由」市場の役割、そしてロボット化の影響について、本書としての見解を示しておこう。

「資本主義の終焉」は必然か

過去一〇〇〇年についてのバス・ファン・バヴェルの綿密に裏打ちされた興味深い観察は、「資本主義的」経済の先頭走者たち、すなわちバグダードのアッバース朝からアメリカ合衆国にいたるまでの主要な市場経済国が、数世紀もすると軒並み苦境に陥って、しまいには受け取っていたバトンをやむなくまた手放さねばならなくなったことを、まざまざと示している。この「帝権移譲論」（トランスラティオ・インペリイ）にも通じる覇権の移譲は、まさに歴史にくり返しあらわれる現象である。しかしながら、ここで注目に値するのは頂点の座からの陥落そのものよりも、ほとんどの場合において、「敗者」が長い目で見ればそれほど凋落しなかったということである。つまり、この資本主義という体制はとくに自己破壊的ではなかったのである。たとえばオランダがいい例だ。この国の黄金時代はとうの昔に終わっているが、それでも今日のオランダは十分に繁栄している。同じことが北イタリアや南ネーデルラント、イギリス、そして東アジアとの競争に負けつつあるアメリカについてもあてはまる。★14

これと同じような覇権の変遷がこの先もしばらくはつづくと考えない理由があるだろうか。

もちろんファン・バヴェルもそこは考慮に入れている。過去において敗者が多少は弱体化しながらも、復活できたことは確かにあると認めつつ、しかし現在の高度にグローバル化した世界では、それはもう通用しない、旧態依然とした帝国が生き残っていくのは無理だというのがファン・バヴェルの見方である。だが、本当にそうだろうか。第一に、中国を考えてみればいい。この中央管理型の市場経済の弱点がなんであれ、中国は確実に、グローバリゼーションと国際的な資本所有者の圧力にいまだ屈してはいない。また、一部の労働史研究者が仮定しているような、自由賃金労働の特別な性質についても考える必要がある。大きな問題は、ここ数十年、いくつかの部門の労働人口に確かに見られるプレカリゼーションが、そのまま未来にもあてはめられるぐらいに広範で、深刻なのかどうかである。

社会的不平等は拡大しているのか

では次に、所得格差が拡大しているという反論の余地もないピケティの主張を見ていこう。ピケティによれば、とくに一九七〇年代と一九八〇年代以降、富裕国における格差が顕著に広がっているという。これ以前、賃金労働者の所得は上昇する一方だった。しかしその後、停滞がはじまり、その一方で上位層の所得は飛躍的に上昇した。

しかし、話はそこで終わりではない。第7部でも見たとおり（第27章後半の「福祉国家」に関する節を参照）、この労働所得の停滞と対抗するように、平均的な男女の別のかたちでの所得は長期的に上昇している。レーガンとサッチャーが長々と準備を整えてきたイデオロギーの勝利がついに達成された結果として、確かに北大西洋諸国では所得格差が顕著になった。しかし、それにまどわされ、一見すると逆説的な、社会保障費などの移転支出の増大が――住宅手当や児童手当や国民保険給付や税額控除などを通じて――国側で起こっていることを見逃してはならない。これをイギリスに関して具体的に例証したのがピーター・スローマンによる研究で、スローマンはこの現象を「新自由主義時代の福祉支出増大のパラドックス」と呼んでいる。[★15] その結果の一つとして、子供のいる生産年齢成人の所得のうち、雇用主からではなく政府から払われている部分に大きな変化が生じている。現金給付のかたちでは減っていても、社会保険、家賃補助、無償教育や公教育などのかたちでは増えているのだ。イギリスでは二〇〇〇年代に入る前後から「世帯収入の不平等の拡大がかなり税制と給付制度によって緩和される」ことになった。[★16] この変化は、頼る先が雇用主（および集団行動）から政府当局に移ったということでもあるが、それ以上に、当局が家計に直接関与するようになったということでもあった。この種の援助は、結局のところ「資力調査《ミーンズテスト》」にもとづくものであり、その種の調査（ますますデジタル化されている）はどこまで影響がおよぶか知れず、ともすると、各家庭の自律性を脅かすことにもなりかねない。

政治的左派がこれを支持するのは予想されるとしても（二〇〇三年にブラジルのルーラ大統領が現金給付政策「ボルサ・ファミリア」を導入したのがいい例だ）、イデオロギー的に右寄りのエコノミストや政治家のあいだにも一定の支持者はいて、ベーシックインカム（最低所得保障）を通じての再分配に賛成したりしている。最も有名な実例が、自由市場の理論的急先鋒だったアメリカの経済学者ミルトン・フリードマンで、すでに第二次世界大戦時から「負の所得税」の提案を考えはじめていた。[★17] フリードマンにいわせると、この二つの手法――ベーシックインカムと負の所得税――の違いは出資総額と、何より政府の管理がおよぶかおよばないかにある。しかしどちらの場合にせよ、仕事と報酬の乖離は疑いなく増大し、責任の所在は雇用主から政府に移っていくだろう。

ここまで見てきた仕事の歴史の流れからすると、各国内での貧富の差の広がりもいまにはじまったことでなく、何世紀も前から労働に対する評価と報酬に不平等があり、その不平等が制度的にもイデオロギー的にも根を下ろしてきたゆえの結果であるようにも思われる。これは、「勢力拡大者」が昔から決まってうぬぼれ屋で、賃金労働を貶《おとし》めるイデオロギーに傾いていたこととは関係ないだろう。実際、今日の勢力拡大者のあいだに広く行き渡っている、高い報酬は努力や生来の才能の賜物であるという信念とも矛盾する。

かつて奴隷制や、カーストという明白な階層制、あるいはもっと最近の人種隔離やアパルトヘイトなど、さまざまなかたちでの制度化された不平等がはびこっていた社会は、その過去をずっと引き継がされてきた結果、いまや最も重い荷を背負わされているように見える（これはヨーロッパを含むそれ以外の社会に罪がないということではない）。たとえばインドは一九四七年の独立以来、さまざまな面で不利を被っているカーストの成員に社会的機会を開くべく、各種の制度（自らもカースト最下層出身の政治家アンベードカルが一九五〇年に立案した）を通じて真剣に取り組んできた。それらの制度のもとで「特例扱い」によるアファーマティブアクションも進められてきたが、それでもインドでは近年すさまじく不平等が拡大している。[★18]また、ベヴァリッジ流の福祉国家を築く努力もなされてきたが、それが不幸にも、保護される「近代的」部門と保護されない「伝統的」部門の溝を深めることになっている。[★19]同じようにアメリカでも、ジェイムズ・ボールドウィンやマーティン・ルーサー・キングやマルコムXが訴えたようなアファーマティブアクションが導入されてきたものの、ブラック・ライブズ・マター運動がつねに強調しているように、いまだ望ましい結果には程遠い状態にある。アパルトヘイト後の南アフリカにしても同様で、ブラジルにおいても奴隷制（一三〇年前まで残っていた）の遺産が大きく影を落としている。そして最も明確な実例は、いうまでもなく、アラブ世界の産油諸国に——表向きの発言とは裏腹に——不平等を助長する価値体系がいまだ厳然と行き渡っていることだ。[★20]

これまでのところ、一部の市民（とくに男性）からなる中枢集団《インナーサークル》のあいだでは、少なくとも労働と正当な報酬に関する最小限の権利が共有されてきた。しかし「われわれ」（成人男性）集団と「彼ら」（それ以外の全員）集団との差はそれだけではすまない。とくに地理的な移動が活発な世界では、確実に差が開く。どの国にも中枢集団の外側に、共同体に部分的にしか帰属していない、そして中枢集団が享受する法的恩恵を一部しか、またはまったく受けていない労働者からなる周縁集団《アウターサークル》が存在する。彼らはおもに、合法的に雇用されている外国人労働者である。認められている権利はつねに少なく、EU圏内においてさえ例外ではないが、ペルシャ湾岸諸国やサウジアラビアなどではさらに権利が制限される。[★21] そしてこれらに加え、権利をいっさい認められていない不法移民（フランス語では「サンパピエ」——滞在許可証をもたない人たち）の存在もある。周縁集団の最たるものは、社会から「ウンターメンシュ（下等人種）」と決めつけられて、いかなる報酬もあたえられずに収奪される少数派の人びとだ。第二次世界大戦はそのような例を数多く示したが、残念ながら、これが将来において生じえないという保証はどこにもない。[★22]

そこで論理的に出てくる疑問が、福祉の差の拡大を突きつけられての集団行動が前世紀にくらべてこんなにも少ないのはなぜなのか、ということである。もちろん実際には、まったくないわけではないだろう（たとえば韓国での激しい抗議を思い出そう）。部分的にでもアファーマティブアクションが成功した例や、少なくとも成功の兆しを見せた例もある。たとえばインドでの低位カーストに関連した働きかけや、女性に関しての全般的な運動がそれにあたる。[★23]

集団での力強い対抗運動が見られない理由は、結局のところ、ある単純な事実に尽きるのかもしれない。まさに一世紀にわたる集団行動の結果、平均的に見て、いまや北大西洋諸国の底辺層は歴史的に妥当なレベルの繁栄を享受しているのである（これもまた前述の移転支出の結果である）。それでもまだ不平等は広く行き渡っている。そして付け加えるなら、今日の対抗運動の乏しさは、まさしくその不平等の心理的な影響が底辺層におよんだ結果なのだとも考えられる。つまり、運動を起こすようなエネルギーが真の問題——社会的不平等——からそれて、他者の排斥に向かってしまっているということだ。移民や少数派に対するポピュリズム的な不安の広まりは、まさにその反映だろう。★24

市場は分配問題を解決するか

どこにでもある新自由主義的な（生まれてからすでに一世紀が経っているがいまだ健在な）見方では、市場を通じて仕事と報酬はおのずと分配されるというのだが、市場がそれ自体で分配問題を解決することはない。実際、そうだったためしは過去にもない。長い産業革命期にイギリスの重商主義的、保護貿易主義的な方策が、オランダ（ネーデルラント連邦共和国）を犠牲にし、のちにはアメリカを犠牲にして実証したとおりである。むしろ歴史上、こうして市場の力を抑え込んでうまくいった例はあふれるほどあり、その抑え込みによっていくつかの国には最大限の利益がもたらされた。つまり、これこそが通例なのだ。新自由主義者は市場の恵みに楽観的で、「自由」市場だけが仕事と報酬を分配できると期待しているが、彼らは歴史の教訓を読み違えているだけでなく、現状のシナリオも見誤っている。彼らが理想とするような中小企業家が支配的になる世界など、実現する見込みはまずないのである。

ここにきて、新型コロナウイルス危機がはっきりとそれを物語っている。富裕国での最大の犠牲者はまぎれもなく小規模事業主とフリーランサーであり、この層を確実に待ちかまえている破滅から救済するために、富裕国の政府は巨額をふり向けなければならなかったが、それでも効果には限界があった。[★25]保護されていない世界中の移民労働者にとっても、先行きは同じように暗い。これととくに対照的なのが、解雇される心配のない組織労働者だ。もちろん長い目で見て、パンデミックの影響が世界的な経済危機につながったりすれば彼らの立場も危うくはなるが、それでも現状はずいぶんとましである。

逆説的にも、労働市場の末端での競争は激化しているが、上位での競争は少なくなっている。中国と、ある意味ではインドも除くと、全世界のヘルスケア産業はユニリーバとバイエルとプロクター・アンド・ギャンブル（P&G）に支配されており、同様に電機産業はフィリップスとシーメンスとゼネラル・エレクトリック（GE）に、航空機産業はボーイングとエアバスに支配されている。[★26] ところがこれらの大企業では、従業員数は大幅に削減されている。たとえばオランダの大手電機メーカーのフィリップスの場合、一九七四年には五〇万人近い従業員を抱えていたが、現在では三万七〇〇〇人にまで減っている。これは会社の経営状態が悪化したからでもなければ、製品への需要がなくなったからでもなく、会社が単純に従業員五万人ずつの一〇単位に分割されたという話でもない。

このようなことになった背景には、下請けの増加が深くかかわっている。いまでも多数の賃金労働者が物理的にいっしょに働いているところといえば、近ごろ都心部の小売店に急速に取ってかわっている高速道路沿いの巨大物流センターなどが思い浮かぶが、そこは果てしない下請構造の結果であるというだけでなく、人件費構造の変化のあらわれでもある。アメリカの経済学者デヴィッド・ウェイルがこれに関して多くの例を示しているが、以下もその一つである。

南カリフォルニアの配送センターでトラック貨物の積み降ろし作業をしているスタッフは、プレミア・ウェアハウジング・ベンチャーズＬＬＣ（ＰＷＶ）――他企業に臨時労働者を派遣する会社――から、トラック一台あたりの作業にかかる合計時間にもとづいて報酬を得る。そのＰＷＶは、貨物トラックの台数に応じてシュナイダー・ロジスティクスから支払いを受ける。シュナイダーは全国展開している物流・トラック運送会社で、大手スーパーマーケットチェーンのウォルマートの物流センターを管理している。ウォルマートが対価と所要時間と作業達成基準を定め、シュナイダーはそれを受けて、その対価や基準と自社の利益目標に照らしながら、ＰＷＶや、ほかの人材派遣会社との契約条項を詰めていく。[★27]

このすべてのあおりを受けて時間あたりの賃金率が低くなり、その結果として超過勤務が多くなるのはもちろんのこと、このような流れは職場における労働者の極端な分断を呼ぶことにもなる。労働者は人材派遣会社に雇われて、給与管理会社を通じて支払いを受けているが、結局はおおもとの多国籍企業の基準にしたがうことを義務づけられている。ところがその多国籍企業自体は、この全体のプロセスを多数の中間業者を通じて監督しているだけなのである。これは疎外感だけでなく、孤立感も生じさせる。それについては次で詳しく述べよう。

ロボット化は新しいユートピアを約束するか

すでに見たように、自動化は何世紀も前からはじまっている。現在いたるところで進められている何度目かの自動化は、ロボット化とデジタル化だが、これが意味するところは明白なようでいて、過去の自動化よりもずっと判断しにくい。[★28] 機械化の結果として労働時間が劇的に短縮されるというのは一世紀半前から約束されていたことだ。たとえばイギリスの有名な哲学者バートランド・ラッセルは、一九一八年、『自由への道』において「科学の助けがあれば……一日四時間の労働で社会の全員が快適に暮らせる」と述べていた。二〇一六年にも歴史学者のジェームズ・リヴィングストンが、雄弁な著作に自信たっぷりのタイトルをつけている――『もう仕事はいらない――なぜ完全雇用が愚案なのか（*No More Work: Why Full Employment is a Bad Idea*）』。[★29]

確かに労働時間の劇的な短縮は多くのところで起こり、とくにラッセルとリヴィングストンが念頭に置いていた北大西洋諸国では確実にそうなってきた。しかし重要なのは、すでに半世紀以上前にその短縮が止まり、週の労働時間が世帯のおもな稼ぎ手一人につき四〇時間前後、一世帯につき六〇時間から八〇時間で固定されてきているということだ。自動化の成果はますます洗練される低価格の消費財に転換されているが、自由時間の増加には転換されていない。なぜそんなことになるのだろうか。答えは、職業構造における数かぎりない中間業者の蔓延にある。生産に直接かかわる人数は減っているが、品物が消費者に届くまでに、はるかに多くの人数が仲介にかかわっているのである。

　これにはさまざまな理由がある。しかしおそらく最大の理由は、ますます匿名化する世界に長大かつ複雑な生産チェーンが展開されている現状を前にして、消費者、消費者団体、各国政府、国際共同機関（世界保健機関などのほか、通商条約の監視機構も含めて）のいずれもが、そこに管理と保安を求めていることだろう。いいかえれば、公平な競争環境が世界規模で広がっていてほしいのだ。ここでこれ以上この問題を体系的に論じる余裕はないが、とりあえずアメリカの科学技術コラムニストのファルハド・マンジューによる冷徹な意見を記しておこう。マンジュー自身が薬剤師の息子だが、彼にいわせれば「ほとんどの薬剤師は、薬剤師がいなければ薬を調合してはならないと法律で決められているから働けているにすぎない」[★30]。おそらく同じ理由から、法律専門職（とくに英米法系での私法の専門家）も増えているし[★31]、デジタル化という輝かしいメダルの裏面であるサイバー犯罪の探知、防止、撲滅に協力してくれる専門家の急増も目立っている。加えて仕事のフレキシビリゼーションが進んでいる現在、とくに完璧をめざさなくても、仕事にはこれまでよりずっと多くの調整が求められており、さらに燃え尽き症候群など、仕事にかかわるさまざまなストレス症状に悩まされる人も増えている。コンピューター時代の「生涯教育」の必要についても同様だ。時代に乗り遅れないために誰もが絶えずスキルを向上させていかなければならないのなら、デジタルサポートの専門家も含め、さらに多くの「スキル上級者」が求められるだろう。

どうやら世の中は、民間部門にも公共部門にも、賃金労働者の身分にも雇われフリーランサーの身分にも、もっと多くの点検者や監督者や管理者を、そして監査役の監査役の監査役をと、果てしなく人を求めているらしい。いずれにしても、これまでのところは、古い仕事が消えていくよりも速いペースで新しい仕事が生まれている。高齢化の進む北大西洋諸国ではいずれ有償の介護の仕事が増えるというのもよく指摘されるところだが、これは日本と韓国も同様で、じきに中国も加わるだろう。これらはどれもそのとおりではあるのだが、この意外な現象がとめどなく進行していることに関して、本書はもっと深層的な説明を提案したい。これは、仕事に対する人間の基本的な欲求なのである。

仕事――長い歴史の道筋

ここで一歩下がって、人間の労働の歴史を過去から現在まで見てきた結果、何が明らかになったかを確認してみよう。そこには三つの決定的な要素が見つかると思う。

働くことの意義、とくにその社会的意義

　人間は仕事を通じてかかわりあう。本書で全面的に示されてきたように、仕事は明らかに必要に駆られてするものだが（裸の「経済人《ホモ・エコノミクス》」）、一方で人間が仕事をするのは、それが自尊心を生みだしてくれるから、そして他人からの尊敬を引き出してくれるからでもある。[★32] これは余暇には――いくらあろうと――もたらせないものだ。

　このことを誰よりも明確に表現したのがドイツ出身のアメリカ人哲学者、ハンナ・アーレントである。「労働のありがたさは、生活手段の生産と消費が密接に結びついているのと同じように、労苦と満足感がつねに交互に生起することにあり、だからこそ快楽が健康な身体に付随するように、幸福が過程そのものに付随する。……つらい疲労とうれしい再生という定められたサイクルの外には、永遠につづく幸福は存在しないのだ[★33]」。アーレントの教え子だったアメリカ人社会学者のリチャード・セネットは、この説を独創的に発展させたが、ウィリアム・モリスとジョン・ラスキンに言及することによって、それを「プラグマティズム」（実用主義）に、つまり――学者としてはめずらしいことに――仕事は手を使ってするものだという意味に絞り込んでいる。「物理的なものをつくる技能は、他者とのかかわりを形成できる経験の技法についての洞察を授けてくれる。ものをうまくつくることの難しさと可能性は、ともに人間関係の構築に応用できる[★34]」。どちらの見解も、社会学者のデイヴィッド・リースマンが『孤独な群衆』（一九五〇年）で示したアイデアによく合致する。「人間は、

自分が適切な存在であると感じることを必要とする。ただ職に就いて、あとは消費者として人生を送っていくというだけでは十分でない。……仕事の世界が崩壊したことによって余暇に負わされた重荷は、どうしようもなく大きい。余暇そのものでは仕事を救えず、仕事とともに沈没する。大半の人にとっては、仕事が有意義でなければ余暇も有意義にはなりえない」[★35]

報酬水準とは別に、このような仕事そのものに対する欲求があるのだと考えれば、変わりゆく契約に対して若い世代が驚くほどに適応していることも説明がつくだろう。アメリカに関しては、この適応を社会学者のベス・A・ルービンが実証しており、若い世代は自分が働けるかぎり、そして自分が参加できるかぎり、どんな職や業務でも検討するのだという。思えばこれと同じ結論は、大恐慌で多くの労働者が職を失ったときに、すでにはっきりと出されていた。[★36]

人間の基本的欲求としての協力

仕事は自尊心にかかわるものであると同時に、他人からの尊敬を得ることにもかかわるものなので、そこでは協力が欠かせない。これは家庭のような小さい共同体においてでも、作業場や事務所や工場においてでも同様だ。すでに見たように、人類以前からある最古の欲求は、いっしょに働くこと、協力することなのである。またもや霊長類学者のフランス・ドゥ・ヴァールを引用すると、共感は「近いこと、似ていること、見知っていることを基盤にして生じるものであり、共感が内集団〔連帯感で結びついた帰属集団〕の協力を促進するために進化したことを考えれば、これはまったく論理的なことだ」。これと対照的なのが「信頼に欠けた現代ビジネス環境で、これはトラブルの前兆であるばかりか、最近では多くの人の蓄えを一瞬で無にして彼らを不幸のどん底に突き落とした」[★37]。この信頼の欠如の原因の一つが、経営陣と実際に仕事をしている現場とのあいだに大きな隔たりがあることで、その実例はすでに述べたとおりである。この点で、現場にいるのが賃金労働者であるか単独のフリーランサーであるかは、もはや問題ではない。

新型コロナウイルス感染症のパンデミックがはじまって以来、すっかり医学と社会学の巨大な実験室と化したこの世界では、比較的よい労働契約を結んでいる人を含め、さらに多くの人びとが、仕事のこうした社会的側面を深く実感している。デジタルツールが在宅勤務を可能にしてくれているのはありがたいが、一世紀以上ぶりに家庭が職場になったことにより（「苦汗産業」の酷使を思い出そう）、いまやわれわれは「ズーンビ」〔「ズーム」と「ゾンビ」をあわせた造語〕になっている、と組織行動学者のジャンピエロ・ペトリグリエリはいう。「対面で仕事をすることに慣れていた職業人はみな、これまで当然のように暗黙に処理してきた微妙な手がかりを奪われている。その見慣れた手がかりのかわりとなる新しい手がかりを意識的に探さなくてはならないために、意識がずっと緊張させられている」[★38]。だから仕事のために（パンデミックが原因であろうとなかろうと）強制されるビデオ通話やビデオ会議は、こんなにも疲れる、うんざりするものなのだ。結局のところ、人が人といっしょに働くには物理的にそこにいてもらうことが不可欠なのである。

公正さへの希求

すでに見てきたように、太古の昔から、本来の取り分より多くの社会的パイを食べたがる人はいた。しかし少なくとも、人類の歴史がはじまって以来、全員が共有してきた平等主義的な原則にしたがった一定の取り分というものはあったので、そうした「勢力拡大者」の行為が無事にすまされるわけもなく、したがって彼らは——たとえ象徴的な意味しかないにせよ——なんらかのかたちで共同体に埋め合わせをしなくてはならない。このように、社会的不平等にはある程度の社会心理的な制限がある。[★39] 二〇〇八年の金融危機のときに銀行家の特別報酬やさまざまな便益に対して一般大衆から倫理的な怒りが向けられたのも、この社会心理的な制限が守られなかったことへの反応だった。

その反応にくらべれば地味ではあるが、もっと最近の例でいえば、新型コロナウイルス感染症のパンデミックを受けて、多くの国で医療従事者の報酬を上げろという声が高まった。これは平等主義が、個人差、とりわけ努力面での個人差を認めたうえで、その認識に非常に沿ったものになっているということでもある。ピケティはこれに関してはっきりと、人間には「平等についての明確なビジョン」が必要なのだと述べている。「それは個人間に多くの正当な差異、とりわけ知識と願望に関する差異があること、そしてそれらの差異が、社会的、経済的な資源をどう活用するかを決めるにあたって重要になることを完全に認めているビジョンである。……理想的な社会経済組織は、願望、知識、才能、技能の多様性のうえに人間の豊かさがあることを考えて、その多様性を尊重していなければならない」。このビジョンの欠如が、ソ連の失敗のおもな要因の一つだった。[★40] 人間は自分の属する集団に公正さと平等主義が共有されていることを希求する（これは性別集団内でも同じである）と同時に、個人の願望や希望が成就されることも希求するのである。

本書には、このどちらをも満たそうとする社会政治的な解決策が二つ出てきた。再分配型の神権政治と、所得の平準化をめざす福祉国家とその前身（すなわち二〇〇〇年以上前からユーラシア大陸の各地に記録が残されている「公正価格」の概念）である。[★41] 本書に出てきたさまざまな神権政治においては、平等主義が上から管理されており、人間の願望や希望は絶対的なイデオロギーの条件に沿っていなくてはならない。こうして少数のエリートが、広く共有された宇宙的な世界観と社会観をつかさどる支配者兼祭司として正当化される。古代エジプトや先コロンブス期のアメリカ文明、さらにはソ連のような「理念国家」やカースト制を考えてみればいい。[★42] これらの政体が十分な再分配を確実に実現できているかぎり――それを現在どう考えようと――この策は何百年でも何千年でも維持できる。[★43]

一方の福祉国家は、明らかに平等主義を出発点とした、多くの人の生活の保障と少数の勢力拡大者の寛容が最も望ましいかたちで組み合わさるように社会を構築しようとする試みである。[★44] しかし歴史を見れば、ごく最近の歴史からもわかるように、これまでのところ、この組み合わせは賞味期間が数十年しかなく、それもいつ脅かされるか知れたものではない。[★45] 実現可能かどうかはともかくも、近年、国際的に協調した遠大な財政改革が呼びかけられているのも同じ見方のあらわれだろう。

ここでもう一つ歴史からの警告を付け加えておかなくてはならない。すでに見てきたとおり、公正さの追求はほぼ必然的に「われわれと彼ら」(内集団と外集団)式の思考を生みだす。われわれと同類の人に対しては公正さが実現されるよう求めるが、それ以外の人についてはたちまち例外視して、雇用に関してだけでなく労働条件や報酬に関しても公正を求めなくなるのである。ここでいう「それ以外の人」とは、奴隷や低位カーストから、あらゆる意味での「よそ者」まで多岐にわたる。これはつい一世紀半前まで存在していた合法的な奴隷制や農奴制にもとづく公式の不平等体制(アメリカ、ブラジル、アラブ諸国、ロシア)や、アパルトヘイトのような労働人口の大部分を排斥する体制(マンデラ以前の南アフリカ、ペルシャ湾岸諸国、サウジアラビア)にあてはまるだけでなく、民主主義国家においてもありうることだ。

とくに後者に関しては、「われわれ」に対する公正さが失われるにともなって、「他者」を排斥する傾向が強まっていく。いわゆる「社会的ネイティビズムの罠」、すなわち国家的、民族的、宗教的なアイデンティティの擁護に引きこもるあまり無数の犠牲者を出してしまうという現象が、とくに二十一世紀に入ってから顕著になっている。[★46] しかし結局のところ、逆もまた真なのだ。「われわれ」の仕事の報酬が公正になればなるほど、これを民主的に他者とも分かちあおうという気運が高まってくる。そしてそれがいっそう公正さの重要性を知らしめるのである。

もっと公平で持続可能な社会を、という昔からの訴えに加え、それを実現させるための新しい提案も近年ぞくぞくと提出されている。これには新型コロナウイルス感染症のパンデミックの影響もあった。全世界の相互依存がますます認識されるようになったことで、そうした社会を求める声がさらに強まったのである。下からの方策としては、土台となる協同組合や、その他さまざまな「共有地《コモンズ》」的な労働編成が提案され、上からの方策としては、生産の社会的、環境的な影響をもれなく反映した原価計算や、もっと累進的な課税などが提案されている。

未来にどのような社会のあり方が選ばれようと、もちろんそれは、本書に出てきた無数の働く男女の経験のうえに形成されるものである。人間は、その歴史のほとんどの期間（じつに九八パーセント）、狩猟採集民の小さなバンドを編成して生きていた。それが約一万年前から、しだいに農民世帯に発展した。これらの世帯間での協力が、やがて労働の分化を生み、その分業がのちの都市でも、都市国家でも、領域国家でも常態となる。時代がくだると、神権政治の貢納－再分配が社会の基盤となるが、それもじきに紀元前五〇〇年ごろから市場に取ってかわられた。ここであらためて強調しておきたいが、商品市場はもとより労働市場もサービス市場も、決して最近の現象ではない。紀元一五〇〇年以降は市場が支配的になり、長いあいだ、今日知られているような（世帯外の）経済を構築する唯一の手段だった。[★47]

現在、歴史のこの段階にいたって、今後の人間の働き方がどのようなものになるかを大陸規模で、さらには世界規模で決定する新しい機会がめぐってきたという意識がとみに高まっている。これに関して、人間の生きてきた長い歴史が強く示唆しているのは、そのような選択をするときに三つの原則を見失ってはならないということだ。意義、協力、公正——これがこの仕事の物語から導かれる答えである。

解説

木下 順

サンフランシスコ湾岸のマウンテンビューにあるグーグル本社は「キャンパス」と呼ばれている。近くにある創業者たちの母校スタンフォード大学のアカデミックな文化を持ち込もうとしたのである。広大な庭にテーブルやベンチ、そしてティラノサウルスの全身骨格などが置かれている。なかで働く人びとは「グーグラー」と呼ばれ、グルメ料理、マッサージ、ヨガ教室、スポーツジムなどを日々無料で楽しむことができる。

ところが突然コロナ禍がおき、キャンパスに通えなくなってしまった。グーグラーたちは、クラウド環境のもとで「グーグル・ワークスペース」などを活用しながら、好きな場所で仕事を続けた。家庭の事情などで、会社を辞めないまま、遠くへ引っ越す人もあらわれた。

パンデミックが収束に向かいつつあった二〇二三年、事件は起きた。まず四月に会社が「週に三日は出勤するべきである」と言ってきた。そして、六月になって「出勤の記録を見てあなたの査定に反映させるかもしれない」と脅しはじめたところ、グーグラーから、「まるで小学生の親みたいだ」「仕事本位で評価してほしい」といった批判が続出した。同じような騒動は、すでに二〇二二年にアップル社で起きている。

現代の働き方について精力的に論じているコンピュータ・サイエンティストのカル・

ニューポートは、テック企業での働き方をめぐるこのような労使対立を踏まえて、「狩猟採集民の生活は何を教えてくれるか？」という論説を発表した。かれは、オフィスで仕事に追いまくられる知識労働者たちの働き方が、数十万年前から長く続けて体に染みついている狩猟採集の働き方に、反しているという。それが在宅勤務をめぐる争いの根源にあるというのだ。[*1] ちなみに、この論説のなかで推薦されている三冊の新刊書のなかの一冊が、他でもない、本書である。

版元のイエール大学出版局は本書を、「狩猟採集民の時代から現代までを前向きに描く、はじめての真にグローバルな労働史」と紹介したうえで、次のように述べている。

「ヤン・ルカセンは、仕事と人間の目まぐるしく移り変わる関係を、それぞれの時代に即して、包括的に紹介している。中国、インド、アフリカ、南北アメリカ、ヨーロッパにまたがり、家庭、部族、都市、国家などにおいて、人類がどのように仕事を組織してきたかを考察している。男性、女性、子どものあいだでどのように分担されてきたのか、貨幣の発明という分岐点、労働者の集団行動、移民の役割、奴隷制度、余暇などが、どのように影響してきたのかを明らかにする」

つまり「人類がどのように仕事を組織してきたか」が本書のテーマなのである。

すでに海外で書評なども出ているが、誰もが驚嘆しているのは、ルカセンの大胆な企てと、それを遂行する力量と、幅広い目配りである。

イエール大学出版局は、日本でいえば京都大学学術出版会のように、質の高い専門書の出版社として評価が固まっている。そのようなお堅い版元にしては珍しく、本書は「労働物語」(*The Story of Work*)」と題されている。専門外の読者を視野に入れた著者の意図が、このタイトルから読み取れる。本書の読者は、さまざまに組織された社会とそのなかで行われる労働のありさまや人間関係を、遍歴することだろう。そのなかに古今東西の面白くも不思議な史実が数多く散りばめられている。

現生人類は、認知革命によって徐々に大規模な集団が組織できるようになり、農業革命によって人口を増やし、さまざまなかたちの国家(政体)によって仕事のあり方を組織し、そして二〇〇年前の産業革命によって機械を組み合わせて巨大な生産力を解放した。そして現代もまた、これらの革命に匹敵する大転換の始まりにあるようだ。

大転換期にふさわしく、人類あるいはサピエンスの歴史をふりかえって、(画家ゴーギャンのいう)「われわれはどこから来たのか、われわれは何者か、われわれはどこへ行くのか」を問うノンフィクションが数多く出版され、次々と翻訳されて、ブームの観を呈している。それらの著者の多くは生物学者や人類学者であって、生き物や狩猟採集民の生活と仕事をていねいに紹介しながら、考えるヒントを読者に提供しようとしている。

とはいえこれらの書物は、それぞれの著者の専門分野からの視点で書かれるがゆえに、複雑な社会と組織を正面から取り上げるまでには至っていない。人類の社会組織は、部族から、都市国家、国家、そして帝国へと複雑化してきた。また仕事のあり方においても組織形成の変化にともない、権力をもつ使用者があらわれ、親方、企業、会社(営利法人)と、形態が進展している。これは生物学や民族学の得意分野ではない。

われわれが雇われて（あるいは仕事を請負って）働く場の人間関係、つまり「使うヒト」と「使われるヒト」との関係——たとえば、男性と女性はどのように仕事を分け合ってきたのか、奴隷の働き方と自由人の働き方はどう違うのか、働く人びとは悪辣な使用者にどのように立ち向かったのかなど——を歴史的に読み解き、明らかにしようとする研究分野は「労働史」とよばれる。そして、そのグローバルな労働史（グローバル・レイバー・ヒストリー）に挑んだのが、本書なのである。

ただ、専門書と一般書の両面をあわせもつチャレンジングな作品なだけに、一般の読者が本書を読むには多少のコツが要るかもしれない。冒頭の「はじめに」はともかく、それに続く「労働史の系譜と研究成果、そして本書のスタンスについて」と「序章」は、物語が始まる前にその枠組を提示しようとしているので、とっつきにくく思われるかもしれないからだ。そこで提案がある。まず第1章から、あるいは興味のもてそうな章から、読んでみてはどうか。あるていど物語に慣れたところで全体を俯瞰した「序章」に戻るのである。その場合にも上巻の41ページの図1「本書で概説する労働関係の移り変わり」が導きとなるだろう。

では、このチャレンジングな書物はどのようにして生まれたのか。さきほどルカセンの「力量」と書いたけれども、その背後には、下巻の巻末「参考文献」リストに収められた膨大な数の研究がある。そこからは世界の労働史研究のひろがりが見て取れる。

労働史研究は今から百五十年近く前に欧米諸国で始まった。資本主義の発展や都市の膨張にともなって、およそ一八八〇年頃から、世界各地でほぼ同時に社会問題が意識された。行政の担当者たちは、都市問題、移民問題、治安問題などに頭を悩まし、政府や地方自治体に担当部署を設置した。他方、社会問題に直面した当事者たちは、労働者として、農民として、店子（借家人）として意識を高め、自分たちで問題を解決しようと社会運動をはじめた。労働史の研究はそのような時代に姿をあらわしたのである。なかでもイギリスのウェッブ夫妻、ドイツのルヨ・ブレンターノなどが有名である。

合衆国では、経済学者J・R・コモンズが、制度学派をうちたてた。かれと弟子たちは、（日本の法律でいえば）労働基準法や労働組合法や労働安全衛生法などの制定に尽力するとともに、労働者の歴史を研究した。ただし、かれらが注目した労働者は組織労働者、つまり労働組合に結集した人びとが中心だった。それはおもに白人男性だったので、女性や黒人や移民は、かれらの視野に入りにくかったのである。

およそ一九六〇年前後から、労働史研究の潮目が変わりはじめた。有名な書物は、邦訳もある、E・P・トムスンの『イングランド労働階級の形成』である。この本は、労働者が階級意識をもちはじめ、自らを組織してゆく過程を、社会史として雄渾に描き出した。合衆国でも多くの研究者があらわれ、女性、黒人、移民などに焦点を当てた。こうして労働史の研究対象は、それまで中心だった白人男性から、社会のなかのさまざまな人びとに広がった。しかし、職場レベルの抵抗運動や、女性差別や、文化活動も取り上げられるようになった。しかし、なお決定的な狭さが残っていた。それぞれの国境の内側にとどまる労働史だったのである。
この壁が崩され始めたのは、ほんの二、三十年前である。研究者たちは、反植民地闘争、船乗りの労働史、奴隷労働など、それぞれの問題意識に導かれ、独自の手法を携えて、グローバル労働史に参入した。これについては、ルカセンの同僚であるマルセル・ファン・デア・リンデン（Marcel van der Linden）の論文があるので、そちらに譲ることにしたい。[*2]
このように、労働史という研究分野は、その対象を百数十年かけて拡大させてきた。また研究者たちは、それぞれ独自の問題意識と視点から、この分野を開拓している。
著者ヤン・ルカセンは一九四七年にオランダで生まれた。ライデン大学で学んでいたとき、移民労働者の不安定な労働と生活に強い関心をもって、ボランティア活動をした。大学院に進んで博士号をとったときのテーマも、西ヨーロッパにおける移民の歴史だった。そのあと、一九八八年にアムステルダムの国際社会史研究所に採用された。
この研究所が設立されたのは一九三五年、ドイツ社会民主党がナチスの弾圧から文書を守るための、いわば疎開先としてであった。そのなかにカール・マルクスとフリードリヒ・エンゲルスの文書が含まれていた。[*3]
ルカセンは、世界の労働を研究するため新たに設置された研究部に配属された。以来、同僚のリンデンと二人三脚で研究活動をリードし、研究部長などの要職にもついた。現在は名誉研究員である。
ルカセンやリンデンに率いられて、研究所は一九九〇年代からグローバル労働史に取り組んだ。かれらはまず、人種差別や互助組織や労働組合や非自由労働やジェンダーなど、個別のテーマごとに論文集を精力的に刊行した。そして、二十一世紀に入ると、いよいよグローバル労働史そのものを論じはじめた。

リンデンは「資本主義」という伝統的な概念を重視している。たとえばドイツの社会史家ユルゲン・コッカとともに、*Capitalism: the Reemergence of a Historical Concept* という書物を二〇一六年に出版している。

それに対してルカセンの努力は、二〇〇七年に立ち上げた「労働関係史グローバル共同研究（Global Collaboratory on the History of Labor Relations）」に注がれた。これは統計集を中心としたプロジェクトである。この作業のなかで、ルカセンたちは十八種類の労働関係を見出したという。

本書は、狩猟採集の時代からの仕事をめぐる人と人との関係を、「独立生産」「賃金労働」「奴隷労働」「貢納‐再分配」「互酬」「雇用」という、六つの労働関係に整理した。この枠組みを用いて、ルカセンは本書で、仕事と人間との雄大な歴史を書き綴ったのである。本書の特徴は、それぞれの時代における仕事と人間との関係を、たんなるエピソードの連続ではなく、労働関係の展開として描き出そうとしたところにあると言ってよいだろう。

近年の日本では「働き方改革」が叫ばれている。どうやら「ジャパン・アズ・ナンバーワン」を支えた働きバチの仕事と生活はもはや通用しないらしい。もしそうなら、仕事と生活について、分厚い本でも読みながらじっくり考えたいものである。いったい私たちの祖先は、さまざまな制約のなかで、どのようにして仕事と生活を改善しようとしたのだろうか。狭いニッポンの壁を乗り越え、七十万年におよぶ現生人類の歴史を見通した本書を読みながら、わたしたちの未来を考えようではないか。

（大原社会問題研究所嘱託研究員）

＊1　Cal Newport, "What Hunter-Gatherers Can Teach Us About the Frustrations of Modern Work," *New Yorker* November 2, 2022

＊2　二〇一二年の論文は、リンデン「グローバル・レイバー・ヒストリーの成果と課題」『大原社会問題研究所雑誌』（七〇七）二〇一七年九月号。また現在、二〇二三年の展望論文を翻訳中である。

＊3　この研究所については、佐藤金三郎『マルクス遺稿物語』（岩波新書、一九八九年）、五十嵐仁『この目で見てきた世界のレイバー・アーカイヴス』（法律文化社、二〇〇四年）などを参照されたい。

訳者あとがき

本書はオランダの社会経済史家ヤン・ルカセン（Jan Lucassen）の著書、*The Story of Work: a New History of Humankind* (*New Haven and London: Yale University Press*, 2021）の全訳である。本書の概要と著者の経歴については、この分野の専門家であられる木下順先生による解説をごらんいただきたい。

訳者としては、この場を借りて、本書での訳語について断っておきたい点が二つある。まずは「賃金」についてだ。これは原文における wage の訳語である。一般に「賃金」といえば、労働の対価として支払われる金銭のことを意味する（これは英語の wage でも同じだ）。また、自分の労働力のほかに生産手段をもたない労働者にとっての報酬が「賃金」であるという考えもある。しかし本書では、まだ貨幣が生まれていない時代における対価や、貨幣ではなく現物で支払われる対価、職人や小農が副業の報酬として得ている対価についても「賃金」（wage／wages）と表現し、その賃金と引き換えの労働を「賃金労働」（wage labour）と表現している。したがって訳文においても、wage に「報酬」など別の訳語をあてるのが適切かもしれない場合も含め、ほぼ一律に「賃金」「賃金労働」の訳語を用いている。

もう一つは奴隷の「雇用」についてで、これは原文における employ／employment の訳語である。英語の employ には「雇う」とともに「使う」の意味もあるので、奴隷に関しては「使用」を用いてもよかったのだが、本書を読んでいただければおわかりのように、働かせる相手が奴隷だからといってかならずしも報酬が発生しないわけではなく、金銭を含めてなんらかの労働対価が支払われている場合も少なくない。そのため「労働関係」という本書のテーマにかんがみて、奴隷労働に関しても賃金労働の場合と同様に「雇用」の訳語を用いることにした。

この二つのほかにも、訳語を容易に絞りきれない用語が本書にはいろいろと出てきたが、本邦でのグローバル労働史研究の発展とともに、それらの「定訳」が決まっていくことを願っている。

翻訳の底本には、イェール大学出版局から出版された書籍（冒頭に紹介したもの）を用いたが、あわせて、このオリジナルの英語版をもとに著者の母国で翻訳出版されたオランダ語版のテキストも参考にした。このテキストは著者自身がオランダ語で書いたものではないけれども、オランダ語版への序文で著者が「すばらしい翻訳」と賛辞を送っている。本書を日本語に訳すに際し、英語版での文意がいまひとつ測りかねるところはオランダ語版とひきくらべ、そこでの解釈や表現を頼りに理解を補ったが、大きな間違いはないものと信じている。

本書の翻訳にあたっては多くの方にお世話になった。とくに、企画段階から全面的に支援してくださった猪狩暢子氏、長きにわたって編集を担当してくださった塩田知子氏、校正の労をとってくださった酒井清一氏、専門家のお立場から数々の助言をくださった木下順先生に、心より感謝を申し上げたい。

二〇二四年二月

訳者を代表して

塩原　通緒

図版リスト

序章扉

Washing day on the street, Lindenstraat, Amsterdam, 1951. Photo Ben van Meerendonk. International Institute of Social History (Amsterdam).

第1部扉

Hadza woman digs for edible tubers. John Warburton-Lee Photography/Nigel Pavitt/amanaimages.

第2部扉

Uruk-period (4000–3100 BCE) seal. Yale Babylonian Collection, NBC 2579.

第3部扉

Victory stele of a king of Akkad (2300 BCE). Louvre Museum, GNU Free Documentation License, CC BY 3.0.

第4部扉

Women and men mining for silver (Bohemia/Saxony), woodcut by Blasius Freming in Georgius Agricola, *Vom Bergkwerck XII* (Basel: Froben, 1557). International Institute of Social History (Amsterdam).

第5部扉

Pieter van Laer, *Pigs and Donkeys*, plate 4 from the series *Different Animals*, Italy, 1636. Rijksmuseum (Amsterdam).

第6部扉

Detail of an illustration of Coster's diamond factory on Zwanenburgerstraat, Amsterdam *Eigen Haard*, 1875. International Institute of Social History (Amsterdam).

第7部扉

Basti Bagirova at the cotton harvest, Azerbaijan, 1950. De Brug/Djambatan 27b, no. 5469, Photo Hans Luhrs, International Institute of Social History (Amsterdam).

終章扉

Frans Masereel, *The Ideal Producer of the Future*, in La Feuille, 27 October 1919. International Institute of Social History (Amsterdam).

参考文献

［略語一覧］

CUP	Cambridge University Press
HER	*Economic History Review*
IRSH	*International Review of Social History*
JESHO	*Journal of the Economic and Social History of the Orient*
OUP	Oxford University Press
TSEG	*Tijdschrift voor Sociale en Economische Geschiedenis* [*The Low Countries Journal of Social and Economic History*]

Abu-Lughod, Janet. *Before European Hegemony: The World System A.D. 1250–1350* (New York: OUP, 1989).〔ジャネット・L・アブー＝ルゴド『ヨーロッパ覇権以前：もうひとつの世界システム』佐藤次高ほか訳、岩波書店、2001年〕

Adams, Robert McC. 'Shepherds at Umma in the Third Dynasty of Ur: Interlocutors with a World beyond the Scribal Field of Ordered Vision', *JESHO*, 49 (2006), pp. 133–69.

Adovasio, J.M., Olga Soffer & Jake Page. *The Invisible Sex: Uncovering the True Roles of Women in Prehistory* (New York: Smithsonian Books/Harper Collins, 2007).

Ágoston, Gábor. *Guns for the Sultan: Military Power and the Weapons Industry in the Ottoman Empire* (Cambridge: CUP, 2005).

Ahuja, Ravi. 'A Beveridge Plan for India? Social Insurance and the Making of the "Formal Sector"', *IRSH*, 64 (2019), pp. 207–48.

Aiello, Leslie C. 'Notes on the Implications of the Expensive Tissue Hypothesis for Human Biological and Social Evolution', in Wil Roebroeks (ed.), *Guts and Brains: An Integrative Approach to the Hominin Record* (Leiden: Leiden UP, 2007), pp. 17–28.

Aktor, Mikael. 'Social Classes: Varna', in Patrick Olivelle & Donald R. Davis (eds), *Hindu Law: A New History of Dharmashastra* (Oxford: OUP, 2018), pp. 60–77.

Akurang-Parry, Kwabena O. 'Transformations in the Feminization of Unfree Domestic Labor: A Study of Abaawa or Prepubescent Female Servitude in Modern Ghana', *International Labor and Working-Class History*, 78 (Fall 2010), pp. 28–47.

Alam, M. Shahid. 'Some Notes on Work Ethos and Economic Development', *World Development*, 13(2) (1985), pp. 251–4.

Albert, Michel. *Capitalism versus Capitalism* (London: Whurr, 1993).

Aldenderfer, Mark. 'Gimme That Old Time Religion: Rethinking the Role of Religion in the Emergence of Social Inequality', in T. Douglas Price & Gary M. Feinman (eds), *Pathways to Power: New Perspectives on the Emergence of Social Inequality* (New York: Springer, 2012), pp. 77–94.

Allen, Robert C. *The British Industrial Revolution in Global Perspective* (Cambridge: CUP, 2009).〔R・C・アレン『世界史のなかの産業革命：資源・人的資本・グローバル経済』眞嶋史叙ほか訳、名古屋大学出版会、2017年〕

Allen, Robert C., Tommy E. Murphy & Eric B. Schneider. 'The Colonial Origins of the Divergence in the Americas: A Labor Market Approach', *The Journal of Economic History*, 72 (2012), pp. 863–94.

Amabile, Teresa & Steven Kramer. *The Progress Principle: Using Small Wins to Ignite Joy, Engagement and Creativity at Work* (Boston: Harvard Business Review Press, 2011).〔テレサ・アマビール、スティーブン・クレイマー『マネジャーの最も大切な仕事：95%の人が見過ごす「小さな進捗」の力』中竹竜二監訳、樋口武志訳、英治出版、2017年〕

Amelang, James S. 'Lifting the Curse: Or Why Early Modern Worker Autobiographers Did Not Write about Work', in Josef Ehmer & Catharina Lis (eds), *The Idea of Work in Europe from Antiquity to Modern Times* (Farnham: Ashgate, 2009), pp. 91–100.

Ames, Kenneth M. 'On the Evolution of the Human Capacity for Inequality and/or Egalitarianism', in T. Douglas Price & Gary M. Feinman (eds), *Pathways to Power: New Perspectives on the Emergence of Social Inequality* (New York: Springer, 2010), pp. 15–44.

Amin, Shahid (ed.). *A Concise Encyclopaedia of North Indian Peasant Life: Being a Compilation of the Writings of William Crooke, J.E. Reid, G.A. Grierson* (Delhi: Manohar, 2005).

Anderson, Nels. *Work and Leisure* (New York: The Free Press of Glencoe, 1961).

Andreau, Jean & Raymond Descat. *The Slave in Greece and Rome* (Madison, WI.: University of Wisconsin Press, 2011).

Andrews, Anthony P. 'Late Postclassic Lowland Maya Archaeology', *Journal of World Prehistory*, 7(1) (March 1993), pp. 35–69.

Angelo, Larian. 'Old Ways in the New South: The Implications of the Recreation of an Unfree Labor Force', in Tom Brass & Marcel van der Linden (eds), *Free and Unfree Labour: The Debate Continues* (Bern: Peter Lang, 1997), pp. 173–200.

Anthony, David W. *The Horse, the Wheel, and Language. How Bronze-Age Riders from the Eurasian Steppes Shaped the Modern World* (Princeton/Oxford: Princeton UP, 2007).〔デイヴィッド・W・アンソニー『馬・車輪・言語：文明はどこで誕生したのか』東郷

えりか訳、筑摩書房、2018年〕
Antonopoulos, Rania & Indira Hirway (eds). *Unpaid Work and the Economy: Gender, Time Use and Poverty in Developing Countries* (Basingstoke: Palgrave Macmillan, 2010).
Anwar, Najma, Katharine MacDonald, Wil Roebroeks & Alexander Verpoorte. 'The Evolution of the Human Niche: Integrating Models with the Fossil Record', in Wil Roebroeks (ed.), *Guts and Brains: An Integrative Approach to the Hominin Record* (Leiden: Leiden UP, 2007), pp. 235–69.
Appadurai, Arjun. 'Right and Left Hand Castes in South India', *The Indian Economic and Social History Review*, 11(2/3) (1974), pp. 216–59.
Applebaum, Herbert. *The Concept of Work: Ancient, Medieval and Modern* (Albany, NY: SUNY Press, 1992).
Arcand, Bernard. 'The Cuiva', in Richard B. Lee & Richard Daly (eds), *The Cambridge Encyclopedia of Hunters and Gatherers* (Cambridge: CUP, 2004), pp. 97–100.
Arendt, Hannah. *The Human Condition* (Chicago/London: University of Chicago Press, 1958).〔ハンナ・アレント『人間の条件』志水速雄訳、筑摩書房、1973年（文庫版1994年）／ほか〕
Arnoux, Mathieu. *Le temps des laboureurs: Travail, ordre social et croissance en Europe (XIe–XIVe siècle)* (Paris: Albin Michel, 2012).
Asher-Greve, Julia M. 'The Essential Body: Mesopotamian Conceptions of the Gendered Body', *Gender & History*, 9(3) (1997), pp. 432–61.
Ashton, R.H.J. 'The Coinage of Rhodes 408–c.190 BC', in Andrew Meadows & Kirsty Shipton (eds), *Money and its Uses in the Ancient Greek World* (Oxford: OUP, 2001), pp. 90–115.
Atabaki, Touraj. 'From 'Amaleh (Labor) to Kargar (Worker): Recruitment, Work Discipline and Making of the Working Class in the Persian/Iranian Oil Industry', *International Labor and Working Class History*, 84 (Fall 2013), pp. 159–75.
Atkins, Keletso E. *The Moon is Dead! Give us our Money! The Cultural Origins of an African Work Ethic, Natal, South Africa, 1843–1900* (Portsmouth, NH: Heinemann, 1993).
Aubet, Maria Eugenia. *The Phoenicians and the West* (Cambridge: CUP, 2001).
August, Andrew. 'Work and Society', in Daniel J. Walkowitz (ed.), *A Cultural History of Work in the Modern Age* (London: Bloomsbury, 2019), pp. 127–40.
Austin, Gareth. 'Labour Intensity and Manufacturing in West Africa', in Gareth Austin & Kaoru Sugihara (eds), *Labour-Intensive Industrialization in Global History* (London/New York: Routledge, 2013), pp. 201–30.
Baak, Paul E. 'Enslaved Ex-Slaves, Uncaptured Contract Coolies and Unfree

Freedmen: "Free" and "Unfree" Labour in the Context of Plantation Development in Southwest India', in Tom Brass & Marcel van der Linden (eds), *Free and Unfree Labour: The Debate Continues* (Bern: Peter Lang, 1997), pp. 427–55.

Baay, Reggie. *Daar werd wat gruwelijks verricht: Slavernij in Indië* (Amsterdam: Atheneum, 2015).

Backhaus, Jürgen H. (ed.) *Karl Bücher: Theory – History – Anthropology – Non-Market Economies* (Marburg: Metropolis, 2000).

Bade, Klaus. *Europa in Bewegung: Migration vom späten 18. Jahrhundert bis zur Gegenwart* (Munich: Beck, 2000).

Bagnall, Roger S. 'Managing Estates in Roman Egypt: A Review Article', *Bulletin of the American Society of Papyrologists*, 30 (1993), pp. 127–35.

Bahl, Vinay. *The Making of the Indian Working Class: The Case of the Tata Iron and Steel Company, 1880–1946* (New Delhi: Sage, 1995).

Bailey, Peter. *Leisure and Class in Victorian England. Rational Recreation and the Contest for Control, 1830–1885* (London/New York: Routledge, 1978).

Bailyn, Bernard. *The Peopling of British North America: An Introduction* (New York: Vintage, 1988).

Baldwin, Richard. *The Globotics Upheaval: Globalization, Robotics, and the Future of Work* (Oxford: OUP, 2019).〔リチャード・ボールドウィン『GLOBOTICS：グローバル化＋ロボット化がもたらす大激変』高遠裕子訳、日本経済新聞出版社、2019年〕

Bales, Kevin. *Disposable People: New Slavery in the Global Economy* (Berkeley: University of California Press, 1999).〔ケビン・ベイルズ『グローバル経済と現代奴隷制：人身売買と債務で奴隷化される2700万人』大和田英子訳、凱風社、2014年（第2版）〕

Bales, Kevin. *Understanding Global Slavery: A Reader* (Berkeley: University of California Press, 2005).

Banaji, Jairus. *Exploring the Economy of Late Antiquity* (Cambridge: CUP, 2016).

Barber, Elizabeth Wayland. *Women's Work: The First 20,000 Years. Women, Cloth, and Society in Early Times* (New York & London: W.W. Norton, 1994).

Barbieri-Low, Anthony J. *Artisans in Early Imperial China* (Seattle & London: University of Washington Press, 2007).

Barker, Geoffrey Russell. *Some Problems of Incentives and Labour Productivity in Soviet Industry: A Contribution to the Study of the Planning of Labour in the U.S.S.R.* (Oxford: Blackwell, 1955).

Barker, Graeme. *The Agricultural Revolution in Prehistory: Why did Foragers become Farmers?* (Cambridge: CUP, 2006).

Barker, Hannah. *That Most Precious Merchandise: The Mediterranean Trade in Black Slaves, 1260–1500* (Philadelphia: PENN, 2019).

Barnard, Alan. 'Images of Hunters and Gatherers in European Social Thought', in Richard B. Lee & Richard Daly (eds), *The Cambridge Encyclopedia of Hunters and Gatherers* (Cambridge: CUP, 2004), pp. 375–83.
Barragán Romano, Rossana. 'Dynamics of Continuity and Change: Shifts in Labour Relations in the Potosí Mines (1680–1812)', *IRSH*, 61 (2016), pp. 93–114.
Barragán Romano, Rossana. 'Extractive Economy and Institutions? Technology, Labour and Land in Potosí, the Sixteenth to the Eighteenth Century', in Karin Hofmeester & Pim de Zwart (eds), *Colonialism, Institutional Change, and Shifts in Global Labour Relations* (Amsterdam: AUP, 2018), pp. 207–37.
Barret, P. & J.-N. Gurgand. *Ils voyageaient la France: Vie et traditions des Compagnons du Tour de France au XIXe siècle* (Paris: Hachette, 1980).
Barringer, Tim. *Men at Work: Art and Labour in Victorian Britain* (New Haven/London: Yale UP, 2005).
Bar-Yosef, Ofer & Youping Wang. 'Palaeolithic Archaeology in China', *Annual Review of Anthropology*, 41 (2012), pp. 319–35.
Bavel, Bas van. *The Invisible Hand? How Market Economies Have Emerged and Declined since AD 500* (Oxford: OUP, 2016).
Beaujard, Philippe. *The Worlds of the Indian Ocean: A Global History, vol. I* (Cambridge: CUP, 2019).
Beck, Patrice, Philippe Bernardi & Lauren Feller (eds). *Rémunérer le travail au Moyen Âge: Pour une histoire sociale du salariat* (Paris: Picard, 2014).
Beckert, Sven. *Empire of Cotton: A Global History* (New York: Knopf, 2015).
Beckert, Sven & Dominic Sachsenmaier (eds). *Global History, Globally: Research and Practice around the World* (London: Bloomsbury, 2018).
Belfanti, Carlo Marco. 'The Proto-Industrial Heritage: Forms of Rural Proto-Industry in Northern Italy in the Eighteenth and Nineteenth Centuries', in Sheilagh C. Ogilvie & Markus Cerman (eds), *European Proto-Industrialization* (Cambridge: CUP, 1996), pp. 155–70.
Bellenoit, Hayden J. *The Formation of the Colonial State in India: Scribes, Paper and Taxes, 1760–1860* (London & New York: Routledge, 2017).
Bellwood, Peter. *First Migrants: Ancient Migration in Global Perspective* (Chichester: Wiley Blackwell, 2013).
Benner, Chris. *Work in the New Economy: Flexible Labor Markets in Sillicon Valley* (Malden, MA: Blackwell, 2002).
Benner, Chris. '"Computers in the Wild": Guilds and Next-Generation Unionism in the Information Revolution', *IRSH*, 48 (2003), Supplement, pp. 181–204.
Bentley, Alex. 'Mobility, Specialisation and Community Diversity in the

Linearbandkeramik: Isotopic Evidence from the Skeletons', in Alasdair Whittle and Vicki Cummings (eds), *Going Over: The Mesolithic-Neolithic Transition in North-West Europe* (Oxford: OUP, 2007), pp. 117–40.

Benvenuti, Francesco. *Stakhanovism and Stalinism, 1934–8* (Birmingham: Centre for Russian and East European Studies, 1989).

Berdan, F.F. *Aztec Archaeology and Ethnohistory* (Cambridge: CUP, 2014).

Berg, Maxine. *The Age of Manufactures: Industry, Innovation and Work in Britain*, 2nd edn (Abingdon, Oxon: Routledge, 2005).

Berthe, Jean-Pierre. 'Les formes de travail dépendant en Nouvelle-Espagne XVIe–XVIIIe siècles', in Annalisa Guarducci (ed.), *Forme ed evoluzione del lavoro in Europa: XIII-XVIII secc.* (Prato: Instituto F. Datini, 1991), pp. 93–111.

Bhandare, Shailendra. 'Numismatics and History: The Maurya-Gupta Interlude in the Gangetic Plain', in Patrick Olivelle (ed.), *Between the Empires: Society in India 300 BCE to 400 CE* (Oxford: OUP, 2006), pp. 67–112.

Bhattacharya, Ananda (ed.). *Adivasi Resistance in Early Colonial India: Comprising the Chuar Rebellion of 1799 by J.C. Price and Relevant Midnapore District Collectorate Records from the Eighteenth Century* (New Delhi: Manohar, 2017).

Bhattacharya, Sabyasachi & Jan Lucassen (eds.). *Workers in the Informal Sector: Studies in Labour History 1800–2000* (New Delhi: Macmillan, 2005).

Bhattacharya, Sukumar. *The East India Company and the Economy of Bengal from 1704 to 1740* (Calcutta: Mukhopadhyay, 1969).

Bichler, Barbara. *Die Formierung der Angestelltenbewegung im Kaiserreich und die Entstehung des Angestelltenversicherungsgesetzes von 1911* (Bern: Peter Lang, 1997).

Bieleman, Jan. *Geschiedenis van de landbouw in Nederland 1500–1950* (Amsterdam: Boom Meppel, 1992).

Biernacki, Richard. *The Fabrication of Labor. Germany and Britain, 1640–1914* (Berkeley: University of California Press, 1995).

Binford, Lewis R. 'The Diet of Early Hominins: Some Things We Need to Know before "Reading" the Menu from the Archeological Record', in Wil Roebroeks (ed.), *Guts and Brains: An Integrative Approach to the Hominin Record* (Leiden: Leiden UP, 2007), pp. 185–222.

Birge, Bettine. 'Women and Confucianism from Song to Ming: The Institutionalization of Patrilineality', in Paul J. Smith & Richard von Glahn (eds), *The Song-Yuan-Ming Transition in Chinese History* (Cambridge, MA: Harvard UP, 2003), pp. 212–40.

Bittles, Alan H. 'Population Stratification and Genetic Association Studies in South Asia', *Journal of Molecular and Genetic Medicine*, 1(2) (December 2005), pp. 43–8.

Blackburn, Robin. *The Overthrow of Colonial Slavery 1776–1848* (London/New York: Verso, 1988).
Blackburn, Robin. 'Revolution and Emancipation: The Role of Abolitionism in Ending Slavery in the Americas', in Marcel van der Linden (ed.), *Humanitarian Intervention and Changing Labor Relations: The Long-Term Consequences of the Abolition of the Slave Trade* (Leiden/Boston: Brill, 2011), 155–92.
Bleiberg, Edward. 'State and Private Enterprise', in Toby Wilkinson (ed.), *The Egyptian World* (London/New York: Routledge, 2007), pp. 175–84.
Blewitt, Mary H. 'USA: Shifting Landscapes of Class, Culture, Gender, Race and Protest in the American Northeast and South', in Lex Heerma van Voss, Els Hiemstra-Kuperus & Elise van Nederveen Meerkerk (eds.), *The Ashgate Companion to the History of Textile Workers, 1650–2000* (Farnham: Ashgate, 2010), pp. 531–57.
Bloch, Marc. *Esquisse d'une Histoire Monétaire de l'Europe* (Paris: Armand Colin, 1954).
Bloch, Marc. *Land and Work in Mediaeval Europe: Selected Papers*. Trans. by J.E. Anderson (Berkeley/Los Angeles: University of California Press, 1967).
Blockmans, W.P. 'The Social and Economic Effects of the Plague in the Low Countries: 1349–1500', *Revue Belge de Philologie et d'Histoire*, 58(4) (1980), pp. 833–66.
Blum, Jerome. *The End of the Old Order in Rural Europe* (Princeton: Princeton UP, 1978).
Blumenthal, Debra. *Enemies and Familiars: Slavery and Mastery in Fifteenth-Century Valencia* (Ithaca/London: Cornell UP, 2009).
Boch, Rudolf. 'Zunfttradition und frühe Gewerkschaftsbewegung: Ein Beitrag zu einer beginnenden Diskussion mit besonderer Berücksichtigung des Handwerks im Verlagssystem', in Ulrich Wengenroth (ed.), *Prekäre Selbständigkeit: Zur Standortbestimmung von Handwerk, Hausindustrie und Kleingewerbe im Industrialisierungsprozess* (Stuttgart: Steiner, 1989), pp. 37–69.
Boeck, Brian J. 'Claiming Siberia: Colonial Possession and Property Holding in the Seventeenth and Early Eighteenth Centuries', in Nicholas B. Breyfogle, Abby Schrader & Willard Sunderland (eds), *Peopling the Russian Periphery: Borderland Colonization in Eurasian History* (London/New York: Routledge, 2007), pp. 41–60.
Boivin, Nicole. 'Orientalism, Ideology and Identity: Examining Caste in South-Asian Archaeology', *Journal of Social Archaeology*, 5(2) (2005), pp. 225–52.
Bok, Marten Jan. 'Vraag en aanbod op de Nederlandse kunstmarkt, 1580–1700', PhD thesis, Utrecht University, 1994.
Boldorf, Marcel & Tetsuji Okazaki (eds). *Economies under Occupation: The Hegemony*

of Nazi Germany and Imperial Japan in World War II (London/New York: Taylor & Francis, 2015).

Booth, Charles, assisted by Ernest Aves. *Life and Labour of the People in London, Second Series: Industry, vol. 5: Comparisons, Survey and Conclusions* (London: Macmillan, 1904).

Bopearachchi, Osmund. *From Bactria to Taprobane: Selected Works*, 2 vols (New Delhi: Manohar, 2015).

Borgerhoff Mulder, Monique et al. 'Intergenerational Wealth Transmission and the Dynamics of Inequality in Small-Scale Societies', *Science*, 326(5953) (30 October 2009), pp. 682–8.

Bosma, Ulbe. *The Making of a Periphery: How Island Southeast Asia Became a Mass Exporter of Labor* (New York: Columbia UP, 2019).

Bosma, Ulbe & Karin Hofmeester (eds). *The Life Work of a Historian: Essays in Honor of Marcel van der Linden* (Leiden/Boston: Brill, 2018).

Boter, Corinne. 'Marriages are Made in Kitchens: The European Marriage Pattern and Life-Cycle Servanthood in Eighteenth-Century Amsterdam', *Feminist Economics*, 23 (2016), pp. 68–92.

Boter, Corinne. 'Dutch Divergence? Women's Work, Structural Change, and Household Living Standards in the Netherlands, 1830–1914', PhD thesis, Wageningen University, 2017.

Bourillon, Florence. 'Urban Renovation and Changes in Artisans' Activities: The Parisian Fabrique in the Arts et Métiers Quarter during the Second Empire', in Geoffrey Crossick (ed.), *The Artisan and the European Town, 1500–1900* (Aldershot: Scolar Press, 1997), pp. 218–38.

Bourke, Joanna. 'Avoiding Poverty: Strategies for Women in Rural Ireland, 1880–1914', in J. Henderson & R. Wall (eds), *Poor Women and Children in the European Past* (London/New York, 1994), pp. 292–311.

Boussac, M.-F., J.-F. Salles & J.-B. Yon (eds). *Re-Evaluating the Periplus of the Erythraean Sea* (New Delhi: Manohar, 2018).

Bouwens, A.M.C.M. et al. *Door staal gedreven: Van Hoogovens tot Tata Steel, 1918–2018* (Bussum: TOTH, 2018).

Boxer, Charles R. *The Portuguese Seaborne Empire, 1415–1825* (London: Penguin, 1969).

Bradley, Richard. 'Houses, Bodies and Tombs', in Alasdair Whittle & Vicki Cummings (eds), *Going Over: The Mesolithic-Neolithic Transition in North-West Europe* (Oxford: OUP, 2007), pp. 347–55.

Brady Jr., Thomas A. 'The Rise of Merchant Empires, 1400–1700: A European

Counterpoint', in James D. Tracy (ed.), *The Political Economy of Merchant Empires* (Cambridge: CUP, 1991), pp. 117–60.
Brandon, Pepijn, Niklas Frykman & Pernille Røge (eds). *Free and Unfree Labor in Atlantic and Indian Ocean Port Cities (1700–1850)*, *IRSH*, 64, Special Issue 27 (2019).
Bras, Hilde. 'Inequalities in Food Security and Nutrition: A Life Course Perspective', Inaugural lecture, Wageningen University, 4 December 2014.
Brass, Tom & Marcel van der Linden (eds). *Free and Unfree Labour: The Debate Continues* (Bern: Peter Lang, 1997).
Breman, Jan. *Taming the Coolie Beast: Plantation Society and the Colonial Order in Southeast Asia* (New York: OUP, 1989).
Breman, Jan. *Footloose Labour: Working in India's Informal Economy* (Cambridge: CUP, 1996).
Breuker, Remco E. & Imke B.L.H. van Gardingen (eds). *People for Profit: North Korean Forced Labour on a Global Scale* (Leiden: Leiden Asia Centre, 2018).
Brewer, Douglas. 'Agriculture and Animal Husbandry', in Toby Wilkinson (ed.), *The Egyptian World* (London/New York: Routledge, 2007), pp. 131–45.
Brinton, Mary C. *Women's Working Lives in East Asia* (Stanford: Stanford UP, 2001).
Broadberry, Stephen, Rainer Fremdling & Peter Solar. 'Industry', in Stephen Broadberry & Kevin H. O'Rourke (eds), *The Cambridge Economic History of Modern Europe, Vol. I: 1700–1870* (Cambridge: CUP, 2010), pp. 164–86.
Broughton, Edward. 'The Bhopal Disaster and its Aftermath: A Review', *Environmental Health*, 4(1) (2005), pp. 1–6.
Brown, Kyle et al. 'An Early and Enduring Advanced Technology Originating 71,000 Years Ago in South Africa', *Nature*, 491 (22 November 2012), pp. 590–3.
Brown, William & Jonathan Trevor. 'Payment Systems and the Fall and Rise of Individualism', *Historical Studies in Industrial Relations*, 35 (2014), pp. 143–55.
Brynjolfsson, Erik & Andrew McAfee. *The Second Machine Age: Work, Progress and Prosperity in a Time of Brilliant Technologies* (New York: Norton, 2014).〔エリック・ブリニョルフソン、アンドリュー・マカフィー『ザ・セカンド・マシン・エイジ』村井章子訳、日経BP社、2015年〕
Buchanan, Francis. *An Account of the District of Purnea in 1809–10* (New Delhi: Usha, 1986a).
Buchanan, Francis. *An Account of the District of Shahabad in 1812–13* (New Delhi: Usha, 1986b).
Bücher, Karl. *Arbeit und Rhythmus* (5th edn) (Leipzig: Reinecke, 1919).〔カール・ビュヒァー『労働とリズム』高山洋吉訳、第一出版、1944年／ほか〕

Budd, John W. *The Thought of Work* (Ithaca/London: Cornell UP, 2011).

Burds, Geoffrey. 'The Social Control of Peasant Labor in Russia: The Response of Village Communities to Labor Migration in the Central Industrial Region, 1861–1905', in Esther Kingston-Mann & Timothy Mixter (eds), *Peasant Economy, Culture, and Politics of European Russia, 1800–1921* (Princeton: Princeton UP, 1991), pp. 52–100.

Burger, Werner. 'Minting During the Qianlong Period: Comparing the Actual Coins with the Mint Reports', in Christine Moll-Murata, Song Jianze & Hans Ulrich Vogel (eds), *Chinese Handicraft Regulations of the Qing Dynasty: Theory and Application* (Munich: Iudicium, 2005), pp. 373–94.

Buringh, Eltjo. *Medieval Manuscript Production in the Latin West: Explorations with a Global Database* (Leiden/Boston: Brill, 2011).

Burke, Edward M. 'The Economy of Athens in the Classical Era: Some Adjustments to the Primitivist Model', *Transactions of the American Philological Association*, 122 (1992), pp. 199–226.

Burnett, John. *Idle Hands: The Experience of Unemployment, 1790–1990* (London/New York: Routledge, 1994).

Caland, W. *De Remonstrantie van W. Geleynssen de Jongh* ('s-Gravenhage: Martinus Nijhoff, 1929).

Caminos, Ricardo A. 'Peasants', in Sergio Donadoni (ed.), *The Egyptians* (Chicago/London: University of Chicago Press, 1997), pp. 1–30.

Campbell, Gwyn. 'Slavery in the Indian Ocean World', in Gad Heuman & Trevor Burnard (eds), *The Routledge History of Slavery* (London/New York: Routledge, 2011), pp. 52–63.

Campbell, Gwyn (ed.). *Abolition and its Aftermath in Indian Ocean Africa and Asia* (Abingdon: Routledge, 2012).

Campbell, Gwyn & Alessandro Stanziani (eds). *Bonded Labour and Debt in the Indian Ocean World* (Abingdon: Routledge, 2015).

Campbell, W.P. *Brick: A World History* (London: Thames & Hudson, 2003).

Candido, Mariana P. *An African Slaving Port and the Atlantic World: Benguela and its Hinterland* (Cambridge: CUP, 2013).

Candland, Christopher. 'The Cost of Incorporation: Labor Institutions, Industrial Restructuring, and New Trade Union Strategies in India and Pakistan', in Christopher Candland & Rudra Sil (eds), *The Politics of Labor in a Global Age: Continuity and Change in Late-Industrializing and Post-Socialist Economies* (Oxford: OUP, 2001), pp. 69–94.

Candland, Christopher & Rudra Sil (eds). *The Politics of Labor in a Global Age:*

Continuity and Change in Late-Industrializing and Post-Socialist Economies (Oxford: OUP, 2001).
Canuto, Marcello A. et al. 'Ancient Lowland Maya Complexity as Revealed by Airborne Laser Scanning of Northern Guatemala', *Science*, 361 (28 September 2018), pp. 1355–71.
Carlson, Marybeth. 'A Trojan Horse of Worldliness? Maidservants in the Burgher Household in Rotterdam at the End of the Seventeenth Century', in Els Kloek, Nicole Teeuwen & Marijke Huisman (eds), *Women of the Golden Age: An International Debate on Women in Seventeenth-Century Holland, England and Italy* (Hilversum: Verloren, 1994), pp. 87–96.
Casanovas, Joan. 'Slavery, the Labour Movement and Spanish Colonialism in Cuba (1850–1898)', in Tom Brass & Marcel van der Linden (eds), *Free and Unfree Labour: The Debate Continues* (Bern: Peter Lang, 1997), pp. 249–64.
Cashmere, John. 'Sisters Together: Women without Men in Seventeenth-Century French Village Culture', *Journal of Family History*, 21(1) (January 1996), pp. 44–62.
Castel, Robert. *Les métamorphoses de la question sociale: Une chronique du salariat* (Paris: Fayard, 1995).〔ロベール・カステル『社会問題の変容：賃金労働の年代記』前川真行訳、ナカニシヤ出版、2012年〕
Chakravarti, Uma. *Everyday Lives, Everyday Histories: Beyond the Kings and Brahmanas of 'Ancient' India* (New Delhi: Tulika, 2006).
Chalcraft, John T. 'Pluralizing Capital, Challenging Eurocentrism: Towards Post-Marxist Historiography', *Radical History Review*, 91 (2005), pp. 13–39.
Chandra, Satish. 'Some Aspects of Urbanisation in Medieval India', in Indu Banga (ed.), *The City in Indian History: Urban Demography, Society and Politics* (New Delhi: Manohar, 2014), pp. 81–6.
Chang, Kai & Fang Lee Cooke. 'Legislating the Right to Strike in China: Historical Development and Prospects', *Journal of Industrial Relations*, 57(3) (2015), pp. 440–55.
Chang, Kwang-Chih. 'China on the Eve of the Historical Period', in Michael Loewe & Edward L. Shaughnessy (eds), *Cambridge History of Ancient China* (Cambridge: CUP, 1999), pp. 37–73.
Chang, Leslie T. *Factory Girls: From Village to City in a Changing China* (New York: Spiegel & Grau, 2009).〔レスリー・T・チャン『現代中国女工哀史』栗原泉訳、白水社、2010年〕
Chatterjee, Indrani. *Gender, Slavery and Law in Colonial India* (Delhi: OUP, 1999).
Chatterjee, Indrani & Richard Maxwell Eaton (eds). *Slavery and South Asian History* (Bloomington/Indianapolis: Indiana UP, 2006).

Chaubey, Gyaneshwer et al. 'Peopling of South Asia: Investigating the Caste-Tribe Continuum in India', *BioEssays*, 29(1) (2006), pp. 91–100.
Chayanov, A.V. *On the Theory of Peasant Economy*, edited by Daniel Thorner, Basile Kerblay & R.E.F. Smith (Homewood: The American Economic Association, 1966).
Chen, Feng. 'Trade Unions and the Quadripartite Interactions in Strike Settlement in China', *The China Quarterly*, 201 (March 2010), pp. 104–24.
Cheng, Tiejun & Mark Selden. 'The Origins and Social Consequences of China's Hukou System', *The China Quarterly*, 139 (1994), pp. 644–68.
Chow, Nelson & Yuebin Xu. *Socialist Welfare in a Market Economy: Social Security Reforms in Guangzhou, China* (Aldershot: Ashgate, 2001).
Christensen, Lars K. 'Institutions in Textile Production: Guilds and Trade Unions', in Lex Heerma van Voss, Els Hiemstra-Kuperus & Elise van Nederveen Meerkerk (eds), *The Ashgate Companion to the History of Textile Workers, 1650–2000* (Farnham: Ashgate, 2010), pp. 749–71.
Clarence-Smith, William (ed.). *The Economics of the Indian Ocean Slave Trade in the Nineteenth Century* (London/New York: Routledge, 2015).
Clark, Andrew E. et al. *The Origins of Happiness: The Science of Well-Being Over the Life Course* (Princeton: Princeton UP, 2018).
Clottes, Jean. 'Paleolithic Cave Art in France', www.bradshawfoundation.com/clottes (2020年2月15日閲覧。*Adorant Magazine*, 2002より転載).
Cockshott, Paul. *How the World Works: The Story of Human Labor from Prehistory to the Modern Day* (New York: Monthly Review Press, 2019).
Coe, Michael D. *Angkor and the Khmer Civilization* (London: Thames & Hudson, 2003).
Cohen, Edward E. *Athenian Economy and Society: A Banking Perspective* (Princeton: Princeton UP, 1992).
Cohen, Edward E. 'An Unprofitable Masculinity', in Paul Cartledge, Edward E. Cohen & Lin Foxhall (eds), *Money, Labour and Land: Approaches to the Economies of Ancient Greece* (London/New York: Routledge, 2002), pp. 100–12.
Cohn, Samuel. 'After the Black Death: Labour Legislation and Attitudes Towards Labour in Late-Medieval Western Europe', *EHR*, 60 (2007), pp. 457–85.
Coldham, Peter Wilson. *Emigrants in Chains: A Social History of Forced Emigration to the Americas 1607–1776* (Baltimore: Genealogical Publication Company, 1992).
Cole, Jeffrey A. *The Potosí Mita 1573–1700: Compulsory Indian Labor in the Andes* (Stanford: Stanford UP, 1985).
Colebrooke, Henry Thomas. *Remarks on the Husbandry and Internal Commerce of Bengal* (Calcutta: Statesman, 1884; originally 1804).

Conze, Werner. 'Arbeit', in Otto Brunner et al. (eds), *Geschichtliche Grundbegriffe: Historisches Lexikon zur politisch-sozialen Sprache in Deutschland, vol. 1* (Stuttgart: Klett-Cotta, 1972), pp. 154–215.

Cook, Linda J. *The Soviet Social Contract and Why It Failed: Welfare Policy and Workers' Politics from Brezhnev to Yeltsin* (Cambridge, MA/London: Harvard UP, 1993).

Cooney, Gabriel. 'Parallel Worlds or Multi-Stranded Identities? Considering the Process of "Going Over" in Ireland and the Irish Sea Zone', in Alasdair Whittle & Vicki Cummings (eds), *Going Over: The Mesolithic-Neolithic Transition in North-West Europe* (Oxford: OUP, 2007), pp. 544–66.

Cooney, Kathlyn M. 'Labour', in Toby Wilkinson (ed.), *The Egyptian World* (London/New York: Routledge, 2007), pp. 160–74.

Costello, Nancy et al. *Whispering Hope: The True Story of the Magdalene Women* (London: Orion, 2015).

Costin, Cathy Lynn. 'Craft Production Systems', in Gary M. Feinman & T. Douglas Price (eds), *Archaeology at the Millennium: A Sourcebook* (New York: Springer, 2001), pp. 273–326.

Cottereau, Alain. 'Industrial Tribunals and the Establishment of a Kind of Common Law of Labour in Nineteenth-Century France', in Willibald Steinmetz (ed.), *Private Law and Social Inequality in the Industrial Age: Comparing Legal Cultures in Britain, France, Germany and the United States* (Oxford: OUP, 2000), pp. 203–26.

Coxworth, James E. et al. 'Grandmothering Life Stories and Human Pair Bonding', *PNAS*, 112(38) (22 September 2015), pp. 11806–11811.

Cross, Gary S. *Worktime and Industrialization: An International History* (Philadelphia: Temple, 1988).

Cross, Gary S. *A Quest for Time: The Reduction of Work in Britain and France, 1840–1940* (Berkeley: University of California Press, 1989).

Cross, Gary S. 'Work Time', in Peter N. Stearns (ed.), *Encyclopedia of European Social History from 1300 to 2000, Vol. 4* (New York: Scribners, 2001), pp. 501–11.

Crossick, Geoffrey (ed.) *The Artisan and the European Town, 1500–1900* (Aldershot: Scolar Press, 1997a).

Crossick, Geoffrey. 'Past Masters: in Search of the Artisan in European History', in Geoffrey Crossick (ed.), *The Artisan and the European Town, 1500–1900* (Aldershot: Scolar Press, 1997b), pp. 1–40.

Culbertson, Laura (ed.). *Slaves and Households in the Near East* (Chicago: Oriental Institute, 2011a).

Culbertson, Laura. 'Slaves and Households in the Near East', in Laura Culbertson (ed.),

Slaves and Households in the Near East (Chicago: Oriental Institute, 2011b), pp. 1–17.
Cunningham, Hugh. *Children and Childhood in Western Society since 1500* (London/ New York: Longman, 1995).〔ヒュー・カニンガム『概説子ども観の社会史：ヨーロッパとアメリカにみる教育・福祉・国家』北本正章訳、新曜社、2013年〕
Cunningham, Hugh. 'The Decline of Child Labour: Labour Markets and Family Economies in Europe and North America since 1830', *EHR*, 53 (2000), pp. 409–28.
Cunningham, Hugh & Pier Paolo Viazzo (eds). *Child Labour in Historical Perspective 1800–1985: Case Studies from Europe, Japan and Colombia* (Florence: UNICEF, 1996).
Dalton, George (ed.). *Primitive, Archaic and Modern Economies: Essays of Karl Polanyi* (Boston: Beacon Press, 1971).
D'Altroy, Terence N. *The Incas* (Malden, MA: Blackwell, 2002).
D'Altroy, Terence N. 'The Inka Empire', in Andrew Monson & Walter Scheidel (eds), *Fiscal Regimes and the Political Economies of Premodern States* (Cambridge: CUP, 2015), pp. 31–70.
Dandamaev, Muhammad A. *Slavery in Babylonia: From Nabopolassar to Alexander the Great (626–331 BC)* (DeKalb: Northern Illinois UP, 2009).
Daniel, Ute. *Arbeiterfrauen in der Kriegsgesellschaft: Beruf, Familie und Politik im Ersten Weltkrieg* (Göttingen: Vandenhoeck & Ruprecht, 1989).
Das Gupta, Monica. 'Lifeboat Versus Corporate Ethic: Social and Demographic Implications of Stem and Joint Families', in Antoinette Fauve-Chamoux & Emiko Ochiai (eds), *House and the Stem Family in Eurasian Perspective* (Proceedings of the C18 Session, Twelfth International Economic History Congress, August 1998), pp. 444–66.
Datta, Rajat. *Society, Economy and Market: Commercialization in Rural Bengal, c. 1760–1800* (New Delhi: Manohar, 2000).
Datta, Satya Brata. *Capital Accumulation and Workers' Struggle in Indian Industrialization: The Case of Tata Iron and Steel Company 1910–1970* (Stockholm: Almqvist & Wiksell, 1986).
Davids, C.A. *Wat lijdt den zeeman al verdriet: Het Nederlandse zeemanslied in de zeiltijd (1600–1900)* (Den Haag: Martinus Nijhoff, 1980).
Davids, Karel. 'Seamen's Organizations and Social Protest in Europe, c. 1300–1825', *IRSH*, 39, Supplement 2 (1994), pp. 145–69.
Davids, Karel. *Religion, Technology, and the Great and Little Divergences: China and Europe Compared c. 700–1800* (Leiden/Boston: Brill, 2013a).
Davids, Karel. 'Moving Machine-Makers: Circulation of Knowledge on Machine-

Building in China and Europe Between c. 1400 and the Early Nineteenth Century', in Maarten Prak & Jan Luiten van Zanden (eds), *Technology, Skills and the Pre-Modern Economy in the East and the West. Essays Dedicated to the Memory of S.R. Epstein* (Leiden/Boston: Brill, 2013b), pp. 205–24.

Davids, Karel & Jan Lucassen (eds). *A Miracle Mirrored: The Dutch Republic in European Perspective* (Cambridge: CUP, 1995).

Davies, Margaret Llewelyn (ed.). *Life As We Have Known It by Co-Operative Working Women. With An Introductory Letter by Virginia Woolf. New Introduction by Anna Davin* (London: Virago, 1977).

Deakin, Simon & Frank Wilkinson. *The Law of the Labour Market: Industrialization, Employment and Legal Evolution* (Oxford: OUP, 2005).

Deane, Phyllis. *The First Industrial Revolution* (Cambridge: CUP, 1969).〔フィリス・ディーン『イギリス産業革命分析』石井摩耶子、宮川淑共訳、社会思想社、1973年〕

Dekker, Rudolf. 'Labour Conflicts and Working Class Culture in Early Modern Holland', *IRSH*, 35 (1990), pp. 377–420.

Delêtre, Marc, Doyle B. McKey & Trevor R. Hodkinson. 'Marriage Exchanges, Seed Exchanges, and the Dynamics of Manioc Diversity', *PNAS*, 108(45) (8 November 2011), pp. 18249–54.

Delsalle, Paul. 'Du billet de congé au carnet d'apprentissage: Les archives des livrets d'employés et d'ouvriers (XVIe–XIX siècles)', *Revue du Nord*, 75 (1993), pp. 285–301.

Demarest, Arthur. *Ancient Maya. The Rise and Fall of a Rainforest Civilization* (Cambridge: CUP, 2004).

De Matos, Paulo Teodoro & Jan Lucassen. 'Early Portuguese Data for Wage Developments in India: Kannur (Cananor) 1516–1517', *Ler História*, 75 (2019), pp. 113–31.

Denault, Leigh. 'Partition and the Politics of the Joint Family in Nineteenth-Century North India', *The Indian Economic and Social History Review*, 46(1) (2009), pp. 27–55.

Deng, Kent Gang. 'Why Shipping "Declined" in China from the Middle Ages to the Nineteenth Centuries', in Richard W. Unger (ed.), *Shipping and Economic Growth 1350–1850* (Leiden/Boston: Brill, 2011), pp. 207–21.

Deng, Kent Gang. 'Imperial China under the Song and late Qing', in Andrew Monson & Walter Scheidel (eds), *Fiscal Regimes and the Political Economy of Premodern States* (Cambridge: CUP, 2015), pp. 308–42.

Dennison, Tracy K. *The Institutional Framework of Russian Serfdom* (Cambridge: CUP, 2011).

Dennison, Tracy K. & Sheilagh Ogilvie. 'Serfdom and Social Capital in Bohemia and Russia', *EHR*, 60 (2007), pp. 513–44.

De Vito, Christian G. 'New Perspectives on Global Labour History: Introduction', *Global Labour History* 1(3) (2013), pp. 7–31.

De Vito, Christian G., Juliane Schiel & Matthias van Rossum. 'From Bondage to Precariousness? New Perspectives on Labor and Social History', *Journal of Social History*, 54(2) (2020), pp. 1–19.

Dewar, Robert E. & Alison R. Richard. 'Madagascar: A History of Arrivals, What Happened, and Will Happen Next', *Annual Review of Anthropology*, 41 (2012), pp. 495–517.

Dewulf, Jeroen. *Grijs slavernijverleden? Over zwarte milities en redimoesoegedrag* (Amsterdam: AUP, 2018).

Deyell, John. *Living Without Silver: The Monetary History of Early Medieval North India* (Delhi: OUP, 1990).

Deyell, John. *Treasure, Trade and Tradition: Post-Kidarite Coins of the Gangetic Plains and Punjab Foothills, 590–820 CE* (Delhi: Manohar, 2017).

Diamond, Jared. *The Third Chimpanzee: The Evolution and Future of the Human Animal* (London: Harper Collins, 1992).〔ジャレド・ダイアモンド『人間はどこまでチンパンジーか?:人類進化の栄光と翳り』長谷川真理子、長谷川寿一訳、新曜社、1993年〕

Diamond, Jared. *Guns, Germs and Steel: A Short History of Everybody for the Last 13,000 Years* (London: Vintage, 1998).〔ジャレド・ダイアモンド『銃・病原菌・鉄:一万三〇〇〇年にわたる人類史の謎』倉骨彰訳、草思社、2000年(文庫版2012年)〕

Dieball, Stefan & Hans-Joachim Rosner. 'Geographic Dimensions of Mining and Transport: Case Studies in Mountainous Yunnan', in Nanny Kim & Keiko Nagase-Reimer (eds), *Mining, Monies, and Culture in Early Modern Societies: East Asian and Global Perspectives* (Leiden/Boston: Brill, 2013), pp. 351–61.

Dikötter, Frank. *Mao's Great Famine: The History of China's Most Devastating Catastrophe, 1958–1962* (London: Bloomsbury, 2010).〔フランク・ディケーター『毛沢東の大飢饉:史上最も悲惨で破壊的な人災1958-1962』中川治子訳、草思社、2011年(文庫版2019年)〕

Dillon, Nara. *Radical Inequalities: China's Revolutionary Welfare State in Comparative Perspective* (Cambridge, MA: Harvard University Asia Center, 2015).

Dobson, C.R. *Masters and Journeymen: A Prehistory of Industrial Relations 1717–1800* (London: Croom Helm, 1980).

Dommelen, Peter van. 'Colonialism and Migration in the Ancient Mediterranean', *Annual Review of Anthropology*, 41 (2012), pp. 393–409.

Donadoni, Sergio (ed.). *The Egyptians* (Chicago/London: University of Chicago Press,

1997).
Drennan, Robert D., Christian E. Peterson & Jake R. Fox. 'Degrees and Kinds of Inequality', in T. Douglas Price, Gary M. Feinman (eds), *Pathways to Power: New Perspectives on the Emergence of Social Inequality* (New York: Springer, 2010), pp. 45–76.
Drèze, Jean & Amartya Sen. *An Uncertain Glory: India and its Contradictions* (Princeton: Princeton UP, 2013).〔アマルティア・セン、ジャン・ドレーズ『開発なき成長の限界：現代インドの貧困・格差・社会的分断』湊一樹訳、明石書店、2015年〕
Dumolyn, Jan. '"I thought of It at Work, in Ostend": Urban Artisan Labour and Guild Ideology in the Later Medieval Low Countries', *IRSH*, 62 (2017), pp. 389–419.
Dunbar, Robin I.M. 'Why Hominins Had Big Brains', in Wil Roebroeks (ed.), *Guts and Brains: An Integrative Approach to the Hominin Record* (Leiden: Leiden UP, 2007), pp. 91–105.
Dyke, Paul van. *The Canton Trade: Life and Enterprise on the China Coast, 1700–1845* (Hong Kong: Hong Kong UP, 2005).
Dyke, Paul van. 'Operational Efficiencies and the Decline of the Chinese Junk Trade in the Eighteenth and Nineteenth Centuries: The Connection', in Richard W. Unger (ed.), *Shipping and Economic Growth 1350–1850* (Leiden/Boston: Brill, 2011), pp. 224–46.
Earle, Timothy, Clive Gamble & Hendrik Poinar. 'Migration', in Andrew Shyrock & Daniel Lord Smail (eds), *Deep History: The Architecture of Past and Present* (Berkeley: University of California Press, 2011), pp. 191–218.
Earle, Timothy & Michael E. Smith. 'Household Economies Under the Aztec and Inka Empires: A Comparison', in Michael E. Smith (ed.), *The Comparative Archaeology of Complex Societies* (Cambridge: CUP, 2012), pp. 238–84.
Eaton, Richard Maxwell. 'The Rise and Fall of Military Slavery in the Deccan, 1450–1650', in Indrani Chatterjee & Richard Maxwell Eaton (eds), *Slavery and South Asian History* (Bloomington/Indianapolis: Indiana UP, 2006), pp. 115–35.
Eaton, S. Boyd & Stanley B. Eaton III. 'Hunter-Gatherers and Human Health', in Richard B. Lee & Richard Daly (eds), *The Cambridge Encyclopedia of Hunters and Gatherers* (Cambridge: CUP, 2004), pp. 449–56.
Ebeling, Dietrich & Wolfgang Mager (eds). *Protoindustrie in der Region, Europäische Gewerbelandschaften vom 16. bis zum 19. Jahrhundert* (Bielefeld: Verlag für Regionalgeschichte, 1997).
Eckert, Andreas. 'Abolitionist Rhetorics, Colonial Conquest, and the Slow Death of Slavery in Germany's African Empire', in Marcel van der Linden (ed.), *Humanitarian Interventions and Changing Labor Relations: The Long-Term Consequences of the*

Abolition of the Slave Trade (Leiden & Boston: Brill, 2011), pp. 351–68.

Eckert, Andreas & Marcel van der Linden. 'New Perspectives on Workers and the History of Work: Global Labor History', in Sven Beckert & Dominic Sachsenmaier (eds), *Global History, Globally: Research and Practice around the World* (London: Bloomsbury, 2018), pp. 145–61.

The Economist. 'Women in India Have Dropped Out of the Workforce. How Can They be Persuaded to Return to it?', *The Economist*, 428(9099) (7–14 July 2018), pp. 14–18.

Eggebrecht, Arne et al. *Geschichte der Arbeit: Vom Alten Ägypten bis zur Gegenwart* (Köln: Kiepenheuer & Witsch, 1980).

Ehlert, Martin. *The Impact of Losing Your Job: Unemployment and Influences from Market, Family, and State on Economic Well-Being in the US and Germany* (Amsterdam: Amsterdam UP, 2016).

Ehmer, Joseph. 'The "Life Stairs": Aging, Generational Relations, and Small Commodity Production in Central Europe', in Tamara K. Hareven (ed.), *Aging and Generational Relations Over The Life Course: A Historical and Cross-Cultural Perspective* (Berlin/New York: De Gruyter, 1996), pp. 53–74.

Ehmer, Josef. 'Alter, Arbeit, Ruhestand. Zur Dissoziation von Alter und Arbeit in historischer Perspektive', in Ursula Klingenböck, Meta Niederkorn-Bruck & Martin Scheutz (eds), *Alter(n) hat Zukunft. Alterkonzepte* (Innsbruck/Vienna: Studienverlag, 2009a), pp. 114–40.

Ehmer, Josef. 'Altersbilder im Spannungsfeld von Arbeit und Ruhestand. Historische und aktuelle Perspektive', *Nova Acta Leopoldina*, 99(363) (2009b), pp. 209–34.

Ehmer, Josef, Helga Grebing & Peter Gutschner (eds.). *"Arbeit": Geschichte – Gegenwart – Zukunft* (Leipzig: Universitätsverlag, 2002).

Ehmer, Josef & Catharina Lis (eds). *The Idea of Work in Europe from Antiquity to Modern Times* (Farnham: Ashgate, 2009).

Ehret, Christopher. 'Linguistic Testimony and Migration Histories', in Jan Lucassen, Leo Lucassen & Patrick Manning (eds), *Migration History in World History: Multidisciplinary Approaches* (Leiden/Boston: Brill, 2010), pp. 113–54.

Ehret, Christopher. *The Civilizations of Africa: A History to 1800*, 2nd edn (Charlottesville/London: University of Virginia Press, 2016).

Eichengreen, Barry J. & T.J. Hatton. 'Interwar Unemployment in International Perspective: An Overview', in Barry J. Eichengreen & T.J. Hatton (eds), *Interwar Unemployment in International Perspective* (Dordrecht: Kluwer, 1988), pp. 1–59.

Eltis, David. 'Was Abolition of the American and British Slave Trade Significant in the Broader Atlantic Context?', in Marcel van der Linden (ed.), *Humanitarian*

Interventions and Changing Labor Relations: The Long-Term Consequences of the Abolition of the Slave Trade (Leiden & Boston: Brill, 2011), pp. 117–39.

Eltis, David & David Richardson. *Atlas of the Transatlantic Slave Trade* (New Haven/London: Yale UP, 2010).〔デイヴィッド・エルティス、デイヴィッド・リチャードソン『環大西洋奴隷貿易歴史地図』増井志津代訳、東洋書林、2012年〕

Emmer, P.C. *De Nederlandse slavenhandel 1500–1850* (Amsterdam/Antwerpen: Arbeiderspers, 2000).

Endicott, Karen L. 'Gender Relations in Hunter-Gatherer Societies', in Richard B. Lee & Richard Daly (eds), *The Cambridge Encyclopedia of Hunters and Gatherers* (Cambridge: CUP, 2004), pp. 411–18.

Engelen, Theo. 'Labour Strategies of Families: A Critical Assessment of an Appealing Concept', *IRSH*, 47(3) (2002), pp. 453–64.

Englander, Susan Lyn. 'Rational Womanhood: Lillian M. Gilbreth and the Use of Psychology in Scientific Management, 1914–1935', in Michael C. Wood & John Cunningham Wood (eds), *Frank and Lillian Gilbreth: Critical Evaluations in Business Management, Vol. I* (London: Routledge, 2003), pp. 210–41.

Epstein, Steven A. *Wage Labor and the Guilds in Medieval Europe* (Chapel Hill, NC: University of North Carolina Press, 1991).

Epstein, Stephan R. & Maarten Prak (eds). *Guilds, Innovation and the European Economy 1400–1800* (Cambridge: CUP, 2008).

Erdem, Y. Hakan. *Slavery in the Ottoman Empire and its Demise, 1800–1909* (Basingstoke/London: Macmillan, 1996).

Erdkamp, Paul. 'Agriculture, Division of Labour, and the Paths to Economic Growth', in Paul Erdkamp, Koenraad Verboven & Arjan Zuiderhoek (eds), *Ownership and Exploitation of Land and Natural Resources in the Roman World* (Oxford: OUP, 2015), pp. 18–39.

Erlande-Brandenburg, Alain. *The Cathedral Builders of the Middle Ages* (London: Thames & Hudson, 1995).〔アラン・エルランド＝ブランダンブルグ『大聖堂ものがたり：聖なる建築物をつくった人々』池上俊一監修、山田美明訳、創元社、2008年〕

Erlandson, Jon M. 'Ancient Immigrants: Archeology and Maritime Migrations', in Jan Lucassen, Leo Lucassen & Patrick Manning (eds), *Migration History in World History: Multidisciplinary Approaches* (Leiden/Boston: Brill, 2010), pp. 191–214.

Espada Lima, Henrique. 'Freedom, Precariousness, and the Law: Freed Persons Contracting out their Labour in Nineteenth-Century Brazil', *IRSH*, 54 (2009), pp. 391–416.

Exell, Karen & Christopher Naunton. 'The Administration', in Toby Wilkinson (ed.), *The Egyptian World* (London/New York: Routledge, 2007), pp. 91–104.

Fahimuddin Pasha, S.M. 'Evolution and Development of the Shipbuilding Industry in Bharati Shipyard Ltd, Maharashtra (India), from the 1970s to 2010', in Raquel Varela, Hugh Murphy & Marcel van der Linden (eds), *Shipbuilding and Ship Repair Workers around the World: Case Studies 1950–2010* (Amsterdam: Amsterdam UP, 2017), pp. 547–62.

Falk, Harry. 'The Tidal Waves of Indian History: Between the Empires and Beyond', in Patrick Olivelle (ed.), *Between the Empires: Society in India 300 BCE to 400 CE* (Oxford: OUP, 2006), pp. 145–66.

Falkenhausen, Lothar von. *Chinese Society in the Age of Confucius (1000–250 BC): The Archaeological Evidence* (Los Angeles: Cotsen Institute of Archaeology, University of California, 2006).〔ロータール・フォン・ファルケンハウゼン『周代中国の社会考古学』、吉本道雅 解題・訳、京都大学学術出版会、2006年〕

Fauve-Chamoux, Antoinette & Emiko Ochiai (eds). *House and the Stem Family in Eurasian Perspective* (Proceedings of the C18 Session, Twelfth International Economic History Congress, August 1998).

Feinman, Gary M. 'A Dual-Processual Perspective on the Power and Inequality in the Contemporary United States: Framing Political Economy for the Present and the Past', in T. Douglas Price & Gary M. Feinman (eds), *Pathways to Power: New Perspectives on the Emergence of Social Inequality* (New York: Springer, 2012), pp. 255–88.

Feinman, Gary M. & Christopher P. Garraty. 'Preindustrial Markets and Marketing: Archaeological Perspectives', *Annual Review of Anthropology*, 39 (2010), pp. 167–91.

Fellman, Susanna et al. (eds). *Creating Nordic Capitalism: The Business History of a Competitive Economy* (London: Palgrave Macmillan, 2008).

Fernández-Armesto, Felipe, with Daniel Lord Smail. 'Food', in Andrew Shryock & Daniel Lord Smail (eds), *Deep History: The Architecture of Past and Present* (Berkeley: University of California Press, 2011), pp. 131–59.

Fernyhough, Timothy Derek. *Serfs, Slaves and Shifta: Modes of Production and Resistance in Pre-Revolutionary Ethiopia* (Addis Ababa: Shama, 2010).

Feucht, Erika. 'Women', in Sergio Donadoni (ed.), *The Egyptians* (Chicago/London: University of Chicago Press, 1997), pp. 315–46.

Fineman, Martha Albertson & Jonathan W. Fineman (eds). *Vulnerability and the Legal Organization of Work* (London/New York: Routledge, 2018).

Fischer, Josef. 'Freie und unfreie Arbeit in der mykenischen Textilproduktion', in M. Erdem Kabadaye und Tobias Reichardt (eds), *Unfreie Arbeit: Ökonomische und kulturgeschichtliche Perspektiven* (Hildesheim: Olms, 2007), pp. 3–37.

Fitzgerald, Robert. *British Labour Management and Industrial Welfare 1846–1939* (London/Sydney: Croom Helm, 1988).〔ロバート・フィッツジェラルド『イギリス企業福祉論:イギリスの労務管理と企業内福利給付:1846〜1939』山本通訳、白桃書房、2001年〕

Fitzpatrick, Tony. *A Green History of the Welfare State* (Abingdon: Routledge, 2017).

Flannery, Kent & Joyce Marcus. *The Creation of Inequality: How Our Prehistoric Ancestors set the Stage for Monarchy, Slavery, and Empire* (Cambridge, MA: Harvard UP, 2012).

Fletcher, Roland. 'Low-Density, Agrarian-Based Urbanism: Scale, Power, and Ecology', in Michael E. Smith (ed.), *The Comparative Archaeology of Complex Societies* (Cambridge: CUP, 2012), pp. 285–320.

Fontana, Giovanni Luigi, Walter Panciera & Giorgio Riello. 'The Italian Textile Industry, 1600–2000: Labour, Sectors and Products', in Lex Heerma van Voss, Els Hiemstra-Kuperus & Elise van Nederveen Meerkerk (eds), *The Ashgate Companion to the History of Textile Workers, 1650–2000* (Farnham: Ashgate, 2010), pp. 275–303.

Fontijn, David. 'Giving Up Weapons', in Mike Parker Pearson & I.J.N. Thorpe (eds), *Warfare, Violence and Slavery: Proceedings of a Prehistoric Society Conference at Sheffield University* (Oxford: BAR Publishing, 2005), pp. 145–54.

Ford, Martin. *The Rise of the Robots: Technology and the Threat of a Jobless Future* (Basic Books, 2015).〔マーティン・フォード『ロボットの脅威:人の仕事がなくなる日』松本剛史訳、日本経済新聞出版社、2015年〕

Fourshey, Catherine Cymone, Rhonda M. Gonzales & Christine Saidi. *Bantu Africa: 3500 BCE to Present* (New York/Oxford: OUP, 2018).

Frank, Christopher. *Master and Servant Law: Chartists, Trade Unions, Radical Lawyers and the Magistracy in England, 1840–1865* (Farnham: Ashgate, 2010).

Frankopan, Peter. *The New Silk Roads: The Present and Future of the World* (London: Bloomsbury, 2019).

Gabrielsen, Vincent. *Financing the Athenian Fleet: Public Taxation and Social Relations* (Baltimore: Johns Hopkins UP, 1994).

Galenson, David W. *White Servitude in Colonial America: An Economic Analysis* (Cambridge: CUP, 1981).

Galenson, David W. *Traders, Planters, and Slaves: Market Behavior in Early English America* (Cambridge: CUP, 1986).

Galenson, David W. 'Labor Market Behavior in Colonial America: Servitude, Slavery and Free Labor', in David W. Galenson (ed.), *Markets in History: Economic Studies of the Past* (Cambridge: CUP, 1989), pp. 52–96.

Gallant, Thomas W. *Risk and Survival in Ancient Greece: Reconstructing the Rural*

Domestic Economy (Cambridge: CUP, 1991).
Garcia-Murillo, Martha & Ian MacInnes. 'The Impact of AI on Employment: A Historical Account of its Evolution', *30th European Conference of the International Telecommunications Society (ITS): Towards a Connected and Automated Society*, Helsinki, 16–19 June 2019.
Garcia-Ventura, Agnès (ed.). *What's in a Name? Terminology Related to the Work Force and Job Categories in the Ancient Near-East* (Münster: Ugarit-Verlag, 2018).
Garlan, Yvon. *Les esclaves en Grèce ancienne: Nouvelle édition revue et complété* (Paris: Éditions la Découverte: 1995).
Garnsey, Peter. *Cities, Peasants, and Food in Classical Antiquity: Essays in Social and Economic History*, edited with addenda by Walter Scheidel (Cambridge: CUP, 1998).
Garon, Sheldon. 'Collective Labor Law in Japan Since 1912', in Marcel van der Linden & Richard Price (eds), *The Rise and Development of Collective Labour Law* (Bern: Peter Lang, 2000), pp. 199–226.
Geary, Dick. *European Labour Protest 1848–1939* (London: Methuen, 1981).
Gelb, Ignace J. 'From Freedom to Slavery', in D.O. Edzard (ed.), *Gesellschaftsklassen im Alten Zweistromland und in den angrenzenden Gebieten. XVIII. Rencontre assyriologique internationale, München, 29. Juni bis 3. Juli 1970* (Munich: Bayerische Akademie der Wissenschaften, 1972), pp. 81–92.
Gelderblom, Oscar. *Cities of Commerce: The Institutional Foundations of International Trade in the Low Countries, 1250–1650* (Princeton: Princeton UP, 2013).
Gentes, Andrew A. *Exile to Siberia 1590–1822* (Basingstoke: Palgrave Macmillan, 2008).
Germonpré, Mietje et al. 'Large Canids at the Gravettian Predmostí Site, the Czech Republic: The Mandible', *Quaternary International*, 359/360 (2014), pp. 261–79.
Gier, Erik de. *Capitalist Workingman's Paradises Revisited: Corporate Welfare Work in Great Britain, the USA, Germany and France in the Golden Age of Capitalism 1880–1930* (Amsterdam: Amsterdam UP, 2016).
Giersch, C. Pat. '"A Motley Throng": Social Change on Southwest China's Early Modern Frontier, 1700–1800', *The Journal of Asian Studies*, 60(1) (2001), pp. 67–94.
Gifford-Gonzalez, Diane. 'Animal Genetics and African Archaeology: Why it Matters', *African Archaeological Review*, 30 (2013), pp. 1–20.
Gifford-Gonzalez, Diane & Olivier Hanotte. 'Domesticating Animals in Africa: Implications of Genetic and Archaeological Findings', *Journal of World Prehistory*, 24 (2011), pp. 1–23.
Gil Montero, Raquel. 'Free and Unfree Labour in the Colonial Andes in the Sixteenth

and Seventeenth Centuries', *IRSH*, 56 (2011), Special Issue, pp. 297–318.
Gilbreth, Frank B. *Motion Study: A Method for Increasing the Efficiency of the Workman* (New York: D. Van Nostrand Company, 1911).〔フランク・ビー・ギルブレス『動作研究』横河民輔訳、横河民輔出版、1912年〕
Gillilland, Cora Lee C. *The Stone Money of Yap: A Numismatic Survey* (Washington, DC: Smithsonian Institution, 1975).
Giraldez, Arturo. 'Cacao Beans in Colonial México: Small Change in a Global Economy', in John H. Munro (ed.), *Money in the Pre-Industrial World: Bullion, Debasements and Coin Substitutes* (London: Pickering and Chatto, 2012), pp. 147–61.
Glahn, Richard von. 'Towns and Temples: Urban Growth and Decline in the Yangzi Delta, 1100–1400', in Paul J. Smith & Richard von Glahn (eds), *The Song-Yuan-Ming Transition in Chinese History* (Cambridge, MA: Harvard UP, 2003), pp. 176–211.
Godinho, Vitorino Magelhaes. 'Portuguese Emigration from the Fifteenth to the Twentieth Century: Constants and Changes', in P.C. Emmer & M. Mörner (eds), *European Expansion and Migration: Essays on the Intercontinental Migration from Africa, Asia and Europe* (New York/Oxford: Berg, 1992), pp. 13–48.
Goldin, Claudia. *The Quiet Revolution that Transformed Women's Employment, Education and Family* (Cambridge, MA: National Bureau of Economic Research, 2006).
Goldstone, Jack A. 'Why and Where did Modern Economic Growth Begin?', *TSEG*, 12 (2015), pp. 17–30.
González-Sainz, C. et al. 'Not Only Chauvet: Dating Aurignacien Rock Art in Altxerri B Cave (Northern Spain)', *Journal of Human Evolution*, 65(4) (October 2013), pp. 457–64.
Goodman, Paul. *Growing Up Absurd* (New York: Vintage, 1960).〔P・グッドマン『不条理に育つ：管理社会の青年たち』片桐ユズル訳、平凡社、1971年〕
Goose, Nigel & Katrina Honeyman (eds). *Childhood and Child Labour in Industrial England: Diversity and Agency, 1750–1914* (Farnham: Ashgate, 2012).
Gordon, Matthew S. 'Preliminary Remarks on Slaves and Slave Labor in the Third/Ninth Century 'Abbasid Empire', in Laura Culbertson (ed.), *Slaves and Households in the Near East* (Chicago: Oriental Institute, 2011), pp. 71–84.
Gorshkov, Boris B. 'Serfs on the Move: Peasant Seasonal Migration in Pre-Reform Russia, 1800–61', *Kritika: Explorations in Russian and Eurasian History*, 1(4) (Fall 2000, New Series), pp. 627–56.
Goyal, S.R. *The Coinage of Ancient India* (Jodhpur: Kusumanjali, 1995).

Goyal, Shankar. *Ancient Indian Numismatics: A Historiographical Study* (Jodhpur: Kusumanjali, 1998).

Graeber, David. *Bullshit Jobs: A Theory* (London: Penguin, 2019).〔デヴィッド・グレーバー『ブルシット・ジョブ：クソどうでもいい仕事の理論』酒井隆史、芳賀達彦、森田和樹訳、岩波書店、2020年〕

Graeber, David & David Wengrow. *The Dawn of Everything. A New History of Humanity* (London: Allen Lane, 2021).〔デヴィッド・グレーバー、デヴィッド・ウェングロウ『万物の黎明：人類史を根本からくつがえす』酒井隆史訳、光文社、2023年〕

Graham, Laurel D. 'Domesticating Efficiency: Lillian Gilbreth's Scientific Management of Homemakers, 1924–1930', *Signs: Journal of Women in Culture and Society*, 24(3) (1999), pp. 633–75.

Green, Toby. *A Fistful of Shells: West Africa from the Rise of the Slave Trade to the Age of Revolution* (Chicago: University of Chicago Press, 2019).

Greenhouse, Steven. *Beaten Down, Worked Up: The Past, Present, and Future of American Labor* (New York: Anchor Books, 2019).

Greer, Ian et al. *The Marketization of Employment Services: The Dilemmas of Europe's Work-First Welfare States* (Oxford: OUP, 2017).

Greif, Avner, Lynne Kiesling & John V.C. Nye (eds). *Institutions, Innovation, and Industrialization: Essays in Economic History and Development* (Princeton/Oxford: Princeton UP, 2015).

Grewal, J.S. 'Historical Writing on Urbanisation in Medieval India', in Indu Banga (ed.), *The City in Indian History: Urban Demography, Society and Politics* (New Delhi: Manohar, 2014), pp. 69–79.

Griffin, Emma. *A Short History of the British Industrial Revolution* (Basingstoke: Palgrave Macmillan, 2010).

Griffin, P. Bion & Marcus B. Griffin. 'The Agta of Eastern Luzon, Philippines', in Richard B. Lee & Richard Daly (eds), *The Cambridge Encyclopedia of Hunters and Gatherers* (Cambridge: CUP, 2004), pp. 289–93.

Gronenborn, Detlef. 'Beyond the Models: "Neolithisation" in Central Europe', in Alasdair Whittle & Vicki Cummings (eds), *Going Over: The Mesolithic-Neolithic Transition in North-West Europe* (Oxford: OUP, 2007), pp. 73–98.

Grooth, Marjorie de. 'Mijnen in het Krijt: De vuursteenwinning bij Rijckholt', in Leendert P. Louwe Kooijmans (ed.), *Nederland in de prehistorie* (Amsterdam: Bert Bakker, 2005), pp. 243–8.

Guanglin, Liu. 'Market Integration in China, AD 960–1644', in R.J. van der Spek, Bas van Leeuwen & Jan Luiten van Zanden (eds), *A History of Market Performance: From Ancient Babylonia to the Modern World* (London/New York: Routledge, 2015),

pp. 308–38.
Guendelsberger, Emily. *On the Clock: What Low-Wage Work Did to Me and How it Drives America Insane* (New York: Little & Brown, 2019).
Guha, Sumit. 'The Population History of South Asia from the Seventeenth to the Twentieth Centuries: An Exploration', in Ts'ui-jung Liu, James Lee et al. (eds), *Asian Population History* (New York: OUP, 2001), pp. 63–78.
Gupta, Bishnupriya. 'Falling Behind and Catching Up: India's Transformation from a Colonial Economy', *Warwick Economic Research Papers*, 1147, January 2018.
Gupta, Ranjan Kumar. *The Economic Life of a Bengal District: Birbhum 1770–1857* (Burdwan: Burdwan University, 1984).
Gurven, Michael & Kim Hill. 'Why Do Men Hunt? A Reevaluation of "Man the Hunter" and the Sexual Division of Labor', *Current Anthropology*, 50(1) (February 2009), pp. 51–74.
Guthrie, R. Dale. 'Haak en Steek – The Tool that Allowed Hominins to Colonize the African Savanna and to Flourish There', in Wil Roebroeks (ed.), *Guts and Brains: An Integrative Approach to the Hominin Record* (Leiden: Leiden UP, 2007), pp. 133–64.
Haas, Randall et al. 'Female Hunters of the Early Americas', *Science Advances*, 6(45) (4 November 2020), eabd0310.
Habib, Irfan. 'The Price-Regulations of 'Ala'uddin Khalji – A Defence of Zia' Barani', in Sanjay Subrahmanyam (ed.), *Money and the Market in India 1100–1700* (Delhi: OUP, 1994), pp. 85–111.
Habib, Irfan. 'The Peasant Protest in Indian History', in Bhairabi Prasad Sahu (ed.), *Land System and Rural Society in Early India* (New Delhi: Manohar, 2004), pp. 205–36.
Hagen, E.H. & H.C. Barrett. 'Perinatal Sadness among Shuar women', *Medical Anthropology Quarterly*, 21 (2007), pp. 22–40.
Haggard, Stephan & Robert Kaufman. *Development, Democracy and Welfare States: Latin America, East Asia, and Eastern Europe* (Princeton/Oxford: Princeton UP, 2008).
Hahn, Sylvia. 'Women in older ages – "old" women?', *History of the Family*, 7 (2002), pp. 33–58.
Hall, Jonathan M. *A History of the Archaic Greek World ca. 1200–479 BCE*, 2nd edn (Chichester: Wiley Blackwell, 2014).
Hall, Kenneth. 'Price-making and Market Hierarchy in Early Medieval South India', in Sanjay Subrahmanyam (ed.), *Money and the Market in India 1100–1700* (Delhi: OUP, 1994), pp. 57–84.
Hansell, Mike. *Built by Animals: The Natural History of Animal Architecture* (Oxford:

OUP, 2008).
Harari, Yuval Noah. *Sapiens: A Brief History of Humankind* (London: Vintage, 2014).〔ユヴァル・ノア・ハラリ『サピエンス全史：文明の構造と人類の幸福』柴田裕之訳、河出書房新社、2016年〕
Hårde, Andreas. 'The Emergence of Warfare in the Early Bronze Age: The Nitra group in Slovakia and Moravia, 2200–1800 BC', in Mike Parker Pearson & I.J.N. Thorpe (eds), *Warfare, Violence and Slavery: Proceedings of a Prehistoric Society Conference at Sheffield University* (Oxford: BAR Publishing, 2005), pp. 87–105.
Harper, Kyle. *Slavery in the Late Roman World, AD 275–425* (Cambridge: CUP, 2011).
Harper, Kyle. 'Landed Wealth in the Long Term', in Paul Erdkamp, Koenraad Verboven & Arjan Zuiderhoek (eds), *Ownership and Exploitation of Land and Natural Resources in the Roman World* (Oxford: OUP, 2015), pp. 43–61.
Harris, Edward M. 'Workshop, Marketplace and Household: The Nature of Technical Specialization in Classical Athens and its Influence on Economy and Society', in Paul Cartledge, Edward E. Cohen & Lin Foxhall (eds), *Money, Labour and Land: Approaches to the Economies of Ancient Greece* (London/New York: Routledge, 2002), pp. 67–99.
Harris, W.V. *Rome's Imperial Economy: Twelve Essays* (Oxford: OUP, 2011).
Harvey, John. *Mediaeval Craftsmen* (London/Sydney: Batsford, 1975).〔ジョン・ハーヴェー『中世の職人』（『職人の世界』と『建築の世界』の2分冊）森岡敬一郎訳、原書房、1986年〕
Haselgrove, Colin & Stefan Krmnicek. 'The Archaeology of Money', *Annual Review of Anthropology*, 41 (2012), pp. 235–50.
Hatfield, Gary. 'Introduction: Evolution of Mind, Brain, and Culture', in Gary Hatfield & Holly Pittman (eds), *Evolution of Mind, Brain, and Culture* (Philadelphia: University of Pennsylvania Press, 2013), pp. 1–44.
Hatfield, Gary & Holly Pittman (eds). *Evolution of Mind, Brain, and Culture* (Philadelphia: University of Pennsylvania Press, 2013).
Haupt, Heinz-Gerhard (ed.). *Das Ende der Zünfte: Ein europäischer Vergleich* (Göttingen: Vandenhoeck & Ruprecht, 2002).
Hawke, Kristen. 'How Grandmother Effects plus Individual Variation in Frailty Shape Fertility and Mortality: Guidance from Human-Chimpanzee Comparisons', *PNAS*, 107, Supplement 2 (11 May 2000), pp. 8977–84.
Hay, Douglas & Paul Craven (eds). *Masters, Servants and Magistrates in Britain and the Empire 1562–1955* (Chapel Hill: University of North Carolina Press, 2004).
Hayden, Brian & Suzanne Villeneuve. 'Who Benefits from Complexity? A View from Futuna', in T. Douglas Price & Gary M. Feinman (eds), *Pathways to Power: New*

Perspectives on the Emergence of Social Inequality (New York: Springer, 2012), pp. 95–145.

He, Nu. 'The Longshan Period Site of Taosi in Southern Shanxi Province', in Anne P. Underhill (ed.), *A Companion to Chinese Archeology* (Hoboken, NJ: Wiley-Blackwell, 2013), pp. 255–77.

Heald, Henrietta. *Magnificent Women and their Revolutionary Machines* (London: Unbound, 2019).

Heckenberger, Michael & Eduardo Góes Neves. 'Amazonian Archaeology', *Annual Review of Anthropology*, 38 (2009), pp. 251–66.

Heerma van Voss, Lex. 'The International Federation of Trade Unions and the Attempt to Maintain the Eight-Hour Working Day (1919–1929)', in Frits van Holthoon & Marcel van der Linden (eds), *Internationalism in the Labour Movement 1830–1940* (Leiden: Brill, 1988), pp. 518–42.

Heerma van Voss, Lex. *De doodsklok voor den goeden ouden tijd: De achturendag in de jaren twintig* (Amsterdam: Stichting Beheer IISG, 1994).

Heerma van Voss, Lex (ed.). *Petitions in Social History* (Cambridge: CUP, 2002).

Heerma van Vos, Lex & Marcel van der Linden (eds). *Class and Other Identities: Gender, Religion and Ethnicity in the Writing of European Labour History* (New York/Oxford: Berghahn, 2002).

Heerma van Voss, Lex, Patrick Pasture & Jan de Maeyer (eds). *Between Cross and Class: Comparative Histories of Christian Labour in Europe 1840–2000* (Bern: Peter Lang, 2005).

Heesch, Johan van. 'Some Aspects of Wage Payments and Coinage in Ancient Rome, First to Third Centuries CE', in Jan Lucassen (ed.), *Wages and Currency: Global Comparisons from Antiquity to the Twentieth Century* (Bern: Peter Lang, 2007), pp. 77–96.

Heidemann, Stefan. 'The Merger of Two Currency Zones in early Islam: The Byzantine and Sasanian Impact on the Circulation in Former Byzantine Syria and Northern Mesopotamia', *Iran*, 36 (1998), pp. 95–113.

Heidemann, Stefan. 'The History of the Industrial and Commercial Area of 'Abbasid Al-Raqqa, called Al-Raqqa Al-Muhtariqa', *Bulletin of SOAS*, 69(1) (2006), pp. 33–52.

Heidemann, Stefan. 'Entwicklung und Selbstverständnis mittelalterlichen Städte in der Islamischen Welt (7. – 15. Jahrhundert)', in Christhard Schrenk (ed.), *Was machte im Mittelalter zur Stadt? Selbstverständnis, Aussensicht, und Erscheinungsbilder mittelalterlicher Städte* (Heilbronn: Stadtarchiv, 2007), pp. 203–43.

Heidemann, Stefan. 'Economic Growth and Currency in Ayyubid Palestine', in Robert

Hillenbrand and Sylvia Auld (eds), *Ayyubid Jerusalem: The Holy City in Context 1187–1250* (London: Altjair Trust, 2009a), pp. 276–300.

Heidemann, Stefan. 'Charity and Piety for the Transformation of the Cities: The New Direction in Taxation and Waqf Policy in Mid-Twelfth-Century Syria and Northern Mesopotamia', in Miriam Frenkel & Yaacov Lev (eds), *Charity and Giving in Monotheistic Religions* (Berlin/New York: De Gruyter, 2009b), pp. 153–74.

Heidemann, Stefan. 'Numismatics', in Chase Robinson (ed.), *The Formation of the Islamic World, Sixth to Eleventh Centuries* (Cambridge: CUP, 2010), pp. 648–89.

Heidemann, Stefan. 'The Agricultural Hinterland of Baghdad, Al-Raqqa and Samarra': Settlement Patterns in the Diyar Mudar', in A. Borrut et al. (eds), *Le Proche-Orient de Justinien aux Abbasides: Peuplement et dynamiques spatiales* (Turnhout: Brepols, 2011), pp. 43–57.

Heidemann, Stefan. 'How to Measure Economic Growth in the Middle East? A Framework of Inquiry for the Middle Islamic Period', in Daniella Talmon-Heller & Katia Cytryn-Silverman (eds), *Material Evidence and Narrative Sources: Interdisciplinary Studies of the History of the Muslim Middle East* (Leiden/Boston: Brill, 2015), pp. 30–57.

Heijne, Sander & Hendrik Noten. *Fantoomgroei: Waarom we steeds harder werken voor steeds minder geld* (Amsterdam/Antwerpen: Atlas Contact, 2020).

Hemming, John. 'Indians and the Frontier in Colonial Brazil', in Leslie Bethel (ed.), *The Cambridge History of Latin America, Volume II: Colonial Latin America* (Cambridge: CUP, 1984), pp. 501–45.

Hennock, E.P. *The Origin of the Welfare State in England and Germany, 1850–1914: Social Policies Compared* (Cambridge: CUP, 2007).

Henrich, Joseph, Robert Boyd & Peter J. Richerson. 'The Puzzle of Monogamous Marriage', *Philosophical Transactions of the Royal Society B*, 367 (2012), pp. 657–69.

Herbert, Eugenia W. *Red Gold of Africa: Copper in Precolonial History and Culture* (Madison: University of Wisconsin Press, 1984).

Herbert, Eugenia W. *Iron, Gender, and Power: Rituals of Transformation in African Societies* (Bloomington/Indianapolis: Indiana UP, 1993).

Herbert, U. *A History of Foreign Labor in Germany, 1880–1980: Seasonal Workers/Forced Laborers/Guest Workers* (Ann Arbor: University of Michigan Press, 1990).

Heuman, Gad & Graeme Burnard (eds). *The Routledge History of Slavery* (London/New York: Routledge, 2011).

Heymans, Elon David. 'Argonauts of the Eastern Mediterranean: The Early History of Money in the Eastern Mediterranean Iron Age', PhD diss., University of Tel Aviv,

February 2018.
Heywood, Colin. *A History of Childhood: Children and Childhood in the West from Medieval to Modern Times*, 2nd edn (Cambridge: Polity, 2018).
Hingh, Anne E. de. 'Food Production and Food Procurement in the Bronze Age and Early Iron Age (2000–500 BC): The Organization of a Diversified and Intensified Agrarian System in the Meuse-Demer-Scheldt Region (The Netherlands and Belgium) and the Region of the River Moselle (Luxemburg and France)', PhD. diss., Leiden University, 2000.
Hirschman, Albert Otto. *Exit, Voice, and Loyalty: Responses to Decline in Firms, Organizations, and States* (Cambridge, MA: Harvard UP, 1970).〔A・O・ハーシュマン『離脱・発言・忠誠：企業・組織・国家における衰退への反応』矢野修一訳、ミネルヴァ書房、2005年〕
Hirth, Kenneth G. 'Incidental Urbanism: The Structure of the Prehispanic City in Central Mexico', in Joyce Marcus & Jeremy A. Sabloff (eds). *The Ancient City: New Perspectives on Urbanism in the Old and New World* (Santa Fe, NM: School for Advanced Research Press, 2008), pp. 273–97.
Hodges, Richard & John F. Cherry. 'Cost-Control and Coinage: An Archaeological Approach to Anglo-Saxon England', *Research in Economic Anthropology*, 5 (1983), pp. 131–83.
Hoffman, Carl L. 'Punan Foragers in the Trading Networks of Southeast Asia', in Carmel Schrire (ed.), *Past and Present in Hunter Gatherer Studies* (Walnut Creek, CA: Left Coast Press, 2009), pp. 123–49.
Hoffmann, Richard C. 'Frontier Foods for Late Medieval Consumers: Culture, Economy, Ecology', *Environment and History*, 7(2) (2001), pp. 131–67.
Hofmeester, Karin. 'Jewish Ethics and Women's Work in the Late Medieval and Early Modern Arab-Islamic World', *IRSH*, 56, Special Issue 19: The Joy and Pain of Work: Global Attitudes and Valuations, 1500–1650 (21 November 2011), pp. 141–64.
Hofmeester, Karin. 'Attitudes to Work', in Karin Hofmeester & Marcel van der Linden (eds), *Handbook of the Global History of Work* (Berlin/Boston: De Gruyter, 2018), pp. 411–31.
Hofmeester, Karin & Jan Lucassen. 'Ottoman Tax Registers as a Source for Labor Relations in Ottoman Bursa', *International Labor and Working Class History*, 97 (2020), pp. 28–56.
Hofmeester, Karin, Jan Lucassen, Leo Lucassen, Rombert Stapel & Richard Zijdeman. 'The Global Collaboratory on the History of Labour Relations, 1500–2000: Background, Set-Up, Taxonomy, and Applications', IISH Dataverse, V1 (26 October 2015). 以下より閲覧可能。http://hdl.handle.net/10622/4OGRAD.

Hofmeester, Karin & Marcel van der Linden (eds). *Handbook of the Global History of Work* (Berlin/Boston: De Gruyter, 2018).

Hogendorn, Jan & Marion Johnson. *The Shell Money of the Slave Trade* (Cambridge: CUP, 1986).

Holderness, B.A. *Pre-Industrial England: Economy and Society from 1500 to 1750* (London/New Jersey: Dent/Rowman & Littlefield, 1976).

Holthoon, Frits van & Marcel van der Linden (eds). *Internationalism in the Labour Movement 1830–1940*, 2 vols (Leiden: Brill, 1988).

Homburg, Heidrun. 'From Unemployment Insurance to Compulsory Labour: The Transformation of the Benefit System in Germany 1927–1933', in Richard J. Evans & Dick Geary (eds), *The German Unemployed: Experiences and Consequences of Mass Unemployment from the Weimar Republic to the Third Reich* (London/Sydney: Croom Helm, 1987), pp. 92–103.

Hommel, Rudolf P. *China at Work: An Illustrated Record of the Primitive Industries of China's Masses, Whose Life is Toil, and thus an Account of Chinese Civilization* (Cambridge, MA/London: MIT, 1969).〔ルドルフ・P・ホムメル『中国手工業誌』国分直一訳、法政大学出版局、1992年〕

Horn, Jeff. 'Avoiding Revolution: The French Path to Industrialization', in Jeff Horn, Leonard N. Rosenband & Merritt Roe Smith (eds), *Reconceptualizing the Industrial Revolution* (Cambridge, MA/London: MIT, 2010), pp. 87–106.

Horn, Jeff, Leonard N. Rosenband & Merritt Roe Smith (eds). *Reconceptualizing the Industrial Revolution* (Cambridge, MA/London: MIT, 2010).

Howgego, Christopher. 'The Supply and Use of Money in the Roman World 200 B.C. to A.D. 300', *The Journal of Roman Studies*, 82 (1992), pp. 1–31.

Hrdy, Sarah Blaffer. *Mothers and Others: The Evolutionary Origins of Mutual Understanding* (Cambridge, MA: Harvard UP, 2009).

Hu, Aiqun & Patrick Manning. 'The Global Social Insurance Movement since the 1880s', *Journal of Global History*, 5 (2010), pp. 125–48.

Huang, Philip C.C. *The Peasant Family and Rural Development in the Yangzi Delta, 1350–1988* (Stanford: Stanford UP, 1990).

Huberman, Michael. *Escape from the Market: Negotiating Work in Lancashire* (Cambridge: CUP, 1996).

Huberman, Michael & Chris Minns. 'The Times They Are Not Changin': Days and Hours of Work in Old and New Worlds, 1870–2000', *Explorations in Economic History*, 44 (2007), pp. 538–76.

Hudson, Pat. 'Proto-Industrialization in England', in Sheilagh C. Ogilvie & Markus Cerman (eds), *European Proto-Industrialization* (Cambridge: CUP, 1996), pp. 49–66.

Humphries, Jane & Jacob Weisdorf. 'Unreal Wages? Real Income and Economic Growth in England, 1260–1850', *Economic Journal*, 129 (2019), pp. 2867–87.
Hurston, Zora Neale. *Barracoon: The Story of the Last 'Black Cargo'* (London: Amistad, 2018).
Hurston, Zora Neale. *Barracoon: Oluale Kossola, overlevende van het laatste slavenschip* (Amsterdam: De Geus, 2019).
Hussain, Syed Ejaz. *The Bengal Sultanate: Politics, Economy and Coins (AD 1205–1576)* (Delhi: Manohar, 2003).
Hussain, Syed Ejaz. *Shiraz-I Hind: A History of Jaunpur Sultanate* (New Delhi: Manohar, 2014).
Huynh, Kim, Bina D'Costa & Katrina Lee-Koo. *Children and Global Conflict* (Cambridge: CUP, 2015).
Ichikawa, Mitsuo. 'The Mbuti of Northern Congo', in Richard B. Lee & Richard Daly (eds), *The Cambridge Encyclopedia of Hunters and Gatherers* (Cambridge: CUP, 2004), pp. 210–14.
Imai Noriko. 'Copper in Edo-Period Japan', in Keiko Nagase-Reimer (ed.), *Copper in the Early-Modern Sino-Japanese Trade* (Leiden/Boston: Brill, 2016), pp. 10–31.
Ingold, Tim. 'On the Social Relations of the Hunter-Gatherer Band', in Richard B. Lee & Richard Daly (eds), *The Cambridge Encyclopedia of Hunters and Gatherers* (Cambridge: CUP, 2004), pp. 399–410.
Izawa, Eiji. 'Developments in Japanese Copper Metallurgy for Coinage and Foreign Trade in the Early Edo Period', in Nanny Kim and Keiko Nagase-Reimer (eds), *Mining, Monies, and Culture in Early Modern Societies: East Asian and Global Perspectives* (Leiden/Boston: Brill, 2013), pp. 13–24.
Jackson, Richard P. 'From Profit-Sailing to Wage Sailing: Mediterranean Owner-Captains and their Crews during the Medieval Commercial Revolution', *Journal of European Economic History*, 18(3) (Winter 1989), pp. 605–28.
Jacobs, Els M. *Koopman in Azië: De handel van de Verenigde Oost-Indische Compagnie tijdens de 18de eeuw* (Zutphen: Walburg Pers, 2000).
Jacoby, Sanford M. *Employing Bureaucracy: Managers, Unions and the Transformation of Work in American Industry, 1900–1945* (New York: Columbia UP, 1985).〔S・M・ジャコービィ『雇用官僚制：アメリカの内部労働市場と"良い仕事"の生成史』荒又重雄ほか訳、北海道大学図書刊行会、1989年〕
Jaffe, Sarah. *Work Won't Love You Back: How Devotion to Our Jobs Keeps Us Exploited, Exhausted, and Alone* (New York: Bold Type Books, 2021).
Jaffer, Aaron. *Lascars and Indian Ocean Seafaring, 1780–1860: Shipboard Life, Unrest and Mutiny* (Woodbridge: The Boydell Press, 2015).

Jahoda, Marie. *Employment and Unemployment: a social-psychological analysis* (Cambridge: CUP, 1982).
Jahoda, Marie. 'Wirklich Ende der Arbeitsgesellschaft? Eine Auseinandersetzung mit Hannah Arendt', Leopold Rosenmayr & Franz Kolland (eds.), *Arbeit – Freizeit – Lebenszeit. Grundlagenforschung zu Übergängen im Levenszyklus* (Opladen: Westdeutscher Verlag, 1988), 21-27.
Jahoda, Marie. *Arbeitslose bei der Arbeit. Die Nachfolgestudie zu "Marienthal" aus dem Jahr 1938. Herausgegeben und mit einer Einführung versehen von Christian Fleck* (Frankfurt/New York: Campus 1989).
Jahoda, Marie, Paul F. Lazarsfeld & Hans Zeisel. *Marienthal. The socoiography of an unemployed community* (London: Tavistock, 1971).
Jain, Rekha. *Ancient Indian Coinage: A Systematic Study of Money Economy from Janapada Period to Early Medieval Period (600 BC to AD 1200)* (New Delhi: Printwork, 1995).
Jameson, Michael H. 'On Paul Cartledge, "The Political Economy of Greek Slavery"', in Paul Cartledge, Edward E. Cohen & Lin Foxhall (eds), *Money, Labour and Land: Approaches to the Economies of Ancient Greece* (London/New York: Routledge, 2002), pp. 167–74.
Jamison, Stephanie W. 'Women "Between the Empires" and "Between the Lines"', in Patrick Olivelle (ed.), *Between the Empires: Society in India 300 BCE to 400 CE* (Oxford: OUP, 2006), pp. 191–214.
Jensen, Carsten & Kees van Kersbergen. *The Politics of Inequality* (London: Palgrave Macmillan, 2017).
Jevons, W. Stanley. *The Theory of Political Economy* (London: Macmillan, 1879).〔ジェヴォンズ『経済学の理論』小泉信三ほか訳、寺尾琢磨改訳、日本経済評論社、1981年〕
Jevons, W. Stanley. *The Principles of Economics: A Fragment of a Treatise on the Industrial Mechanisms of Society and Other Papers* (London: Macmillan, 1905).
Jha, D.N. *Ancient India in Historical Outline*, 3rd enlarged edn (New Delhi: Manohar, 2018).
Jha, D.N. *Against the Grain: Notes on Identity, Intolerance and History* (New Delhi: Manohar, 2020).
Jin, Cao & Hans Ulrich Vogel. 'Smoke on the Mountain: The Infamous Counterfeiting Case of Tongzi District, Guizhou province, 1794', in Jane Kate Leonard & Ulrich Theobald (eds), *Money in Asia (1200–1900): Small Currencies in Social and Political Contexts* (Leiden/Boston: Brill, 2015), pp. 188–219.
Jing, Zhichun et al. 'Recent Discoveries and Some Thoughts on Early Urbanization at Anyang', in Anne P. Underhill (ed.), *A Companion to Chinese Archaeology* (Hoboken,

NJ: Wiley-Blackwell, 2013), pp. 343–65.
Johnson, Paul. 'Creditors, Debtors, and the Law in Victorian and Edwardian England', in Willibald Steinmetz (ed.), *Private Law and Social Inequality in the Industrial Age: Comparing Legal Cultures in Britain, France, Germany and the United States* (Oxford: OUP, 2000), pp. 485–504.
Jones, Eric. 'The Context of English Industrialization', in Avner Greif, Lynne Kiesling & John V.C. Nye (eds), *Institutions, Innovation, and Industrialization: Essays in Economic History and Development* (Princeton/Oxford: Princeton UP, 2015), pp. 397–409.
Jongman, Willem M. 'Reconstructing the Roman economy', in Larry Neal & Jeffrey G. Williamson (eds.), *The Cambridge History of Capitalism* (vol. 1, Cambridge: CUP, 2014), 75-100.
Joordens, Josephine C.A. et al. '*Homo erectus* at Trinil on Java Used Shells for Food Production and Engraving', *Nature* (3 December 2014). DOI: 10.1038/nature13962.
Joyce, Arthur A. *Mixtecs, Zapotecs, and Chatinos: Ancient Peoples of Southern Mexico* (Chichester: Wiley-Blackwell, 2010).
Jursa, Michael. *Aspects of the Economic History of Babylonia in the First Millennium BC: Economic Geography, Economic Mentalities, Agriculture, the Use of Money and the Problem of Economic Growth* (Münster: Ugarit Verlag, 2010).
Jursa, Michael. 'Babylonia in the first millennium BCE - economic growth in times of empire', in Larry Neal & Jeffrey G. Williamson (eds.), *The Cambridge History of Capitalism* (vol. 1, Cambridge: CUP, 2014a), 24-42.
Jursa, Michael. 'Factor Markets in Babylonia from the Late Seventh to the Third Century BCE', *JESHO* 57 (2014b), 173-202.
Jursa, Michael. 'Labor in Babylonia in the First Millennium BC', in P. Steinkeller & M. Hudson (eds.), *Labor in the Ancient World* (Dresden: ISLET, 2015), 345-396.
Kaare, Bwire & James Woodburn. 'The Hadza of Tanzania', in Richard B. Lee & Richard Daly (eds), *The Cambridge Encyclopedia of Hunters and Gatherers* (Cambridge: CUP, 2004), pp. 200–4.
Kanigel, Robert. *The One Best Way: Frederick Winslow Taylor and the Enigma of Efficiency* (Cambridge, MA: MIT, 2005).
Kaplan, Hillard S. et al. 'The Evolution of Diet, Brain and Life History among Primates and Humans', in Wil Roebroeks (ed.), *Guts and Brains: An Integrative Approach to the Hominin Record* (Leiden: Leiden UP, 2007), pp. 47–90.
Kaplan, Steven L. & Cynthia Koepp (eds). *Work in France: Representations, Meaning, Organization, and Practice* (Ithaca: Cornell UP, 1986).
Kars, Marjoleine. *Blood on the River: A Chronicle of Mutiny and Freedom on the Wild*

Coast (New York: The New Press, 2020).
Karsten, Luchien. *Arbeidstijdverkorting in historisch perspectief, 1817–1919* (Amsterdam: Stichting IISG, 1990).
Katary, Sally L.D. 'Land Tenure and Taxation', in Toby Wilkinson (ed.), *The Egyptian World* (London/New York: Routledge, 2007), pp. 185–201.
Kautilya. *The Arthashastra*. Edited, rearranged, translated and introduced by L.N. Rangarajan (New Delhi: Penguin, 1992).〔カウティリヤ『実利論：古代インドの帝王学』上村勝彦訳、岩波書店、1984年〕
Kay, Diana & Robert Miles. *Refugees or Migrant Workers? European Volunteer Workers in Britain 1946–1951* (London: Routledge, 1992).
Kearney, Milo. *The Indian Ocean in World History* (New York/London: Routledge, 2004).
Keeley, Lawrence. 'War Before Civilization', in Todd K. Shackelford & Ranald D. Hansen (eds), *The Evolution of Violence* (New York: Springer, 2014), pp. 23–31.
Kehoe, Alice B. 'Blackfoot and Other Hunters of the North American Plains', in Richard B. Lee & Richard Daly (eds), *The Cambridge Encyclopedia of Hunters and Gatherers* (Cambridge: CUP, 2004), pp. 36–40.
Kelder, Jorrit M. *The Kingdom of Mycenae: A Great Kingdom in the Late Bronze Age Aegean* (Bethesda, MD: CDL Press, 2010).
Kelly, Robert L. *The Foraging Spectrum: Diversity in Hunter-Gatherer Lifeways* (Washington, DC/London: Smithsonian Institution Press, 1995).
Kennan, George. *Siberia and the Exile System*, 2 vols (London: Osgood, 1891).〔ジョージ・ケナン『シベリアと流刑制度』左近毅訳、法政大学出版局、1996年〕
Kennedy, Hugh. 'The Middle East in Islamic Late Antiquity', in Andrew Monson & Walter Scheidel (eds), *Fiscal Regimes and the Political Economy of Premodern States* (Cambridge: CUP, 2015), pp. 390–403.
Kenoyer, Jonathan Mark. 'Indus Urbanism: New Perspectives on its Origin and Character', in Joyce Marcus & Jeremy A. Sabloff (eds), *The Ancient City: New Perspectives on Urbanism in the Old and New World* (Santa Fe, NM: School for Advanced Research Press, 2008), pp. 183–208.
Kessler, Gijs. 'A Population under Pressure: Household Responses to Demographic and Economic Shock in the Interwar Soviet Union', in Donald Filtzer, Wendy Z. Goldman, Gijs Kessler (eds), *A Dream Deferred: New Studies in Russian and Soviet Labour History* (Bern: Peter Lang, 2008), pp. 315–42.
Kessler, Gijs. 'Wage Labor and the Household Economy: A Russian Perspective, 1600–2000', in Marcel van der Linden & Leo Lucassen (eds), *Working on Labor: Essays in Honor of Jan Lucassen* (Leiden/Boston: Brill, 2012), pp. 351–69.

Kessler, Gijs. 'Measuring Migration in Russia: A Perspective of Empire, 1500–1900', in Jan Lucassen & Leo Lucassen (eds), *Globalising Migration History: The Eurasian Experience (16th–21st Centuries)* (Leiden/Boston: Brill, 2014), pp. 71–88.

Kessler, Gijs & Jan Lucassen. 'Labour Relations, Efficiency and the Great Divergence: Comparing Pre-Industrial Brick-Making across Eurasia, 1500–2000', in Maarten Prak & Jan Luiten van Zanden (eds), *Technology, Skills and the Pre-Modern Economy in the East and the West. Essays Dedicated to the Memory of S.R. Epstein* (Leiden/Boston: Brill, 2013), pp. 259–322.

Khazanov, Anatoly M. *Nomads and the Outside World*, 2nd edn (Madison: University of Wisconsin Press, 1994).

Killick, David & Thomas Fenn. 'Archaeometallurgy: The Study of Preindustrial Mining and Metallurgy', *Annual Review of Anthropology*, 41 (2012), pp. 559–75.

Kim, Henry S. 'Archaic Coinage as Evidence for the Use of Money', in Andrew Meadows & Kirsty Shipton (eds), *Money and its Uses in the Ancient Greek World* (Oxford: OUP, 2001), pp. 8–21.

Kim, Henry S. 'Small Change and the Moneyed Economy', in Paul Cartledge, Edward E. Cohen & Lin Foxhall (eds), *Money, Labour and Land: Approaches to the Economies of Ancient Greece* (London/New York: Routledge, 2002), pp. 44–51.

Kim, Nanny. 'Keeping Books and Managing a State Transport: Li Bolong's Copper Convoy of 1807', in Nanny Kim & Keiko Nagase-Reimer (eds). *Mining, Monies, and Culture in Early Modern Societies: East Asian and Global Perspectives* (Leiden/Boston: Brill, 2013), pp. 133–83.

Kim, Nanny & Keiko Nagase-Reimer (eds), *Mining, Monies, and Culture in Early Modern Societies: East Asian and Global Perspectives* (Leiden/Boston: Brill, 2013).

King, Steve A. 'Protoindustrielle Entwicklung in zwei Gemeinden Yorkshires (1660 bis 1830)', in Dietrich Ebeling & Wolfgang Mager (eds), *Protoindustrie in der Region, Europäische Gewerbelandschaften vom 16. bis zum 19. Jahrhundert* (Bielefeld: Verlag für Regionalgeschichte, 1997), pp. 221–54.

Kirch, Patrick V. 'Peopling of the Pacific: A Holistic Anthropological Perspective', *Annual Review of Anthropology*, 39 (2010), pp. 131–48.

Kivelson, Valerie. 'Claiming Siberia: Colonial Possession and Property Holding in the Seventeenth and Early Eighteenth Centuries', in Nicholas B. Breyfogle, Abby Schrader & Willard Sunderland (eds), *Peopling the Russian Periphery: Borderland Colonization in Eurasian History* (London/New York: Routledge, 2007), pp. 21–40.

Klass, Morton. *Caste: The Emergence of the South Asian Social System* (New Delhi: Manohar, 2020).

Kleber, Kristin. 'Dependent Labor and Status in the Neo-Babylonian and Achaemenid

Periods', *Alter Orient und Altes Testament: Veröffentlichungen zur Kultur und Geschichte des Alten Orients und des Alten Testaments*, 440 (2018), pp. 441–64.
Klein, Herbert. *African Slavery in Latin America and the Caribbean* (New York/Oxford: OUP, 1986).
Klein, Herbert. *The Atlantic Slave Trade* (Cambridge: CUP, 1999).
Klein, Rüdiger. 'Arbeit und Arbeiteridentitäten in islamischen Gesellschaften: Historische Beispiele', in Jürgen Kocka & Claus Offe (eds), *Geschichte und Zukunft der Arbeit* (Frankfurt/New York: Campus, 2000), pp. 163–74.
Klein Goldewijk, Kees et al. 'The HYDE 3.1 Spatially Explicit Database of Human-Induced Global Land-Use Change Over the Past 12,000 Years', *Global Ecology and Biogeography*, 20(1) (January 2011), pp. 73–86.
Kloosterboer, Willemina. *Involuntary Labour since the Abolition of Slavery: A Survey of Compulsory Labour throughout the World* (Leiden: Brill, 1960).
Knijff, Peter de. 'Population Genetics and the Migration of Modern Humans (*Homo Sapiens*)', in Jan Lucassen, Leo Lucassen & Patrick Manning (eds), *Migration History in World History: Multidisciplinary Approaches* (Leiden/Boston: Brill, 2010), pp. 39–57.
Knotter, Ad. *Transformations of Trade Unionism: Comparative and Transnational Perspectives on Workers Organizing in Europe and the United States, Eighteenth to Twenty-First Centuries* (Amsterdam: AUP, 2018).
Kocka, Jürgen. *White Collar Workers in America 1890–1940: A Social-Political History in International Perspective* (London/Beverly Hills: SAGE, 1980).
Kocka, Jürgen. 'Capitalism and Bureaucracy in German Industrialization before 1914', *EHR*, New Series, 34(3) (1981), pp. 453–68.
Kocka, Jürgen (ed.). *Work in a Modern Society: The German Historical Experience in Comparative Perspective* (New York: Berghahn, 2010).
Kocka, Jürgen. 'Capitalism and its Critics: A Long-Term View', in Ulbe Bosma & Karin Hofmeester (eds), *The Life Work of a Labor Historian: Essays in Honor of Marcel van der Linden* (Leiden/Boston: Brill, 2018), pp. 71–89.
Kocka, Jürgen & Marcel van der Linden (eds). *Capitalism: The Reemergence of a Historical Concept* (London: Bloomsbury, 2016).
Kocka, Jürgen & Claus Offe (eds). *Geschichte und Zukunft der Arbeit* (Frankurt/New York: Campus, 2000).
Kohli, Martin. 'Arbeit im Lebenslauf: alte und neue Paradoxien', in Jürgen Kocka & Claus Offe (eds), *Geschichte und Zukunft der Arbeit* (Frankfurt/New York: Campus, 2000), pp. 362–82.
Kok, Jan (ed.). *Rebellious Families: Household Strategies and Collective Action in the*

Nineteenth and Twentieth Centuries (New York/Oxford: Berghahn, 2002).
Kok, Jan. 'The Family Factor in Migration Decisions', in Jan Lucassen, Leo Lucassen & Patrick Manning (eds), *Migration History in World History: Multidisciplinary Approaches* (Leiden/Boston: Brill, 2010), pp. 215–50.
Kolata, Alan L. *The Tiwanaku: Portrait of an Andean Civilization* (Cambridge, MA/ Oxford: Blackwell, 1993).
Kolata, Alan L. *Ancient Inca* (Cambridge: CUP, 2013).
Kolchin, Peter. *Unfree Labor: American Slavery and Russian Serfdom* (Cambridge, MA: Harvard UP, 1987).
Kolff, Dirk H.A. *Naukar Rajput and Sepoy: The Ethnohistory of the Military Labour Market in Hindustan, 1440–1850* (Cambridge: CUP, 1990).
Komlosy, Andrea. *Work: The Last 1,000 Years* (London/New York: Verso, 2018).
Kössler, Reinhart. 'Wage Labour and Despoty in Modernity', in Tom Brass & Marcel van der Linden (eds), *Free and Unfree Labour: The Debate Continues* (Bern: Peter Lang, 1997), pp. 91–105.
Kotiswaran, Prabha (ed.). *Revisiting the Law and Governance of Trafficking, Forced Labor and Modern Slavery* (Cambridge: CUP, 2017).
Krishnan, Parameswara. *Glimpses of Indian Historical Demography* (Delhi: B.R. Publishing Corporation, 2014).
Krissman, Fred. 'California's Agricultural Labor Market: Historical Variations in the Use of Unfree Labor, c. 1769–1994', in Tom Brass & Marcel van der Linden (eds), *Free and Unfree Labour: The Debate Continues* (Bern: Peter Lang, 1997), pp. 201–38.
Kristiansen, Kristian. 'Decentralized Complexity: The Case of Bronze Age Northern Europe', in T. Douglas Price & Gary M. Feinman (eds), *Pathways to Power: New Perspectives on the Emergence of Social Inequality* (New York: Springer, 2012), pp. 169–92.
Kulke, Hermann & Dietmar Rothermund. *A History of India* (London/New York: Routledge, 1990).
Kuroda, Akinobu. *A Gobal History of Money* (London/New York: Routledge, 2020).
Kuromiya, Hiroaki. 'Workers' Artels and Soviet Production Relations', in Sheila Fitzpatrick et al. (eds), *Russia in the Era of NEP: Explorations in Soviet Society and Culture* (Bloomington: Indiana UP, 1991), pp. 72–88.
Kusimba, Chapurukha M. 'Early African Cities: Their Role in the Shaping of Urban and Rural Interaction Spheres', in Joyce Marcus & Jeremy A. Sabloff (eds), *The Ancient City: New Perspectives on Urbanism in the Old and New World* (Santa Fe, NM: School for Advanced Research Press, 2008), pp. 229–46.
Kyrtatas, Dimitris J. 'Domination and Exploitation', in Paul Cartledge, Edward E. Cohen

& Lin Foxhall (eds), *Money, Labour and Land: Approaches to the Economies of Ancient Greece* (London/New York: Routledge, 2002), pp. 140–55.

Lafargue, Paul. *Le droit à la paresse: Présentation nouvelle de Maurice Dommanget* (Paris: François Maspéro, 1969).〔ポール・ラファルグ『怠ける権利』田淵晋也訳、平凡社、2008年／ほか〕

Lala, Russi M. *The Creation of Wealth: A Tata Story* (Bombay: IBH, 1981).

Laiou, Angeliki E. (ed.). *The Economic History of Byzantium: From the Seventh through the Fifteenth Century*, 3 vols (Dumbarton Oaks: Harvard UP, 2002).

La Lone, Darrell. 'The Inca as a Nonmarket Economy: Supply on Command versus Supply and Demand', in Jonathon E. Ericson & Timothy K. Earle (eds), *Contexts for Prehistoric Exchange* (New York: Academic Press, 1982), pp. 291–316.

La Lone, Darrell. 'Rise, Fall, and Semiperipheral Development in the Andean World-System', *Journal of World-Systems Research*, 6(1) (2000), pp. 67–98.

Lambrecht, Thijs. 'Harvest Work and Labor Market Regulation in Old Regime Northern France', in Thomas Max Safley (ed.), *Labor Before the Industrial Revolution: Work, Technology and their Ecologies in an Age of Early Capitalism* (London/New York: Routledge, 2019), pp. 113–31.

Lan, Yong. 'Three Scroll Maps of the Jinshajiang and the Qing State Copper Transport System', in Nanny Kim & Keiko Nagase-Reimer (eds), *Mining, Monies, and Culture in Early Modern Societies: East Asian and Global Perspectives* (Leiden/Boston: Brill, 2013), pp. 329–47.

Lancy, David F. *The Anthropology of Childhood: Cherubs, Chattel, Changelings*, 2nd edn (Cambridge: CUP, 2015).

Langergraber, Kevin E. et al. 'Generation Times in Wild Chimpanzees and Gorillas Suggest Earlier Divergence Times in Great Ape and Human Evolution', *PNAS*, 109(39) (25 September 2012), pp. 15716–21.

Lardinois, Roland. 'Pouvoirs d'État et dénombrements de la population dans le monde indien (fin XVIIe–début XIXe siècle)', *Annales-HSS* (March–April 2002), 2, pp. 407–31.

Lau, George F. *Ancient Alterity in the Andes* (London/New York: Routledge, 2013).

Launaro, Alessandro. 'The Nature of the Village Economy', in Paul Erdkamp, Koenraad Verboven & Arjan Zuiderhoek (eds), *Ownership and Exploitation of Land and Natural Resources in the Roman World* (Oxford: OUP, 2015), pp. 173–206.

Lawlor, Ellis, Helen Kersley & Susan Steed. *A Bit Rich? Calculating the Real Value to Society of Different Professions* (London: The New Economic Foundation, 2009).

Lazonick, William. *Competitive Advantage on the Shop Floor* (Cambridge, MA: Harvard UP, 1990).

Lee, Cheol-Sung. *When Solidarity Works: Labor-Civic Networks and Welfare States in the Market Reform Era* (Cambridge: CUP, 2016).
Lee, Richard B. & Richard Daly (eds). *The Cambridge Encyclopedia of Hunters and Gatherers* (Cambridge: CUP, 2004).
Leeuwen, Bas van & Jieli van Leeuwen-Li. 'Education since 1820', in Jan Luiten van Zanden et al. (eds), *How Was Life? Global Well-Being Since 1820* (Geneva/Amsterdam: OECD/CLIO INFRA, 2014), pp. 87–100.
Leeuwen, Marco H.D. van. *Mutual Insurance 1550–2015: From Guild Welfare and Friendly Societies to Contemporary Micro-Insurers* (London: Palgrave Macmillan, 2016).
Leick, Gwendolyn. *Mesopotamia: The Invention of the City* (London: Penguin, 2002).
Lenger, Friedrich. 'Beyond Exceptionalism: Notes on the Artisanal Phase of the Labour Movement in France, England, Germany and the United States', *IRSH*, 36 (1991), pp. 1–23.
Leonard, William R., Marcia L. Robertson & J. Josh Snodgrass. 'Energetics and the Evolution of Brain Size in Early *Homo*', in Wil Roebroeks (ed.), *Guts and Brains: An Integrative Approach to the Hominin Record* (Leiden: Leiden UP, 2007), pp. 29–46.
Levi, Scott C. 'Hindus beyond the Hindu Kush: Indians in the Central Asian Slave Trade', *Journal of the Royal Asiatic Society*, Series 3, 12(3) (2002), pp. 277–88.
Lewis, David M. *Greek Slave Systems in their Eastern Mediterranean Context, c. 800–146 BC* (Oxford: OUP, 2018).
Lewis, Mark E. 'Early Imperial China, from the Qin and Han through Tang', in Andrew Monson & Walter Scheidel (eds), *Fiscal Regimes and the Political Economy of Premodern States* (Cambridge: CUP, 2015), pp. 282–307.
Li, Ju. 'Contentious Politics of a Generation of State Workers in China since the 1960s', *IRSH*, 61 (2016), pp. 197–222.
Li, Shi & Hiroshi Sato. *Unemployment, Inequality and Poverty in Urban China* (London/New York: Routledge, 2006).
Li Bozhong. 'Was there a "Fourteenth-Century Turning Point"? Population, Land, Technology, and Farm Management', in Paul J. Smith & Richard von Glahn (eds), *The Song-Yuan-Ming Transition in Chinese History* (Cambridge, MA: Harvard UP, 2003), pp. 135–75.
Liebenberg, Louis. 'Persistence Hunting by Modern Hunter-Gatherers', *Current Anthropology*, 47(6) (December 2006), pp. 1017–26.
Lieberman, Victor. *Strange Parallels: Southeast Asia in Global Context, c. 800–1830, Vol. 1: Integration on the Mainland* (Cambridge, CUP: 2003).
Lin, Man-houng. 'The Devastation of the Qing Mints, 1821–1850', in Jane Kate

Leonard & Ulrich Theobald (eds), *Money in Asia (1200–1900): Small Currencies in Social and Political Contexts* (Leiden/Boston: Brill, 2015), pp. 155–87.

Linares, Olga F. 'Robert McC. Netting', in *Biographical Memoirs*, vol. 71 (Washington, DC: The National Academies of Science, Engineering, Medicine, 1997). 以下より閲覧可能。https://www.nap.edu/read/5737/chapter/10 (2020年7月27日閲覧).

Linden, Marcel van der. 'Het westers marxisme en de Sovjetunie: Hoofdlijnen van structurele maatschappijkritiek (1917–1985)', PhD thesis, Universiteit van Amsterdam, 1989.

Linden, Marcel van der (ed.). *Social Security Mutualism: The Comparative History of Mutual Benefit Societies* (Bern: Peter Lang, 1996).

Linden, Marcel van der. 'Forced Labour and Non-Capitalist Industrialization: The Case of Stalinism (c. 1929–c. 1956)', in Tom Brass & Marcel van der Linden (eds), *Free and Unfree Labour: The Debate Continues* (Bern: Peter Lang, 1997a), pp. 351–62.

Linden, Marcel van der. 'The Origins, Spread and Normalization of Free Labour', in Tom Brass & Marcel van der Linden (eds), *Free and Unfree Labour: The Debate Continues* (Bern: Peter Lang, 1997b), pp. 501–23.

Linden, Marcel van der. *Workers of the World: Essays toward a Global Labor History* (Leiden/Boston: Brill, 2008).

Linden, Marcel van der. 'Charles Tilly's Historical Sociology', *IRSH*, 54 (2009), pp. 237–74.

Linden, Marcel van der. 'Re-constructing the Origins of Modern Labor Management', *Labor History*, 51 (2010), pp. 509–22.

Linden, Marcel van der (ed.). *Humanitarian Intervention and Changing Labor Relations: The Long-Term Consequences of the Abolition of the Slave Trade* (Leiden & Boston: Brill, 2011a).

Linden, Marcel van der. 'Studying Attitudes to Work Worldwide, 1500–1650: Concepts, Sources, and Problems of Interpretation', *IRSH*, 56 (2011b, Special Issue), pp. 25–43.

Linden, Marcel van der. 'Dissecting Coerced Labor', in Marcel van der Linden & Magaly Rodríguez García (eds), *On Coerced Labor: Work and Compulsion after Chattel Slavery* (Leiden/Boston: Brill, 2016), pp. 293–322.

Linden, Marcel van der & Jan Lucassen (eds). *Racism and the Labour Market: Historical Studies* (Bern: Peter Lang, 1995).

Linden, Marcel van der & Jan Lucassen. *Prolegomena for a Global Labour History* (Amsterdam: IISH, 1999).

Linden, Marcel van der & Jan Lucassen. *Work Incentives in Historical Perspective: Preliminary Remarks* (Amsterdam: IISH Research Papers 41, 2001).

Linden, Marcel van der & Leo Lucassen (eds). *Working on Labor: Essays in Honor of Jan Lucassen* (Leiden/Boston: Brill, 2012).
Linden, Marcel van der & Richard Price (eds). *The Rise and Development of Collective Labour Law* (Bern: Peter Lang, 2000).
Linden, Marcel van der & Magaly Rodríguez García (eds). *On Coerced Labor: Work and Compulsion after Chattel Slavery* (Leiden/Boston: Brill, 2016).
Linden, Marcel van der & Jürgen Rojahn (eds). *The Formation of Labour Movements 1870–1914: An International Perspective*, 2 vols (Leiden: Brill, 1990).
Linden, Marcel van der & Wayne Thorpe (eds). *Revolutionary Syndicalism: An International Perspective* (Aldershot: Scolar Press, 1990).
Lins, W. 'Arbeitsmarkt und Arbeitsnachweis', in *Handwörterbuch der Staatswissenschaften, Vol. I* (Jena: Fischer, 1923), pp. 824–39.
Lipartito, Kenneth. 'Reassembling the Economic: New Departures in Historical Materialism', *American Historical Review* (February 2016), pp. 101–39.
Lis, Catharina. 'Perceptions of Work in Classical Antiquity: A Polyphonic Heritage', in Josef Ehmer & Catharina Lis (eds), *The Idea of Work in Europe from Antiquity to Modern Times* (Farnham: Ashgate, 2009), pp. 33–68.
Lis, Catharina, Jan Lucassen & Hugo Soly (eds). *Before the Unions: Wage Earners and Collective Action in Europe, 1300–1850*, *IRSH*, 39(2) (1994).
Lis, Catharina & Hugo Soly. *Poverty and Capitalism in Pre-Industrial Europe* (Hassocks, Sussex: Harvester Press, 1979).
Lis, Catharina & Hugo Soly. '"An Irresistible Phalanx": Journeymen Associations in Western Europe, 1300–1800', *IRSH*, 39(2) (1994), pp. 11–52.
Lis, Catharina & Hugo Soly. 'Städtische Industrialisierungswege in Brabant und Flandern: De Heyder & Co. in Lier (1750 bis 1815)', in Dietrich Ebeling & Wolfgang Mager (eds), *Protoindustrie in der Region, Europäische Gewerbelandschaften vom 16. bis zum 19. Jahrhundert* (Bielefeld: Verlag für Regionalgeschichte, 1997), pp. 297–319.
Lis, Catharina & Hugo Soly. *Worthy Efforts: Attitudes to Work and Workers in Pre-Industrial Europe* (Leiden/Boston: Brill, 2012).
Liu, Le, Shaodong Zhai & Xingcan Chen. 'Production of Ground Stone Tools at Taosi and Huizui: A Comparison', in Anne P. Underhill (ed.), *A Companion to Chinese Archaeology* (Hoboken, NJ: Wiley-Blackwell, 2013).
Livingston, James. *No More Work: Why Full Employment is a Bad Idea* (Chapel Hill: University of North Carolina Press, 2016).
Löbker, Gerard, Hans van den Broek & Hans Morssinkhof. *Bij Stork* (Zwolle: WBooks, 2018).

Looijesteijn, Henk. "Born to the Common Welfare": Pieter Plockhoy's Quest for a Christian Life (c. 1620–1664)', PhD thesis, European University Institute Florence, November 2009.

Looijesteijn, Henk. 'Between Sin and Salvation: The Seventeenth-Century Dutch Artisan Pieter Plockhoy and his Ethics of Work', *IRSH*, 56 (2011), pp. 69–88.

Loomis, William T. *Wages, Welfare Costs and Inflation in Classical Athens* (Ann Arbor: University of Michigan Press, 1998).

Loprieno, Antonio. 'Slaves', in Sergio Donadoni (ed.), *The Egyptians* (Chicago/London: University of Chicago Press, 1997), pp. 185–219.

Lottum, Jelle van, Jan Lucassen & Lex Heerma van Voss. 'Sailors, National and International Labour Markets and National Identity, 1600–1850', in Richard W. Unger (ed.), *Shipping and Economic Growth 1350–1850* (Leiden/Boston: Brill, 2011), pp. 309–51.

Lourens, Piet & Jan Lucassen. 'Marx als Historiker der niederländischen Republik', in Marcel van der Linden (ed.), *Die Rezeption der Marxschen Theorie in den Niederlanden* (Trier: Schriften aus dem Karl-Marx-Haus, 1992), pp. 430–54.

Lourens, Piet & Jan Lucassen. *Arbeitswanderung und berufliche Spezialisierung: Die lippischen Ziegler im 18. und 19. Jahrhundert* (Osnabrück: Rasch, 1999).

Lourens, Piet & Jan Lucassen. 'Labour Mediation among Seasonal Workers, Particularly the Lippe Brickmakers, 1650–1900', in Sigrid Wadauer, Thomas Buchner & Alexander Mejstrik (eds), *History of Labour Intermediation: Institutions and Finding Employment in the Nineteenth and Early Twentieth Centuries* (New York/Oxford: Berghahn, 2015), pp. 335–67.

Lourens, Piet & Jan Lucassen. 'Die lippischen Ziegler um 1800', in Bettina Joergens & Jan Lucassen (eds), *Saisonale Arbeitsmigration in der Geschichte: Die lippischen Ziegler und ihre Herkunftsgesellschaft* (Essen: Klartext, 2017), pp. 73–88.

Lovejoy, Paul. *Transformations in Slavery: A History of Slavery in Africa* (Cambridge: CUP, 2000).

Lovejoy, Paul. *Slavery, Commerce and Production in the Sokoto Caliphate of West Africa* (Trenton/Asmara: Africa World Press, 2005).

Lovejoy, Paul. 'Slavery in Africa', in Gad Heuman & Trevor Burnard (eds), *The Routledge History of Slavery* (London/New York: Routledge, 2011), pp. 35–51.

Lucassen, Jan. *Migrant Labour in Europe 1600–1900: The Drift to the North Sea* (London: Croom Helm, 1987).

Lucassen, Jan. 'Labour and Early Modern Economic Development', in Karel Davids & Jan Lucassen (eds), *A Miracle Mirrored: The Dutch Republic in European Perspective* (Cambridge: CUP, 1995), pp. 367–409.

Lucassen, Jan. 'In Search of Work', Research paper 39 (Amsterdam: IISH, 2000).
Lucassen, Jan. 'Work Incentives in Historical Perspective: Preliminary Remarks on Terminologies and Taxonomies', in Marcel van der Linden & Jan Lucassen, *Work Incentives in Historical Perspective: Preliminary Remarks* (Amsterdam: IISH, 2001).
Lucassen, Jan. 'Coin Production, Coin Circulation, and the Payment of Wages in Europe and China 1200–1900', in Christine Moll-Murata, Song Jianze & Hans Ulrich Vogel (eds), *Chinese Handicraft Regulations of the Qing Dynasty* (Munich: Iudicium, 2005), pp. 423–46.
Lucassen, Jan (ed.). *Global Labour History: A State of the Art* (Bern: Peter Lang 2006a).
Lucassen, Jan. 'Writing Global Labour History c. 1800–1940: A Historiography of Concepts, Periods and Geographical Scope', in *Global Labour History: A State of the Art* (2006b), pp. 39–89.
Lucassen, Jan. 'Brickmakers in Western Europe (1700–1900) and Northern India (1800–2000): Some Comparisons', in *Global Labour History: A State of the Art* (2006c), pp. 513–62.
Lucassen, Jan. 'Leiden: Garenmarkt. Een land van immigranten', in Maarten Prak (ed.), *Plaatsen van herinnering: Nederland in de zeventiende en achttiende eeuw* (Amsterdam: Bert Bakker, 2006d), pp. 63–73.
Lucassen, Jan (ed.). *Wages and Currency: Global Comparisons from Antiquity to the Twentieth Century* (Bern: Peter Lang, 2007a).
Lucassen, Jan. 'The Brickmakers' Strike on the Ganges Canal 1848–1849', in Rana Behal & Marcel van der Linden (eds), *India's Labouring Poor: Historical Studies, c. 1600–c. 2000* (Delhi: Fountain Books, 2007b), pp. 47–83.
Lucassen, Jan. 'Working at the Ichapur Gunpowder Factory in the 1790s', *Indian Historical Review*, 39(1) (2012a), pp. 45–82 (Part 1) and 39(2) (2012b), pp. 251–71 (Part 2).
Lucassen, Jan. 'Outlines of a History of Labour', Research paper 51 (Amsterdam: IISH, 2013).
Lucassen, Jan. 'Deep Monetization: The Case of the Netherlands 1200–1940', *TSEG*, 11 (2014a), pp. 73–121.
Lucassen, Jan. 'Deep Monetization, Commercialization and Proletarianization: Possible Links, India 1200–1900', in Sabyasachi Bhattacharya (ed.), *Towards a New History of Work* (New Delhi: Tulika, 2014b), pp. 17–55.
Lucassen, Jan. 'Workers: New Developments in Labor History since the 1980s', in Ulbe Bosma & Karin Hofmeester (eds), *The Lifework of a Labor Historian* (Leiden/Boston: Brill, 2018a), pp. 22–46.

Lucassen, Jan. 'Wage Labour', in Karin Hofmeester & Marcel van der Linden (eds), *Handbook of the Global History of Work* (Berlin/Boston: De Gruyter, 2018b), pp. 395–409.

Lucassen, Jan. 'Between Self-Employment and Wage Labour: Co-operative Subcontracting Among Manual Brickmakers c. 1600–1900', in Karin Hofmeester (ed.), *Moving In and Out of Self-Employment: A Labour Relation in Historical Perspective* (2021; forthcoming).

Lucassen, Jan & Leo Lucassen. 'The Mobility Transition in Europe Revisited, 1500–1900: Sources and Methods', Research paper 46 (Amsterdam: IISH, 2010).

Lucassen, Jan & Leo Lucassen (eds). *Globalising Migration History: The Eurasian Experience (16th–21st Centuries)* (Leiden/Boston: Brill, 2014).

Lucassen, Jan, Tine de Moor & Jan Luiten van Zanden (eds). 'The Return of the Guilds', *IRSH*, 53 (Supplement, 2008).

Lucassen, Jan & Radhika Seshan (eds.). *Wage Earners in India 1500-1900. Regional Approaches in an International Context* (New Delhi: Sage, 2022).

Lucassen, Jan & Richard W. Unger. 'Shipping, Productivity and Economic Growth', in Richard W. Unger (ed.), *Shipping and Economic Growth 1350–1850* (Leiden/Boston: Brill, 2011), pp. 3–44.

Lucassen, Leo. 'Beyond the Migration State: Western Europe since World War II', in James Hollifield & Neil Foley (eds), *Globalizing the Nation State* (Stanford: Stanford UP, 2021; forthcoming).

Lucassen, Leo, Osamu Saito & Ryuto Shimada. 'Cross-Cultural Migrations in Japan in a Comparative Perspective, 1600–2000', in Jan Lucassen & Leo Lucassen (eds), *Globalising Migration History: The Eurasian Experience (16th–21st Centuries)* (Leiden/Boston: Brill, 2014), pp. 262–409.

Luzkow, Jack Lawrence. *The Great Forgetting: The Past, Present and Future of Social Democracy and the Welfare State* (Manchester: Manchester UP, 2015).

MacDonald, Katharine. 'Ecological Hypotheses for Human Brain Evolution: Evidence for Skill and Learning Processes in the Ethnographic Literature on Hunting', in Wil Roebroeks (ed.), *Guts and Brains: An Integrative Approach to the Hominin Record* (Leiden: Leiden UP, 2007a), pp. 107–32.

MacDonald, Katharine. 'Cross-cultural Comparison of Learning in Human Hunting: Implications for Life History Evolution', *Human Nature*, 18 (2007b), pp. 386–402.

MacRaild, Donald M. & David E. Martin. *Labour in British Society, 1830–1914* (Basingstoke: Macmillan, 2000).

Madison, Bernice Q. *Social Welfare in the Soviet Union* (Stanford: Stanford UP, 1968).〔バーニス・Q・マジソン『ソ連の社会福祉』光信隆夫、湯沢雍彦共訳、光生館、1974年〕

Magnusson, Lars. *Nation, State and the Industrial Revolution: The Visible Hand* (London/New York: Routledge, 2009).〔L・マグヌソン『産業革命と政府：国家の見える手』玉木俊明訳、知泉書館、2012年〕
Majumdar, Susmita Basu. 'Money Matters: Indigenous and Foreign Coins in the Malabar Coast (Second Century BCE–Second Century CE)', in K.S. Mathew (ed.), *Imperial Rome, Indian Ocean Regions and Muziris: New Perspectives on Maritime Trade* (New Delhi: Manohar, 2015), pp. 395–423.
Malevitsj, Kazimir. *Luiheid als levensdoel: Uit het Russisch vertaald door Ineke Mertens* ('s-Hertogenbosch: Voltaire, 2006).
Mamkoottam, Kuriakose. *Trade Unionism: Myth and Reality. Unionism in the Tata Iron and Steel Company* (Delhi: OUP, 1982).
Mandell, Nikki. *The Corporation as Family: The Gendering of Corporate Welfare, 1890–1930* (Chapel Hill: University of North Carolina Press, 2002).
Mangan, Jane E. *Trading Roles: Gender, Ethnicity, and the Urban Economy in Colonial Potosí* (Durham, NC/London: Duke UP, 2005).
Mann, Charles C. *1491: New Revelations of the Americas Before Columbus* (New York: Knopf, 2006).
Manning, Patrick. *Slavery and African Life: Occidental, Oriental, and African Slave Trades* (Cambridge: CUP, 1990).
Manning, Patrick. *Migration in World History*, 2nd edn (London/New York: Routledge, 2013).
Manning, Patrick. *A History of Humanity: The Evolution of the Human System* (Cambridge: CUP, 2020).
Manning, Patrick. 'The Origins of Social Evolution: Language and Institutional Evolution', *Anthropos* [2023; forthcoming].
Manning, Patrick. 'Households as seen through Biological, Cultural, and Social Evolution', [2024; forthcoming].
Manzar, Nishat. *Urban Wage Earners in Seventeenth Century India. Artisans, Labourers, Service Providers and Entertainers* (London/New York: Routledge, 2021).
Marino, S., J. Roosblad & R. Penninx (eds). *Trade Unions and Migrant Workers: New Contexts and Challenges in Europe* (Cheltenham: Edward Elgar, 2017).
Mason, T.W. 'Labour in the Third Reich, 1933–1939', *Past & Present*, 33 (1966), pp. 112–41.
Mathew, K.S. (ed.). *Imperial Rome, Indian Ocean Regions and Muziris: New Perspectives on Maritime Trade* (New Delhi: Manohar, 2015).
Mathias, Regine. 'Picture Scrolls as a Historical Source on Japanese Mining', in Nanny

Kim & Keiko Nagase-Reimer (eds), *Mining, Monies, and Culture in Early Modern Societies: East Asian and Global Perspectives* (Leiden/Boston, Brill, 2013), pp. 311–28.

Matsuura, Akira. 'The Import of Chinese Sugar in the Nagasaki Junk Trade and its Impact', in Keiko Nagase-Reimer (ed.), *Copper in the Early Modern Sino-Japanese Trade* (Leiden/Boston: Brill, 2016), pp. 157–74.

Matthews, Roger. *The Archaeology of Mesopotamia: Theory and Approaches* (London/New York: Routledge, 2003).

Maurer, Bill. 'The Anthropology of Money', *Annual Review of Anthropology*, 35 (2006), pp. 15–36.

Mazumdar, B.P. 'New Forms of Specialisation in Industries of Eastern India in the Turko-Afghan Period', *Proceedings of Indian History Congress*, 31 (1969), pp. 226–33.

Mbeki, Linda & Matthias van Rossum. 'Private Slave Trade in the Dutch Indian Ocean World: A Study into the Networks and Backgrounds of the Slavers and the Enslaved in South Asia and South Africa', *Slavery & Abolition*, 38 (2016), pp. 95–116.

McAuley, A. 'The Welfare State in the USSR', in Thomas Wilson & Dorothy Wilson (eds), *The State and Social Welfare: The Objectives of Policy* (London/New York: Routledge, 1991), pp. 191–213.

McBee, Randy. 'Work and Leisure', in Daniel J. Walkowitz (ed.), *A Cultural History of Work in the Modern Age* (London: Bloomsbury, 2019), pp. 157–72.

McConvell, Patrick. 'The Archaeo-Linguistics of Migration', in Jan Lucassen, Leo Lucassen & Patrick Manning (eds), *Migration History in World History: Multidisciplinary Approaches* (Leiden/Boston: Brill, 2010), pp. 155–88.

McCorriston, Joyce. 'Textile Extensification, Alienation, and Social Stratification in Ancient Mesopotamia', *Current Anthropology*, 38(4) (1997), pp. 517–35.

McCreery, David J. 'Wage Labor, Free Labor, and Vagrancy Laws: The Transition to Capitalism in Guatemala, 1920–1945', in Tom Brass & Marcel van der Linden (eds), *Free and Unfree Labour: The Debate Continues* (Bern: Peter Lang, 1997), pp. 303–24.

McCreery, David J. *The Sweat of Their Brow: A History of Work in Latin America* (New York/London: Sharpe, 2000).

McKitterick, Rosamond. *Charlemagne: The Formation of a European Identity* (Cambridge: CUP, 2008).

McNeill, William. *Keeping Together in Time: Dance and Drill in Human History* (Cambridge, MA: Harvard UP, 1995).

Meisenzahl, Ralf R. 'How Britain Lost its Competitive Edge', in Avner Greif, Lynne

Kiesling & John V.C. Nye (eds), *Institutions, Innovation, and Industrialization: Essays in Economic History and Development* (Princeton/Oxford: Princeton UP, 2015), pp. 307–35.
Meissner, Martin, Stuart B. Philpott & Diana Philpott. 'The Sign Language of Sawmill Workers in British Columbia', in *Sign Language Studies*, 9 (Winter 1975), pp. 291–308.
Meuwese, Mark. *Brothers in Arms, Partners in Trade: Dutch-Indigenous Alliances in the Atlantic World, 1595–1674* (Leiden & Boston: Brill, 2012).
Meyer, Stephen. 'The Political Culture of Work', in Daniel J. Walkowitz (ed.), *A Cultural History of Work in the Modern Age* (London: Bloomsbury, 2019), pp. 141–56.
Mieroop, Marc van de. *A History of the Ancient Near East ca. 3000–323 BC*, 2nd edn (Malden/Oxford/Carlton: Blackwell, 2007).
Migeotte, Léopold. *The Economy of the Greek Cities: From the Archaic Period to the Early Roman Empire* (Berkeley: University of California Press, 2009).
Milanich, Jerald T. *The Timucua* (Oxford: Blackwell, 1996).
Milanovic, Branko. *Capitalism, Alone: The Future of the System that Rules the World* (Cambridge, MA: Belknap Press, 2019).〔ブランコ・ミラノヴィッチ『資本主義だけ残った：世界を制するシステムの未来』西川美樹訳、みすず書房、2021年〕
Miller, Owen. 'Ties of Labour and Ties of Commerce: Corvée among Seoul Merchants in the Late 19th Century', *JESHO*, 50(1) (2007), pp. 41–71.
Milton, Katherine. 'Civilizations and its Discontents', *Natural History*, 101(3) (1992), pp. 36–43.
Mitch, David, John Brown & Marco H.D. van Leeuwen (eds). *Origins of the Modern Career* (Aldershot: Ashgate, 2004).
Mithen, Steven. *After the Ice: A Global Human History, 20,000–5000 BC* (Cambridge, MA: Harvard UP, 2003).〔スティーヴン・ミズン『氷河期以後：紀元前二万年からはじまる人類史』久保儀明訳、青土社、2015年〕
Mokyr, Joel. *The Gifts of Athena: Historical Origins of the Knowledge Economy* (Princeton: Princeton UP, 2002).〔ジョエル・モキイア『知識経済の形成：産業革命から情報化社会まで』長尾伸一監訳、伊藤庄一訳、名古屋大学出版会、2019年〕
Mokyr, Joel. 'Peer Vries's Great Divergence', *TSEG*, 12 (2015), pp. 93–104.
Molfenter, Christine. 'Forced Labour and Institutional Change in Contemporary India', in Marcel van der Linden & Magaly Rodríguez García (eds), *On Coerced Labor: Work and Compulsion after Chattel Slavery* (Leiden/Boston: Brill, 2016), pp. 50–70.
Moll-Murata, Christine. 'State and Crafts in the Qing Dynasty (1644–1911)', Habilitation thesis, Universität Tübingen, 2008a.
Moll-Murata, Christine. 'Chinese Guilds from the Seventeenth to the Twentieth

Centuries: An Overview', in Tine de Moor, Jan Lucassen & Jan Luiten van Zanden (eds), 'The Return of the Guilds', *IRSH*, 53, Supplement 16 (2008b), pp. 5–18.
Moll-Murata, Christine. 'Guilds and Apprenticeship in China and Europe: The Jingdezhen and European Ceramics Industries', in Maarten Prak & Jan Luiten van Zanden (eds), *Technology, Skills and the Pre-Modern Economy in the East and the West. Essays Dedicated to the Memory of S.R. Epstein* (Leiden/Boston: Brill, 2013), pp. 205–57.
Moll-Murata, Christine. 'Legal Conflicts Concerning Wage Payments in Eighteenth- and Nineteenth-Century China: The Baxian Cases', in Jane Kate Leonard & Ulrich Theobald (eds), *Money in Asia (1200–1900): Small Currencies in Social and Political Contexts* (Leiden/Boston: Brill, 2015), pp. 265–308.
Moll-Murata, Christine. *State and Crafts in the Qing Dynasty (1644–1911)* (Amsterdam: Amsterdam UP, 2018).
Moll-Murata, Christine, Song Jianze & Hans Ulrich Vogel (eds). *Chinese Handicraft Regulations of the Qing Dynasty* (Munich: Iudicium, 2005).
Monroe, J. Cameron. 'Power and Agency in Precolonial African States', *Annual Review of Anthropology*, 42 (2013), pp. 17–35.
Monson, Andrew & Walter Scheidel (eds). *Fiscal Regimes and the Political Economy of Premodern States* (Cambridge: CUP, 2015).
Montgomery, David. *The Fall of the House of Labor: The Workplace, the State, and American Labor Activism, 1865–1925* (Cambridge: CUP, 1987).
Montgomery, David. *Citizen Worker: The Experience of Workers in the United States with Democracy and the Free Market in the Nineteenth Century* (Cambridge: CUP, 1993).
Moon, David. 'Peasant Migration, the Abolition of Serfdom, and the Internal Passport System in the Russian Empire c. 1800–1914', in David Eltis (ed.), *Coerced and Free Migration: Global Perspectives* (Stanford: Stanford UP, 2002), pp. 324–57.
Moor, Tine de & Jan Luiten van Zanden. *Vrouwen en de geboorte van het kapitalisme in West-Europa* (Amsterdam: Boom, 2006).
Moor, Tine de, Jan Lucassen & Jan Luiten van Zanden. 'The Return of the Guilds: Towards a Global History of the Guilds in Pre-Industrial Times', *IRSH*, 53, Supplement 16 (2008), pp. 5–18.
Mooring, J.A., Bas van Leeuwen & R.J. van der Spek. 'Introducing Coinage: Comparing the Greek World, the Near East and China', in R.J. van der Spek & Bas van Leeuwen (eds), *Money, Currency and Crisis: In Search of Trust, 2000 BC to AD 2000* (London/New York: Routledge, 2018), pp. 132–48.
Moosvi, Shireen. 'The world of labour in Mughal India (*c.* 1500–1750)', *IRSH*, 56,

Supplement 19 (2011), pp. 245–61.
More, Thomas. *Utopia: Latin Text and English Translation*, edited by George M. Logan, Robert M. Adams & Clarence H. Miller (Cambridge: CUP, 1995).〔トマス・モア『ユートピア』沢田昭夫訳、中央公論社、1978年／ほか〕
Moreno García, Juan Carlos. 'La dépendance rurale en Égypte ancienne', *JESHO*, 51 (2008), pp. 99–150.
Morgan, T.J.H. et al. 'Experimental Evidence for the Co-evolution of Hominin Tool-Making Teaching and Language', *Nature Communications*, 6, 6029 (2015).
Morris, Craig. 'Links in the Chain of Inka Cities: Communication, Alliance, and the Cultural Production of Status, Value and Power', in Joyce Marcus & Jeremy A. Sabloff (eds), *The Ancient City: New Perspectives on Urbanism in the Old and New World* (Santa Fe, NM: School for Advanced Research Press, 2008), pp. 299–319.
Morrison, Cécile. 'Byzantine Money: Its Production and Circulation', in Angeliki E. Laiou (ed.), *The Economic History of Byzantium: From the Seventh to the Fifteenth Century* (Washington, DC: Dumbarton Oaks, 2002), pp. 909–66.
Morrison, Cécile & Jean-Claude Cheynet. 'Prices and Wages in the Byzantine World', in Angeliki E. Laiou (ed.), *The Economic History of Byzantium: From the Seventh to the Fifteenth Century* (Washington, DC: Dumbarton Oaks, 2002), pp. 815–77.
Morrison, Kathleen D. & Carla M. Sinopoli. 'Production and Landscape in the Vijayanagara Metropolitan Region: Contributions to the Vijayanagara Metropolitan Survey', in J.M. Fritz, R.P. Brubaker & T.P. Raczek (eds), *Vijayanagara: Archaeological Exploration, 1999–2000* (New Delhi: Manohar, 2006), pp. 423–36.
Moya, Ismaël. *De l'argent aux valeurs: Femmes, économie et société à Dakar* (Paris: Société d'ethnologie, 2017).
Moya Pons, Frank. *History of the Caribbean: Plantations, Trade and War in the Atlantic World* (Princeton: Markus Wiener, 2007).
Muaze, Mariana. 'Ruling the Household: Masters and Domestic Slaves in the Paraíba Valley, Brazil, during the Nineteenth Century', in Dale W. Tomich (ed.), *New Frontiers of Slavery* (New York: SUNY Press, 2016), pp. 203–24.
Mukherjee, Tilottama. *Political Culture and Economy in Eighteenth-Century Bengal: Networks of Exchange, Consumption and Communication* (New Delhi: Orient Black Swan, 2013).
Muldrew, Craig. *Food, Energy and the Creation of Industriousness: Work and Material Culture in Agrarian England, 1550–1780* (Cambridge: CUP, 2011).
Mussi, Margherita. 'Women of the Middle Latitudes: The Earliest Peopling of Europe from a Female Perspective', in Wil Roebroeks (ed.), *Guts and Brains: An Integrative*

Approach to the Hominin Record (Leiden: Leiden UP, 2007), pp. 165–83.

Nagase-Reimer, Keiko. 'Water Drainage in the Mines in Tokugawa Japan: Technological Improvements and Economic Limitations', in Nanny Kim & Keiko Nagase-Reimer (eds), *Mining, Monies, and Culture in Early Modern Societies: East Asian and Global Perspectives* (Leiden/Boston: Brill, 2013), pp. 25–42.

Nagase-Reimer, Keiko. 'Introduction', in *Copper in the Early Modern Sino-Japanese Trade* (Leiden/Boston: Brill, 2016), pp. 1–9.

Nagata, Mary Louise. *Labor Contracts and Labor Relations in Early Modern Central Japan* (London/New York: Routledge Curzon, 2005).

Nash, George. 'Assessing Rank and Warfare-Strategy in Prehistoric Hunter-Gatherer Society: A Study of Representational Warrior Figures in Rock-Art from the Spanish Levant, Southeast Spain', in Mike Parker Pearson & I.J.N. Thorpe (eds), *Warfare, Violence and Slavery: Proceedings of a Prehistoric Society Conference at Sheffield University* (Oxford: BAR Publishing, 2005), pp. 75–86.

Nasr, Seyyed Hossein. 'Islamic Work Ethics', in Jaroslav Pellikan, Joseph Kitagawa & Seyyed Hossein Nasr, *Comparative Work Ethics: Judeo-Christian, Islamic, and Eastern* (Washington, DC: Library of Congress, 1985), pp. 51–62.

Neal, Larry & Jeffrey G. Williamson (eds.). *The Cambridge History of Capitalism* (2 vols., Cambridge: CUP, 2014).

Nederveen Meerkerk, Elise van. 'Segmentation in the Pre-Industrial Labour Market: Women's Work in the Dutch Textile Industry, 1581–1810', *IRSH*, 51 (2006), pp. 189–216.

Nederveen Meerkerk, Elise van. 'De draad in eigen handen: Vrouwen en loonarbeid in de Nederlandse textielnijverheid, 1581–1810', PhD thesis, Free University Amsterdam, 2007.

Nederveen Meerkerk, Elise van. 'Couples Cooperating? Dutch Textile Workers, Family Labour and the "Industrious Revolution", c. 1600–1800', *Continuity and Change*, 23 (2008), pp. 237–66.

Nederveen Meerkerk, Elise van. 'Market wage or discrimination? The Remuneration of Male and Female Wool Spinners in the Seventeenth-Century Dutch Republic', *EHR*, 63 (2010), pp. 165–86.

Netting, Robert McC. *Smallholders, Householders: Farm Families and the Ecology of Intensive, Sustainable Agriculture* (Stanford: Stanford UP, 1993).

Nieboer, H.J. *Slavery as an Industrial System: Ethnological Researches* (The Hague: Nijhoff, 1910).

Noordegraaf, L. *Hollands welvaren? Levensstandaard in Holland 1450–1650* (Bergen: Octavo,1985).

al-Nubi, Sheikh 'Ibada. 'Soldiers', in Sergio Donadoni (ed.), *The Egyptians* (Chicago/London: University of Chicago Press, 1997), pp. 31–59.
Nunn, Patrick. *The Edge of Memory: Ancient Stories, Oral Tradition and the Post-Glacial World* (London: Bloomsbury Sigma, 2018).
Nystrom, Pia. 'Aggression and Nonhuman Primates', in Mike Parker Pearson & I.J.N. Thorpe (eds), *Warfare, Violence and Slavery: Proceedings of a Prehistoric Society Conference at Sheffield University* (Oxford: BAR Publishing, 2005), pp. 35–40.
O'Brien, Patrick & Kent Deng. 'Can the Debate on the Great Divergence be Located Within the Kuznetsian Paradigm for an Empirical Form of Global Economic History?', *TSEG*, 12 (2015), pp. 63–78.
O'Brien, Patrick Karl, *The Economies of Imperial China and Western Europe. Debating the Great Divergence* (Cham, Switzerland: Palgrave Macmillan, 2021). 〔パトリック・カール・オブライエン『「大分岐論争」とは何か：中国とヨーロッパの比較』玉木俊明訳、ミネルヴァ書房、2023年〕
Ockinga, Boyo G. 'Morality and Ethics', in Toby Wilkinson (ed.), *The Egyptian World* (London/New York: Routledge, 2007), pp. 252–62.
Ogilvie, Sheilagh. '"Whatever is, is right"? Economic institutions in pre-industrial Europe', *EHR*, 60 (2007), pp. 649–84.
Ogilvie, Sheilagh & Markus Cerman (eds). *European Proto-Industrialization* (Cambridge: CUP, 1996).
Ohler, Norman. *Der totale Rausch: Drogen im Dritten Reich* (Cologne: Kiepenheuer & Witsch, 2015).〔ノーマン・オーラー『ヒトラーとドラッグ：第三帝国における薬物依存』須藤正美訳、白水社、2018年〕
Oka, Rahul & Chapurukha M. Kusimba. 'The Archaeology of Trade Systems. Part 1: Towards a New Trade Synthesis', *Journal of Archaeological Research*, 16 (2008), pp. 339–95.
Olivelle, Patrick & Donald R. Davis Jr (eds). *Hindu Law: A New History of Dharmasastra* (Oxford: OUP, 2018).
Olsen, Wendy K. 'Marxist and Neo-Classical Approaches to Unfree Labour in India', in Tom Brass & Marcel van der Linden (eds), *Free and Unfree Labour: The Debate Continues* (Bern: Peter Lang, 1997), pp. 379–403.
Olszak, Norbert. 'The Historical Development of Collective Labour Law in France', in Marcel van der Linden & Richard Price (eds), *The Rise and Development of Collective Labour Law* (Bern: Peter Lang, 2000), pp. 141–54.
Ott, Undine. 'Europas Sklavinnen und Sklaven im Mittelalter: Eine Spurensuche in Osten des Kontinents', *WerkstattGeschichte*, 23(1–2) (March 2015), pp. 31–53.
Paesie, Ruud. 'Zeeuwen en de slavenhandel: Een kwantitatieve analyse', *Zeeland*,

19(1) (2010), pp. 2–13.

Paesie, Ruud. *Slavenopstand op de Neptunus: Kroniek van een wanhoopsdaad* (Zutphen: Walburg Pers, 2016).

Pagel, Mark. *Wired for Culture: Origins of the Human Social Mind* (New York/London: W.W. Norton, 2012).

Pahl, R.E. (ed.). *On Work: Historical, Comparative and Theoretical Approaches* (Oxford: Basil Blackwell, 1988).

Pallaver, Karin. 'Population Developments and Labor Relations in Tanzania: Sources, Shifts and Continuities from 1800 to 2000', *History in Africa*, 41 (2014), pp. 307–35.

Palmer, David. 'Foreign Forced Labor at Mitsubishi's Nagasaki and Hiroshima Shipyard: Big Business, Militarized Government, and the Absence of Shipbuilding Workers' Rights in World War II Japan', in Marcel van der Linden & Magaly Rodríguez García (eds), *On Coerced Labor: Work and Compulsion after Chattel Slavery* (Leiden/Boston: Brill, 2016), pp. 159–84.

Pandya, Vishvajit. 'The Andaman Islanders of the Bay of Bengal', in Richard B. Lee & Richard Daly (eds), *The Cambridge Encyclopedia of Hunters and Gatherers* (Cambridge: CUP, 2004), pp. 243–7.

Parasher-Sen, Aloka. 'Naming and Social Exclusion: The Potcast and the Outsider', in Patrick Olivelle (ed.), *Between the Empires: Society in India 300 BCE to 400 CE* (Oxford: OUP, 2006), pp. 415–55.

Parker Pearson, Mike. 'Warfare, Violence and Slavery in Later Prehistory: An Introduction', in Mike Parker Pearson & I.J.N. Thorpe (eds), *Warfare, Violence and Slavery: Proceedings of a Prehistoric Society Conference at Sheffield University* (Oxford: BAR Publishing, 2005), pp. 19–33.

Parker Pearson, Mike & I.J.N. Thorpe (eds). *Warfare, Violence and Slavery: Proceedings of a Prehistoric Society Conference at Sheffield University* (Oxford: BAR Publishing, 2005).

Parthasarathi, Prasannan. *The Transition to a Colonial Economy: Weavers, Merchants and Kings in South India 1720–1800* (Cambridge: CUP, 2001).

Parthasarathi, Prasannan. *Why Europe Grew Rich and Asia Did Not: Global Economic Divergence, 1600–1850* (Cambridge: CUP, 2011).

Patel, Kiran Klaus. *Soldiers of Labor: Labor Service in Nazi Germany and New Deal America, 1933–1945* (Cambridge: CUP, 2005).

Pawley, Andrew. 'Prehistoric Migration and Colonization Processes in Oceania: A View from Historical Linguistics and Archeology', in Jan Lucassen, Leo Lucassen & Patrick Manning (eds), *Migration History in World History: Multidisciplinary Approaches* (Leiden/Boston: Brill, 2010), pp. 77–112.

Pearson, M.N. *Pious Passengers: The Hajj in Earlier Times* (New Delhi: Sterling Publishers, 1994).

Peebles, Gustav. 'The Anthropology of Credit and Debt', *Annual Review of Anthropology*, 39 (2010), pp. 225–40.

Pelling, Henry. *A History of British Trade Unionism* (Harmondsworth: Pelican, 1976).〔ヘンリー・ペリング『イギリス労働組合運動史』大前朔郎、大前真訳、東洋経済新報社、1982年(新版)〕

Pemberton, Trevor J. et al. 'Impact of Restricted Marital Practices on Genetic Variation in an Endogamous Gujarati Group', *American Journal of Physical Anthropology*, 149 (2012), pp. 92–103.

Penninx, Rinus & Judith Roosblad. *Trade Unions, Immigration and Immigrants in Europe 1960–1993* (Oxford: Berghahn, 2000).

Perchard, Andrew. 'Workplace Cultures', in Daniel J. Walkowitz (ed.), *A Cultural History of Work in the Modern Age* (London: Bloomsbury, 2019), pp. 77–92.

Pesante, Maria Luisa. 'Slaves, Servants and Wage Earners: Free and Unfree Labour, from Grotius to Blackstone', *History of European Ideas*, 35 (2009), pp. 289–320.

Peterson, Jane. *Sexual Revolutions: Gender and Labor at the Dawn of Agriculture* (Walnut Creek, CA: Altamira Press, 2002).

Petriglieri, Gianpiero. 'We are all Zoombies now, but it has to stop', *Financial Times*, 14 May 2020.

Phillips, William D. Jr. 'The Old World Background of Slavery in the Americas', in Barbara L. Solow (ed.), *Slavery and the rise of the Atlantic system* (Cambridge: CUP, 1991), pp. 43–61.

Pierre, M. 'La Transportation', in J.-G. Petit et al. (eds), *Histoire des galères, bagnes et prisons xii-xxes siècles: Introduction à l'histoire pénale de la France* (Toulouse: Privat, 1991), pp. 231–59.

Piketty, Thomas. *Capital in the Twenty-First Century* (Cambridge, MA: Harvard UP, 2014).〔トマ・ピケティ『21世紀の資本』山形浩生ほか訳、みすず書房、2014年〕

Piketty, Thomas. *Capital and Ideology* (Cambridge, MA: Harvard UP, 2019).〔トマ・ピケティ『資本とイデオロギー』山形浩生、森本正史訳、みすず書房、2023年〕

Pimlott, J.A.R. *The Englishman's Holiday* (Hassocks: Harvester, 1976).

Pines, Yuri et al. (eds). *Birth of an Empire: The State of Qin Revisited* (Berkeley: University of California Press, 2014).

Pirngruber, Reinhard Wilfried. 'The Impact of Empire on Market Prices in Babylon in the Late Achaemenid and Seleucid Periods *c.* 400–140 B.C.', PhD dissertation, Free University Amsterdam, 2012.

Pizzolato, Nicola. 'Workers and Revolutionaries at the Twilight of Fordism: The

Breakdown of Industrial Relations in the Automobile Plants of Detroit and Turin, 1967–1973', *Labor History*, 45(4) (November 2004), pp. 419–43.

Pizzolato, Nicola. '"As Much in Bondage as they was Before": Unfree Labor During the New Deal (1935–1952)', in Marcel van der Linden & Magaly Rodríguez García (eds), *On Coerced Labor: Work and Compulsion after Chattel Slavery* (Leiden/Boston: Brill, 2016), pp. 208–24.

Polanyi, Karl. *The Great Transformation* (New York/Toronto: Farrar & Rinehart, 1944).〔カール・ポラニー『「新訳」大転換：市場社会の形成と崩壊』野口建彦、栖原学訳、東洋経済新報社、2009年／ほか〕

Polanyi, Karl, Conrad M. Arensberg & Harry W. Pearson. *Trade and Market in the Early Empires: Economies in History and Theory* (Glencoe, IL: The Free Press, 1957).

Pollard, Sidney. *The Genesis of Modern Management: A Study of the Industrial Revolution in Great Britain* (London: Edward Arnold, 1965).〔シドニー・ポラード『現代企業管理の起源：イギリスにおける産業革命の研究』山下幸夫ほか訳、千倉書房、1982年〕

Pollock, Sheldon. *The Ends of Man at the End of Premodernity: 2004 Gonda Lecture* (Amsterdam: Royal Netherlands Academy of Arts and Sciences, 2005).

Pomeranz, Kenneth. *The Great Divergence: China, Europe and the Making of the Modern World Economy* (Princeton: Princeton UP, 2000).〔K・ポメランツ『大分岐：中国、ヨーロッパ、そして近代世界経済の形成』川北稔監訳、名古屋大学出版会、2015年〕

Pomeranz, Kenneth. 'Labour-Intensive Industrialization in the Rural Yangzi Delta: Late Imperial Patterns and their Modern Fates', in Gareth Austin & Kaoru Sugihara (eds), *Labour-Intensive Industrialization in Global History* (London/New York: Routledge, 2013), pp. 122–43.

Powell, Adam, Stephen Shennan & Mark G. Thomas. 'Late Pleistocene Demography and the Appearance of Human Behavior', *Science*, 324(5932) (5 June 2009), pp. 1298–1301.

Prak, Maarten. 'Painters, Guilds, and the Market during the Dutch Golden Age', in S.R. Epstein & Maarten Prak (eds), *Guilds, Innovation, and the European Economy, 1400–1800* (Cambridge: CUP, 2008), pp. 143–71.

Prak, Maarten. 'Mega-Structures of the Middle Ages: The Construction of Religious Buildings in Europe and Asia, c.1000–1500', in Maarten Prak & Jan Luiten van Zanden (eds), *Technology, Skills and the Pre-Modern Economy in the East and the West. Essays Dedicated to the Memory of S.R. Epstein* (Leiden/Boston: Brill, 2013), pp. 131–59.

Prak, Maarten. *Citizens without Nations: Urban Citizenship in Europe and the World c. 1000–1789* (Cambridge: CUP, 2018).

Prak, Maarten, Catharina Lis, Jan Lucassen & Hugo Soly (eds). *Craft Guilds in the Early Modern Low Countries: Work, Power, and Representation* (Aldershot: Ashgate, 2006).

Prak, Maarten & Patrick Wallis (eds). *Apprenticeship in Early Modern Europe* (Cambridge: CUP, 2020).

Prestes Carneiro, Gabriela et al. 'Pre-Hispanic Fishing Practices in Interfluvial Amazonia: Zooarchaeological Evidence from Managed Landscapes on the Llanos de Mojos Savanna', *PLOS ONE*, 14(5) (15 May 2019).

Price, T. Douglas & Ofer Bar-Yosef. 'The Origins of Agriculture: New Data, New Ideas', *Current Anthropology*, 52(S4) (October 2011), pp. S163–74.

Price, T. Douglas & Ofer Bar-Yosef. 'Traces of Inequality and the Origins of Agriculture in the Ancient Near East', in T. Douglas Price & Gary M. Feinman (eds), *Pathways to Power: New Perspectives on the Emergence of Social Inequality* (New York: Springer, 2012), pp. 147–68.

Price, T. Douglas & Gary M. Feinman (eds). *Pathways to Power: New Perspectives on the Emergence of Social Inequality* (New York: Springer, 2012).

Pun, Ngai & Lu Huilin. 'Unfinished Proletarianization: Self, Anger, and Class Action among the Second Generation of Peasant-Workers in Present-Day China', *Modern China*, 36(5) (2010), pp. 493–519.

Pyburn, K. Anne. 'Pomp and Circumstance before Belize: Ancient Maya Commerce and the New River Conurbation', in Joyce Marcus & Jeremy A. Sabloff (eds), *The Ancient City: New Perspectives on Urbanism in the Old and New World* (Santa Fe, NM: School for Advanced Research Press, 2008), pp. 477–95.

Raghavan, T.C.A. *Attendant Lords: Bairam Khan and Abdur Rahim, Courtiers & Poets in Mughal India* (New Delhi: HarperCollins, 2017).

Rahikainen, Marjatta. *Centuries of Child Labour: European Experiences from the Seventeenth to the Twentieth Century* (Aldershot: Ashgate, 2004).

Ramaswami, Shankar. 'Masculinity, Respect, and the Tragic: Themes of Proletarian Humor in Contemporary Industrial Delhi', in Rana Behal & Marcel van der Linden (eds), *India's Labouring Poor: Historical Studies, c. 1600–c. 2000* (Delhi: Fountain Books, 2007), pp. 203–27.

Ramaswamy, Vijaya. 'Vishwakarma Craftsmen in Early Medieval Peninsular India', *JESHO*, 47 (2004), pp. 548–78.

Ramaswamy, Vijaya. 'Gender and the Writing of South Indian History', in Sabyasachi Bhattacharya (ed.), *Approaches to History: Essays in Indian Historiography* (New Delhi: ICHR, 2011), pp. 199–224.

Ramaswamy, Vijaya. 'Mapping Migrations of South Indian Weavers Before, During and

After the Vijayanagar Period: Thirteenth to Eighteenth Centuries', in Jan Lucassen & Leo Lucassen (eds), *Globalising Migration History: The Eurasian Experience (16th–21st Centuries)* (Leiden/Boston: Brill, 2014), pp. 91–121.

Rathbone, Dominic. *Economic Rationalism and Rural Society in Third-Century A.D. Egypt: The Heroninos Archive and the Appianus Estate* (Cambridge: CUP, 1991).

Ray, Himanshu Prabha. *Monastery and Guild: Commerce under the Satavahanas* (Delhi: OUP, 1986).

Ray, Himanshu Prabha. *The Archaeology of Seafaring in Ancient South Asia* (Cambridge: CUP, 2003).

Ray, Himanshu Prabha. 'Inscribed Pots, Emerging Identities: The Social Milieu of Trade', in Patrick Olivelle (ed.), *Between the Empires: Society in India 300 BCE to 400 CE* (Oxford: OUP, 2006), pp. 130–43.

Ray, Indrajit. *Bengal Industries and the British Industrial Revolution (1757–1857)* (London/New York: Routledge, 2011).

Reden, Sitta von. *Money in Ptolemaic Egypt: From the Macedonian Conquest to the End of the Third Century BC* (Cambridge: CUP, 2007).

Reden, Sitta von. *Money in Classical Antiquity* (Cambridge: CUP, 2010).

Rediker, Marcus. *Between the Devil and the Deep Blue Sea: Merchant Seamen, Pirates and the Anglo-American Maritime World, 1700–1750* (Cambridge: CUP, 1987).

Reich, David. *Who We Are and How We Got There: Ancient DNA and the New Science of the Human Past* (New York: Pantheon, 2018).〔デイヴィッド・ライク『交雑する人類：古代DNAが解き明かす新サピエンス史』日向やよい訳、NHK出版、2018年〕

Reid, Anthony. *Southeast Asia in the Age of Commerce 1450–1680: Volume One. The Lands below the Winds* (Chiangmai: Silkworm Books, 1998).〔アンソニー・リード『貿易風の下で／大航海時代の東南アジア：1450-1680年（1）』平野秀秋、田中優子訳、法政大学出版局、2002年〕

Reid, Anthony. *Charting the Shape of Early Modern Southeast Asia* (Chiangmai: Silkworm Books, 1999).

Reinhardt, Max. *Gesellschaftspolitische Ordnungsvorstellungen der SPD-Flügel seit 1945: Zwischen sozialistischer Transformation, linkem Reformismus und Marktideologie* (Baden-Baden: Nomos, 2014).

Reininghaus, Wilfried (ed.). *Zunftlandschaften in Deutschland und den Niederlanden im Vergleich* (Münster: Aschendorf, 2000).

Reith, Reinhold. 'Circulation of Skilled Labour in Late Medieval and Early Modern Central Europe', in S.R. Epstein & Maarten Prak (eds), *Guilds, Innovation, and the European Economy, 1400–1800* (Cambridge: CUP, 2008), pp. 114–42.

Renwick, Chris. *Bread for All: The Origins of the Welfare State* (London: Allen Lane, 2017).

Ribeiro da Silva, Filipa. *Dutch and Portuguese in Western Africa: Empires, Merchants and the Atlantic System, 1580–1674* (Leiden & Boston: Brill, 2012).

Richards, E. 'Migration to Colonial Australia: Paradigms and Disjunctions', in Jan Lucassen & Leo Lucassen (eds), *Migration, Migration History: Old Paradigms and New Perspectives* (Bern: Peter Lang, 1996), pp. 151–76.

Richards, John F. 'The Economic History of the Lodi Period: 1451–1526', in Sanjay Subrahmanyam (ed.), *Money and the Market in India 1100–1700* (Delhi: OUP, 1994), pp. 137–55.

Richards, Michael P. 'Diet Shift in the Middle/Upper Palaeolithic Transition in Europe? The Stable Isotope Evidence', in Wil Roebroeks (ed.), *Guts and Brains: An Integrative Approach to the Hominin Record* (Leiden: Leiden UP, 2007), pp. 223–34.

Rider, Christine & Michéal Thompson (eds). *The Industrial Revolution in Comparative Perspective* (Malabar, FL: Krieger, 2000).

Rieksen, Evert Jan. 'Voetstappen zonder echo: Het oud-Hollandse 2e/3e/1e regiment jagers – 33e regiment lichte infanterie aan het werk in de Franse Tijd 1806–1814', PhD thesis, Free University Amsterdam, 2020.

Riello, Giorgio & Tirthankar Roy (eds). *How India Clothed the World: The World of South Asian Textiles, 1500–1850* (Leiden/Boston: Brill, 2009).

Rihll, Tracey. 'The Origin and Establishment of Ancient Greek Slavery', in M.L. Bush (ed.), *Serfdom and Slavery: Studies in Legal Bondage* (London/New York: Longman, 1996), pp. 89–111.

Rimlinger, Gaston V. *Welfare Policy and Industrialization in Europe, America and Russia* (New York: Wiley, 1971).

Rio, Alice. *Slavery after Rome, 500–1100* (Oxford: OUP, 2020).

Rival, Laura M. 'Introduction: South America', in Richard B. Lee & Richard Daly (eds), *The Cambridge Encyclopedia of Hunters and Gatherers* (Cambridge: CUP, 2004a), pp. 77–85.

Rival, Laura M. 'The Huaorani', in Richard B. Lee & Richard Daly (eds), *The Cambridge Encyclopedia of Hunters and Gatherers* (Cambridge: CUP, 2004b), pp. 100–4.

Roebroeks, Wil (ed.). *Guts and Brains: An Integrative Approach to the Hominin Record* (Leiden: Leiden UP, 2007).

Roebroeks, Wil. *The Neandertal Experiment* (Leiden: tweeëndertigste Kroon-voordracht, 2010).

Roebroeks, Wil. 'Art on the move', *Nature*, 514 (9 October 2014), pp. 170–1.

Roessingh, H.K. *Inlandse tabak: Expansie en contractie van een handelsgewas in de 17de en 18de eeuw in Nederland* (Wageningen: A.A.G. Bijdragen 20, 1976).
Romer, John. *A History of Ancient Egypt: From the First Farmers to the Great Pyramid* (London: Penguin, 2012).
Romer, John. *A History of Ancient Egypt: From the Great Pyramid to the Fall of the Middle Kingdom* (London: Penguin, 2017).
Roosevelt, Anna C. 'Archeology of South American Hunters and Gatherers', in Richard B. Lee & Richard Daly (eds), *The Cambridge Encyclopedia of Hunters and Gatherers* (Cambridge: CUP, 2004), pp. 86–91.
Röschenthaler, Ute & Alessandro Jedlowski (eds). *Mobility between Africa, Asia and Latin America: Economic Networks and Cultural Interaction* (London: Bloomsbury, 2017).
Rose, Clare. 'Working Lads in Late-Victorian London', in Nigel Goose & Katrina Honeyman (eds), *Childhood and Child Labour in Industrial England: Diversity and Agency, 1750–1914* (Farnham: Ashgate, 2012), pp. 297–313.
Rosefielde, Steven & Jonathan Leightner. *China's Market Communism: Challenges, Dilemmas, Solutions* (London/New York: Routledge, 2018).
Rosenblatt, Paul C. *Two in a Bed: The Social System of Couple Bed Sharing* (New York: SUNY Press, 2006).
Ross, Michale L. 'Oil, Islam and Women', *American Political Science Review*, 102(1) (February 2008), pp. 107–23.
Rossum, Matthias van. *Werkers van de wereld: Globalisering, arbeid en interculturele ontmoetingen tussen Aziatische en Europese zeelieden in dienst van de VOC, 1600–1800* (Hilversum: Verloren, 2014).
Rossum, Matthias van. *Kleurrijke tragiek: De geschiedenis van slavernij in Azië onder de VOC* (Hilversum: Verloren, 2015a).
Rossum, Matthias van. '"Vervloekte goudzucht": De VOC, slavenhandel en slavernij in Azië', *TSEG*, 12 (2015b), pp. 29–57.
Rossum, Matthias van. 'Towards a Global Perspective on Early Modern Slave Trade: Prices of the Enslaved in the Indian Ocean, Indonesian Archipelago and Atlantic Worlds', *Journal of Global History* (2021a).
Rossum, Matthias van. 'Slavery and its Transformations: Prolegomena for a Global and Comparative Research Agenda', *Comparative Studies in Society and History* (2021b).
Rossum, Matthias van & Karwan Fatah-Black. 'Wat is winst? De economische impact van de Nederlandse trans-Atlantische slavenhandel', *TSEG*, 9 (2012), pp. 3–29.
Rossum, Matthias van & Merve Tosun. 'Corvée Capitalism: The Dutch East India

Company, Labour Regimes and (Merchant) Capitalism', *Journal of Asian Studies* (2021; forthcoming).

Rossum, Matthias van et al. *Testimonies of Enslavement: Sources on Slavery from the Indian Ocean World* (London: Bloomsbury Academic, 2020).

Roth, Karl-Heinz. 'Unfree Labour in the Area under German Hegemony, 1930–1945: Some Historical and Methodological Questions', in Tom Brass & Marcel van der Linden (eds), *Free and Unfree Labour: The Debate Continues* (Bern: Peter Lang, 1997), pp. 127–43.

Rotman, Youval. *Byzantine Slavery and the Mediterranean World* (Cambridge, MA: Harvard UP, 2009).

Roullier, Caroline et al. 'Historical Collections Reveal Patterns of Diffusion of Sweet Potato in Oceania Obscured by Modern Plant Movements and Recombination', *PNAS*, 110(6) (2013), pp. 2205–10.

Rowlandson, Jane. 'Money Use among the Peasantry of Ptolomaic and Roman Egypt', in Andrew Meadows & Kirsty Shipton (eds), *Money and its Uses in the Ancient Greek World* (Oxford, OUP 2001), pp. 145–55.

Roy, Tirthankar. 'Labour-Intensity and Industrialization in Colonial India', in Gareth Austin & Kaoru Sugihara (eds), *Labour-Intensive Industrialization in Global History* (London/New York: Routledge, 2013), pp. 107–21.

Roy, Tirthankar & Giorgio Riello (eds). *Global Economic History* (London: Bloomsbury Academic, 2019).

Rubin, Beth A. 'Shifting Social Contracts and the Sociological Imagination', *Social Forces*, 91(2) (December 2012), pp. 327–46.

Rubin, Gerry R. 'The Historical Development of Collective Labour Law: The United Kingdom', in Marcel van der Linden & Richard Price (eds), *The Rise and Development of Collective Labour Law* (Bern: Peter Lang, 2000), pp. 291–341.

Rule, John (ed.). *British Trade Unionism 1750–1850: The Formative Years* (London/New York: Longman, 1988).

Russell, J.C. 'Population in Europe 500–1500', in Carlo M. Cipolla (ed.), *The Fontana Economic History of Europe: The Middle Ages, Vol. 1* (Glasgow: Collins/Fontana, 1972).

Saeger, James Schofield. *The Chaco Mission Frontier: The Guaycuruan Experience* (Tucson: University of Arizona Press, 2000).

Safley, Thomas Max (ed.). *Labor Before the Industrial Revolution: Work, Technology and their Ecologies in an Age of Early Capitalism* (London & New York: Routledge, 2019).

Safley, Thomas Max & Leonard N. Rosenband. 'Introduction', in Thomas Max Safley

(ed.), *Labor Before the Industrial Revolution: Work, Technology and their Ecologies in an Age of Early Capitalism* (London & New York: Routledge, 2019), pp. 1–19.

Sahlins, Marshall. *Stone Age Economics* (Chicago: Aldine Publishing Company, 1972).〔マーシャル・サーリンズ『石器時代の経済学』山内昶訳、法政大学出版局、2012年(新装版)〕

Santen, H.W. van. *VOC-dienaar in India: Geleynssen de Jongh in het land van de Groot-Mogol* (Franeker: Van Wijnen, 2001).

Santiago-Valles, Kelvin. 'Forced Labor in Colonial Penal Institutions across the Spanish, U.S., British, French Atlantic, 1860s–1920s', in Marcel van der Linden & Magaly Rodríguez García (eds), *On Coerced Labor: Work and Compulsion after Chattel Slavery* (Leiden/Boston: Brill, 2016), pp. 73–97.

Saradamoni, K. 'Agrestic Slavery in Kerala in the Nineteenth Century', *The Indian Economic and Social History Review* 10(4) (1973), pp. 371–85.

Saradamoni, K. 'How Agrestic Slavery was Abolished in Kerala', *The Indian Economic and Social History Review* 11(2/3) (1974), pp. 291–308.

Sarasúa, Carmen. 'The Role of the State in Shaping Women's and Men's Entrance into the Labour Market: Spain in the Eighteenth and Nineteenth Centuries', *Continuity and Change*, 12(3) (1997), pp. 347–71.

Scammell, Geoffrey Vaughn. *The World Encompassed: The First European Maritime Empires c. 800–1650* (Berkeley: University of California Press, 1981).

Schaps, David M. *The Invention of Coinage and the Monetization of Ancient Greece* (Ann Arbor: University of Michigan Press, 2004).

Scheidel, Walter. 'The Monetary Systems of the Han and Roman Empires', in *Rome and China: Comparative Perspectives on Ancient World Empires* (Oxford: OUP, 2009), pp. 137–207.

Scheidel, Walter. 'Real Wages in Early Economies: Evidence for Living Standards from 1800 BCEto 1300 CE', *JESHO*, 53 (2010), pp. 425–62.

Scheidel, Walter. 'Building for the State: A World-Historical Perspective', *Princeton/Stanford Working Papers in Classics*, Version 1.0 (May 2015a).

Scheidel, Walter (ed.). *State Power in Ancient China and Rome* (New York: OUP, 2015b).

Scheidel, Walter. *The Great Leveler: Violence and the History of Inequality from the Stone Age to the Twenty-First Century* (Princeton: Princeton UP, 2017).〔ウォルター・シャイデル『暴力と不平等の人類史：戦争・革命・崩壊・疫病』鬼澤忍、塩原通緒訳、東洋経済新報社、2019年〕

Schendel, Willem van (ed.). *Francis Buchanan in Southeast Bengal* (New Delhi: Manohar, 1992).

Schendel, Willem van. 'Green Plants into Blue Cakes: Working for Wages in Colonial Bengal's Indigo Industry', in Marcel van der Linden & Leo Lucassen (eds), *Working on Labor: Essays in Honor of Jan Lucassen* (Leiden/Boston: Brill, 2012), pp. 47–73.
Schendel, Willem van. 'Beyond Labor History's Comfort Zone? Labor Regimes in Northeast India, from the Nineteenth to the Twenty-First Century', in Ulbe Bosma & Karin Hofmeester (eds), *The Life Work of a Labor Historian: Essays in Honor of Marcel van der Linden* (Leiden/Boston: Brill, 2018), pp. 174–207.
Scherjon, Fulco, Corrie Bakels, Katharine MacDonald & Wil Roebroeks. 'Burning the Land: An Ethnographic Study of Off-Site Fire Use by Current and Historically Documented Foragers and Implications for the Interpretation of Past Fire Practices in the Landscape', *Current Anthropology*, 56(3) (June 2015), pp. 299–326.
Schiavone, Aldo. *Spartacus* (Cambridge, MA: Harvard UP, 2013).
Schloss, David. *Methods of Industrial Remuneration*, 3rd edn, revised and enlarged (London: Williams & Norgate, 1898).
Schloss, David. *Les modes de rémunération du travail: Traduit sur la 3e édition, précédé d'une introduction, et augmenté de notes et d'appendices par Charles Rist* (Paris: Giard & Brière, 1902).
Schmandt-Besserat, Denise. *Before Writing, Vol. I: From Counting to Cuneiform*; *Vol II: A Catalogue of Near Eastern Tokens* (Austin: University of Texas Press, 1992).
Schmidt, Ariadne. 'Women and Guilds: Corporations and Female Labour Market Participation in Early Modern Holland', *Gender & History*, 21(1) (2009), pp. 170–89.
Schmidt, Peter R. *Iron Technology in East Africa: Symbolism, Science and Archaeology* (Bloomington: Indiana UP, 1997).
Schneider, William H. 'The Scientific Study of Labor in Interwar France', in Michael C. Wood & John Cunningham Wood (eds), *Frank and Lillian Gilbreth: Critical Evaluations in Business Management, Vol. II* (London: Routledge, 2003), pp. 196–229.
Scholliers, Peter. *Wages, Manufacturers and Workers in the Nineteenth-Century Factory: The Voortman Cotton Mill in Ghent* (Oxford: OUP, 1996).
Schrire, Carmel (ed.). *Past and Present in Hunter Gatherer Studies* (Walnut Creek, CA: Left Coast Press, 2009).
Schumpeter, Joseph A. *History of Economic Analysis* (London: Allen & Unwin, 1972).〔J・A・シュンペーター『経済分析の歴史』東畑精一、福岡正夫訳、岩波書店、2005年〕
Seabright, Paul. *The Company of Strangers. A natural history of economic life* (Princeton/Oxford: Princeton University Press, 2004).〔ポール・シーブライト『殺人ザルはいかにして経済に目覚めたか?:ヒトの進化からみた経済学』、山形浩生、森本正史訳、みすず書房、2014年〕

Seaford, Richard. *The Origins of Philosophy in Ancient Greece and Ancient India: A Historical Comparison* (Cambridge: CUP, 2020).

Sebeta, Judith Lynn. 'Women's Costume and Feminine Civic Morality in Augustan Rome', *Gender & History*, 9(3) (1997), pp. 529–41.

Segal, Paul. 'Inequality as Entitlements over Labour', Working Paper 43 (London: LSE Inequalities Institute, 2020).

Segalen, Martine. *Love and Power in the Peasant Family: Rural France in the Nineteenth Century* (Chicago: Chicago UP, 1983).〔マルチーヌ・セガレーヌ『妻と夫の社会史』、片岡幸彦監訳、新評論、1983年〕

Seibert, Julia. 'More Continuity than Change? New Forms of Unfree Labor in the Belgian Congo 1908–1930', in Marcel van der Linden (ed.), *Humanitarian Interventions and Changing Labor Relations: The Long-Term Consequences of the Abolition of the Slave Trade* (Leiden & Boston: Brill, 2011), pp. 369–86.

Seland, Eivind Heldaas. 'Archaeology of Trade in the Western Indian Ocean, 200 BC–AD 700', *Journal of Archaeological Research*, 22 (2014), pp. 367–402.

Semo, Enrique. *The History of Capitalism in Mexico: Its Origins, 1521–1763* (Austin: University of Texas Press, 1993).〔エンリケ・セーモ『メキシコ資本主義史：その起源 1521-1763年』原田金一郎監訳、大村書店、1994年〕

Sen, A.K. 'Cooperation, Inequality and the Family', *Population and Development Review*, 15, Supplement (1989), pp. 61–76.

Sennett, Richard. *The Craftsman* (New Haven/London: Yale UP, 2008). 〔リチャード・セネット『クラフツマン：作ることは考えることである』高橋勇夫訳、筑摩書房、2016年〕

Sharma, R.S. 'Urbanism in Early Historical India', in Indu Banga (ed.), *The City in Indian History: Urban Demography, Society and Politics* (New Delhi: Manohar, 2014), pp. 9–18.

Shatzmiller, Maya. *Labour in the Medieval Islamic World* (Leiden: Brill, 1994).

Shatzmiller, Maya. *Her Day in Court: Women's Property Rights in Fifteenth-Century Granada* (Cambridge MA: Harvard UP, 2007).

Shelach-Lavi, Gideon. *The Archaeology of Early China: From Prehistory to the Han Dynasty* (Cambridge: CUP, 2015).

Shen, Jianfa. 'From Mao to the Present: Migration in China since the Second World War', in Jan Lucassen & Leo Lucassen (eds), *Globalising Migration History: The Eurasian Experience (16th–21st Centuries)* (Leiden/Boston: Brill, 2014), pp. 335–61.

Shieh, G.S. 'Cultivation, Control and Dissolution: The Historical Transformation of the Labour Union Act of Taiwan, 1911–1990', in Marcel van der Linden & Richard Price (eds), *The Rise and Development of Collective Labour Law* (Bern: Peter Lang,

2000), pp. 265–90.
Shimada, Ryuto. *The Intra-Asian Trade in Japanese Copper by the Dutch East-India Company during the Eighteenth Century* (Leiden: Brill, 2006).
Shin, Wonchul. 'The Evolution of Labour Relations in the South Korean Shipbuilding Industry: A Case Study of Hanjin Heavy Industries, 1950–2014', in Raquel Varela, Hugh Murphy & Marcel van der Linden (eds), *Shipbuilding and Ship Repair Workers around the World: Case Studies 1950–2010* (Amsterdam: Amsterdam UP, 2017), pp. 615–36.
Shiuh-Feng, Liu. 'Copper Administration Reform and Copper Imports from Japan in the Qianlong Reign of the Qing Dynasty', in Keiko Nagase-Reimer (ed.), *Copper in the Early Modern Sino-Japanese Trade* (Leiden/Boston: Brill, 2016), pp. 72–117.
Shlomowitz, Ralph. 'Team Work and Incentives: The Origins and Development of the Butty Gang System in Queensland's Sugar Industry, 1891–1913', *Journal of Comparative Economics*, 3 (1979), pp. 41–55.
Shlomowitz, Ralph. 'The Transition from Slave to Freedmen Labor in the Cape Colony, the British West Indies, and the Postbellum American South: Comparative Perspectives', in Tom Brass & Marcel van der Linden (eds), *Free and Unfree Labour: The Debate Continues* (Bern: Peter Lang, 1997), pp. 239–48.
Shnirelman, Victor A. 'Archeology of North Eurasian Hunters and Gatherers', in Richard B. Lee & Richard Daly (eds), *The Cambridge Encyclopedia of Hunters and Gatherers* (Cambridge: CUP, 2004a), pp. 127–31.
Shnirelman, Victor A. 'The Itenm'i', in Richard B. Lee & Richard Daly (eds), *The Cambridge Encyclopedia of Hunters and Gatherers* (Cambridge: CUP, 2004b), pp. 147–51.
Shrimali, Krishna Mohan. 'Money, Market and Indian Feudalism: AD 60–1200)', in Amiya Kumar Bagchi (ed.), *Money & Credit in Indian History: From Early Medieval Times* (New Delhi: Tulika, 2002), pp. 1–39.
Shrimali, Krishna Mohan. 'The Monetary History of Early India: Distinctive Landmarks', in Susmita Basu Majumdar & S.K. Bose (eds), *Money and Money Matters in Pre-Modern South Asia. Nicholas G. Rhodes Commemoration Volume* (New Delhi: Manohar, 2019), pp. 173–220.
Shryock, Andrew & Daniel Lord Smail (eds). *Deep History: The Architecture of Past and Present* (Berkeley: University of California Press, 2011).
Shryock, Andrew, Thomas R. Trautmann & Clive Gamble. 'Imagining the Human in Deep Time', in Andrew Shryock and Daniel Lord Smail (eds), *Deep History: The Architecture of Past and Present* (Berkeley: University of California Press, 2011), pp. 21–52.

Siegelbaum, Lewis H. *Stakhanovism and the Politics of Productivity in the USSR, 1935–1941* (Cambridge: CUP, 1988).

Simitis, Spiros. 'The Case of the Employment Relationship: Elements of a Comparison', in Willibald Steinmetz (ed.), *Private Law and Social Inequality in the Industrial Age: Comparing Legal Cultures in Britain, France, Germany and the United States* (Oxford: OUP, 2000), pp. 181–202.

Simonton, Deborah & Anne Montenach (eds). *A Cultural History of Work*, 6 vols (London: Bloomington 2019).

Singh, Anankoha Narayan. 'Regulating Slavery in Colonial India', *Labour & Development*, 21 (2014), pp. 102–20.

Singha, Radhika. *A Despotism of Law: Crime and Justice in Early Colonial India* (Delhi: OUP, 1998).

Sinha, Nitin & Nitin Varma (eds). *Servants' Pasts, 18th–20th Centuries, Vol. 2* (New Delhi: Orient Blackswan, 2019).

Sinha, Nitin, Nitin Varma & Pankaj Jha (eds). *Servants' Pasts, 16th–18th Centuries, Vol. 1* (New Delhi: Orient Blackswan, 2019).

Sinopoli, Carla M. 'Empires', in Gary M. Feinman & T. Douglas Price (eds), *Archaeology at the Millennium: A Sourcebook* (New York: Springer, 2001), pp. 439–71.

Sinopoli, Carla M. & Kathleen D. Morrison. 'Dimensions of Imperial Control: The Vijayanagara Capital', *American Anthropologist*, 97 (1995), pp. 83–96.

Skipp, Victor. *Crisis and Development: An Ecological Case Study of the Forest of Arden 1570–1674* (Cambridge: CUP, 1978).

Slicher van Bath, Bernhard H. *The Agrarian History of Western Europe A.D. 500–1850* (London: Arnold, 1963a).〔B・H・スリッヘル・ファン・バート『西ヨーロッパ農業発達史』速水融訳、日本評論社、1969年〕

Slicher van Bath, Bernhard H. 'De oogstopbrengsten van verschillende gewassen, voornamelijk granen, in verhouding tot het zaaizaad', *A.A.G. Bijdragen*, 9 (1963b), pp. 29–125.

Slicher van Bath, Bernhard H. 'Yield Ratios, 810–1820', *A.A.G. Bijdragen*, 10 (1963c), pp. 1–264.

Sloman, Peter. *Transfer State: The Idea of a Guaranteed Income and the Politics of Redistribution in Modern Britain* (Oxford: OUP, 2019).

Smith, Adam. *An Inquiry into the Nature and the Wealth of Nations. A careful reprint of edition (3 volumes) 1812 with notes by J.R. McCulloch* (London: Ward, Lock & Co, n.d.).〔アダム・スミス『国富論』杉山忠平訳、水田洋監訳、岩波書店、2000-2001年／ほか〕

Smith, Andrew B. 'Archeology and Evolution of Hunters and Gatherers', in Richard B.

Lee & Richard Daly (eds), *The Cambridge Encyclopedia of Hunters and Gatherers* (Cambridge: CUP, 2004), pp. 384–90.

Smith, Eric Alden et al. 'Wealth Transmission and Inequality Among Hunter-Gatherers', *Current Anthropology*, 51(1) (February 2010), pp. 19–34.

Smith, Mark B. 'Social Rights in the Soviet Dictatorship: The Constitutional Right to Welfare from Stalin to Brezhnev', *Humanity*, 3(3) (Winter 2012), pp. 385–406.

Smith, Mark B. 'The Withering Away of the Danger Society: The Pensions Reform 1956 and 1964 in the Soviet Union', *Social Science History*, 39(1) (March 2015a), pp. 129–48.

Smith, Mark B. 'Faded Red Paradise: Welfare and the Soviet City after 1953', *Contemporary European History*, 24(4) (October 2015b), pp. 597–615.

Smith, Michael E. (ed.). *The Comparative Archaeology of Complex Societies* (Cambridge: CUP, 2012a).

Smith, Michael E. *The Aztecs*, 3rd edn (Oxford: Wiley-Blackwell, 2012b).

Smith, Michael E. 'The Aztec Empire', in Andrew Monson & Walter Scheidel (eds), *Fiscal Regimes and the Political Economies of Premodern States* (Cambridge: CUP, 2015), pp. 71–114.

Snell, K.D.M. *Annals of the Labouring Poor: Social Change and Agrarian England 1660–1900* (Cambridge: CUP, 1985).

Soly, Hugo. *Capital at Work in Antwerp's Golden Age* (Turnhout: Brepols, 2021).

Sonenscher, Michael. *Work and Wages: Natural Law, Politics and the Eighteenth-Century French Trades* (Cambridge: CUP, 1989).

Song, Jesook. *South Koreans in the Debt Crisis: The Creation of a Neoliberal Welfare Society* (Durham, NC/London: Duke UP, 2009).

Spalinger, Anthony. 'The Army', in Toby Wilkinson (ed.), *The Egyptian World* (London/New York: Routledge, 2007), pp. 118–28.

Spek, R.J. van der. 'Cuneiform Documents on the Parthian History: The Rahimesu Archive. Materials for the Study of the Standard of Living', in Josef Wiesehöfer (ed.), *Das Partherreich und seine Zeugnisse* (Stuttgart: Steiner, 1998), pp. 205–58.

Spek, R.J. van der. 'Palace, Temple and Market in Seleucid Babylonia', in V. Chankowski et F. Duyrat (eds), *Le roi et l'économie: Autonomies locales et structures royales dans l'économie de l'empire séleucide. Topoi, Orient-Occident*, Supplement 6 (2004), pp. 303–32.

Spek, R.J. van der. 'Feeding Hellenistic Seleucia on the Tigris and Babylon', in Richard Alston & Otto M. van Nijf (eds), *Feeding the Ancient Greek City* (Leuven: Peeters, 2008), pp. 33–45.

Spek, R.J. van der. 'Factor Markets in Hellenistic and Parthian', *JESHO* 57 (2014), 203-

230.
Spek, R.J. van der, Bas van Leeuwen & Jan Luiten van Zanden (eds), *A History of Market Performance: From Ancient Babylonia to the Modern World* (London/New York: Routledge, 2015).
Spek, R.J. van der et al. 'Money, Silver and Trust in Mesopotamia', in R.J. van der Spek & Bas van Leeuwen (eds), *Money, Currency and Crisis: In Search of Trust, 2000 BC to AD 2000* (London/New York: Routledge, 2018), pp. 102–31.
Spittler, Gerd. 'Beginnings of the Anthropology of Work: Nineteenth-Century Social Scientists and their Influence on Ethnography', in Jürgen Kocka (ed.), *Work in a Modern Society: The German Historical Experience in Comparative Perspective* (New York: Berghahn, 2010), pp. 37–54.
Spufford, Margaret. *The Great Reclothing of Rural England: Petty Chapmen and their Wares in the Seventeenth Century* (London: The Hambleton Press, 1984).
Spufford, Margaret. 'Literacy, Trade and Religion in the Commercial Centres of Europe', in Karel Davids & Jan Lucassen (eds), *A Miracle Mirrored: The Dutch Republic in European Perspective* (Cambridge: CUP, 1995), pp. 229–83.
Spufford, Margaret. 'The Cost of Apparel in Seventeenth-Century England, and the Accuracy of Gregory King', *EHR*, 53 (2000), pp. 677–705.
Spufford, Peter. *Money and its Use in Medieval Europe* (Cambridge: CUP, 1988).
Spufford, Peter. 'How Rarely did Medieval Merchants Use Coin?', Van Gelder lecture 5, Stichting Nederlandse Penningkabinetten, Utrecht, 2008.
Stabel, Peter. 'Labour Time, Guild Time? Working Hours in the Cloth Industry of Medieval Flanders and Artois (Thirteenth–Fourteenth Centuries)', *TSEG*, 11 (2014), pp. 27–53.
Standing, Guy. *The Precariat: The New Dangerous Class* (London: Bloomsbury, 2016). 〔ガイ・スタンディング『プレカリアート：不平等社会が生み出す危険な階級』岡野内正監訳、法律文化社、2016年〕
Stanziani, Alessandro. 'Serfs, Slaves, or Wage Earners? The Legal Status of Labour in Russia from a Comparative Perspective, from the Sixteenth to the Nineteenth Century', *Journal of Global History*, 3 (2008), pp. 183–202.
Stanziani, Alessandro. 'The Legal Status of Labour from the Seventeenth to the Nineteenth Century: Russia in a Comparative European Perspective', *IRSH*, 54 (2009a), pp. 359–89.
Stanziani, Alessandro. 'The Travelling Panopticon: Labor Institutions and Labor Practices in Russia and Britain in the Eighteenth and Nineteenth Centuries', *Comparative Studies in Society and History*, 51(4) (October 2009b), pp. 715–41.
Stanziani, Alessandro. *After Oriental Despotism: Eurasian Growth in a Global*

Perspective (London: Bloomsbury, 2014).

Stanziani, Alessandro. 'Labour Regimes and Labour Mobility from the Seventeenth to the Nineteenth Century', in Tirthankar Roy & Giorgio Riello (eds), *Global Economic History* (London: Bloomsbury Academic, 2019), pp. 175–94.

Stearns, Peter. *Debating the Industrial Revolution* (London: Bloomsbury, 2015).

Stein, Burton. *A History of India*, 2nd edn, edited by David Arnold (Chichester: Wiley-Blackwell, 2010).

Steinfeld, Robert J. *The Invention of Free Labor: The Employment Relation in English and American Law and Culture, 1350–1870* (Chapel Hill/London: University of North Carolina Press, 1991).

Steinfeld, Robert J. *Coercion, Contract and Free Labor in the Nineteenth Century* (Cambridge: CUP, 2001).

Steinfeld, Robert J. 'Suffrage and the Terms of Labor', in David Eltis, Frank D. Lewis & Kenneth L. Sokoloff (eds), *Human Capital and Institutions: A Long Run View* (Cambridge: CUP, 2009), pp. 267–84.

Steinmetz, Willibald (ed.). *Private Law and Social Inequality in the Industrial Age: Comparing Legal Cultures in Britain, France, Germany and the United States* (Oxford: OUP, 2000).

Sterelny, Kim. 'Human Behavioral Ecology, Optimality, and Human Action', in Gary Hatfield & Holly Pittman (eds), *Evolution of Mind, Brain, and Culture* (Philadelphia: University of Pennsylvania Press, 2013), pp. 303–24.

Stevens, Anne & Mark Eccleston. 'Craft Production and Technology', in Toby Wilkinson (ed.), *The Egyptian World* (London/New York: Routledge, 2007), pp. 146–59.

Stillman, Norman A. 'The Eleventh Century Merchant House of Ibn 'Akwal (A Geniza Study)', *JESHO*, 16 (1973), pp. 15–88.

Stiner, Mary C. et al. 'Scale', in Andrew Shryock & Daniel Lord Smail (eds), *Deep History: The Architecture of Past and Present* (Berkeley: University of California Press, 2011), pp. 242–72.

Stone, Glenn Davis, Robert McC. Netting & M. Priscilla Stone. 'Seasonality, Labor Scheduling, and Agricultural Intensification in the Nigerian Savanna', *American Anthropologist*, New Series, 92(1) (1990), pp. 7–23.

Studer, Roman. *The Great Divergence Reconsidered. Europe, India, and the Rise of Global Economic Power* (Cambridge: CUP, 2015).

Subbarayalu, Y. 'Trade Guilds in South India up to the Tenth Century', *Studies in People's History*, 2(1) (2015), pp. 21–6.

Subrahmanyam, Sanjay. 'Introduction' in Sanjay Subrahmanyam (ed.), *Money and the Market in India 1100–1700* (Delhi: OUP, 1994), pp. 1–56.

Subramanian, Lakshmi. 'The Political Economy of Textiles in Western India: Weavers, Merchants and the Transition to a Colonial Economy', in Giorgio Riello & Tirthankar Roy (eds), *How India Clothed the World: The World of South Asian Textiles, 1500–1850* (Leiden/Boston: Brill, 2009), pp. 253–80.

Sugihara, Kaoru. 'Labour-Intensive Industrialization in Global History: An Interpretation of East Asian Experiences', in Gareth Austin & Kaoru Sugihara (eds), *Labour-Intensive Industrialization in Global History* (London/New York: Routledge, 2013), pp. 20–64.

Sunderland, Willard. 'Catherine's Dilemma: Resettlement and Power in Russia: 1500s–1914', in Jan Lucassen & Leo Lucassen (eds), *Globalising Migration History: The Eurasian Experience (16th–21st Centuries)* (Leiden/Boston: Brill, 2014), pp. 55–70.

Suzman, James. *Affluence without Abundance: The Disappearing World of the Bushmen* (London: Bloomsbury, 2017).〔ジェイムス・スーズマン『「本当の豊かさ」はブッシュマンが知っている』佐々木知子訳、NHK出版、2019年〕

Suzman, James. *Work: A History of How We Spend Our Time* (London: Bloomsbury, 2020).〔ジェイムス・スーズマン『働き方全史：「働きすぎる種」ホモ・サピエンスの誕生』渡会圭子訳、東洋経済新報社、2024年〕

Taylor, Frederick Winslow. *The Principles of Scientific Management* (New York: Harper, 1911).〔フレデリック・W・テイラー『新訳科学的管理法：マネジメントの原点』有賀裕子訳、ダイヤモンド社、2009年／ほか〕

Taylor, Tim. 'Ambushed by a Grotesque: Archeology, Slavery and the Third Paradigm', in Mike Parker Pearson & I.J.N. Thorpe (eds), *Warfare, Violence and Slavery: Proceedings of a Prehistoric Society Conference at Sheffield University* (Oxford: BAR Publishing, 2005), pp. 225–33.

Temin, Peter. *The Roman Market Economy* (Princeton/Oxford: Princeton UP, 2012).

Tenney, Jonathan S. 'Household Structure and Population Dynamics in the Middle Babylonian Provincial "Slave" Population', in Laura Culbertson (ed.), *Slaves and Households in the Near East* (Chicago: Oriental Institute, 2011), pp. 135–46.

Terkel, Studs. *Working: people talk about what they do all day and how they feel about what they do* (Harmondsworth: Penguin, 1974).〔スタッズ・ターケル『仕事（ワーキング）！』中山容ほか訳、晶文社、1983年〕

Teulings, Chris. *Gildepenningen: hun rol binnen de ambachtsgilden van de Noordelijke Nederlanden* (Woudrichem: Pictures Publishers, 2019).

Thapar, Romila. *The Penguin History of Early India: From the Origins to AD 1300* (London: Penguin, 2002).

Tharoor, Shashi. *Why I am a Hindu* (New Delhi: Aleph, 2018).

Thierry, François. *Monnaies chinoises. I. L'antiquité préimpériale* (Paris: BNF, 1997).

Thierry, François. 'Archéologie et Numismatique: Les cinq découvertes qui ont bouleversé l'histoire monétaire du Chin', in Wolfgant Szaivert et al. (eds). *TOYTO APECHTH XΩPA: Festschrift für Wolfgang Hahn zum 70. Geburtstag* (Vienna: VIN, 2015), pp. 433–51.
Thomas, Keith (ed.). *The Oxford Book of Work* (Oxford: OUP, 1999).
Thomas, Keith. *The Ends of Life: Roads to Fulfilment in Early Modern England* (Oxford: OUP, 2009).〔キース・トマス『生き甲斐の社会史：近世イギリス人の心性』川北稔訳、昭和堂、2012年〕
Thomaz, Luís Filipe F.R. *Oranjemund Coins: Shipwreck of the Portuguese Carrack "Bom Jesus" (1533)* (Lisbon/Windhoek: IISTP/National Museum of Namibia, 2014).
Thompson, Edward. *The Making of the English Working Class* (Harmondsworth: Penguin, 1968).〔エドワード・P・トムスン『イングランド労働者階級の形成』市橋秀夫、芳賀健一訳、青弓社、2003年〕
Thorpe, I.J.N. 'The Ancient Origins of Warfare and Violence', in Mike Parker Pearson & I.J.N. Thorpe (eds), *Warfare, Violence and Slavery: Proceedings of a Prehistoric Society Conference at Sheffield University* (Oxford: BAR Publishing, 2005), pp. 1–18.
Thorpe, Wayne. *'The workers themselves': Revolutionary Syndicalism and International Labour, 1913–1923* (Dordrecht: Kluwer, 1989).
Tilgher, Adriano. *Work: What it Has Meant to Men Through the Ages* (New York: Harcourt, Brace & Co., 1930; Arno Press, 1977).〔アドリアーノ・ティルゲル『ホモ・ファーベル：西欧文明における労働観の歴史』小原耕一、村上桂子訳、社会評論社、2009年〕
Tilly, Charles. *As Sociology Meets History* (New York: Academic Press, 1981).
Tilly, Chris & Charles Tilly. *Work under Capitalism* (Boulder, CO: Westview Press, 1998).
Toledano, Ehud. 'An Empire of Many Households: The Case of Ottoman Enslavement', in Laura Culbertson (ed.), *Slaves and Households in the Near East* (Chicago: Oriental Institute, 2011), pp. 85–97.
Tomber, Roberta. *Indo-Roman Trade: From Pots to Pepper* (London: Duckworth, 2008).
Tomka, Béla. *Welfare in East and West: Hungarian Social Security in an International Comparison 1918–1990* (Berlin: Akademie Verlag, 2004).
Tomlins, Christopher. 'Early British America, 1585–1830: Freedom Bound', in Douglas Hay & Paul Craven (eds), *Masters, Servants and Magistrates in Britain and the Empire 1562–1955* (Chapel Hill: University of North Carolina Press, 2004), pp. 117–52.
Tomlinson, Jim. *Employment Policy: The Crucial Years 1939–1955* (Oxford: Clarendon Press, 1987).

Tonioli, Gianni & Francesco Piva. 'Unemployment in the 1930s: The Case of Italy', in Barry J. Eichengreen & T.J. Hatton (eds), *Interwar Unemployment in International Perspective* (Dordrecht: Kluwer, 1988), pp. 221–45.

Tonkinson, Robert. 'The Ngarrindjeri of Southeastern Australia', in Richard B. Lee & Richard Daly (eds), *The Cambridge Encyclopedia of Hunters and Gatherers* (Cambridge: CUP, 2004), pp. 343–7.

Toussaint, Sandy. 'Kimberley Peoples of Fitzroy Valley, Western Australia', in Richard B. Lee & Richard Daly (eds), *The Cambridge Encyclopedia of Hunters and Gatherers* (Cambridge: CUP, 2004), pp. 339–42.

Trappenburg, Margot, Wouter Scholten & Thijs Jansen (eds). *Loonfatsoen: Eerlijk verdienen of graaicultuur* (Amsterdam: Boom, 2014).

Trautmann, Thomas R., Gilliam Feeley-Harnik & John C. Mitani. 'Deep Kinship', in Andrew Shryock & Daniel Lord Smail (eds), *Deep History: The Architecture of Past and Present* (Berkeley: University of California Press, 2011), pp. 160–88.

Trevett, Jeremy. 'Coinage and Democracy at Athens', in Andrew Meadows & Kirsty Shipton (eds), *Money and its Uses in the Ancient Greek World* (Oxford: OUP, 2001), pp. 25–34.

Truant, Cynthia Maria. *The Rites of Labor: Brotherhoods of Compagnonnage in Old and New Regime France* (Ithaca: Cornell UP, 1994).

Tsurumi, E. Patricia. *Factory Girls: Women in the Thread Mills of Meiji Japan* (Princeton: Princeton UP, 1990).

Turrell, Robert Vicat. *Capital and Labour on the Kimberley Diamond Fields 1871–1890* (Cambridge: CUP, 1987).

Udovitch, Abraham L. 'Labor Partnerships in Early Islamic Law', *JESHO*, 10 (1961), pp. 64–80.

Ulin, Robert C. 'Work as Cultural Production: Labour and Self-Identity among Southwest French Wine-Growers', *Journal of the Royal Anthropological Institute (N.S.)*, 8 (2002), pp. 691–702.

Underhill, Anne P. (ed.). *A Companion to Chinese Archaeology* (Hoboken, NJ: Wiley-Blackwell, 2013).

Vaesen, Krist, Mark Collard, Richard Cosgrove & Will Roebroeks. 'Population Size Does Not Explain Past Changes in Cultural Complexity', *PNAS* (4 April 2016), pp. E2241–7.

Valbelle, Dominique. 'Craftsmen', in Sergio Donadoni (ed.), *The Egyptians* (Chicago/London: University of Chicago Press, 1997), pp. 31–59.

Vandenbroeke, Christiaan. 'Proto-Industry in Flanders: A Critical Review', in Sheilagh C. Ogilvie & Markus Cerman (eds), *European Proto-Industrialization* (Cambridge: CUP,

1996), pp. 102–17.
Vanhaute, Eric. *Peasants in World History* (New York/Abingdon: Routledge, 2021).
Vanhaute, Eric & Hanne Cottyn. 'Into their Lands and Labours: A Comparative and Global Analysis of Trajectories of Peasant Transformation', *ICAS Review Paper Series No. 8* (February 2017) https://biblio.ugent.be/publication/8512518/file/8512519 (2018年4月24日閲覧).
Vanina, Eugenia. *Urban Crafts and Craftsmen in Medieval India (Thirteenth–Eighteenth Centuries)* (New Delhi: Munshiram Manoharlal, 2004).
Veblen Thorstein V. *The Instinct of Workmanship and the State of the Industrial Arts* (New York: Augustus M. Kelly, originally 1914).
Vélissaroupolos-Karakostas, Julie. 'Merchants, Prostitutes and the "New Poor": Forms of Contract and Social Status', in Paul Cartledge, Edward E. Cohen & Lin Foxhall (eds), *Money, Labour and Land: Approaches to the Economies of Ancient Greece* (London/New York: Routledge, 2002), pp. 130–9.
Veraghtert, Karel & Brigitte Widdershoven. *Twee eeuwen solidariteit: De Nederlandse, Belgische en Duitse ziekenfondsen tijdens de negentiende en twintigste eeuw* (Amsterdam/Zeist: Aksant, 2002).
Verboven, Koenraad. 'Currency, Bullion and Accounts: Monetary Modes in the Roman World', *Revue Belge de Numismatique et de Sigillographie*, 140 (2009), pp. 91–124.
Verboven, Koenraad. 'Introduction: Professional Collegia: Guilds or Social Clubs?', *Ancient Society*, 41 (2011), pp. 187–95.
Verhulst, Adriaan. *The Rise of Cities in North-West Europe* (Cambridge: CUP, 1999).〔アドリアーン・フルヒュルスト『中世都市の形成：北西ヨーロッパ』森本芳樹ほか訳、岩波書店、2001年〕
Verlinden, Charles. *L'esclavage dans l'Europe médiévale. I: Péninsule Ibérique-France; II: Italie, Colonies italiennes du levant, Levant latin, Empire byzantine* (Ghent: Faculté de Philosophie et Lettres, 1955, 1977).
Verlinden, Charles. 'Le retour de l'esclavage aux XVe et XVIe siècles', in Annalisa Guarducci (ed.), *Forme ed evoluzione del lavoro in Europa: XIII–XVIII secc., Serie II Atti delle 'Settimane di Studi' e altri Convegni No. 13* (Prato: Instituto F. Datini, 1991), pp. 65–92.
Versieren, Jelle & Bert de Munck. 'The Commodity Form of Labor: Discursive and Cultural Traditions to Capitalism(s) and Labor in the Low Countries' Ceramic Industries (1500–1900)', in Thomas Max Safley (ed.), *Labor Before the Industrial Revolution: Work, Technology and their Ecologies in an Age of Early Capitalism* (London & New York: Routledge, 2019), pp. 70–95.
Victor, Sandrine. '"Quand le Bâtiment Va, Tout Va": The Building Trade in the Latin

West in the Middle Ages', in Thomas Max Safley (ed.), *Labor Before the Industrial Revolution: Work, Technology and their Ecologies in an Age of Early Capitalism* (London & New York: Routledge, 2019), pp. 132–49.

Vidal, Hern N.J. 'The Yamana of Tierra del Fuego', in Richard B. Lee & Richard Daly (eds), *The Cambridge Encyclopedia of Hunters and Gatherers* (Cambridge: CUP, 2004), pp. 114–18.

Villa, Paola & Wil Roebroeks. 'Neanderthal Demise: An Archaeological Analysis of the Modern Human Superiority Complex', *PLOS ONE*, 9(4) (April 2014), pp. 1–10.

Villotte, Sébastien & Christopher J. Knüsel. '"I Sing of Arms and of a Man . . .": Medial Epicondylosis and the Sexual Division of Labour in Prehistoric Europe', *Journal of Archaeological Science*, 43 (March 2014), pp. 168–74.

Vink, Markus. '"The World's Oldest Trade": Dutch Slavery and Slave Trade in the Indian Ocean in the Seventeenth Century', *Journal of World History*, 14 (2003), pp. 131–77.

Vleuten, Lotte van der. 'Empowerment and Education: A Historical Study into the Determinants of Global Educational Participation of Women, ca. 1850–2010', PhD thesis, Radboud Universiteit Nijmegen, 2016.

Vogel, Hans Ulrich. 'Unrest and Strikes at the Metropolitan Mints in 1741 and 1816 and their Economic and Social Background', in Christine Moll-Murata, Song Jianze & Hans Ulrich Vogel (eds), *Chinese Handicraft Regulations of the Qing Dynasty: Theory and Application* (Munich: Iudicium, 2005), pp. 395–422.

Vogel, Hans Ulrich. *Marco Polo Was in China, New Evidence from Currencies, Salt and Revenues* (Leiden/Boston: Brill, 2013).

Voth, Hans-Joachim. *Time and Work in England 1750–1830* (Oxford: Clarendon Press, 2000).

Vries, Jan de. *The Dutch Rural Economy in the Golden Age 1500–1700* (New Haven/ London: Yale UP, 1974).

Vries, Jan de. *European Urbanization 1500–1800* (London: Methuen, 1984).

Vries, Jan de. 'The Industrial Revolution and the Industrious Revolution', *The Journal of Economic History*, 54 (1994), pp. 249–70.

Vries, Jan de. *The Industrious Revolution: Consumer Behavior and the Household Economy, 1650 to the Present* (Cambridge: CUP, 2008).〔ヤン・ド・フリース『勤勉革命：資本主義を生んだ17世紀の消費行動』吉田敦、東風谷太一訳、筑摩書房、2021年〕

Vries, Jan de. 'The Industrious Revolutions in East and West', in Gareth Austin & Kaoru Sugihara (eds), *Labour-Intensive Industrialization in Global History* (London/ New York: Routledge, 2013), pp. 65–84.

Vries, Jan de & Ad van der Woude. *The First Modern Economy: Success, Failure, and*

Perseverance of the Dutch Economy, 1500–1815 (Cambridge: CUP, 1997).〔J・ド・フリース、A・ファン・デァ・ワウデ『最初の近代経済：オランダ経済の成功・失敗と持続力 1500-1815』大西吉之、杉浦未樹訳、名古屋大学出版会、2009年〕

Vries, Peer. *Escaping Poverty: The Origins of Modern Economic Growth* (Goettingen/Vienna: Vienna UP, 2013).

Vries, Peer. 'Replies to my Commentators', *TSEG*, 12 (2015), pp. 105–20.

Waal, Frans de. *Good Natured: The Origins of Right and Wrong in Humans and Other Animals* (Cambridge, MA: Harvard UP, 1996).〔フランス・ドゥ・ヴァール『利己的なサル、他人を思いやるサル：モラルはなぜ生まれたのか』西田利貞、藤井留美訳、草思社、1998年〕

Waal, Frans de. *Our Inner Ape: The Best and Worst of Human Nature* (London: Granta Books, 2005).〔フランス・ドゥ・ヴァール『あなたのなかのサル：霊長類学者が明かす「人間らしさ」の起源』藤井留美訳、早川書房、2005年〕

Waal, Frans de. *The Age of Empathy: Nature's Lessons for a Kinder Society* (New York: Harmony Books, 2009).〔フランス・ドゥ・ヴァール『共感の時代へ：動物行動学が教えてくれること』柴田裕之訳、紀伊國屋書店、2010年〕

Wadauer, Sigrid, Thomas Buchner & Alexander Mejstrik (eds). *History of Labour Intermediation: Institutions and Finding Employment in the Nineteenth and Early Twentieth Centuries* (New York/Oxford: Berghahn, 2015).

Wade, Lizzie. 'Unearthing Democracy's Rules', *Science*, 355 (17 March 2017), pp. 1114–18.

Wagner-Hasel, Beate. 'Egoistic Exchange and Altruistic Gift', in Gadi Algazi, Valentin Groebner & Bernhard Jussen (eds), *Negotiating the Gift: Pre-Modern Figurations of Exchange* (Göttingen: Vandenhoeck & Ruprecht, 2003), pp. 141–71.

Wagner-Hasel, Beate. *Die Arbeit des Gelehrten: Der Nationalökonom Karl Bücher (1847–1930)* (Frankfurt: Campus, 2011).

Wallerstein, Immanuel. *The Modern World System*, vols I–III (New York/London: Academic Press, 1974–1989).〔I・ウォーラーステイン『近代世界システム』川北稔訳、名古屋大学出版会、2013年〕

Walvin, James. *Atlas of Slavery* (Harlow: Pearson/Longman, 2006).

Wang, Helen. *Money on the Silk Road: The Evidence from Eastern Central Asia to c. AD 800* (London: British Museum, 2004).

Wang, Helen. 'Official Salaries and Local Wages at Juyan, North-West China, First Century BCEto First Century CE', in Jan Lucassen, *Wages and Currency: Global Comparisons from Antiquity to the Twentieth Century* (Bern: Peter Lang, 2007), pp. 59–76.

Wang, Helen et al. (eds). *Metallurgical Analysis of Chinese Coins at the British*

Museum (London: British Museum, 2005).

Weber, Max. 'Agrarverhältnisse im Altertum', in *Handwörterbuch der Staatswissenschaften* (Jena: Gustav Fischer, 1909), pp. 52–188.〔マックス・ウェーバー『古代社会経済史：古代農業事情』渡辺金一、弓削達共訳、東洋経済新報社、1951年〕

Weber, Max. *Wirtschaft und Gesellschaft*, edited by Johannes Winckelman (Tübingen: Mohr, 1976).〔マックス・ウェーバー『経済と社会』部分訳：『社会学の基礎概念』阿閉吉男、内藤莞爾訳、恒星社厚生閣、1987年／『社会学の根本概念』清水幾太郎訳, 岩波書店、1972年／『権力と支配』濱嶋朗訳、講談社、2012年／『支配の諸類型』世良晃志郎訳、創文社、1970年／『法社会学』世良晃志郎訳、創文社、1974年／『法社会学：経済と法』石尾芳久訳、法律文化社、1957年／「経済と社会集団」(『世界の名著50』所収)厚東洋輔訳、中央公論社、1975年／『宗教社会学』武藤一雄ほか訳、創文社、1977年／『支配の社会学』世良晃志郎訳、創文社、1960年／『都市の類型学』世良晃志郎訳、創文社、1964年／『国家社会学：合理的国家と現代の政党および議会の社会学』石尾芳久訳、法律文化社、1960年／ほか〕

Weeks, Kathi. *The Problem with Work: Feminism, Marxism, Antiwork Politics, and Postwork Imaginaries* (Durham, NC/London: Duke UP, 2011).

Weil, David. *The Fissured Workplace: Why Work Became So Bad for So Many and What Can be Done to Improve it* (Cambridge, MA: Harvard UP, 2014).

Weill, Claudie. *L'Internationale et l'Autre: Les Relations interethniques dans la IIe Internationale (discussions et débats)* (Paris: Arcantère, 1987).

Wells, H.G. *An Englishman Looks at the World, Being a Series of Unrestrained Remarks upon Contemporary Matters* (London: Cassel, 1914).

Wendt, Ian C. 'Four Centuries of Decline? Understanding the Changing Structure of the South Indian Textile Industry', in Giorgio Riello & Tirthankar Roy (eds), *How India Clothed the World: The World of South Asian Textiles, 1500–1850* (Leiden/Boston: Brill, 2009), pp. 193–215.

Wengrow, David. *The Archaeology of Early Egypt: Social Transformations in North-East Africa, 10,000 to 2650 BC* (Cambridge: CUP, 2006).

Westerhoff, Christian. *Zwangsarbeit im Ersten Weltkrieg: Deutsche Arbeitskräftepolitik im besetzten Polen und Litauen 1914–1918* (Paderborn: Schöningh, 2012).

Wezel Stone, Katherine van. 'Labor and the American State: The Evolution of Labor Law in the United States', in Marcel van der Linden & Richard Price (eds), *The Rise and Development of Collective Labour Law* (Bern: Peter Lang, 2000), pp. 351–76.

Whatley, Christopher A. 'Scottish "Collier Serfs" in the 17th and 18th Centuries: A New Perspective', *VSWG-Beiheft*, 115 (1995a), pp. 239–55.

Whatley, Christopher A. 'Collier Serfdom in Mid-Eighteenth-Century Scotland: New Light from the Rothes MSS', *Archives*, 22(93) (1995b), pp. 25–33.

White, Jerry. *Mansions of Misery: A Biography of the Marshalsea Debtors' Prison* (London: Bodley Head, 2016).
Whitehouse, Nicki J. & Wiebke Kirleis. 'The World Reshaped: Practices and Impacts of Early Agrarian Societies', *Journal of Archaeological Science*, 51 (2014), pp. 1–11.
Whittle, Alasdair & Vicki Cummings (eds). *Going Over: The Mesolithic-Neolithic Transition in North-West Europe* (Oxford: OUP, 2007).
Wicks, Robert S. *Money, Markets, and Trade in Early Southeast Asia: The Development of Indigenous Monetary Systems to AD 1400* (Ithaca, NY: Cornell UP, 1992).
Wierling, Dorothee. *Mädchen für alles: Arbeitsalltag und Lebensgeschichte städtischer Dienstmädchen um die Jahrhundertwende* (Berlin: Dietz, 1987).
Wilkinson, Toby (ed.). *The Egyptian World* (London/New York: Routledge, 2010).
Williams, Colin C. *The Informal Economy* (Newcastle upon Tyne: Agenda, 2019).
Witwer, David. *Shadow of the Racketeer: Scandal in Organized Labor* (Urbana, IL/Chicago: University of Illinois Press, 2009).
Witzel, Michael. 'Brahmanical Reactions to Foreign Influences and to Social and Religious Change', in Patrick Olivelle (ed.), *Between the Empires: Society in India 300 BCE to 400 CE* (Oxford: OUP, 2006), pp. 457–99.
Wong, R. Bin. 'Divergence Displaced: Patterns of Economic and Political Change in Early Modern and Modern History', lecture, Utrecht University, 26 May 2016.
Wood, Michael C. & John Cunningham Wood (eds). *Frank and Lillian Gilbreth: Critical Evaluations in Business Management*, 2 vols (London: Routledge, 2003).
Wright, Rita P. *The Ancient Indus: Urbanism, Economy, and Society* (Cambridge: CUP, 2010).
Wright, Thomas. *Some Habits and Customs of the Working Classes by a Journeyman Engineer* (1867; reprint New York: Kelley, 1967).
Wulff, Birgit. 'The Third Reich and the Unemployed: The National-Socialist Work-Creation Schemes in Hamburg 1933–1934', in Richard J. Evans & Dick Geary (eds), *The German Unemployed: Experiences and Consequences of Mass-Unemployment from the Weimar Republic to the Third Reich* (London/Sydney: Croom Helm, 1987), pp. 281–302.
Wyatt, David. *Slaves and Warriors in Medieval Britain and Ireland, 800–1200* (Leiden/Boston: Brill, 2011).
Wylie, Alex. *Labour, Leisure and Luxury: A Contribution to Present Practical Political Economy* (London: Longmans, Green and Co., 1884).
Xiang, Biao. *Global 'Body Shopping': An Indian Labor System in the Informal Technology Industry* (Princeton/Oxford: Princeton UP, 2007).
Xiang, Hai et al. 'Early Holocene Chicken Domestication in Northern China', *PNAS*,

111(49) (December 9, 2014), pp. 17564–9.
Xu, Hong. 'The Erlitou Culture', in Anne P. Underhill (ed.), *A Companion to Chinese Archaeology* (Hoboken, NJ: Wiley-Blackwell, 2013), pp. 300–22.
Yamauchi, Takashi et al. 'Overwork-Related Disorders in Japan: Recent Trends and Development of a National Policy to Promote Preventive Measures', *Industrial Health*, 55(3) (2017), pp. 293–302.
Yang, Bin. *Cowrie Shells and Cowrie Money: A Global History* (London/New York: Routledge, 2019).
Yang, Yuda. 'Silver Mines in Frontier Zones: Chinese Mining Communities along the Southwestern Borders of the Qing Empire', in Nanny Kim & Keiko Nagase-Reimer (eds), *Mining, Monies, and Culture in Early Modern Societies: East Asian and Global Perspectives* (Leiden/Boston: Brill, 2013), pp. 87–114.
Yetish, Gandhi et al. 'Natural Sleep and its Seasonal Variations in Three Pre-Industrial Societies', *Current Biology*, 25 (2 November 2015), pp. 2862–8.
Yuan, Guangkuo. 'The Discovery and Study of the Early Shang Culture', in Anne P. Underhill (ed.), *A Companion to Chinese Archaeology* (Hoboken, NJ: Wiley-Blackwell, 2013), pp. 323–42.
Zanden, Jan Luiten van. 'The Road to the Industrial Revolution: Hypotheses and Conjectures about the Medieval Origins of the "European Miracle"', *Journal of Global History*, 3 (2008), pp. 337–59.
Zanden, Jan Luiten van. *The Long Road to the Industrial Revolution: The European Economy in a Global Perspective, 1000–1800* (Leiden/Boston: Brill, 2009).
Zanden, Jan Luiten van. 'Explaining the Global Distribution of Book Production before 1800', in Maarten Prak & Jan Luiten van Zanden (eds), *Technology, Skills and the Pre-Modern Economy in the East and the West. Essays dedicated to the memory of S.R. Epstein* (London/Boston: Brill, 2013), pp. 323–40.
Zanden, Jan Luiten van, Tine de Moor & Sarah Carmichael. *Capital Women: The European Marriage Pattern, Female Empowerment, and Economic Development in Western Europe, 1300–1800* (Oxford: OUP, 2019).
Zanden, Jan Luiten van et al. (eds). *How Was Life? Global Well-Being Since 1820* (Geneva/Amsterdam: OECD/CLIO INFRA, 2014).
Zeder, Melinda A. 'The Origins of Agriculture in the Near East', *Current Anthropology*, 52(S4) (October 2011), pp. S221–35.
Zeder, Melinda A. 'The Domestication of Animals', *Journal of Anthropological Research*, 68(2) (Summer 2012), pp. 161–89.
Zietlow, Rebecca E. 'The Constitutional Right to Organize', in Martha Albertson & Jonathan W. Fineman (eds), *Vulnerability and the Legal Organization of Work*

(London/New York: Routledge, 2018), pp. 13–33.
Zijdeman, Richard L. 'Status Attainment in the Netherlands 1811–1941: Spatial and Temporal Variation before and after Industrialization', PhD thesis, Utrecht University, 2010.
Zijdeman, Richard L. & Filipa Ribeiro da Silva. 'Life Expectancy since 1820', in Jan Luiten van Zanden et al. (eds), *How Was Life? Global Well-Being Since 1820* (Geneva/Amsterdam: OECD/CLIO INFRA, 2014), pp. 101–16.
Zilfi, Madeline C. *Women and Slavery in the Late Ottoman Empire: The Design of Difference* (Cambridge: CUP, 2010).
Zimmermann, Susan. 'The Long-Term Trajectory of Anti-Slavery in International Politics: From the Expansion of the European International System to Unequal International Development', in Marcel van der Linden (ed.), *Humanitarian Interventions and Changing Labor Relations: The Long-Term Consequences of the Abolition of the Slave Trade* (Leiden & Boston: Brill, 2011), pp. 435–97.
Znamenski, Andrei A. '"The Ethic of Empire" on the Siberian Borderland: The Peculiar Case of the "Rock People", 1791–1878', in Nicholas B. Breyfogle, Abby Schrader & Willard Sunderland (eds), *Peopling the Russian Periphery: Borderland Colonization in Eurasian History* (London/New York: Routledge, 2007), pp. 106–27.
Zuiderhoek, Arjan. 'Introduction: Land and Natural Resources in the Roman World in Historiographical and Theoretical Perspective', in Paul Erdkamp, Koenraad Verboven & Arjan Zuiderhoek (eds), *Ownership and Exploitation of Land and Natural Resources in the Roman World* (Oxford: OUP, 2015), pp. 1–17.
Zurbach, Julien. 'La Formation des Cités Grecques: Statuts, Classes et Systèmes Fonciers', *Annales-HSS*, 68(4) (October–December 2014), pp. 957–98.
Zürcher, Erik-Jan (ed.). *Fighting for a Living: A Comparative History of Military Labour 1500–2000* (Amsterdam: Amsterdam UP, 2013).
Zwart, Pim de & Jan Lucassen. 'Poverty or Prosperity in Northern India? New Evidence on Real Wages, 1590s–1870s', *EHR*, 73 (2020), pp. 644–67.
Zwart, Pim de & Jan Luiten van Zanden. *The Origins of Globalization, World Trade in the Making of the Global Economy, 1500–1800* (Cambridge: CUP, 2018).

＊URLは2021年の原書刊行時のものです。

原　注

第18章　ヨーロッパの影響下で移り変わる世界の労働関係

1. この潮流をつくったのは、Pomeranz 2000、Parthasarathi 2011、Vries 2013である。Vries 2013についての議論は、*TSEG* 12 (2015) と Studer 2015を参照されたい。さらに最近では、多くの著者（Pomeranzを含む）が支持している。Roy & Riello 2019とO'Brien 2021を参照。
2. もちろんそれだけが要因ではなく、たとえば石炭の入手可能性などに関しても議論されている。概要については、Vries 2013をレビューした Goldstone 2015, 19 を参照。同書で挙げられている要因の一つは労働であり、「豊富／希少、集約／勤勉、賃金、質または人的資本」として説明されている。人的資本要因に関する興味深い比較論は、Prak 2018 を参照。
3. その点を除けば、Humphries & Weisdorf 2019, 2883; Prak & Wallis 2020, 309, 315などは優れた研究である。Prak 2018はもっと注意を払っている。
4. Goldstone 2015; Beckert 2015.
5. O'Brien & Deng 2015.
6. Zwart & Lucassen 2020.
7. R. Datta 2000, chs 5–6. Mukherjee 2013は、穀物貿易に対してより好意的な見方をしている。
8. Verlinden 1991; Walvin 2006; H. Barker 2019; Rio 2020.
9. Phillips 1991; Hofmeester & Lucassen 2020.
10. Verlinden 1955, 1977 and 1991; Phillips 1991; Walvin 2006; Eltis & Richardson 2010; Ehret 2016; Green 2019. Soly 2021, 57–64も参照。
11. H. Barker 2019. 以下も参照。Verlinden 1991, 71; Scammell 1981, 106–8; Green 2019. B. Yang 2019 では、モルディブのタカラガイを地中海経由でサブサハラ・アフリカに同時輸出していたことが論じられている。
12. Blumenthal 2009. 人種としての黒人については、H. Barker 2019も参照。イスラム圏でこの人種的イデオロギーが広がったことについては、Manning 2020, 175。
13. Berthe 1991; McCreery 2000. 以下も参照のこと。Semo 1993; M.E. Smith 2012a.
14. McCreery 2000, 94.
15. M.E. Smith 2012a. Allen, Murphy & Schneider 2012も参照。
16. McCreery 2000, 22–6. Berthe 1991も参照。
17. M.E. Smith 2012a, 291–2.
18. レパルティミエント・フォルソソという用語はBerthe 1991, 104から。
19. McCreery 2000, 39.

20. McCreery 2000, 49.
21. Barragán Romano 2016 and 2018. 以下も参照のこと。Cole 1985; McCreery 2000, 31–3, 41–3; Mangan 2005; Gil Montero 2011.
22. Cole 1985, 1 によると、ケチュア語とアイマラ語のmitaは、交代で働くという意味である。
23. Gil Montero 2011, 309.
24. Cole 1985, 24. Mangan 2005, 26–7も参照。
25. Barragán Romano 2018.
26. ここではGil Montero 2011 と Barragán Romano 2018の議論を組みあわせている。
27. Mangan 2005.
28. たとえば、現在のフロリダ州北部とジョージア州南部のティムクア族など。Milanich 1996, 134–6, 173–6.
29. Milanich 1996, 190–5.
30. Milanich 1996, 137, 160–6; Hemming 1984.
31. Saeger 2000. Hemming 1984, 538も参照。
32. Saeger 2000, 138–40.
33. Saeger 2000, 65–76.
34. ここ以降はHemming 1984にもとづく。ギアナについてはKars 2020も参照。
35. Hemming 1984, 506.
36. Hemming 1984, 517.
37. Allen, Murphy & Schneider 2012, 887. これに負債懲役と貨幣類似物での報酬(雇用主やその親族の店から商品を購入する義務を課したもの)が加わったが、とくに植民地時代以降については以下を参照。McCreery 2000, 64–5; Semo 1993, 156–7.
38. McCreery 2000, 63, 65–7; Semo 1993, 88–9.
39. McCreery 2000, 56–60; Hemming 1984, 536–9.
40. McCreery 2000, ch. 3.
41. Berthe 1991. H. Klein 1986も参照。
42. McCreery 2000, 25–7.
43. ブラジルの国内奴隷については、Muaze 2016を参照のこと。ポトシ銀山の開発以降、富が増大したことで、アフリカ人奴隷はペルーでも重要になった。彼らはカルタヘナ(現コロンビア)、ポルトベロ(現パナマ)を経由し、パナマ地峡を越えて輸送され、リマの入港地であるカヤオに運ばれた。H. Klein 1986, 28-35. Green 2019も参照。
44. Moya Pons 2007, 16, 22–5, 57–63, 71–2; McCreery 2000, 48–54. Bosma 2019も参照。
45. McCreery 2000, 53.
46. Moya Pons 2007, 39–47, 57–63; Emmer 2000; Ribeiro da Silva 2012; Meuwese 2012.
47. Moya Pons 2007, 50–74, 86–94.
48. Galenson 1981 and 1989.

49. Tomlins 2004, 120; Bailyn 1988.
50. Tomlins 2004, 122.
51. Moya Pons 2007, 68. Galenson 1986も参照。
52. Moya Pons 2007, 67; H. Klein 1999, 32–46; Galenson 1989.
53. Austin 2013, 203（引用）. Green 201と Ehret 2016では、人口密度の数値がもっと高い。アフリカでの金属工具の使用については以下も参照。E.W. Herbert 1984 and 1993; Schmidt 1997.
54. Thomaz 2014; Ehret 2016.
55. Austin 2013, 203.
56. E.W. Herbert 1984; Austin 2013; Thomaz 2014; Ehret 2016; Green 2019. アフリカの季節性については、Hurston 2018を参照のこと。
57. Manning 1990; H. Klein 1999; Lovejoy 2000, 2005 and 2011; Walvin 2006; Eltis & Richardson 2010; Toledano 2011; Green 2019.
58. アフリカの黒人が他の奴隷より好まれなかった古代ギリシャ・ローマの奴隷制については、本書第12章「ギリシャ・ローマにおける貨幣化と自由労働と非自由労働」の節を参照されたい。奴隷需要はアフリカからの奴隷も含めて、イラクのアッバース朝カリフ時代に大幅に増加した（Bavel 2016, 68–71; Gordon 2011）。
59. Lovejoy 2011, 43.
60. Lovejoy 2005, 19–33; Green 2019.
61. E.W. Herbert 1984, 113–23; Hogendorn & Johnson 1986; Beckert 2015; Green 2019; B. Yang 2019; Kuroda 2020.
62. Eltis & Richardson 2010, 23. この数値は新しい研究によりいまも少しずつ変わっている。以下を参照。Candido 2013; Paesie 2010; Rossum & Fatah-Black 2012.
63. Paesie 2016. アジアについては Rossum 2015b, 19–20, 36も参照。
64. Eltis & Richardson 2010, 5; Lovejoy 2005, 15. Toledano 2011も参照。
65. Manning 1990, 171.
66. Green 2019. D.M. Lewis 2018, 271も参照。
67. Eltis & Richardson 2010, 136–53. Candido 2013では、ポルトガル語を話すアフリカ人と、ポルトガル人との混血アフリカ人の先住民捕獲への関与についても述べられている。
68. Hurston 2018. 優れた研究の Dutch–English edition 2019, 94–8, 108を使用した。
69. Eltis & Richardson 2010, 159–66. 価格については H. Klein 1999, 110を参照。
70. Manning 1990.
71. Bavel 2016, 68–70. Gordon 2011も参照。
72. Manning 1990, 170–1; H. Klein 1999, 126–7.
73. Manning 1990, 97–8, 113–23, 130–3; Lovejoy 2005, 3, 81–152, 355–84.
74. Candido 2013, 171–5を参照。
75. Lovejoy 2000, 109.
76. Lovejoy 2005, 17–9.

77. Thomaz 2014, 77–80, 84–7.
78. Lovejoy 2005では、murgu（奴隷が自分のために賃金労働をする権利を得るために主人に支払う）とwuri（1日の収入の10分の1にもとづいて取引をする権利を得るために主人に支払う比例払い）について考察されている。206–26.
79. E.W. Herbert 1993, 222–3に引用されている。
80. Green 2019.
81. Vink 2003; Rossum 2014, 2015a and 2015b, 2021a, 2021b; Mbeki & Rossum 2016; Brandon, Frykman & Røge 2019; Rossum et al. 2020; Rossum & Tosun 2021.
82. Singha 1998, 154–8; Chatterjee 1999, esp. ch. 1; Chatterjee & Eaton 2006; Levi 2002, 278–9; G. Campbell 2011 and 2012; Clarence-Smith 2015; G. Campbell & Stanziani 2015; Rossum et al. 2020; Rossum 2021b.
83. Saradamoni 1973; Reid 1998, 129–36; Reid 1999, 181–216; Vink 2003, 149–51, 156–7.
84. Kolff 1990, 10–5; Levi 2002; Stanziani 2014; G. Campbell 2011, 54–61. 紀元前200年から紀元後200年、800年から1300年、1780年から1910年にかけてピークがあり、同書では2000年間の総数（19世紀の東アフリカからの150万人を含む）は大西洋奴隷貿易にかかわった1200万人をはるかに上まわると推定されている。さらに「ヒンドゥー教のインドと儒教の東アジア」での陸路貿易もより重要だったろう。1841年のインドの奴隷の数は800万から900万人とされる。
85. Levi 2002, 281.
86. Levi 2002, 280; Kolff 1990, 11.
87. Levi 2002, 287.
88. Stanziani 2014, 88. 以下も参照。Toledano 2011; H. Barker 2019.

第19章　東ヨーロッパの労働粗放型発展経路への道

1. Kolchin 1987; Dennison 2011; Stanziani 2014.
2. Stanziani 2014, 61–72.
3. Stanziani 2014, 85.
4. Slicher van Bath 1963a, 280–2, 330; Kolchin 1987, 152; Dennison 2011, 35–6. エンドウ豆、大麻、亜麻仁などの作物も同様だった。
5. Gentes 2008, 26.
6. Stanziani 2014, 55–6.
7. Kolchin 1987, 69, 151.
8. Kolchin 1987, 27, 39; Stanziani 2014, 120–1. ちなみに教会の財産はロシアで1764年に、ウクライナで1785年に世俗化された。
9. Kolchin 1987, 57, 62, 73（引用）.
10. Kolchin 1987, 217.
11. Kolchin 1987, 73–5, 108, 212–17; Dennison 2011, 62–7, 87–92.

12. Kolchin 1987, 200–7; Dennison 2011, 93–131. 宗教との関連はBudd 2011, 22 を参照。
13. Kolchin 1987, esp. chs 5 and 6; Dennison 2011, 42–3.
14. Kolchin 1987, 249–50.「古来の十字架」とは、古儀式派〔ロシア正教会の典礼改革を拒否して分離した諸教派の総称〕による反対運動をさす。
15. Kolchin 1987, 334–43.
16. Kolchin 1987, 74（引用）, 108, 224.
17. Dennison 2011, 230.
18. Dennison 2011, 149–80.
19. Dennison 2011, 132–48. 裕福な農奴は、土地や財産と同様に農奴を購入することすらできたが、もちろん領主の許可が必要だった。一般的に、これは徴兵されたときの代用にするのが目的だった（Dennison 2011, 169-71）。
20. Kolchin 1987, 335–40; Gorshkov 2000; Moon 2002; Dennison 2011, 166, 171–8.
21. Stanziani 2014, 56; Kolchin 1987, 28–30, 279. シベリアでは、私有農奴は1678年には存在せず、1719年で人口のわずか3.4%、そのほかは国家農奴だった。Kivelson 2007参照。
22. Kivelson 2007; Boeck 2007; Znamenski 2007; Gentes 2008.
23. Kivelson 2007, 35.
24. Gentes 2008, 101–3. スコットランドの鉱山労働者の状況については以下を参照。Whatley 1995a and 1995b.
25. Gentes 2008, 48–57.
26. Gentes 2008, 50.
27. Gentes 2008, 57.
28. Boeck 2007; Kessler 2014; Sunderland 2014.
29. Zürcher 2013; Kolchin 1987, 282–3.
30. Dennison & Ogilvie 2007.

第6部　労働関係の収斂——1800年から現在まで

第20章　産業革命

1. 経済社会史においてこれほど広範に議論されているテーマはほかにない。たとえば以下を参照。Pollard 1965; Lazonick 1990; Huberman 1996; Voth 2000; Rider & Thompson 2000; MacRaild & Martin 2000; Berg 2005; Allen 2009; Zanden 2009; Horn, Rosenband & Smith 2010; E. Griffin 2010; Stearns 2015; Greif, Kiesling & Nye 2015; Beckert 2015; Roy & Riello 2019.
2. Pomeranz 2000, 63–8; Deane 1969; Berg 2005; Broadberry, Fremdling & Solar

2010. 紡績についての数字は、Deane 1969, 87 より。
3. K. Davids & Lucassen 1995.
4. Mokyr 2002; K. Davids 2013a and 2013b; Prak & Wallis 2020も参照。
5. Meisenzahl 2015, 330.
6. Kessler & Lucassen 2013.
7. Magnusson 2009; Broadberry, Fremdling & Solar 2010; Beckert 2015; Wong 2016.
8. J. Lucassen 2023.
9. Berg 2005. 以下も参照。Schloss 1898 and 1902 (シュロス[Schloss]について: W. Brown & Trevor 2014); Pollard 1965; Jacoby 1985; Lazonick 1990; Huberman 1996.
10. Berg 2005, 204. このテキストは皮肉のつもりではないことに注意。
11. Lazonick 1990; Huberman 1996.
12. Knotter 2018, 22–3; 以下も参照。Pollard 1965, 51ff.; Jacoby 1985; Lazonick 1990; Huberman 1996.
13. Berg 2005, 198.
14. E. Griffin 2010, 160; Humphries & Weisdorf 2019.
15. 以下を参照。Jones 2015, 404.
16. Meissner, Philpott & Philpott 1975; Manzar 2021, 262–3. たしかに仕事中に話したり歌ったりができないところもあれば(重工業だけでなく、集中した頭脳労働が必要になるところもそうだ)、逆にそれができる仕事、話すことが必要になる仕事もある(調髪業や小売業を考えてみればいい)。
17. Berg 2005, 192, 253–4, 282–3; Kessler & Lucassen 2013, 285–6も参照。
18. Geary 1981; J. Lucassen 2006c; Horn 2010; Beckert 2015.
19. この部分はほぼ、Kessler & Lucassen 2013, 262–3をなぞっている。以下も参照。Pollard 1965; Shlomowitz 1979; Lourens & Lucassen 1999; J. Lucassen 2013 and 2021; Berg 2005; 制限付き自由の条件下での請負について: Whatley 1995a and 1995b.
20. Lourens & Lucassen 2015 and 2017; Versieren & De Munck 2019も参照。
21. Lourens & Lucassen 2015 and 2017, 23 (*On Work and Wages*, 3rd edn, 1872から引用).
22. Kessler & Lucassen 2013; 以下も参照。Pollard 1965; Lazonick 1990.
23. F.W. Taylor 1911, 72; Kuromiya 1991も参照。テイラーは彼自身が集団のボスだった。以下を参照。Kanigel 2005, 147, 162–7 (引用はp. 163).

第21章　非自由労働の衰退

1. Piketty 2019, ch. 6.
2. Kolchin 1987, 7, 37, 245–6; アフリカに関して: Lovejoy 2005, 207–26.
3. Linden 2011a; Brass & Linden 1997; Hurston 2018 および、前掲2冊の各章も参照。
4. Verlinden 1977, 1020–46. ポルトガルに関して: Boxer 1969, 265–6; Godinho 1992,

19–20. アフリカ西部のポルトガル海上帝国に関して：Kloosterboer 1960, 67–78; Green 2019.

5. Toledano 2011; Erdem 1996; Hofmeester & Lucassen 2020; Nieboer 1910, 136–7も参照。
6. ヨーロッパ人の関与前後のマダガスカル経由の奴隷輸送に関して：Dewar & Richard 2012, 506–7. アメリカ大陸への影響に関して：Heuman & Burnard 2011, chs 6–8. アフリカに関して：Pallaver 2014; Green 2019.
7. Saradamoni 1974; Baak 1997; Singh 2014.
8. Beckert 2015; Piketty 2019, chs 6 and 15; Greenhouse 2019.
9. オランダ東インド会社に関しては以下を参照。Baay 2015; Rossum 2015a and 2015b; Rossum & Tosun 2021. 長期的な余波に関して：Kloosterboer 1960. エチオピアに関して：Fernyhough 2010.
10. Blum 1978; Kolchin 1987, とくに Epilogue; Burds 1991. および、Dennison 2011, 231–3も重要。
11. Espada Lima 2009.
12. Linden 2011b, 29から引用。
13. Blackburn 1988 and 2011.
14. Kars 2020; Dewulf 2018も参照。あわせて、パルマーレスの反乱（本書第18章「大西洋奴隷貿易における供給源としてのアフリカ」の節）も参照。インドのケーララのように、奴隷制がカースト制と密接に関連していた地域では奴隷の抗議が起きなかったことにも注目したい：Saradamoni 1974.
15. Blackburn 1988, 144. 19世紀後半にはキューバの労働運動も同様の役割を果たした。Casanovas 1997を参照。
16. Blackburn 1988, 440–1.
17. Blackburn 1988, 443.
18. Blackburn 1988, 444.
19. Eckert 2011, 351; Seibert 2011.
20. このあとの記述に関して：Zimmermann 2011.
21. Zimmermann 2011, 470; Zilfi 2010, とくに「ウラマー」からの反対に関して pp. 220–6を参照。
22. Linden & Rodríguez García 2016. 韓国に関して：Miller 2007. オランダ領東インドでの強制栽培に関して：Breman 1989; Rossum 2021a. 一般に、軍事徴用そのものは自由労働の原則に違反するものと見なされないが、状況によっては違反になりうる（とくに3年以上など非常に長期におよぶ場合）。
23. Piketty 2019, 290–1.
24. Zimmermann 2011, 481, 488; 奴隷制反対の国際協定に関して：Bales 2005, 40–68.
25. Breuker & Van Gardingen 2018.
26. Bade 2000, 232–45, 287–92; Roth 1997; Westerhoff 2012.

27. U. Herbert 1990, ch. 4.
28. U. Herbert 1990. 日本に関して：Palmer 2016; 中国国民党の敗残兵に関して：Cheng & Selden 1994, 648. Kay & Miles 1992 によれば、戦後のイギリスにいた一部の「ヨーロッパ人ボランティア労働者」——バルト諸国出身者など——は非自由労働者だった疑いがあるという。
29. これ以降の記述は以下にもとづく。Kössler 1997; Linden 1997a; Piketty 2019, ch. 12.
30. Roth 1997.
31. Homburg 1987; Patel 2005.
32. Mason 1966. 第二次世界大戦時のドイツと日本の共通点に関して：Boldorf & Okazaki 2015.
33. Cheng & Selden 1994; Shen 2014; J. Li 2016; Piketty 2019, ch. 12; Netting 1993, 109ff., 232ffも参照。
34. Cheng & Selden 1994, 660.
35. Cheng & Selden 1994. 大躍進政策によって生じた飢饉に関しては、Dikötter 2010を参照。
36. Frankopan 2019, 103–6.
37. 北朝鮮に関して: Breuker & Van Gardingen 2018.
38. Eltis 2011, 139. 以下も参照。Budd 2011, ch. 2; Linden & Rodríguez García 2016; Kotiswaran 2017.
39. Kotiswaran 2017.
40. Kennan 1891, vol.I, 255; vol.II, 458.
41. Coldham 1992; Bailyn 1988; E. Richards 1996. のちの浮浪者取締法については、McCreery 1997を参照。
42. Pierre 1991. ほかの植民地大国も同様の流刑植民地をもっていた。たとえばオランダは1926年から1942年まで、ボーフェンディグル（ニューギニア）を流刑地としていた。
43. Santiago-Valles 2016, 89–90; Piketty 2019, 581–2.
44. Pizzolato 2016. アメリカ合衆国における黒人奴隷制の長期的な負の影響に関して: Angelo 1997; Krissman 1997; Hurston 2018も参照。ブラジルでの状況（とくにアマゾナス州での債務労役）に関して: Bales 1999 and 2005.
45. Molfenter 2016; Breman 1996; Olsen 1997; Baak 1997; Bales 1999; G. Campbell & Stanziani 2015.
46. Drèze & Sen 2013; Piketty 2019, 345–61.
47. Linden 2016, 321から引用（Bremenはこれを「ネオ奴隷化（neo-bondage）」と呼んでいる）; Singh 2014.
48. ガーナに関しては、Akurang-Parry 2010を参照。奴隷制廃止論者の伝統を引き継ぐNGOに関しては、Bales 2005を参照。
49. Costello et al. 2015.

第22章　自営労働の相対的な減少

1. Cheng & Selden 1994, 652.
2. Ehmer 1996, 65. なお、家族経営の事業を起こすにあたっての信用問題については、Seabright 2004, chs. 10 and 12を参照。
3. Stone, Netting & Stone 1990; Netting 1993; Blum 1978; Vanhaute & Cottyn 2017; Vanhaute 2021.
4. Vanhaute & Cottyn 2017, 3; Segalen 1983も参照。
5. Netting 1993, 3.
6. Netting 1993, 34–41; フランスに関して、Segalen 1983も参照。
7. Netting 1993, 35.
8. Netting 1993, 31–2.
9. これは意外と見えにくいことかもしれない。文化的な規範によって女性が生産労働をするのははばかられるところも多いからだ。たとえば近隣のイスラム教徒のハウサ人などがそうである(Stone, Netting & Stone 1990, 11)。
10. Netting 1993, 73; Stone, Netting & Stone 1990.
11. Ulin 2002.
12. Netting (1993, 321) ではこう予言されていた。「しかし、アジアの広大な灌漑地域のような、昔から集約的な生産が行われている人口密度の高いところでは、小農の砦が守られるだろう。また、アフリカやラテンアメリカの人口圧力が高まっている一帯も、しだいに同じ方向に進むかもしれない」。Vanhaute 2021も参照。
13. Barringer 2005. Crossick 1997b, 1–15も参照。
14. マーサーは、Hommel 1969 (初版1937)の陰の立役者でもあり、デトロイトのヘンリー・フォード博物館に着想を与えた人物でもある。ちなみにフォード博物館は産業革命の偉業も称えている。
15. 以下を参照。Crossick 1997a; Haupt 2002; Moor, Lucassen & Zanden 2008.
16. Bourillon 1997, 229.
17. Booth 1904, 57–8.
18. Booth 1904, 113–4.
19. Booth 1904, 117–8.
20. Booth 1904, 119. 苦汗産業については、Schloss 1898 も参照(シュロス[Schloss]もブース[Booth]の協力者の一人だった); W. Brown & Trevor 2014も参照。
21. Piketty 2019, 591–5, 771–2, 789.

第23章　家庭内労働の割合の減少

1. Hagen & Barrett 2007. エクアドルのシュアール人についての調査にもとづく。
2. Sarasúa 1997.
3. Moor & Zanden, 2006で取り上げられているこれらの要素は、「ガールパワー」の歴史

的な差異を説明する主要な変数である。ほかの変数については、一例として、Brinton 2001を参照。

4. Lancy 2015, 155; 女性の農作業に関して:Segalen 1983.
5. Berg 2005, ch. 7; E. Griffin 2010, ch. 5. 日本に関して:Tsurumi 1990.
6. Berg 2005, 137; Sinha, Varma & Jha 2019; Sinha & Varma 2019.
7. Davies 1977, 1–8. フランスに関して:Segalen 1983.
8. Boter 2017, 80–1. しかしながら、多くの女性は家事と家庭外での有償労働をうまく両立させており、失業したとしても再度工場で働きたがった(Jahoda, Lazarsfeld & Zeisel 1973, 74–7など)。
9. MacRaild & Martin 2000, 26–7; Boter 2017; Vleuten 2016など。
10. Moor & Zanden 2006, 45–7; Heald 2019.
11. Wulff 1987; Tonioli & Piva 1988.
12. Siegelbaum 1988, 217–23.
13. Daniel 1989, 42–4.
14. Lancy 2015; Segalen 1983, ch. 7 and Conclusion.
15. Boter 2017. 以下も参照。Brinton 2001; Vleuten 2016.
16. Goldin 2006, 5; Heald 2019.
17. Goldin 2006, 3–8.
18. 重要な例外は産油国だが、それは多くの国がイスラム教国であるからではなく、国民の収入が高いからである。Ross 2008を参照。
19. Hrdy 2009, 167. ただし、これは新しい現象ではない。イギリスでは1574年から1821年まで、全世帯の4分の1が独身者を家長とし、それが寡婦である割合は12.9パーセントだった (Berg 2005, 157)。Hahn 2002も参照。
20. Hrdy 2009, 171.
21. L.T. Chang 2009, 51–3. 一方、同世代の男性労働者に関しては、Pun & Lu 2010を参照。あわせて以下も参照。Chow & Xu 2001; S. Li & Sato 2006.
22. 以下を参照。The special edition of *The Economist*, 26 November 2011.
23. *The Economist*, 7 July 2018.

第24章　自由賃金労働の増加

1. Atabaki 2013 (引用はp. 168).
2. Vanhaute & Cottyn 2017, 3. 現在の農家の96パーセントは小農で、いわゆる「グローバルサウス」の農家の85パーセントは2ヘクタール未満の耕地面積しかもたない。
3. Voth 2000.
4. J. Lucassen 2012b; Broughton 2005.
5. Jacoby 1985; Kanigel 2005; Wood & Wood 2003; Suzman 2020, ch. 13.
6. Wood & Wood 2003, 441, 629 (法律家のLouis Dembitz Brandeisが1910年、聖職者のEdward Mott Woolleyが1911年に、そう表現している). Lazonick 1990も参照。

7. Kanigel 2005, 520–1.
8. Gilbreth 1911. 引用はそれぞれ p. 83 and pp. 92–3.
9. Gilbreth 1911, 62–3, 71–2.
10. Graham 1999; Englander 2003, 234–5; Heald 2019, ch. 9. 雇用主が自分を「企業の父」ととらえ、社内福祉士を「企業の母」ととらえ、その福祉士に面倒を見させる被雇用者を「企業の子供」ととらえる企業福祉の考え方については、Mandell 2002を参照。
11. Kanigel 2005, 486–550; Schneider 2003. 後年の展開におけるプランテーション奴隷管理の影響については、Linden 2010を参照。
12. Kanigel 2005, 525; Siegelbaum 1988, 1–2も参照。
13. Gilbreth 1911; Jacoby 1985.
14. Kohli 2000, 378 (数字は1980年、1985年、1990年、1995年); Lazonick 1990.
15. Zijdeman 2010; Netting 1993, とくに 76–7.
16. Biernacki 1995, 105–21. 引用はそれぞれ p. 106 と p. 111 (p. 359も参照。「従業員一人ひとりがあたかも商品生産者であるかのように、それぞれに商売道具として織機一台を任せるとの前提」)。Budd 2011, 50–2.
17. Biernacki 1995, 367, 375–6.
18. J. Lucassen 2006d.
19. J. Lucassen 2007b, 77–9.
20. Biernacki 1995, 134–40.
21. Biernacki 1995, 425–31 (引用はp. 426).
22. Tilly & Tilly 1998, 74; Linden & Lucassen 2001; Budd 2011. イギリスに関しては、Pollard 1965を参照。帰属意識に焦点を絞った代表的な管理手法の適用に関して: Amabile & Kramer 2011. 歴史的に形成された文化的差異に関して: Alam 1985.
23. Tilly & Tilly 1998, 74.
24. Turrell 1987, 149–63(引用はp. 158). 賃金水準についての別の見解は、170–1を参照。
25. J. Lucassen 2001, 13–4; Tilly & Tilly 1998, 205.
26. J. Lucassen 2001, 13–4; Linden 2008, 180–1, 185–6; Meyer 2019.
27. Ohler 2015.
28. Waal 2009, 38–9, 211.
29. Gilbreth 1911, 48–9. 感情を喚起するコミュニケーション手段としてのダンスや運動の効果については、McNeill 1995を参照。
30. Siegelbaum 1988; Benvenuti 1989. G.R. Barker 1955も参照。
31. Siegelbaum 1988, 71–2.
32. Siegelbaum 1988, 172.
33. Siegelbaum 1988, 182, 230–1.
34. Benvenuti 1989, 46.
35. Gilbreth 1911, 15–6; この2種類の煉瓦の積み方についての説明は、p.78を参照。
36. Tilly & Tilly 1998, 217–27.

37. Wierling 1987.
38. Zürcher 2013. キンバリーの閉鎖的なダイヤモンド採鉱場(Turrell 1987)や、日本の製糸工場の寮(Tsurumi 1990)を考えてみてもいい。
39. Siegelbaum 1988, 204–5; Brass & Linden 1997, 354.
40. Lucassen & Lucassen 2014, pp. 31ff. ここでは異文化間移住率(CCMRs) を用いてユーラシア大陸のさまざまな地域を比較している。CCMRsについては、pp.14-16。この研究では、ほかの大陸に関しての同様のデータは出していない。Manning 2020.
41. Kotiswaran 2017; Röschenthaler & Jedlowski 2017.
42. L.T. Chang 2009. 引用はpp. 9–10.

第7部　変わりゆく仕事の意義——1800年から現在まで

1. Lancy 2015; Vleuten 2016; Heywood 2018.

第25章　仕事と余暇

1. Adam Smith 1812, 535. このコメントは同書編集のJ.R.マッカロクと(p. 803–4の注218–9)Schumpeter 1972, 629–31によるもの。より全般的にはLis & Soly 2012も参照。
2. Zanden et al. 2014.
3. Lancy 2015, 269に引用。少し短くしたが本質に影響はない。
4. Cunningham 1995; Cunningham and Viazzo 1996; Cunningham 2000; Rahikainen 2004; Goose and Honeyman 2012; Heywood 2018.
5. Vleuten 2016; B. van Leeuwen & Van Leeuwen-Li 2014.
6. Lancy 2015, 282, 384–93.
7. Huynh, D'Costa & Lee-Koo 2015.
8. Goose & Honeyman 2012, 18.
9. B. van Leeuwen & Van Leeuwen-Li 2014. 植民地化の種々の影響についてはB. Gupta 2018 を参照のこと。
10. Goose & Honeyman 2012, 4–5.
11. B. van Leeuwen & Van Leeuwen-Li 2014; Drèze & Sen 2013.
12. Pimlott 1976, 81, 145–6. 以下も参照。Bailey 1978; Suzman 2020.
13. Cross 1988 and 1989; Hennock 2007; Huberman & Minns 2007.
14. Karsten 1990 は過去の歴史を解説している。Heerma van Voss 1994.
15. Lafargue 1969, 78の編集序文に引用。
16. Huberman & Minns 2007. 以下も参照。Ehmer 2009a; McBee 2019.
17. 19世紀の南アフリカのズールー族は暗くなると外に出るのを恐れた(Atkins 1993, 91-2)。
18. Piketty 2019, 515–6.

19. Yamauchi et al. 2017; Suzman 2020, ch. 14（他国についても）.
20. J. Lucassen 2000, 8–9.
21. Pearson 1994, 51–8. ここ数十年は物流の問題で数が変動し、以前のような目覚ましい増加はつづいていないようだ。
22. Pearson 1994, 37–8.
23. Pearson 1994, 134–5, 149–50.
24. まず、巡礼者の増加と期間の短縮の効果が相殺され、次に1600年ごろの巡礼者の平均労働寿命が35年だったと仮定すると、5か月、125労働日の不在ということになる。これは1年に平均4日弱の労働日に相当する。イスラム教徒の総人口で考えれば、1年に1日以下である。
25. Antonopoulos & Hirway 2010.
26. Zijdeman & Ribeiro da Silva 2014.
27. Ehmer 2009a and 2009b; Hennock 2007, chs 10–11 and 191–2. ドイツの場合、1889年の法令で老齢年金と障害年金の規定を統合し、障害年金の支出額が健康な75歳以上の年金受給者への支出額を大きく上まわった。
28. Ehmer 2009a, 132.
29. M.H.D. van Leeuwen 2016, 220–1; Hu & Manning 2010.
30. Wylie 1884, 53–4.
31. Lafargue 1969, 123, 136. また、ラファルグはこの小冊子で、移民の協同下請を非難している。なぜなら、そうした労働者はフランスのオーベルニュ人、イギリスのスコットランド人、スペインのガリシア人、ドイツのポメラニア人、アジアの中国人など、いずれも「仕事を体質的に必要としている民族」で、「仕事のために仕事を愛する」愚かな労働者だからだ。Arendt 1958, 87–90も参照のこと。
32. J. Lucassen 2013, 32のオランダ語版から引用。
33. Tilly & Tilly 1998, 114.
34. Burnett 1994, 引用はp.189 and pp.295–6。要約は以下も参照。S. Li & Sato 2006; Ehlert 2016.

第26章　利益の拡大——個人戦略と集団戦略

1. ここでは1850年ごろの賃金労働者について詳しく説明しているが、このテーマはもっと広い範囲におよぶ。たとえばより最近の事情に関してはBrandon, Frykman & Røge 2019が扱っている。以下も参照のこと。Lis, Lucassen & Soly 1994; A. Bhattacharya 2017.
2. Hirschman 1970; Huberman & Minns 2007; Jacoby 1985; Lazonick 1990, chs 4–6; Huberman 1996（地域レベルでも）.
3. Rose 2012, 301. これ以降の記述についてはT. Wright 1867も参照。
4. Lourens & Lucassen 2015 and 2017. 「同類マッチング」のメカニズムについてはSeabright 2004, 198–201に詳しい。結束についてはWaal 209のほか、Rosenblatt

2006も参照のこと。霊長類の個体間の公平・平等な報酬と競争はWaal 2009, 185–6, 195–7, 229ffを参照。

5. J. Lucassen 2000, 43–55. キャリアについてはMitch, Brown & M.H.D. van Leeuwen 2004、仲介については Wadauer, Buchner & Mejstrik 2015を参照。
6. Scholliers 1996, 110–5.
7. Tilly & Tilly 1998; Wadauer, Buchner & Mejstrik 2015.
8. Truant 1994; Haupt 2002.
9. 「ボディショッピング」として悪名高いインド人IT技術者の海外派遣については、B. Xiang 2007を参照されたい。
10. Ramaswami 2007. 引用はp.208。
11. 海事分野での例は、Rossum 2014 を参照。また、#MeTooの議論の枠組みにおける女性の(欠如した)主体性についても考えてみてほしい。
12. L.T. Chang 2009, 58–9. 以下も参照。Chow & Xu 2001; S. Li & Sato 2006.
13. Tilly & Tilly 1998, 216–27. 先述した日本人の超過労働についても考えてほしい(本書第25章「労働時間と労働日数」参照)。
14. Löbker 2018, 70. Gier 2016も参照。
15. Bouwens et al. 2018 (引用p.48). Hennock 2007, 339–40も参照。1870年代以降のタタの社会政策に関する相反する見解については、より伝統的なLaila 1981とより批判的なMamkoottam 1982、S.B. Datta 1986、Bahl 1995を参照されたい。
16. このあとの議論に関して指摘してくれたDr. Chris Teulingsに感謝する。以下も参照。Milanovic 2019, 25 ; Suzman 2020, 352–9.
17. Piketty 2019, 421–2, 533; Milanovic 2019.
18. Jacoby 1985, 32, 137. 紀元前6世紀からのごく初期の例はJursa 2015, 364を参照。
19. これ以降の記述についてはLucassen & Lucassen 2014を参照。また、以下も参照のこと。J. Lucassen 2000, 26–40, 65–7; Manning 2013 and 2020.
20. Stanziani 2008 and 2009a; Dennison 2011. ブラジルの解放奴隷についてはEspada Lima 2009を参照。
21. もちろん、これらの手段は個人(たとえば奴隷の逃亡)も、恒久的な組織も用いるだろう。とくにストライキが多かったが、ほかにもたとえば陳情などがある。Atkins 1993はさまざまな手段を組みあわせた19世紀の南アフリカの例を提示している。Brandon, Frykman & Røge 2019は、自由労働者と非自由労働者、その中間にある人びとのあらゆる行動を概観している。1554年のアントウェルペン(アントワープ)における単発的行動と恒久的組織の初期の組みあわせの例は、Soly 2021, 212-26の詳細な分析を参照されたい。
22. Rediker 1987. 船員については同書 p.238–40を参照。
23. 暴力とサボタージュについては Linden 2008, 174–5, 181–2、集団離脱は同書p. 175–8を参照。不満のはけ口としての集団離脱についてはDekker 1990, 387–91を、怠業については同書p. 351, 384を参照のこと。

24. J. Lucassen 2006c, 545–51.
25. J. Lucassen 2007b, 70.
26. J. Lucassen 2007b, 74.
27. Linden 2008, 175, 197; Biernacki 1995, 438–41.
28. Linden 2008, 175, 211, 253; Heerma van Voss 2002. M.B. Smith 2012, 393–4, 397も参照のこと。
29. Linden 2008, 211–5.
30. Linden 2008, 215.
31. Linden 2008, 179–207.
32. Linden 2008, 190に引用されている。
33. Linden 2008, 298–312.
34. Chen 2010; Pun & Lu 2010; K. Chang & Cooke 2015. L.T. Chang 2009も参照。
35. 中国について適切な労働紛争の統計はないが、労働争議の調停が2000年の13万5000件から2005年には31万4000件に増加し、2003年には80万1042人の従業員が関与していることに留意してほしい(Pun & Lu 2010, 509)。
36. Chen 2010, 114. 地方からの移住者の都市への定住を著しく妨げている戸口制度を考えると、寮が必要である。Shen 2014を参照。
37. ドイツにおけるギルドの存続やその機能の一部(イギリス、北イタリア、フランスと比較して)については、Biernacki 1995, ch. 6を参照。また、Linden 2008, 224も参照のこと。
38. Linden 2008, 84–90. Moya 2017も参照。
39. Linden 2008, 85に引用。
40. M.H.D. van Leeuwen 2016; Linden 2008, 91–4, 109–31.
41. Linden 2008, 151–69. 農民の組織化についてはVanhaute 2021, chs. 6 and 7を参照。
42. この表現は Lenger 1991 の造語である。産業革命以前の時代との連続性については、Epstein & Prak 2008, Introduction を参照。
43. Boch 1989; J. Lucassen 2006b and 2006c; Christensen 2010; Knotter 2018 (esp. ch. 3). イスラム世界についてはR. Klein 2000も参照。
44. J. Lucassen 2006c, 528–33. 引用はp. 531から。
45. Huberman 1996; Christensen 2010. この同業組合のモデルによって、アメリカの経営者はイギリスの工場で代替案を採用するのを断念した(Lazonick 1990)。
46. Linden 2008, 220; Knotter 2018.
47. Biernacki 1995, ch. 9; Huberman 1996. Linden & Rojahn 1990も参照。
48. Biernacki 1995, 423–5; Linden 2008, 226–7; Heerma van Voss, Pasture & De Maeyer 2005; W. Thorpe 1989; Linden & Thorpe 1990.
49. Christensen 2010, 765.
50. ドイツ社会民主党(SPD)は1959年のバート・ゴーデスベルクでの党大会で「人間の顔をした資本主義」を受け入れた。Reinhardt 2014.
51. Linden 2008, 225, 232–3, 251. 徒弟のクローズド・ショップについてはBiernacki

1995, 286–7も参照。

52. Linden 2008, 227–32, 240. 以下も参照。Jacoby 1985; Lazonick 1990. また、交渉プロセスを妨害しようとする第三者によって、使用者と労働者の両方が金銭の支払いを強要されることもある。このような、いわゆるラケッティア行為は労働組合を腐敗させ、骨抜きにするおそれがある (Witwer 2009; Greenhouse 2019)。
53. Shin 2017, 632. 損害賠償金の請求――経営陣はストライキをする組合員に対し、違法ストライキによる損害賠償をそれぞれ支払わなければならないと脅した。より最近の労働組合の重要な役割については、C.-S. Lee 2016 を参照。
54. Linden 2008, 254–7は、よい面と悪い面について論じている。Deakin & Wilkinson 2005も参照。
55. Piketty 2019, chs 11 and 17.
56. Sabyasachi Bhattacharya & Lucassen 2005. 造船業についてはFahimuddin Pasha 2017を、煉瓦製造については J. Lucassen 2006cを、南アジアの労働組合については Candland 2001を参照。
57. Benner 2002 and 2003も参照のこと。
58. Linden 2008, 247–57; Greenhouse 2019.
59. Perchard 2019, 78. 労働組合の組織としての「適性」についてはManning 2020, 214–21, 229を参照。
60. 以下も参照のこと。August 2019; Tilly & Tilly 1998, ch. 9; Penninx & Roosblad 2000; Pizzolato 2004; Marino, Roosblad & Penninx 2017.
61. たとえばアメリカの繊維産業についてはBlewitt 2010, 552, 555を参照のこと。アメリカ南部では、仕事、労働市場、労働組合は人種で分離されていた(Linden & Lucassen 1995; Greenhouse 2019)。とくに第二次世界大戦中にアフリカ系アメリカ人が積極的に加入したこと、また戦中、戦後の彼らのヨーロッパでの経験から、変化がゆっくりと起こった。Heald 2019は、世界大戦中の女性の労働力参加に労働組合が脅威を感じたことについて論じている。
62. Linden 2008, 245–6に引用されている。
63. Tilly & Tilly 1998, 246–50. アメリカについては以下を参照。Jacoby 1985; Greenhouse 2019.
64. Knotter 2018; Greenhouse 2019.
65. インドについてはTharoor 2018, 190–1とLinden 2008, 223も参照のこと。
66. Tilly & Tilly 1998, 249–53. 以下も参照のこと。Jacoby 1985; Montgomery 1987 and 1993; Lazonick 1990; Linden & Lucassen 1995; Blewitt 2010; Greenhouse 2019. Jaffe 2021 は、アメリカにおける組合結成のための新しいボトムアップの取り組みについて述べている。
67. Linden 2008, ch. 12. 以下も参照。Holthoon & Linden 1988; Knotter 2018.
68. Linden 2008, 264.
69. Weill 1987. 以下も参照。Holthoon & Linden 1988; Linden & Lucassen 1995.

70. Linden 2008, 263.
71. Cross 1988 and 1989; Heerma van Voss 1988.

第27章　仕事と国家

1. Steinmetz 2000; Linden & Price 2000. 以下も参照のこと。Tomka 2004; Frank 2010; Fineman & Fineman 2018.
2. Deakin & Wilkinson 2005, xi–xxiii は、この点でまだ有効なイングランドとウェールズの規制を洗い出し、1598 年から 2004 年までの 249 件の判例と 103 の法令(うち 1349〜1597 年のものが 21、1598〜2002 年のものが 82)を列挙している(固有の判例法があるスコットランドは含まない。G.R. Rubin 2000, 292-3 参照)。Fineman & Fineman 2018, 392-8にも同様のリストがある。
3. Piketty 2014 and 2019. 当然のことだが、ピケティの研究の数値的な実証性についてはさかんに議論されている。だが私が見るかぎり、この画期的な研究にここで依拠することには何の影響もない。さらに、Segal 2020は個人消費のために他者の労働力、とくに家事使用人の労働力を買う余裕のある高所得者層の「労働への権利」から不平等が拡大していると指摘している——戦前への回帰であると私は思う。
4. Simitis 2000, 189.
5. これ以降の記述はPiketty 2019, 528–47にもとづく。
6. Lazonick 1990, 284ff.
7. イギリスの囲い込みについては、とくにSnell 1985を参照。地主と借地人、利潤と債権については、Steinmetz 2000, chs 13-20 を参照のこと。
8. Simitis 2000, 186–7; Hennock 2007. 以下も参照。Rimlinger 1971; Linden 1996; M.H.D. van Leeuwen 2016.
9. Olszak 2000, 141–2.
10. Simitis 2000, 191.
11. Simitis 2000, 181–2. Zietlow 2018, 67–8も参照。
12. Steinfeld 2001, 11–2. 以下も参照のこと。Steinfeld 2009; Frank 2010.
13. Cottereau 2000, 208–12.
14. Johnson 2000; White 2016.
15. Lis & Soly 2012, 499, 504–6; Delsalle 1993; Steinfeld 2001, 243–6; Cottereau 2000, 208–12. Horn 2010も参照。
16. Simitis 2000, 186.
17. Thompson 1968; Pelling 1976; Dobson 1980, 121–2; Rule 1988; G.R. Rubin 2000; Hay 2004; Frank 2010.
18. Olszak 2000, 145.
19. Wezel Stone 2000; Zietlow 2018; Greenhouse 2019.
20. Steinfeld 2001. 植民地についてはp.246–9、アメリカについてはp.253–314を参照。
21. Piketty 2019, 367–8.

22. Linden & Price 2000.
23. Garon 2000; Shieh 2000.
24. 官と民の貧困救済策についてはHennock 2007, chs 1–2、最低賃金についてはPiketty 2019, 530–3を参照のこと。
25. Hennock 2007.
26. Kocka 1980 and 1981; Bichler 1997; Veraghtert & Widdershoven 2002; Hennock 2007; M.H.D. van Leeuwen 2016.
27. Hennock 2007, chs 16–7.
28. Hennock 2007, 295. チェンバレンは農業労働者について1885年に、「3エーカー(1.2ヘクタール)と牛1頭」を提唱している。
29. Hennock 2007, 320 (したがって、プロトコーポラティズムとも呼ばれる).
30. Hennock 2007, 328. このあとのことについては以下を参照のこと。M.H.D. van Leeuwen 2016; Ehlert 2016. また中国についてはS. Li & Sato 2006を参照されたい。
31. Steinfeld 2009; Greenhouse 2019.
32. Hennock 2007, 287.
33. Tsurumi 1990, 94. これがのちの「サラリーマン」(前述)現象の一因になった。
34. Eichengreen & Hatton 1988, 5; Burnett 1994.
35. Tomlinson 1987, 6; Sloman 2019.
36. Fitzgerald 1988.
37. Lins 1923, 825.
38. Renwick 2017. Rimlinger 1971も参照。
39. Tonioli & Piva 1988, 241.
40. Tomlinson 1987, 106. Sloman 2019 は、これが決してワンマンショーではないことを示している。
41. ファシスト、ナショナリスト、その他のコーポラティズムモデルとの競争については、より短い期間を対象としているため説明を差し控える。主要なモデル国において、コーポラティズムの試みはわずか10年か20年のことでしかなかった。長くつづいたのは、スペインのフランシスコ・フランコとポルトガルのアントニオ・サラザールのエスタド・ノボ(新国家体制)だけである。ポルトガルは植民地政策の点でも重要である。ほかに、日本がヨーロッパの植民地、たとえばインドネシアに福祉をもたらすという触れ込みでオランダと競った。
42. M.B. Smith 2012, 2015a and 2015b; McAuley 1991. 以下も参照のこと。Rimlinger 1971; Madison 1968; Cook 1993; Tomka 2004; Piketty 2019, 578–606; Milanovic 2019.
43. McAuley 1991, 195. ソビエト連邦憲法(1936年)第12条を参照。「働かざる者食うべからず」という句は、新約聖書の使徒パウロによるテサロニケの信徒への手紙(二)第三節に似ている(Kloosterboer 1960, 174)。
44. M.B. Smith 2012; Cook 1993.
45. McAuley 1991, 193, 204; M.B. Smith 2012, 395–7.

46. McAuley 1991, 197.
47. McAuley 1991, 203–4. 同書での「社会消費基金(SCF)からの実質支出」の修正による。Cook 1993. ほかの共産主義国については以下を参照。Tomka 2004; Candland & Sil 2001.
48. Kessler 2008. また、1970年代後半まで、老齢年金の受給者は受給資格者の4分の1にすぎず、その額もきわめて少なかった。McAuley 1991, 205–6. M.B. Smith 2012, 392, 397–8も参照。
49. M.B. Smith 2012, 389.
50. M.B. Smith 2012, 394–7; Tomka 2004.
51. C.-S. Lee 2016. Haggard & Kaufman 2008では、より広範な比較がなされている(ただし1945〜1980年のみ)。
52. Song 2009. Linden & Price 2000も参照。
53. Chow & Xu 2001; S. Li & Sato 2006; Dillon 2015; Frankopan 2019.
54. Tomlinson 1987, 163–5. ここと次段落の引用はPiketty 2019から。イギリスについてはSloman 2019を、オランダについてはHeijne & Noten 2020を参照のこと。
55. Goodman 1960, esp. 59–63. グッドマンは、アメリカ社会には3つの身分があるとしている。「貧乏人」「組織人」「独立人」である。
56. Piketty 2019, 531; Milanovic 2019.
57. Albert 1993. 以下も参照。Candland & Sil 2001; Fellman et al. 2008; Piketty 2019.
58. Piketty 2014 and 2019. 以下も参照。Greer et al. 2017; Williams 2019; Sloman 2019.
59. 重要な数値は以下から。Piketty 2019, 21–3, 260–1, 419–23, 492–3, 525–7.
60. Piketty 2019, chs 14 and 15. 引用は同書 p. 755。1950〜1980年の「階級的亀裂」は、1990〜2000年の「アイデンティティ的亀裂」と交換された(p.958)。Milanovic 2019, 56–66.
61. McBee 2019, 166–72 は、ますます仕事が増えているのに1970年代以降は富が増えていないことについても非常に明確に述べている。

終章　今後の展望

1. 「大転換」という用語はポランニーによる。この分類は、Baldwin 2019にもとづく。
2. J. Lucassen 2013, 25–31; Feinman 2012; Standing 2016; Piketty 2014 and 2019; Williams 2019; Sloman 2019; Heijne & Noten 2020; Manning 2020.
3. Ford 2017; Frankopan 2019.
4. Williams 2019, 111, 115. これに関して国際労働機関(ILO)の監視はまったく利いていないように見える。
5. とくに顕著なのが、第三次世界大戦までも想定した数々の大きな軍事的衝突のシナリオだが、おそらくもっと重要なのは、気候変動のシナリオである(Manning 2020)。人類はこれに消費者としてだけでなく生産者としても寄与しており、労働運動にもその影響がある (Fitzpatrick 2017)。一方、Graeber & Wengrow 2021などは、まったく別の立場

を代表している。これらは資本主義の再生力についてではなく(この発想についてはほとんど論じてもいない)、「別のかたちの新しい社会的現実を創造する自由」(同書p.525)の実現可能性について、歴史の新しい解釈にもとづき、楽観的な見方をとる。

6. Bavel 2016; Piketty 2019, 546–7も参照。Linden 2008 と Stanziani 2019 では、1500年以降の世界史における非自由労働関係と比較しての自由労働の性質が強調されている。
7. Piketty 2014 and 2019. これにくらべるとずっと目立たないながらも、同時期に出てきた同様の論として、Luzkow 2015がある。以下も参照。Lawlor, Kersley & Steed 2009; Trappenburg, Scholten & Jansen 2014; Ford 2017; Jensen & Kersbergen 2017.
8. Piketty 2014 and 2019; Standing 2016. 加えて、富裕国でのフードバンクという現象もある。新型コロナウイルス感染症のパンデミックの渦中に、この必要性がかつてなく明らかになった。
9. Manning 2020の分析は、多くの面で Piketty 2019の分析と一致しているが、環境面の課題に関してはManningのほうが詳細に論じている(Piketty 2019, 235, および254–5)。Drèze & Sen 2013も参照。
10. Seabright 2004; Neal & Williamson 2014 (最終章); Spek, B.van Leeuwen & Zanden 2015; Piketty 2019; Milanovich 2019 (ただし、いずれも現在の発展については批判的である).
11. この立場をとる代表的なものとして、Sloman 2019; その歴史的ルーツの説明として、Budd 2011, 38–9を参照。この初期の例が、Wells 1914, ch. 3 ('Off the Chain')である。Wellsはここであらゆる形式の国際移動労働を、新しい完全に自由な労働者の頂点として、世界平和に寄与できるものであると称賛している。
12. Baldwin 2019 (この点では、Ford 2017より明らかに楽観的で、Harari 2014より確実に前向きである); Cockshott 2019 (社会主義的な計画経済での自動化という条件のもとで).
13. Harari 2014, 388–91, 436–7.
14. K. Davids & Lucassen 1995; 以下も参照。Lazonick 1990; Spek, B. van Leeuwen & Zanden 2015.
15. Sloman 2019, 17. ドイツ、フランス、イギリス、スウェーデンの税収利用の平均については、Piketty 2019, 428, 458–60, 530を、アメリカの低所得と移転については、526–30を参照。オランダについては、Heijne & Noten 2020を参照。
16. Sloman 2019, 206–7.
17. 生産者は医療や各種通信サービスも含む財やサービスの消費者を構造的に必要とすることを忘れてはならない。これは新型コロナウイルス感染症のパンデミック時に「グローバルノース」の各国が従来のマクロ経済の常識を覆し、税金から失業者の所得を保障したことに例証されている。
18. Piketty 2019, 929–53. Drèze and Sen 2013も参照。反平等主義的なヒンドゥーナショナリズムのイデオロギー的な背景については、Tharoor 2018を参照。

19. Ahuja 2019.
20. Piketty 2019; G. Campbell 2012; Green 2019; Greenhouse 2019. 結局、Manning 2020で提案されているような解決策だけが事態を緩和させられるのかもしれない。
21. Piketty 2019, 649–55. 中東が「グローバル格差の頂点」であることも、ここで具体的に例証されている。
22. 私見では、純粋に経済面だけから見れば、過少消費の状態にあるウンターメンシュの5パーセントから10パーセントを何十年か維持していくことは可能だが、この人口の4分の1以上を維持するのは不可能だろう。ここで想定しているのは、ナチスドイツのような、国民の大多数が大きな国内市場向けの生産をしている国家である。もちろん輸出部門が優勢な国家なら、民族隔離的な政策をもっと強化する余裕があるだろう。アパルトヘイト時代の南アフリカやペルシャ湾岸諸国がいい例だが、南北戦争前の南部にしてもそうだった。
23. Piketty 2019, 352–7, 360–1. あわせて、労働移動のような個人戦略も忘れてはならない。
24. 新自由主義的な再分配が貧しい白人労働者や独立生産者を引きつけて反労組の人種差別的な候補者や政党に投票させていることを思えば、再分配型の神権政治は意外と廃れてはいないのかもしれない。
25. Heijne & Noten 2020, 70.
26. Heijne & Noten 2020, 78.
27. Weil 2014, 2. 以下も参照。Guendelsberger 2019; Greenhouse 2019; Jaffe 2021. 苦汗産業についての記述も参照（本書第22章「手工業、小売業、サービス業」の節）。
28. Ford 2017; Baldwin 2019; Garcia-Murillo & MacInnes 2019; 以下も参照。Benner 2002 and 2003; Suzman 2020, ch. 15.
29. Sloman 2019, 69から引用。Brynjolfsson & McAfee 2014; Livingston 2016.
30. Ford 2017, 167.
31. Deakin & Wilkinson 2005を参照。
32. 以下を参照。Terkel 1974, Introduction（たとえば xi:[本書は]「日々のパンについてと同時に日々の意義について、現金と同時に承認について、……要するに、月曜から金曜まで死にそうになるということよりも、毎日を生きることについての……調査をまとめたものである」; Seabright 2004, ch. 6（ネガティブな意味合いも含めて）. この見方は「アンチワーク・ポリティクス」の考え（Weeks 2011）に逆らうものではある。
33. Arendt 1958, 107–8（いうまでもないだろうが、最後の一文はキリスト教的な自己犠牲のことではなく、自分が何かをなしとげることから得られる直接の物理的な満足と解釈すべきである）. 同様の見解として、Jahoda 1982を参照。ただし重要な違いについては、Jahoda 1988を参照。
34. Sennett 2008, 8, 287, 289.
35. McBee 2019, 157から引用。職場（および学校）での人間関係の重要性、ただ失業していないというだけではない仕事の重要性、仕事を通じて同格になることの重要性に関

して、Clark et al. 2018も参照。あわせて以下も参照。Thomas 2009, とくに chs 3 and 4; Budd 2011, chs 6, 7 and 9.

36. B.A. Rubin 2012; Jahoda, Lazarsfeld & Zeisel 1971（背景については、Jahoda 1989を参照）; Jahoda 1982; Harari 2014, 437–44. および日本での行きすぎと近年のミレニアル世代の「ワーキズム」について、338–41, 370, 410も参照。Suzman 2017 and 2020では、この際限のない仕事への欲求（究極的には新石器革命にさかのぼる）を、消費拡大主義とともに、当代の大きな問題だと考えている。Graeber 2019も参照。Jaffe 2021では、まさにその副題のとおり、「仕事への献身」が「われわれを搾取されて疲れきった孤独な存在に留め置く」ような状態では、新自由主義的な制度ばかりがその献身を食いものにすることになる危険が警告されている。
37. Waal 2009, 221（ここで言及されているのは2008年の金融危機のことである）.
38. Petriglieri 2020. ここでは心理療法士のウィリアム・F・コーネルの考えにも言及されている。
39. Manning 2020, 249–56を参照。たとえば Trappenburg, Scholten & Jansen 2014でも「適正な賃金」が徐々に戻ってきているとされており、同書によれば、これはいわゆるティンバーゲン基準に向かう一種の「リモラライゼーション」（道徳の回復）であるという。この基準は、組織や企業内での最低賃金と最高賃金の理想的な差を1:5とするもので、その差は教育や努力や責任や苦役に応じて決まる。これは一般に、1969年にノーベル経済学賞を受賞したオランダの経済学者ヤン・ティンバーゲン〔オランダ語でティンベルヘン〕の考えだと（明確な証拠はないが）伝わっているため、ティンバーゲン基準と呼ばれている。
40. Piketty 2019, 593–4.
41. Spek, B. van Leeuwen & Zanden 2015.
42. ちなみに現在の社会には、おそらく一般に思われているよりカースト的な特徴が数多くある。とくに専門職（および上級管理職）のような特定の職業集団の高報酬などは、費用のかかる教育を長く受けてきたからというよりも、むしろこちらの面から説明でき、たいてい実情にも見合っている。その教育費がなぜそんなに高いのかを考えてみればいい。理由はこのメカニズムそのものに隠れている。以下も参照。Piketty 2019, 540–51.
43. これがふたたび近い将来に世界規模で見られるようになるとは思わないが、最先端のコミュニケーション手段を想定すると、その可能性は完全には排除できない。
44. もちろんこれは、ほかのところで適用されている別の基準とも非常にうまく合致する。L. Lucassen 2021を参照。
45. これについては、Scheidel 2017のように、悲惨な結末にしかならないという見方もある。暗黙の批判については、Piketty 2019, 959を参照。1944年の連合軍の爆撃についてのヨーゼフ・ゲッベルスの発言は、これの極端にシニカルな変種といえるだろう——「無差別爆撃は金持ちの家だろうが貧乏人の家だろうが容赦しない。ゆえに労働局は総力戦に際して、最後の階級の壁を壊しておかなければならなかった」（Mason 1966, 141）。

46. Piketty 2019, 241–6, 645–59, 862–965. もっと広い意味で、ピケティはこれを「境界問題」と呼んでいる。
47. Milanovic 2019の挑発的なタイトルがこれをよく物語っている——*Capitalism, Alone: The Future of the System that Rules the World*（「資本主義、ただそれだけ：世界を支配するシステムの未来」）。

著訳者紹介

［著者］

ヤン・ルカセン（Jan Lucassen）

1947年生まれ。労働史を専門とする歴史学者。アムステルダム自由大学名誉教授。オランダの国際社会史研究所（IISH）の研究部長を長く務めたのち、現在は同研究所の名誉研究員。

［訳者］

塩原通緒（しおばら みちお）

翻訳家。訳書にリサ・ランドール『ワープする宇宙』『宇宙の扉をノックする』『ダークマターと恐竜絶滅』（いずれもNHK出版）、スティーブン・ピンカー『暴力の人類史』（青土社）共訳、フランク・M・スノーデン『疫病の世界史 上・下』（明石書店）共訳、モーテン・H・クリスチャンセン、ニック・チェイター『言語はこうして生まれる』（新潮社）、ダロン・アセモグル、サイモン・ジョンソン『技術革新と不平等の1000年史』（早川書房）共訳など。

桃井緑美子（ももい るみこ）

翻訳家。訳書にフィリップ・E・テトロック『専門家の政治予測』（みすず書房）共訳、フランク・M・スノーデン『疫病の世界史 上・下』（明石書店）共訳、ダン・ノット『ライフライン』（河出書房新社）、トム・ヴァンダービルト『ハマりたがる脳』、フィリップ・ボール『枝分かれ』（いずれも早川書房）、ジョナサン・バルコム『魚たちの愛すべき知的生活』（白揚社）、ジョン・フランクリン『子犬に脳を盗まれた！』（青土社）、ティモシー・フェリス『スターゲイザー』（みすず書房）など。

編集協力：木下順
校　正：酒井清一
組　版：アップライン株式会社
編　集：猪狩暢子、塩田知子

仕事と人間

70万年のグローバル労働史［下］

2024年3月25日　第1刷発行

著　者　ヤン・ルカセン

訳　者　塩原通緒

　　　　桃井緑美子

発行者　松本浩司

発行所　NHK出版

〒150-0042　東京都渋谷区宇田川町10-3

電話　0570-009-321（問い合わせ）

　　　0570-000-321（注文）

ホームページ　https://www.nhk-book.co.jp

印　刷　亨有堂印刷所／大熊整美堂

製　本　二葉製本

ISBN978-4-14-081960-9　C0020